中國知青半個世纪的血淚史（二）

青春困惑的迷茫

自由兄弟 編纂

Contents
目次

第一章　初臨農場農村的困窘與畏懼／007

第一節　驚愕難忘的農村農場失落心緒／007

第二節　驚恐難眠的農村農場簡陋住房／021

第三節　羞愧難言的粗劣飲食與如廁窘態／033

第四節　偏僻難行的農村農場交通閉塞／048

第五節　心境難忍的極度貧乏文化生活／062

第二章　知青相互生活的摩擦與歧途／072

第一節　集體戶知青做飯的難題與趣聞／072

第二節　惡劣大自然對集體生活的考驗／082

第三節　逢年過節孤苦可憐的生活情景／092

第四節　難耐飢餓困頓四處尋吃的狼狽／101

第五節　無可奈何走上偷雞摸狗的歧途／112

第三章　意想不到的勞動艱辛與缺失／124

第一節　下鄉初期農耕手作的茫然／124

第二節　缺乏安全保護的農業生產／136

第三節　缺乏安全常識的盲幹行為／146

第四節　缺乏自然常識付出的代價／152

第五節　面對各種疾病困擾的惶惑／161

第四章　知青對再教育地位的心理失落／175
第一節　與農民農工心理素質的巨大落差／175
第二節　對農村農場陳舊風俗習慣的迷茫／185
第三節　對農村農場領導粗暴方式不適應／192
第四節　對自身處於教育地位的心理失落／198
第五節　對極左路線粗暴言行的困惑反感／204

第五章　林彪外逃事件對知青狂熱的喚醒／216
第一節　林彪事件後對自身前途的迷茫／216
第二節　想念親人與探親假的故意刁難／228
第三節　擅自爬車回城探家的瘋狂舉動／232
第四節　同情關愛知青探親的好心人們／253
第五節　勞累疲憊下沒病找病的知青們／267

第六章　思想迷茫引發的精神錯亂和自殺／271
第一節　對改造農村農場自然條件的失望／271
第二節　階級鬥爭之弦對知青心靈的恐嚇／277
第三節　限制男女戀愛引發的性壓抑心理／293
第四節　因思想迷茫引發精神錯亂的事例／308
第五節　借酒澆愁而命喪黃泉路上的知青／321

第七章　派生於苦悶迷茫中的知青文化／325
第一節　因為偷看封資修文化而被批判／325
第二節　悄然流行的地下手抄知青文化／334
第三節　一個手抄本製造的文字獄冤案／343
第四節　派生於苦悶迷茫中的知青歌曲／348
第五節　險遭死刑的《南京知青之歌》作者／367

第八章　知青群體困惑對社會的衝擊／377

第一節　知青迷茫對父母家長的心理傷害／377

第二節　兩個請求截然不同的「反潮流」知青／386

第三節　無法勝任學業的知青工農兵學員／396

第四節　一封對中學生妹妹勸告信的風波／408

第五節　知青迷茫心理對其人生的後遺症／421

第一章
初臨農場農村的困窘與畏懼

第一節　驚愕難忘的農村農場失落心緒

在經歷了狂熱的紅衛兵運動政治作秀之後，面對初來乍到的農村農場陌生環境，許多知青不免都會在心裡產生一種深深的失落感。關於這一點，知青楊帆在〈遺憾四十年前，沒留下人生關鍵路程的圖片記載〉寫道：沒有照相機，沒有攝影，沒有照片——當今天我成為攝影協會的會員後，當我看到數碼照相機的普及後，便心生有許多的遺憾。特別遺憾四十年前，沒有留下人生關鍵路程的圖片記載。

那一幕，每當浮現於腦海，便清晰如在眼前。如果有我今天的攝影技術，那照片會讓其他愛好攝影的人讚賞不已。它不止一次地在腦海中定格，在反反復複地沖洗再現中，無關的次要的東西漸漸遠去，主體變得突出，那就是夕陽、冰河、牛車……

一九六八年十二月一個冬日，因為文化大革命，延遲了的大學畢業，終於等到了分配。國務院發文，所有的大學畢業生都下鄉接受貧下中農再教育。我被分配到遼寧省興城縣郭家公社。迎著清晨的冷風，長途客車——其實是一輛載貨的大卡車，從縣城出發，在崎嶇的山路上，不斷地爬坡，搖晃、顛簸了兩個小時，來到最貧窮的西部偏僻的大山中。

在公社的食堂吃過午飯，一駕牛車——那種舊式的木輪車，被一頭黃牛駕著，向著更深遠的20里外的大山中走去。車上有三個人。車老闆——帶著大皮帽子，遮蓋了頭額，從掉光了門牙的扁嘴和臉上的皺紋，我判斷這是位老大爺。所以開口便叫「大爺」，顯示對貧下中農的親近。後來我知道他才四十多歲，改口叫「大叔」。

除我之外，車上還有一個瀋陽農學院來的學生，到了公社才認識，他姓薑。車上還有的東西就是我們兩個人的行李，一袋老牛吃的草料。這位「大叔」不愛言語，開頭的禮貌寒暄過後，便都沉默下來。

大山裡沒有像樣的路，兩山間的河灘被凍硬了，這就是路。河灘上有薄薄的冰層，在陽光照耀下閃著亮光。路上很少遇到行人，只有不斷的山影，樹影。偶爾有一兩隻烏鴉「鴰、鴰」地掠過頭頂。箍著鐵皮的車輪碾著薄冰，不斷傳來冰面破碎的聲音，這聲音漸漸與車輪的吱吱扭扭聲混合成一支慢拍樂曲，佔據了聽覺的所有注意力。

冥冥中我見到了昭君出塞的馬隊，胡風浩浩，原野蕭條，雲山萬重，風雪千里……我又似聽見了胡笳聲聲，另一個不幸的女子自彈自唱，「冰霜冷冷兮身苦寒，將我行兮向天涯」，琴聲隨著心意流淌在一條屈辱與痛苦鋪成的長路上……耳邊又好似飄蕩著幽幽的竹簫聲，眼前浮現出一個持節的牧羊老人……

一個是美女，一個是才子，他們身邊不乏浩浩蕩蕩護衛和服侍的人，猶有淒苦孤單的哀怨。那麼，一個原本生於南方，卻被迫北海牧羊的蘇武，為何能「留胡終不辱」，氣節與史共存？思緒徘徊於歷史人物之間……

太陽越來越低，山影越來越長。「小薑」依著行李已經昏昏睡著，腦袋隨著牛車的搖晃而搖晃。我卻無睡意。城市裡紅衛兵千萬人的呼喊，熱血澎湃的場面已經遠去。眼前的荒寂、冷清，讓我心頭沉甸甸的。未來將是什麼樣呢？

類似初臨農村的情景，東北知青胡果威在〈四十年了（二）〉也有詳細的回憶：……我們乘坐的是一艘排水量一千多噸的貨船，甲板上面只有幾個供船員休息的船艙。我們一千多個知識青年分別睡在上下兩層貨艙裡，地上鋪著草墊子，每人發一條毯子。船上的伙食很不錯，而且是免費的。飯後，我看見一些男生把飯碗和盤子扔到海裡，想必是發洩心裡的怨氣。很快我們的餐具就不夠用了，於是大家只好到船員的小餐廳就餐，門口有人把守。船上有好多流氓，常有不同的團夥打群架。

開進東海後，風浪大了，我們的船就像一片樹葉一樣顛簸。我睡在草墊子上就像羽毛一樣被拋來拋去，所有的內臟都在翻騰。走道裡放了許多木桶，我爬到一個木桶邊，把胃裡的東西都吐出來。船上有一個醫生，他到船艙裡分發暈船藥，吃下去以後昏昏欲睡。每吃一頓飯，幾分鐘以後又全吐出來。有人抽煙把草墊子燒起來了，船員們衝進艙裡用滅火器滅火。

經過兩天的漂泊，我們終於在大連上岸。歡迎儀式非常隆重，碼頭上有幾千個學生揮舞旗幟，敲鑼打鼓，此外居然還有一個大連港務局的銅管樂隊。那個穿著制服、戴著白手套、吹著鋥亮長號的長號手使我想起了唐伯伯，他還沒有到目的地就離開了人世。大連人對我們非常好奇，有幾個要幫我提旅行袋，我婉言謝絕了他們的好意。我們分散住在幾個學校裡，因為大量的下鄉知青北上，當地的學校改成了臨時招待所。大連的建築具有日本和蘇聯的風格，最有代表性的就是當時最大的兩座百貨商店，一座叫「東方紅」，另一座叫「太陽升」，面對面相映成趣。在兩座商店前面的廣場上有好幾千個人跟著「敬愛的毛主席」的歌曲在跳忠字舞。我能充分感覺到在毛主席的侄子毛遠新控制下的東北的濃厚政治氣氛。

一天以後的晚上，我們一千多人乘上一輛專用列車繼續北上。車廂裡面非常吵鬧，廣播喇叭也特別響，以壓倒轟隆的車輪聲。除了報站名之外，喇叭不停地播放毛主席語錄歌和革命口號。過了一兩站後，我開始打盹。突然我覺得有人在用胳膊肘頂我，是我高中的同班同學小唐。他兩手罩著耳朵注意地聽，一個男的廣播員用充滿了火藥味的聲調報告蘇聯修正主義在黑龍江的珍寶島向我們發起進攻。一個男生突然喊起來：「他媽的，我們要到前線去送死啦！」整個車廂裡的人立刻開始悄悄地議論起來。

當時流傳一個謠言，毛主席為了對付蘇聯的侵略作了一個戰略部署。他先誘敵深入，等蘇聯人都到了中國領土上，就下令動用核武器消滅入侵之敵，然後再宣佈中國在自己的國土上又進行了一次成功的核子試驗。因為吉林離中蘇邊境才幾百公里，毛主席準備讓蘇修進來多遠呢？我不禁胡思亂想起來。列車繼續北上，好像開向死神。剩下的旅程大家都垂頭喪氣，非常安靜。

一九六九年三月九日拂曉我們抵達四平，那是吉林省的一個主要的鐵路樞紐。下車之後我才有生以來第一次真正地體會到「冷」是怎麼回事。我每吸進一口氣，鼻孔裡的鼻毛立刻就凍住了，呼出一口氣時又短暫地解凍幾秒鐘。因為臉被寒風吹得麻木了，我幾乎說不出話來，就像剛在牙醫診所打了麻藥。我們列隊步行到四平解放戰爭紀念碑，向在一九四八年遼瀋戰役中為解放四平而犧牲的烈士致敬。早請示和忠字舞儀式之後，我們脫帽默哀片刻，然後莊嚴宣誓，將用我們的鮮血來保衛先烈用鮮血解放的土地。當時蘇聯修正主義重兵壓境，我們的誓言格外擲地有聲。

然後我們乘上一隊卡車前往分佈在梨樹縣各地的村莊。儘管在土石公路上的車速每小時才二十公里左右，因為當時正是沙塵暴的季節，所以頂風而行使人覺得寒風刺骨，我們只好在敞棚卡車上蹦跳取暖，防止被凍僵。

公路兩邊的景色跟我們在學校讀聽到的《林海雪原》的景色完全不同。除了一些光禿禿的小樹叢之外，根本就見不到樹林。四周是一片一望無際而毫無生氣的平原，所有的一切都是像土地一樣的灰褐色，用土蓋的房子消融在土地之中。原野上根本沒有皚皚的白雪，零星的積雪也蒙上了灰褐色的骯髒塵埃。90公里路開了整整四個小時，既寒冷又單調無味。下車的時候我們都凍成了冰棍。

我們插隊的村子是小寬人民公社小寬大隊第一生產隊。我們到達公社的時候當地的農民吹著瑣吶，唱著語錄歌，跳著忠字舞，敲鑼打鼓，燃放鞭炮歡迎我們，幾百個農民好奇而吃驚地盯著我們這些從中國最大的城市上海來的年輕人。

在擁擠的人群中，我們聽見一個四十多歲的人在喊：「小寬一隊！」大家應聲到他身邊集合。他穿著一身黑色的棉襖棉褲，滿臉皺紋，戴著一頂碩大的黑狗皮帽子，毛上覆蓋著一層厚厚的白霜，把帽子變成了灰色。他揮舞著一個上面鑲著鋥亮的煙袋鍋的長杆煙袋，扯著脖子喊道：「嘿！他們在這兒呢！」

三個男的和四個姑娘走上前來。男的都是鬍子拉碴的，穿著一樣的黑棉襖棉褲。姑娘們都穿著花布的棉襖和黑棉褲，紮著彩色的頭巾。那揮舞煙袋的男子自我介紹：「我姓李，木子李，是你們集體戶的戶長。你們都累了吧，我們一大早就把飯做好了，現在該涼了，快點。」

我們的行李早已運到小寬等我們認領。那些農民幫我們把行李裝在兩輛馬車上向村子進發。……不知不覺我們就到了村子裡。

我們十四個人被領進兩間房，九個女生在大間，我們五個男生在小間。房子是土的，裡面沒有燈，什麼也看不見。窗戶上沒有玻璃，用一層很厚的棕色的紙糊著，牆也是土的，上面蒙著一層黑色的煙垢。房間裡的氣味非常奇怪，有嗆鼻的煙草味，炊煙味，與使人感到窒息的人體分泌物的氣味混雜在一起。我們脫掉鞋坐在鋪著炕蓆的火炕上，因為炕面是平的，所以大家都把腿伸在前面。

一位老鄉把一張像小板凳一樣高的炕桌放在炕上，飯還不錯，滾熱的大米飯和豆腐。因為腿伸在前面，我夾不到炕桌上的菜，所以只好起身變成蹲在炕上湊上前去。站在炕下的土地上看熱鬧的一群老鄉們都大笑起來。張老九說：「我操，看咱給你坐一個。」他踢掉了鞋一下就蹦上炕坐在我旁邊，兩條腿服貼地盤在面前。我們都學著他的樣子把僵硬的腿盤起來，很快腿就麻了。

我們的飯菜多得簡直可以餵一連兵，但是勉強盤腿坐的姿勢使得食物無法順暢地下嚥。此外，張老九的腳奇臭無比，弄得我一點食欲都沒有。本來只是準備我們一頓吃的飯菜，結果我們整整三天才吃完，好在天氣寒冷，我們堆雜物的棚子就是一個天然的大冰箱。我當時壓根就沒想到那幾頓大米飯有多珍貴，因為我們將很久很久以後才能再吃到下一頓大米飯。

飯後全村都集合起來，有些在女生的那間大屋子裡，多數人是站在門外的窗戶下面，我們十四個知識青年背靠窗戶站成一排。屋裡暗極了，我們幾乎看不見什麼東西，整個一間屋裡只有一盞小油燈，土牆是深褐色的，除了很少的幾個姑娘之外，所有的人都是穿著黑衣服。所有的男人和女人不是抽自己手捲的煙就是抽鑲著金屬煙袋鍋的長煙袋。每抽一口煙，他們就往地下吐好幾口吐沫。房間裡很快就充滿了濃濃的生煙葉的煙，我們被嗆得都開始咳嗽。

這時進來一個穿黑衣服的人喊道：「都別吵吵了，」大家馬上就安靜下來。「對不起，今天我下地幹活去了，沒上公社去接你們。我姓張，是咱小寬一隊的隊長。你們管我叫張隊長也行，叫大哥也行。」他的笑容很討喜也很靦腆。他臉上最明顯的就是那口歪歪扭扭的牙齒，所以他笑起來總是想閉著嘴擋住那口牙。

他突然收起笑容，臉變得嚴肅起來。「現在讓我們向偉大領袖毛主席作晚彙報吧。」他摘下棕色的狗皮帽，轉身對著毛主席像深深地鞠了一躬。儘管他看起來才二十剛出頭，但是已經長了許多白頭髮，在昏暗的油燈下也能看得很清楚。所有的村民跟著摘下了他們的各種顏色的狗皮帽子和頭巾，我也趕緊摘下我的帽子，所有的人都對著毛主席像深深地鞠了一躬。張隊長不知從哪兒掏出一本毛主席語錄，所有在場的男女老少也都掏出一本毛主席語錄，我趕緊也把我的語錄從口袋裡掏出來。張隊長用非常莊嚴肅穆的語調開始晚彙報和歡迎儀式。

「讓我們以無限熱愛、無限忠誠、無限信仰、無限崇拜的心情，祝願他老人家，我們的偉大導師、偉大領袖、偉大統帥、偉大舵手，我們敬愛的毛主席萬壽無疆！萬壽無疆！萬壽無疆！」張隊長把他的紅寶書揮舞了三下，所有的人都跟著他三呼萬壽無疆，並把毛主席語錄從胸口往上揮舞三次。

「讓我們以同樣的心情，祝願我們的林副統帥，我們偉大領袖毛主席最親密的戰友和接班人永遠健康！永遠健康！永遠健康！」所有的人都跟著他三呼永遠健康，並把紅寶書再揮舞三次。

張隊長接著說：「現在讓我們向他老人家彙報吧。」

隊裡的牛會計開始念毛主席語錄：「知識青年到農村去，接受貧下中農的再教育，很有必要……」他拖長聲念了足足五分鐘。村民們臉上毫無表情地聽著，一邊抽煙，一邊往地下吐吐沫，過了一會兒有些人開始打呵欠了。好不容易語錄才念完。

張隊長接過來說，「革命小將們，你們響應偉大領袖毛主席的號召到我們這兒來接受再教育，我代表生產隊所有的隊員向你們表示熱烈的歡迎。」

所有的人都熱烈鼓掌。

「毛主席教導我們，我們都是來自五湖四海，為了一個共同的革命目標走到一起來了。毛主席的教導是放之四海而皆準的真理。你們從幾千里地外的上海到我們農村來參加三大革命。俗話說，兩座山到不了一疙瘩，兩個人能到一疙瘩。要不是我們偉大領袖的號召，咱們咋能到一疙瘩呢？為了表示咱的心意，下面讓我們向你們敬獻毛主席寶像。」

五個小夥子和九個姑娘上前來往我們胸前的衣服上別毛主席像章，是那種一分錢硬幣那麼大的小像章。別完後全村老小都熱烈鼓掌。我們知道毛主席像章在全國都特別吃香，而且我們也知道送像章的規矩，所以早有準備。我們每個人都掏出一枚像章，別在他們胸前，全村老小又熱烈鼓掌。我回敬的像章是長方形的，有一張撲克牌那麼大，上面是一九二〇年毛主席拿著一把雨傘，去安源煤礦組織工人罷工。接受像章是全村最高的項大個子，他高興極了，一把抓住我的手，緊緊地捏著，我疼得差一點兒沒喊出來。他一邊使勁跟我握手，一邊謝天謝地地感謝我。幾天後我到他家去，看見那枚像章別在一塊紅布上，供神像似的放在房子正中間。

掌聲停下後，張隊長撓了兩下腦袋說：「媽拉個巴子的，咱唱個歌吧。」

當時晚彙報是一個極其嚴肅的政治儀式，聽見他開口說粗話我著實嚇了一大跳。在上海如果在這種場合下提到女性生殖器那簡直是不可思議的事情，一定會被當成「現行反革命」逮捕，甚至判刑。奇怪的是，沒有一個村民把他說的粗話當回事兒。

跟我們一起坐馬車到村子裡的一個姑娘用女高音唱起來：「敬愛的毛主席，我們心中的紅太陽。敬愛的毛主席，我們心中的紅太陽。我們有多少貼心的話兒要對您講，我們有多少熱情的歌兒要對您唱。哎，千萬顆紅心在激烈地跳動，千萬張笑臉迎著紅太陽，我們衷心祝福您老人家，萬壽無疆！萬壽無疆！萬壽無疆！」

儘管我並不感到意外，卻佩服得五體投地，真沒想到那些村民居然和城裡人一樣，能把這一套複雜的儀式進行得如此嫻熟而天衣無縫，我相信他們也一定排練過上千次了。剩下的儀式就是集體朗讀毛主席語錄。就像小和尚念經似的，村民們的口齒都非常清楚，但是讀過上千遍後聽起來好像已經失去了意義。過了幾分鐘，村民門開始打磕睡，念經變成了一片單調的嗡嗡聲。

我想晚飯時我大概吃了什麼不乾淨的東西，急著要上廁所，總算一直憋到張隊長宣佈散會。外面一片漆黑，我跑出去哪兒也找不到廁所，跑到土牆的角落就怎麼也憋不住了。外面的溫度大概有零下30度，而且風很大。脫下褲子後我渾身都起了雞皮疙瘩。幾秒鐘後我覺得屁股上好像針紮似的，很快就變成了像刀子割的感覺。冷空氣還把我的睪丸凍得一陣陣劇痛，那是一種一生中從未經歷過的感覺。過了一會兒，我的屁股開始麻木，就好像不存在了一樣。寒冷使肚子痛更厲害了，我在無法忍受的寒風中蹲了足有十五分鐘。等我完事之後手指頭全都凍僵了，擦屁股和繫褲帶都很困難。我覺得好像連骨頭裡的骨髓都被凍成了冰棍。我當時還擔憂以後上廁所該怎麼辦，其實我大大地低估了人的忍耐力，因為我沒有意識到內急達到一定程度後，就會超過我對在嚴寒中暴露屁股的懼怕。

四天旅程的奔波使我們感到很累，我們五個人把鋪蓋放在大約六平方米的炕上，我的位置在靠近廚房牆的一側，大家一個挨一個地鋪開，枕頭放在炕裡窗戶的下面。當時我根本就不知道我睡的炕頭是最熱的地方，因為我靠廚房最近。我覺得背上烙得受不了，於是把被子蹬開，但是馬上又把被子蓋回去，因為房間裡的溫度太低了。我覺得開始解凍的屁股火燒火燎的痛。半夜過後，我突然覺得有液體從臉上淌下來，用手一擦才知道原來是出鼻血了。我趕緊跳下炕到廚房去找涼水澆在額頭上降溫，然後用廁紙塞在鼻孔裡止血。回到炕上後還是睡不著，只好躺在那兒數數兒，慢慢地覺得自己像一條小船在大海裡漂流……

知青董尚文在〈插隊第一天〉也有更為生動的回憶：一九七三年的十一月八日，17歲的我同成千上萬的知識青年一樣，懷著改天換地的激情，踏上了插隊農村的征程。歡送會上，一位郊區幹部洋溢著激情說；「知識青年們，你們將要大有作為的地方，是太原市南郊區的一個大隊，那是一個依山傍水的村莊，村子的地形是四塊平地，三個堖，五條溝，十三條窪窪，一條河，山上栽滿了蘋果樹、梨樹和棗樹，是南郊區有名的花果山。那裡的貧下中農已經把最好的房子收拾好，等待著你們……」

在喧天的鑼鼓聲和高亢的口號聲中，我們這些胸戴大紅花，肩負著建設社會主義新農村重任的知識青年來到了我們的村子。和我們一起來的有三個單位的68名知青，分別安排在三個小隊。

我們21個人分配在靠近山口的小隊，9名男知青被安排在緊挨小隊糧庫的一間14平方米的房子裡，在通鋪土炕上，9個人的行李緊挨著放居然擺不下，地下也就剩下了一米多點的過道。我們3個的行李只好擺在了門外。領隊來的郊區幹部好生尷尬，立刻板起臉來指示村幹部：「這還能行？你們趕快去安排。」

當著送行的知青家長的面，我們的行李被抬到了溝對面的一座院子裡，村幹部指著一間鎖著門的新房子告訴我們：「你們3個就先住在這兒，我們貧下中農決不能讓你們城裡來的娃娃們沒個好住處。」聽著這懇切的語言，看到郊區幹部對此事的安排，我們3個和家長們剛才有些不安的心情總算平靜了下來。

天快黑了，送行的人們紛紛爬上送我們來的大卡車，揮著手同我們告別。被標語、紅花、笑臉、淚眼、鞭炮和鑼鼓喧鬧了一天的山村，又恢復了平日的寧靜。直到這時，我們才發現，這裡沒有了城市的嘈雜，不見了城市的高樓，天是那樣的晴朗，山是那樣的安寧，雖然，這裡出門就要爬坡，抬頭就見山，但在年輕人好奇心的驅使下，剛才對住宿條件的擔心一下子便消失得無影無蹤了。

忽然，院門口傳來急促的腳步和喘息聲。村幹部急急匆匆地來了。一進院子就對著我們仨不好意思地說：「咳，這家人準備結婚，不想讓你們住，實在對不起，咱再換個地方吧。」

說著，又幫著我們扛上行李翻過一條溝，到了一個沒有院牆的小屋前。頓時，我們仨呆住了。這屋子不足9平方米，更主要是太破。村子裡已沒有人住這種房。小屋依坡勢建成，既不方，也不正，外牆上只有一個不足半平方米的小窗，脫落的牆皮裡，裸露出早已改變了顏色的土坯，許多地方長著草。一位穿著一身破舊的黑棉衣褲的老大娘滿頭滿身的灰塵，手拿著笤帚佝僂著身軀，從兩扇破舊的門裡走出來，身後湧出滾滾灰塵。

屋裡的地下剛灑過水，緊挨著一頭寬、一頭窄的土炕邊上堆積著雜物，上面積滿了塵垢。我們把自己的小木箱並排擺在窄的一頭，炕上僅剩下不足兩平方米的地方了，3個人只好將褥子重疊著鋪開。擺好東西後剛一挺身，頭立刻被吊在半空中的草架子碰得生疼，好在村子裡有電，屋子裡雖說四壁漆黑，但有電燈照明，似乎又給了我們些許的安慰。

村幹部見我們收拾完了，忙說：「後生們，不要急，這個破房子是叫你們先住幾天，明天重給你們收拾一間，那間房子好，咱們趁著天還不黑去看看吧。」跟著他，我們仨又去看了我們今後將要住下去的「好房子」。這是一間不足9平方米，只有門框、窗框，四壁全都是土坯的房子，裡面拴著兩隻羊。

天黑了，忙碌了一天的人們都回了自己的家，村裡靜極了，到處漆黑一片，只有風聲陣陣吹來。我們仨緊緊挨著躺在狹小、擁擠、散發著黴味的土炕上，要想翻個身都得一塊兒動，可謂牽一髮而動全身了。雖然忙亂了一天，此時，我們卻毫無睡意，三個人無聲地直盯著吊在臉前的草架子，耳邊響著風吹牛皮紙的嘩嘩聲……

從這一天開始，我們的人生就揭開了新的篇章……

與上述知青相比較，知青劉銘等人的初到農村就顯得十分心酸冷清，他在〈下鄉四十周年祭〉沉痛地回憶：關於四十年前上山下鄉的今天，我在二〇〇八年五月十二日那篇〈周剝皮〉裡進行過描述，抄錄於下：我坐在汽車的尾部，看著陰沈沈的城市離我越來越遠，揚起的塵土將我裹成了泥人。因為沒有人來送我，我感覺有一點沮喪。但對未知的新生活，有一種好奇與興奮，接受了18年的革命教育，這次總算要去「親自嚐嚐梨子的滋味」了。

從成都到白果，大約200來公里，前幾年我和山川開車，兩個多小時就到了。可四十年前，這段路開車差不多需要一天的時間，等我們到了白果公社，已經是下午5、6點鐘了。整個車隊這時只剩了我們這一輛，其餘的在沿途都各奔東西了。去年去世的瞿百玲當時就在其中的一輛車上，好像她去的是柑柏公社。

白果公社遠離縣城，是個非常貧窮的公社，平均工分值不到兩毛，我所在的黎家灣，只有一毛一。現在的孩子們對此完全沒有概念，一毛一意味著什麼呢？拿出早工來舉例吧，我們每天從早上5點出工，幹到上午8、9點收工，將近4個小時的繁重勞作，報酬只得人民幣兩分錢，當時大約可以買一根最便宜的冰棍，或者大半個雞蛋，要想吃一頓比較飽的早餐，這點錢是不夠的。也就是說，人民公社的社員勞動四個小時，連頓飯也吃不飽，這足可證明人民公社是個神馬東西。

大卡車一路顛簸，一路塵土，到了「白果公社」，天已快黑了。沒有任何「歡迎」儀式，也沒有人安排我們吃飯，很多農民好奇地圍著我們，一個公社幹部用捲筒喇叭念著知青和要去生產隊的名字，知青便一個個被人領走，很像電影裡看過的販賣奴隸的市場。

「劉敏，楊茂生，郭……」輪到我了。

「8大隊7小隊！」

「到寡拉！」人群中鑽出一人，黑臉，鷹鉤鼻，三角眼，他就是我的「周剝皮」，生產隊長黎昌勝。我和第一次謀面的楊、郭兩個夥伴，跟著鷹鉤鼻上路了。

終於有了「歡迎」儀式，這是一個影視劇可以採用的畫面：夜色垂暮，蜿蜒曲折的山路，鷹鉤鼻走前面，我們三個緊隨其後，沒有寒暄，沒有對話，後面跟了一群啞巴一樣的孩子，幾個中年社員幫我們扛著行李，最後是一個嗩吶手，這傢伙氣真足，刺耳的嗩吶聲響了一路！沒有一丁點到了「廣闊天地」的幸福感，怎麼覺得像是被押去土匪的山寨。

和去匪寨差不太多，鷹鉤鼻舊社會就是「甲長」，國共兩黨他都是「基層幹部」，從一開始到後來，我都感覺不到他的友善，用現在的語言，他有「仇富心理」。可我們一點都不「富」啊，不過，和他們比起來，好像確實有那麼一點意思。

中江因堵碉堡的黃繼光全國有名（黃繼光的小舅子和我一個生產隊），後來因「中江表姐」聞名全省，除此外，就是窮得有名，100多萬喝紅苕稀飯的農民！據說每到中午，美國的間諜衛星都受到該地區喝粥聲的干擾。而我們到了中江縣最窮的生產隊，工分值一角一！中學學過的知識終於派上了用場。到了住地，天完全黑盡。煤油燈下，鷹鉤鼻有點殘忍，他抽著嗆鼻的葉子煙，皮笑肉不笑：「明天5點出早工，我叫你們！」

怎麼？明天就出早工？沒有人問我們吃沒吃晚飯，沒有人告訴我們明天怎麼吃早飯，哪裡有水洗臉洗腳，去哪裡上廁所，這就都走了？只剩我們三人，還只有兩架「床」！我們心裡滿是委屈，鼻子一酸，眼淚止不住往下落，不敢哭出聲，鷹鉤鼻的咳嗽聲就在隔壁。腦海裡一直存在的善良的「貧下中農」老大爺在哪裡？慈祥的房東老大娘又在哪裡？

楊、郭兩人，看了我一眼，默默地把他們的被蓋放在一張「床」上，而讓我獨自擁有另一張「床」。從此，他們倆就擠在那張不足1米2寬的「床」上，直到5年後離開農村。後來，「解放」了的父親來過，楊茂生他倆去農民家借宿，父親就睡我的「床」。半夜，我聽到父親的輕聲抽泣！父親還是從農村出來的呀！……

經歷了「上山下鄉」的黑暗，我在好多年以後終於醒悟，這是一場大規模的絕對非人道的浩劫，它的產生自然有其必然性，但對它的評價，不應該有絲毫的客氣，就如同評價當年希特勒發起的知識青年上山下鄉運動一樣，丑類就是丑類。任何對這種倒行逆施的讚美都是對正義和人性的踐踏……

我堅持認為，如果讓中國的年輕人再一次「上山下鄉」，不啻是讓大家「吃二遍苦受二茬罪」，那樣的中國，離被開除球籍真正就不遠了。

第二節　驚恐難眠的農村農場簡陋住房

如果說知青剛到農場農村產生的是一種陌生感和失落感，那麼，當他們真正面對著簡陋的吃住條件時，心裡就更加會產生一種畏懼情緒。關於這一點，知青梁宏業在〈我在那個小屋裡度過了兩千多個日夜〉也回憶了他面臨的生存困境：一間不足八平米的低矮門房，紙糊的窗戶不能開，出入的小門在門洞中，冬不禦寒、夏不避暑。這就是生產隊分配給我的臥室、廚房、兼倉庫。一年四季在屋裡做飯，秋天分到的糧食也在屋裡放著。這在當時我已經很知足了。因為它是集體財產，生產隊的公房，不用擔心被房主攆出來。再就是一人獨居倒也清淨。我真得感謝隊幹部給我這麼一個小屋，讓我有了一塊屬於我自己的領地，它就是我的棲身之地，插隊六年，異域他鄉，這小屋陪伴我度過了兩千多個日夜。

因為爐灶在屋裡，成年累月的燒柴做飯，四壁早已薰黑，每到冬天早晨起來，黑糊糊的牆上閃著亮光，那是因為頭天晚上做飯的熱氣結的霜。到了夏天，本來就悶熱的小屋，還要掛上蚊帳，不然這黃河灘的蚊子咬你一口，一個包，更可怕的是一種瘧蚊，被它咬了後果不堪設想，保你不死也得脫層皮。冬天晚上趁著灶火的餘熱趕緊鑽被窩，把白天穿的衣服都蓋在被上，冷的連嘴裡的哈氣都結冰，那時年輕火力旺，再加上白天的勞累，冷點兒也能睡著。夏天就難了，直到午夜都不能入睡，灶膛裡的餘火在睡前都要熄滅清除，儘快把爐灶的溫度降下來，有時著急睡覺，就用水把火潑滅，不等餘煙散盡，困的鑽進蚊帳，想睡就是睡不著，蚊帳裡潮濕悶熱，就如同蓋了層厚被，大汗淋漓直到天明。

雖然小屋冬寒夏熱，但我離不開它，它畢竟是我的安身之處，在那艱苦的歲月，小屋與我同享苦辣酸甜，高興時我可以請老鄉和知青夥伴到小屋，把我打來得野鴨子煮上一鍋，盡享野味之美，說笑打鬧快樂之極。痛苦時我可以在小屋大吼大叫宣洩我心中的鬱悶。我不用擔心房東和鄰居的喜怒。因為小屋是屬於我的。我沒有其他知青那種寄人籬下的感覺，我比他們少一份擔憂，多一份安樂。我一進村就堅定了不住社員私房的決心，堅決住隊裡的公房。經過實踐，我對了。那幾年我免受搬家之苦，不像有些知青東搬西住，屎窩挪尿窩，連個安穩的家都沒有，比起他們來，我悠哉、樂哉，幸福多了。

三十年後重返插隊故地，我去看小屋，早已不在了。生產隊散了，小屋被拆除了，原來的杜村也已物是人非。小屋的舊址已建起了新房，我站在房前許久，思緒萬千，彷彿又回到那悠悠歲月的年代。

上述這位知青在農村住的還是算好的待遇。而張燕在〈知青生活雖然不長但是一段不能磨滅的記憶〉講述的經歷就讓人有些擔心：下鄉第二年雙搶前，婦女隊長老插招工走了，另一個女知青和當地道班的一個工人結婚後就不常在生產隊，新的知青還沒有來，我一人在知青屋裡獨自住了一段時間。

一次，收工時天已黑了，我有點害怕，就叫上一個女孩陪陪我，走到屋角時，聽到伙房裡有響聲，我問女孩會是什麼，我估計是老鼠，這房子的老鼠多還猖狂，下鄉剛一個月，嶄新的被子和蚊帳被咬爛了一大片。原想問她會不會有人在裡面的，誰知女孩說這裡原來是一掛墳地，是誰誰家的，建你們知青屋時才起的墳，裝有骨頭的金盎還放在你們知青屋旁山邊淺淺的洞裡，可能是他的魂魄捨不得走又回來了吧。我聽後毛骨悚然，驚駭無比。

此後，凡是收工晚了，我都要叫上村裡的女孩陪我。如果收工早了，就快手快腳趕緊做飯洗澡，然後把飯端進房裡吃，拴好了房門還用米缸頂住門背，一個人在昏暗的小油燈下看看書，記記當天的工分。雖說下鄉在這樣的境地，但是每晚在工分簿上記下當天的出工，想到離兩年的日子又近了一點，覺得有點盼頭，很快就忘記了恐懼，一覺睡到了天亮……

景德鎮知青戈陽權在〈回憶中的鬼宅〉講得更加恐怖：我是下放在南市街的1名知青，當時我們大隊有所小學，學校對面的馬路邊上有幢二層磚木結構的樓房。平時只是公社在這裡開會或辦學習班，讓學員們暫住的地方。除此之外就是一幢空樓。故事也就從這空樓開始。

在我的記憶中，那是在六九年下半年農閒季節裡，公社正好在我們生產隊開辦一期幹部學習班，因此這幢空樓便熱鬧起來了。樓上樓下住滿了下放幹部，其中有位姓蘇的幹部，在樓上住了一夜，第二天一早就說頭痛，人不舒服發燒感覺是病了，據說是嚇病的。於是第二天晚上姓蘇的幹部便叫了一個當地和他同姓的農民的兒子陪伴睡覺。第三天早上小蘇發燒頭痛可能也是被嚇病的。小蘇一病就有三個月之久。後來怎麼治好的我也記不清了。

經過這兩件怪事的發生，當地的農民議論紛紛說東道西的，有的說：那幢樓房是學生和老師義務勞動所挖的墳磚所壘起來的，也有說：房基本身就是一塊墳地，經常鬧鬼。可見當時農村是那麼的迷信。但是對我們這些剛剛脫下紅袖章的知青來說，別說是鬼，就是真的牛鬼蛇神我們都鬥過還會相信迷信？還會怕鬼不成？於是我和知青們搬進了這幢空樓住了下來，當時我住樓上，但好景不長這件怪事就降落在我的頭上。我並非害怕，我記得這件怪事降臨到我頭上的那天晚上，正好是我一個人住那麼一幢樓房，我上樓睡覺前樓下的大門是我自己關的好好的，關好後才去睡覺，但睡到深夜兩點多時我突然聽到樓下有人打開了大門，接著是一步一步地向樓上走，朝我的住房走來。但是一走到我的房門口聲音又聽不見了，這時我立刻起床，打開電燈朝樓下走去只見大門依然好好地關著，並沒有打開。我便在樓下四處查看了一遍，什麼也沒有發現才回去睡覺。上床不到半個小時又聽到同樣的腳步聲，朝我門口走來，但是一走到門口聲音又聽不見了。於是我第二次起床走下樓來查看，仍舊原樣未動沒有人，我又上樓回房睡覺。這一夜反反復複了四五次，就這樣熬到了天亮。

第二天下午我到寧火生家裡玩，談起了昨夜鬧鬼的經過，正好遇上了大隊團支部書記方東琪在場，當時，他把我批評了一頓說：你是一個團員不應該宣傳迷信，散佈謠言。當時我也頂了他一句說：這是事實，不信你有膽量今晚就和我睡一夜。果然，當天晚上方東琪便和我睡在一張床上，在睡覺前樓下的大門是方東琪自己關的緊緊地，到了午夜和昨天夜裡一樣的響聲開始了。這時我硬是拖起方東琪一道下樓查看，只見大門依然好好地關著，無人打開過。當時，我還給方東琪壯膽打了兩掛百子爆竹，然後兩人才回房睡覺，但這一夜又反復了三四次同樣的響聲。可是說我相信迷信散佈謠言的方東琪一上床就用被子蓋住頭，再也不敢露出頭來。到了天亮時，我對他說：我沒有宣傳迷信和散步謠言吧？方東琪無話可說，只是趕緊起床早早離開這幢樓房回家去了。

經過幾起鬧鬼事件後，正趕上農業學大寨，作為一個「五七」大軍排長的我，應借農業學大寨這股東風改造良田，我這一建議一提出就得到了隊幹部們的一致贊同，並立刻作了決議：拆除鬼樓改成田。第二天就拆除鬼樓，我和貧下中農一起經過十多天的苦戰，終於改成了一塊良田，從此這幢鬼樓也就永遠地消失了。

現在回憶起自己都感到吃驚，作為一個天不怕地不怕的紅衛兵，不知鬥過多少牛鬼蛇神，居然在下放的第二年就相信鬼神，而且被這麼小的鬼神嚇壞了。這種恐懼是農民傳給我的，還是固有的？我不清楚，但我清楚一棟樓倒了。

由於農村沒有住房，剛剛下鄉的知青不得不面臨著極大窘境。知青馮建華講述的〈下鄉住祠堂和死人睡在一起，太恐怖了！〉就可以得到證實：一九六八年十月，學校開始分配我們去插隊……知青插隊，一般是住在農民家裡，有人關心，比較安全。可是我們到右龍插隊的8位同學，其中2位住在農民家裡，還有6位同學，全部住進了張氏祠堂。該祠堂有一定規模，做工考究，祠堂分上下兩層，我和另外一個同學住在樓下，還有4位同學住在樓上。

祠堂是宗族用以開展祭祀祖先、勸誡子孫、宣講族訓、教育來者、舉辦典禮、合議族事等項宗族活動場所，文化大革命批四舊，這些活動不大搞了，祠堂實際成了宗族擺放一些物品的地方，主要堆放了大量的棺材。農村的習俗，上了三四十歲，就要為自己準備一口像樣的棺材，再加上山裡面不缺木頭，家家戶戶都做棺材，家裡放不下，就放到祠堂裡。

我們剛住進祠堂看到那麼多棺材，真是嚇的不輕，晚上出來方便，更是提心吊膽，只要棺材發出響聲，我們就會以為鬼出來了，自己嚇唬自己。實際上棺材晚上是有聲音的，主要是木頭變幹時會發出劈劈啪啪的聲音，晚上夜深人靜時這種聲音聽起來很恐怖。沒想到更加恐怖的事情還在後頭。

那是我們插隊後的半個月，村上死了人，一般來說，城鎮死了人，在家裡放幾天，悼念完了就拉出去葬了。可是這深山老林的右龍，即使在文化大革命中，仍然保留著傳統的殯葬禮儀。人死後，首先要在祠堂裡放一個星期，祠堂實際上是個靈堂，棺材邊上放了許多供品，白天死者家屬要披麻帶孝到祠堂裡大哭，顯示悲痛之情。哭了一個星期以後，方可入葬。

可這一個星期的時間，卻把我們住在祠堂的知青折騰死了。白天，還算好過，我們外出勞動了。到了晚上可就難過了，我們住在樓下的，等於給死人守靈啊。不僅要聽死者家屬的嚎啕大哭，還要看外面擺放著死人的棺木，因為我們燒飯的地方在外面，我們還要經過祠堂到河浜挑水，無論如何是回避不了的。

我們一邊吃飯，一邊看著外面的棺木，心裡害怕極了，真怕死人會從棺材裡爬出來。在夜深人靜的時候，我們有時出來方便，看到那幅情景，真是觸目驚心。在一個木頭架子上，放著棺材，旁邊上點著一盞煤油燈，在微風吹拂下或明或暗，像鬼火一樣。棺材下面。放著一張供桌，上面擺著一些供品，由於供品的吸引，老鼠在供桌旁活蹦亂跳，不斷發出嘰嘰聲，老鼠的活蹦亂跳又引來了野貓，野貓圍著老鼠，串來串去，咪咪亂叫，還有狗圍著貓在打轉，老鼠聲、貓聲，狗叫聲，連成一片，似乎在演唱一出悼念死者的哀歌。我們實在受不了的，趕緊回到房間，鑽進被子，用被子緊緊捂著臉和耳朵，就這樣熬過了一夜。有時實在太害怕了，我們也會到小賣部買幾兩酒，把自己灌個酩酊大醉，這樣來麻痹自己。

有人說，知青插隊幹活苦，我們的感覺是住祠堂比幹活還苦，那是一種精神上的苦，是城市文明被農村文明戰勝的苦，今天回憶起來仍然是不寒而慄。更要命的是，右龍張氏是個大姓，村裡大部分人都姓張，每年正常死亡也得十來人，平均每個月都有一個人死亡，死了以後都得放進祠堂，我們每個月都要被折騰一次，試想一下，這到底過的是什麼日子呀？為此，我們曾寫信給有關單位，要求調整知青住房，能否安排到農民家裡住，直到兩年後，我們被招工，離開了右龍，也沒有收到有關單位的回覆，可見，那時的官僚主義也是很嚴重的，有關部門也是不顧知青死活的。

還有更加嚇人的，有的農村無法安排插隊知青的住房，直接就讓知青住在棺材中。關於這一點，知青陛下在〈我的知青經歷〉有詳盡的描寫：六八年全國的「老三屆」都要下鄉了，我們這種家庭出身的孩子沒有理由不去的，家裡沒有大人，下鄉所需的生活必需品都得自己準備，一個十幾歲的孩子真不知道生活必需品都應該是些什麼，沒人操心沒人過問，我自己準備了被褥和一個枕頭般大小的破皮箱，小皮箱開關壞了只好用繩子紮一下，我以為這些東西就足夠我今後長期的生活下去了。我一個人離開了這個家，乘著敞篷卡車滿臉滿身的塵土去了那個我以為就像往年春遊時看到的麥苗青，油菜花黃般的世外桃園。

送我們下鄉的卡車會開到什麼地方，和我一起的同學會是誰，我一無所知。那時我們下鄉都是同學自由組合，可因為我是「黑五類」的子女，是被大家排除在外的異己，只能由學校安排，這些人都是組合沒人要的剩餘品。

車開了很長時間，十月底的北方農村到處已顯荒涼，在一個路邊的兩排房前車停下來說是到公社了。這裡就是我要落戶的地方，心裡已經開始顫抖起來，太淒涼太不方便了，我站在卡車箱上使勁的往四周張望，想要分辨清我可以回家的道路。

上來幾個農村小夥把我們的行李往車下扔，我的小皮箱像仙女散花般的自由落地，我的東西撒的到處都是，在那個年代，有關女孩子的事和物都是自己最大的隱私，沒有接受過現在這樣鋪天蓋地的廣告脫敏。我恨不得找個縫鑽到地底下去，我不敢上去收拾，更不敢承認是我的物品，看著雜亂的人在上邊肆意的踩踏，我是用何等的勇氣才去把那些零亂的東西一鼓腦的塞進箱子。

我和兩個陌生的男同學被一個婦女領著沿著田間小路往那個我將紮根生活的地方走去，一路上光禿禿的更顯蒼涼我的心也隨之更冷。來到一個村口，一個男人迎接我們，他就是我們這個生產隊的隊長，他先對我們講話，講些什麼全沒聽進去，卻只記得他當時最精典的一句自編主席語錄：「毛主席教導我們說，知識青年是可以改造好的。」他的眼睛是看著我的，後來才知道我人還沒來背景已經交來了。

這個生產隊顯然是沒有準備接納我們，後來聽說這個隊人均2分地，不說太窮也只夠生存，根本不歡迎我們這些外來人口，臨時接到通知無奈的領回我們。當晚住在哪成了最大的問題，隊長領著我們走了一家竄了一戶沒人收留我們，最後隊長把我們帶到村外的飼養室，一大圈的騾馬牆角有一張大炕，炕上圍坐著很多老頭小夥聊天，旱煙味沖眼嗆鼻，隊長對其中一個人說：「今晚他們就睡在你這了」。

我吃驚的問隊長我住哪呢，隊長看著我半天沒說話，他的眼神分明在表示不是已經安排了嗎。我的臉上一定寫滿了抗議，隊長沒哼聲，他前邊走我後邊跟著，來到一戶人家，敲開門，指著照壁（農村家院門裡的一堵牆）後側一個育紅薯苗的炕土對我說：「你就睡這吧」天哪！這無異於睡在大馬路上。我還沒開口這家人就說：「不行！不行！我家人說不清了」。我真是太感謝這家人了。

天色已晚，隊長把我帶到一個小窩棚前，叫來一老太婆打開門，趁著透進的一點光亮看見滿屋（如果還叫屋的話）堆放的都是柴草和廢棄的農具，正中間放著一口棺材，幾乎沒有什麼可以落腳的地方了。我疑惑的看著隊長，他只說了聲：「今晚你就在這住吧！」話音沒落他就落荒而逃了，我已經欲哭無淚，我再也說不出什麼話了，說也沒人聽了。

仔細的打量著這間草棚，我不知道該睡在哪裡，唯一的就是那口棺材在農村只要條件許可都會為在世的老人準備好棺材以示孝順。我將要睡的這口棺材蓋子表面是坡型，翻過來又放不穩，只有窄窄的棺材裡了。那時還真沒有了恐懼只剩下悲哀，世上還會有人能有我這樣的體驗！躺在合身的棺材裡面向小窗洞看出去，那是用幾根小柴棍支起的通氣孔，外邊比裡面亮，滿目、滿腦、滿心全充滿了淒涼。我一夜都睜著眼睛腦子裡只有一個想法，我要出去！天亮我要回家！

天剛亮我就什麼都不顧什麼也不管地已經站在公路上了，攔著一輛又一輛的過路卡車，問著是否去我所要去的地方，都沒有，我只能重設一個中轉的地方，因為不熟悉路程回到家已經很晚了。進門就碰到媽媽準備出門，媽媽對我說：「快點！快點！你大姐在婆婆家生了孩子，我們去把她接回來。」等接回來大姐和孩子就沒人再注意聽我的訴說，我只好又回到了生產隊……

看到這一講述，簡直氣憤得讓人快喘不過氣來！上山下鄉第一天，跑到農村就「躺在合身的棺材裡面向小窗洞看，滿腦滿心地胡思亂想」，這小姐姐確實好可憐淒涼！換上我，那晚上恐怕也要嚇得魂飛魄散。可見這隊長完全不將知青上山下鄉當回事。

知青楊帆在〈剛下鄉時隊長竟讓男女同睡一鋪炕〉講得更為搞笑：慢慢騰騰地左轉右拐，日落時刻，老牛把我們兩個知青送到了插隊的地方——仁和大隊三合屯。一條「丫」字型的季節性小河把生產隊分成三個小村。一個叫北溝的小山溝裡，一戶無人住的空房，就是我們的青年點。

這房子原來的男主人病死了，女主人捨棄四歲的孩子改嫁到外公社去。房子經年空置，窗前堆著秫秸燒柴，還有一些碎石，沒有院牆。今天接到公社電話後生產隊突擊清掃、糊窗紙、燒炕，約略能夠住人。

大人孩子的來了很多，黑暗中認不太清，只記住了了生產隊長姓鄧，副隊長姓施。高粱米飯熬大白菜，熱氣騰騰地端上來，在大家的問候、安慰話語和眾目睽睽下，囫圇地吃完飯，人們漸漸散去。屋裡只剩下我和小薑。

空蕩蕩的屋子裡，一盞油燈，兩個人，兩個行李捲，三個盆。這是兩人的洗臉盆，還有生產隊給的一個尿盆。山村裡沒有廁所。我們把行李貼炕頭打開，讓被褥早些熱乎。坐在被子上，二人默默無語。剛剛一天的交情，互相還不瞭解，心頭本來就壓抑，沒有談話的興趣。

這是兩間房子的大炕，生產隊用秫秸柵個簾子，立在中間。第二天來了女生，隊長就讓他們住另一邊。我不知這裡農村生活習慣有什麼特殊性，在一鋪炕上同時住青年男女異性，半夜用尿盆嘩啦嘩啦地全屋人都聽得清清楚楚，這成何體統！雖然紅衛兵都心紅志堅，不會邪思異想，但實在沒有無所顧忌的膽量，我心裡暗暗發愁。

電，離這個山村還很遙遠，家家戶戶日落而息。外面黑漆漆的，只聞狗吠，不聞人語。煤油燈忽閃著火苗，地上牆上的影子忽長忽短，忽明忽暗，陰森森地。我倆吹滅了燈，鑽進被窩。挨炕的褥子一面已經溫熱，上面的被子卻冰涼，棉衣棉褲都壓在上面，仍無暖意。有涼風從四面吹過來，乾脆把棉帽子也戴上。

山村的夜，空曠、寂靜、清冷、孤獨，睡不著覺。對紅色革命的信仰與眼前的現實憂慮，「好似和針吞卻線，刺人腸肚繫人心」。窗外起了風，時而淅瀝以蕭颯，時而奔騰而澎湃。靈魂好似一頁小舟在茫無際涯的大海中隨波起伏，一忽兒上去，一忽兒下來⋯⋯

雖說是當時國家撥有專款，用於解決插隊落戶知青的住房問題，但由於各種原因，往往得不到落實，一些農村隊長只好用集體倉庫或是豬圈羊圈所謂公房來對付知青的住宿。關於這一點，知青何本立在〈大哥，房子又要倒了！〉有深刻的回憶：

一九六八年初冬，我和本初弟一起落戶到安徽省定遠縣西三店公社向陽大隊，那年，我20歲，是六七屆高中畢業生，本初弟16歲，剛上完初中一年級，我失去了參加高考上大學的機會，本初弟連上完初中的機會也失去了。

步行三十裡來到西三店公社向陽大隊小閔莊，生產隊安排我們住到一間土牆草頂的公房裡，並幫我們支起了鍋灶，買了張床，這就是我們落戶時的全部家當了。我瞅瞅那間房子，幾處透亮，心裡很犯難為：這種房子能住嗎？剛到農村，也顧不得這些，好在冬天裡雨雪不大，新鮮事也多，冬天很快就過去了。

當春天到來的時候，我們小小的房子裡又添了一個新夥伴——上海知青王良佑。他是67屆的初中生，是投靠嬸嬸下放到我們這裡來的。時值春雨連綿，外面大下，屋裡小下，土牆也潮濕了半截子。我對此屋的安全問題一直揪著心。心想：等人頭熟，天晴時，請隊裡幫著修一修。

一天晚上，下放在公社的省水利廳技術員小沈來到我們的小屋聊天。泥稀路滑，晚上他沒有走。他和王良佑睡一個床，我和本初弟睡一個床。我們聊天聊的很晚。剛準備睡覺時，只聽到屋上有辟辟啪啪的聲音，比雨點打在屋面上的聲音還響一些，響聲漸漸增大，半夜三更，是什麼聲音呢？好像房子還有些輕微晃動。我抬起頭來看看窗外，外面卻是很好的月光。

「可能是房子要倒了吧？」我的心頓時緊張起來，大喊了一聲。四個人連忙從床上縱身而起，赤著腳就往屋外跑。剛出門沒走幾步，來到水塘邊，就聽「轟」的一聲，房子一下子倒了下來。真像是電影裡的驚人一幕。當時，我們沒有感到絲毫害怕，只是覺得莫大的慶倖。在萬籟無聲的鄉村夜晚，四人光腳站在水塘邊的爛泥地裡，也顧不得涼，一起放聲大笑起來。

第二天，鄰居們冒著細雨幫我們扒出家具，只見床襯砸斷一根，木箱砸了個洞，鍋碗灶台全砸碎了，只有兩床被還算是完好的，可是沾滿了泥水。社員們議論說：「這間屋平時連牛都不敢栓的，還住人呢，作孽啊！」聽到這種話，看到這種慘景，我心裡酸溜溜的，難道我們知青的命連牛都不如嗎？一種說不出來的感覺梗在心頭，難以用語言表達。

後來，大隊又安排我們住進了炕煙房，也是土牆草頂的公房，據說是新蓋不久。大隊長安慰我們說：「這下可以安心住了，再倒我負責。」

我們搬了家，辛辛苦苦地支好鍋灶，生活又安頓下來。初夏來臨時，大雨下個不停。王良佑回上海了，連日勞累，我和本初弟都睡熟了。早晨，一聲炸雷，我在沉睡中聽到本初弟喊道：「大哥，房子又要倒了！」嚇得我一骨碌翻身下床，就見到屋子的一面土牆開了個大裂縫，正緩緩向外傾斜。第一次倒房是在夜裡，我也沒看清房子是怎麼倒的，這次可是親眼看見了，可把我們嚇壞了。我倆渾身發抖，光著上身，赤著腳跑出房外，在那雨林中大聲呼救……

大隊長正在家睡覺，聽到我們的呼救聲還有幾分不相信呢，等他看到了現場卻慌了手腳，連忙指揮幾個社員用幾根木棍子頂牆，幸好土牆傾斜的速度較慢，還就給頂住了。倒房的危險算是暫時避免了，可是，開了那麼大裂縫的危房還能住人嗎？我請求大隊長再給我們調間房子住，大隊長回答道：「大隊暫且沒有空房，你們暫且將就住住吧，等騰出來空房，我負責給你們調。」還自言自語地說：「一個大隊一下子來了二十個知青，我從哪裡給你們調到好房子呢，我又不會變房子，真難為人啦！」最後是不了了之……

第三節　羞愧難言的粗劣飲食與如廁窘態

住宿條件簡陋到還可以克服，但是粗劣難咽的飲食卻讓人難受。知青胡果威在〈四十年了〉中也回憶了當時知青不習慣農村飲食的困境：……第二天一大早我們又被敲那段鐵軌的響聲吵醒了，噪音比第一天更討厭。因為我們都是腰酸背痛，手像火燒般地痛，所以起床比第一天更困難，但我們還是掙扎著爬起來。兩個星期下來我們居然用雙手填了上百萬個豐產坑。

填豐產坑的時候，我們還是很關心中蘇邊界的武裝衝突，但是卻聽不到任何消息。鄉下既沒有報紙，也沒有收音機或廣播喇叭。待在一個消息閉塞的村子裡簡直是一種折磨，充耳不聞使我們開始胡思亂想。一個星期後張隊長總算從公社裡帶回了我們的第一批信件和幾張過時的舊報紙。謝天謝地，蘇修沒有膽量越過邊境，否則我們也許真的會在中國國土上的一次成功的核子試驗中送命了。

我們在第三天吃完了所有的剩飯，終於在第四天嘗到了第一頓高粱米飯的滋味。高粱米飯的顏色通紅，就好像上海人喜愛的紅豆飯，看起來讓人食欲大增。但是吃到嘴裡就不是那回事了，非常難嚼，更難以下嚥，怪不得是「粗糧」。我們的主食還有玉米麵和小米。臨近村子裡的一位知青隨口說在上海小米是餵鳥的鳥食，一位階級覺悟很高的人把這句話報告到公社領導那兒。那位知青因此被批鬥，因為貧下中農是他的老師，而他把老師說成是鳥。在當地的方言裡，老鄉們把男性生殖器隱晦地稱為鳥，所以那句話特別犯忌。此後在東北生活的十三年裡，我將要吃整整三噸粗糧。

最大的問題是，我們連蔬菜都沒有，更不用說魚和肉了。東北氣候寒冷，六個月漫長的冬天什麼也不能種。當地的鄉親們將頭年秋天收穫的白菜和土豆儲藏在三米多深的地窖裡過冬吃，因為我們頭年秋天還沒到那兒，所以連一片菜幫子都沒有。我們總算在附近的學校裡買到三百斤蘿蔔，但是對一個十四個人的「集體戶」實在是杯水車薪。女生們用大量的鹽把蘿蔔醃起來希望能多吃幾天，但是鹽放多了把本來像蘋果那麼大的蘿蔔變成乒乓球那麼小，所以一個月就吃完了，大家只好用鹽拌高粱米飯。後來我們一直到六月初總算才嘗到蔬菜的味道。在此後的十三年裡，每年的冬天只有兩樣菜，白菜和土豆，中午白菜晚上土豆，或是中午土豆晚上白菜。

結婚後，我妻子最喜歡吃玉米和土豆，她常問我為什麼不喜歡玉米和土豆。我只好直言相告，「親愛的，你知道嗎？如果你連續十三年老吃這兩樣東西，你還會有食欲嗎？」其實我是一個從來不挑食的人。在東北待了十三年後，每一頓飯對我來說都像國宴一樣好吃，包括玉米、土豆和白菜。我只能說我對這三樣東西並不情有獨鍾而已，不僅因為我在那十三年裡吃得太多了，更因為那三樣東西會勾起那些埋藏在我心底的酸甜苦辣的回憶。

吃飯沒有菜確實讓人難以下嚥。有位雲南兵團知青回憶：當年的西雙版納農場，缺油少菜，以至於喝鹽巴湯，到伙房連一滴油也沒有的時候，鹽巴湯也不供應了，就只有吃白飯的份。吃白飯令人發愁。每當知青們從伙房裡打到的只是一碗碗白飯的時候，知青們的「討菜生涯」就開始了。

說到「討菜生涯」，先要交代一下知青的「小灶」。因伙房裡常常供應的不是「紅鍋菜」（無油的菜）就是鹽巴湯，知青們不得不自己或幾個人搭夥開起了「小灶」。或在幾塊石頭上架口小鐵鍋，或自備一隻火油爐，燒點小菜作為補充。開「小灶」的油是探親回城市帶來的，至於菜料，那就各顯神通了。

有的知青跟老職工關係較好，每次探親回來不忘送些香煙、糖果、肥皂之類的聯絡感情，因此有時能從老職工的自留地裡得到少許蔬菜，或老職工自製的辣豆豉等。若是某知青剛探親回來，那他或他們的「小灶」就非常誘人了：也許有鹹肉、香腸呢！

知青們從伙房打了白飯紛紛回到茅棚宿舍，此時，宿舍區就有若干處炊煙嫋嫋升起。炊煙升起之處，是當頓有「小灶」開的知青正在忙乎。而有些知青無灶可開，只好厚起臉皮開始「巡邏」。東家串串，西家瞅瞅，「走過路過，不要錯過」，見哪處知青開了小鍋菜，就捧碗上前道：「討點菜，討點菜，白飯實在吃不下。」

一般來說，雖然「小灶」的東西也不多，幾個搭夥知青僅只一碗小菜，但念在同是難兄難弟，就讓他夾幾筷頭吧。再說，誰沒有「巡邏」的時候啊，今天你施捨幾筷頭，明天你可能就被施捨幾筷頭呢。如此共度時艱。

一般來說，知青大都還識相。一是夾的筷頭不能太多，起碼不能喧賓奪主；二是不能太頻繁，今天剛討過，明天又來討，那臉色就不好看了。也有不大識相的知青。我所在的老連隊有個知青被人討厭，「昨天來討，今天又來討，太不識相了！」人們這樣評價他。

「討菜」也要有策略。你今天討東家，明天就去西家嘛，如「圈子」太小，盯牢一二家討，難免遭人白眼。當然，你「討菜」的「圈子」大，人緣好，當你被討的時候「圈子」也大，人緣也好，這時你可不能小氣啊！一般來說，男知青「討菜」較多，女知青臉皮薄，情願吃白飯或自家過小日子，不大「巡邏」。

黑龍江鳳凰山農場知青在〈慶祝毛主席生日，指導員宣佈：今晚食堂麵條管夠〉回憶道：十年下鄉，數六九年最不堪。田裡長草不長苗，吃頓細糧成了奢望。毛主席生日前二天，指導員王繼禹宣佈：「後天食堂供應麵條，管夠！」此言一出，群情振奮，戰友們歡呼雀躍、擊掌相慶。

二天時間很短。二天的等待卻很漫長。在期盼中我們終於迎來了十二月二十六日初升的太陽。時針早已過了早餐九點，但戰友無一起床，大家要留出胃的最大空間，迎接今晚的美餐。

十二點過後，經不住飢餓的折騰，更受不住美味的誘惑，明知開餐還有近三個小時，但戰友們還是不由自主的拿著碩大的飯盆向食堂走去。此時的食堂，早已人聲鼎沸，戰友們三五成堆圍坐在樺木櫈上。他們嘻鬧著，臉上漾溢著幸福的光芒，農場版的滿漢全席即將開張。下午三點的鐘聲終於敲響，供餐小窗齊刷刷打開，戰友們歡呼著湧上前去——傾刻間，嘻笑聲嘎然而止，取而代之的不絕於耳的「哧溜」聲。

第一碗：來不及落座，三口二口，虎狼般「吞」下；第二碗：飢餓解除，從容坐下，細細品味，慢慢「吃」下；第三碗：肚飽胃脹，無法下座，左手撐桌，右手持筷，一根根「咽」下；第四碗：兩眼發直，脖子發酸，但筷子不捨得放下，艱難「塞」下；環顧四周，戰友們臉上露出的是前所未有的、滿足的微笑。這是一次終身難忘的晚餐，它將永遠銘刻在我大腦記憶的皮層下。

瞧，一碗麵條都都成了終身難忘的晚餐，可見平時知青吃的粗糧實在難以下嚥……

除了住宿簡陋，農村農場的衛生條件尤其是上廁所也是讓知青頭疼不已。知青陛下在〈我的知青經歷〉講道：……在這片土地上生活最大的問題莫過於上廁所的問題，每天必行的事卻成了最頭疼的事。村子裡沒有公廁，家家所謂的茅房、後院其實就是豬圈，短時間可以速戰速決，可時間稍長豬就會過來零距離的親密接觸，啃屁股，追的提著褲子到處跑。白天還好可以去近臨家，對去別人家辦事主人是歡迎的，畢竟是增加了農肥，可他們對我們使用的紙卻提出強烈抗議，不容易化解這是個污染。而那時當地人無論男女都是不用紙的。最麻煩的是下雨，泥濘的豬圈流淌著雨水沖刷的屎尿，腳都不知該往哪站。我們的雨具都是草帽，雨大了光著下身接受雨的洗禮，水順著帽簷流在背上繼續往下。

最為難的是不能夜半敲門，沒有了去處只好隨處解決，有一天黎明當我正在「辦公」時，抬頭突然看見不到10米處一個男人挎著糞筐站在我面前，眼睛盯著我扔在地上的紙，當我倆眼睛對視時他平靜地說了聲：「我要你扔的紙治病」。我腦子僵了，蹲著也不是，站起也不是，一切瞬間都停止了。後來聽他們說處女用過的紙燒成灰喝下去可以治癆病也就是肺結核。不知道當時我怎麼逃離了現場，不記得當時我說了什麼沒有，只記得很長時間我的腦子裡都會出現魯迅寫的「藥」。

可憐的中國農村，可憐的父老鄉親！可憐的插青小姐姐，在這猝不及防的「春光外瀉」中，領悟到的是農民更加莫名其妙的人生悲哀！就憑這幾個連自己生存能力都不具備的知青，能改變極端窮困落後的農村面貌嗎？顯然不能！重慶知青蒙啟明在〈南江知青歲月記事五：區級幹部待遇〉有這樣一個細節：……在貧瘠的大巴山土裡刨食，肥料是最寶貴的，當時還很少用化肥。一般人大小便都要夾回家去，知青們剛來不知道，趕場天內急了滿街找廁所，農民說全區只有一個廁所在區公所，於是聞其味而尋去，終於在一個豬圈旁邊找到區公所的專用廁所。進門就看見牆上掛著一個竹筒，裡面裝著一些小竹塊，旁邊還寫著「請節約使用」等字樣。原來是區公所的老炊（炊事員）分管此事，煮飯之餘就為區級幹部方便準備竹塊。

享受了區級幹部待遇後，知青們才弄明白，各公社辦的舀紙廠生產工藝非常複雜，先把竹子砍下來放在池子裡用生石灰浸泡幾個月，再撈起來用牛拉著石碾子反復碾細，然後倒在木盆裡攪拌均勻，榨壓後用簾子一張一張的舀，接著還有砸幹、裁角、揭紙、晾曬、收衣等等複雜的手工工藝。社辦舀紙廠的收入是當時各公社重要的財政收入，這種土法生產的又硬又厚的草紙全都得賣給供銷社，供縣以上的幹部享用。區裡幹部用竹塊，公社幹部用樹葉，農民的娃兒屙了屎一般喚狗來舔。這種事情知青們用了好長一段時間才慢慢習慣……

知青胡開雪在〈那高高的茅廁桶〉有更為詳細的講述，現摘錄其中精彩一段：在這方偏僻的鄉村，家家戶戶都有這樣一道景觀：一個圓形的大木桶，高約四五尺，直徑三四尺左右，上面蓋兩塊寬厚的木板，高高地聳立在茅廁裡，盛下人們的「拉撒」，這就是茅廁桶了。或高聳正屋後的山腳下，或高聳側屋的一端，大都緊挨牛欄豬欄。對這樣的地方，人們多不講究，僅用點柴棍松枝之類做遮掩，因為保密程度不高，不習慣者高踞上面，難免心驚肉跳。用幾個化肥袋子或破爛床席掛嚴實點，免得陽光燦爛，一覽無餘，算是此處很時髦的高檔衛生間了。

在下鄉當知青的頭一年，那正是一個春天。我分配在大隊貧協主任家吃住，講出身，他響噹噹，數代赤貧，解放前靠乞討為生。論出身苦，全大隊數第一；讀過一年書，嘴巴皮會翻。憑此做資本，當然可以紅得發紫，在本大隊算得首屈一指的人物。

剛住進他家，第一次上茅廁，小心翼翼地跨過幾塊大石板壘成的階梯，登上大木桶，腳抖抖地蹲下，剛排泄一筒糞下去，只聽見「嘭」地一聲響亮，臀部、臉上、身子上下四周全被一個個大蒼蠅撲騰，處在蒼蠅陣中，我慌了，急用雙手揮舞，驅趕它們。

連忙大叫貧協主任七八歲的兒子送解手紙來。接著一看，是塊小竹片。我求他換一下，送來的是一片大南瓜葉子，毛茸茸的，這蒼老粗糙的葉子能充當解手紙的角色嗎？求他換一下，遞過一片冬瓜葉子，也是毛茸茸的。再低聲下氣求他，塞出一片甜菜葉子，沒有茸毛，比較細微。我拿著它，反復撚摸著，總是放不到那個位置去。

小孩看出我的厭煩，說：「這都是不要錢的喲，我們全靠用這玩意！」再求他，不見人了。無法可想，只好將就，從娘肚子裡出來，平生第一次嘗到菜葉擦屁股的滋味。我心涼透了，也煩透了，認為他家太小氣，七八歲的小孩就學得這麼刁猾，一張解手紙都捨不得，真是不可思議。害得我在高高的茅廁桶上，與蒼蠅親密接觸！

貧協主任看出我的心思，找我談話，地點：茅廁裡，那個高高的大木桶前。他說：「年輕人，你是來接受貧下中農再教育的！我們這地方，很少見用紙揩屁股的，我們抽煙都缺紙呢！你瞧瞧！」他用一根長長的柴棍，翻弄著木桶邊的一堆篾片、柴棍、瓜菜葉子，繼續著話題，「你不相信，我帶你去別家看個仔細！」

貧協主任住在山坡最高處。生產隊坐落在一處山坡上，坡下住人，坡上住人，坡中間用青石板，大卵石砌成一條寬約三尺的路，長約百餘米，陡陡的。路兩邊有高大的樹，枝葉扶疏。樹上棲身的大都是烏鴉，曾有村民手裡提著肉，從此走過，那畜生飛身而下搶掠，多次與人展開肉搏。若拿著能進口的食物，必得盯著樹上小心翼翼走過。貧協主任邊走邊說起這些，又望望樹上，恨狠狠地跺腳：「這不通人性的傢伙，咱一個月難見一回葷腥，半月難吃一回飽飯，鍋裡難見幾個油星，它也敢跟人來競爭吃食！」說罷，彎腰撿起一個大石子，使勁朝樹上擊去，烏鴉受驚，唱起「呱呱之歌」飛逃而去。

貧協主任領著我，上上下下，七繞八拐，進進出出，幾乎參觀完了生產隊裡家家戶戶的茅廁，確實，不是篾片、柴棍，就是各種各樣的菜葉子。只有在竹林掩映的一家，我在那裡見到了罕見的解手紙，好似聞到了那種熟悉的城市生活的氣息，直攪得心癢癢。

貧協主任聰明，馬上向我解惑：「曉得麼，他家有個兒子在城裡當幹部。」又回望那竹林深處裡的幹部家說：「當幹部的屁股比咱農民伯伯的白一些嫩一些，咱可不能跟他比！」

「他不是進了城當了幹部，就忘了本嗎？」經過貧協主任的突擊培訓，我成了他的「同盟軍」。對於我的質疑，他只「嘿嘿」了兩聲，吭氣道：「他的命好些，咱的命哪比得上他的！」聽罷此言，我不禁茫然。

我在茅廁桶上的表現，貧協主任及時彙報給了大隊。大隊書記認為，像我這樣的情況絕非個別的，也還不是嚴重的，完全有必要對全大隊的知青進行一次「再教育」。不久，在大隊部，全大隊三十多名知青都集中起來開辦「學習班」。

大隊書記坐在主席臺上侃侃而談：你們來廣闊天地，是接受貧下中農再教育的。可你們中有些人上茅廁捂嘴，在茅廁裡舀屎尿捂嘴，挑著尿桶也捂嘴。見了茅廁喊臭，這怎麼行？你們見哪個貧下中農捂了嘴？上綱上線來說，這是對社會主義新農村、對貧下中農、對毛主席上山下鄉革命路線的感情問題。你們一定要清醒地認識這個問題！

我要告訴你們，一蔸屎、一泡尿，那是我們的寶。種田要用它，澆地要用它。它臭，能臭出莊稼！你們知識青年，餓起來能往城裡跑！我們貧下中農往哪跑，拖家帶口的哪裡跑得動？跑得脫和尚跑不脫廟。我們有個家拴著腳！我們要想活，不靠攢著這屎尿又靠什麼？

經過一番洗腦，翌日，每個大隊幹部輪番帶幾個知青，走進茅廁，在大木桶前吃「憶苦餐」。我的腸胃抗臭功能尚可，進食時並無多大排斥反應。端起碗也能風捲殘雲，一掃而盡。為這，我還得到表彰。十幾位腸胃功能弱的，捧著碗摸著筷子，蹲在茅廁桶邊，吃進兩口，就要「退貨」，喉嚨咕咕響，閉緊嘴強忍住不嘔吐。睜眼看看站在身邊的大隊幹部，儘量又做低頭使勁張口吞咽狀。那窘迫相、狼狽樣，實在是差強人意……

〈重慶晚報〉秦永貴在〈拉野屎的苦與樂〉講述了一個啼笑皆非的故事：何大明出身於醫生世家，從小就愛清潔，每天都穿得乾淨整齊，很惹人注意。初中唯讀了一年，就趕上了「文革」，不久就被遣送到「廣闊天地」去接受貧下中農再教育。來到農村，環境變得極為惡劣，但他照樣勤洗勤換，始終保持著乾淨整潔的習慣，連他用的糞桶也是常用常洗，挑糞時也要蓋上些樹葉或雜草，使之不礙觀瞻。

一些貧下中農看不慣，說他窮講究，生產隊長也批評他是資產階級臭毛病。他總是笑臉相待，虛心接受，但就是不改。時間一長，大家都知道他這是從小養成的潔癖，加上他幹活賣力，人很老實，也就不再對他說三道四了。

農村生活艱苦，農活重，工分少，吃不飽，他都能忍受，就是上廁所讓他焦頭爛額。那時川北農村大都是土牆茅舍，廁所和豬圈同用一個糞坑，人隨意蹲在茅坑邊上就開始方便，豬糞、人糞、尿水和屋簷水經常把茅坑裝得滿滿的。去這種地方方便，刺鼻的惡臭還是其次，一不小心，坑裡烏黑的糞水就會濺得滿屁股和褲子皆是。那時農民們方便後都是用篾片刮，知青們雖用草紙，但隨身攜帶有限，身上的糞水常常讓他們非常難堪，鬧出不少笑話。

夏天來了，蚊子亂飛。四川農村的蚊子雖不像「雲南十八怪，三個蚊子一盤菜」那麼大，但成群結隊，窮兇極惡，一咬一個疙瘩，叫人生畏。白天，知青們都離不開扇子撲打，晚上睡覺更得靠蚊帳防身。而茅坑是蚊子的大本營，如廁時很遠就可以聽到那讓人心驚膽戰的嗡嗡聲。脫了褲子剛蹲下，蚊子就鋪天蓋地地俯衝而來。上面還可用篾巴扇驅趕，下面就無可奈何了，只能速戰速決走人。城裡長大的知青，個個細皮嫩肉，哪能經得住這種考驗，好多人都長了「坐板瘡」，又癢又痛，叫苦不迭。

何大明更是受不了這種罪，於是提出要改造廁所。但大夥對他說：「一天那麼點工分，房子漏雨都無錢修，還想改造廁所？真是異想天開！」他聽了，氣得直搖頭。為了擺脫如廁的尷尬，他只好偷偷到田間地角、山坡上去拉野屎。沒過多久，就被好些男知青發現，大家都來效仿，很快就成了公開的祕密，於是，知青們便三三兩兩相邀而行去野地裡方便。

在風景秀麗的野外方便還真是別有情趣，有人振振有詞地說：「拉野屎能使人心曠神怡，元氣上升，濁氣下降，食歸大腸，水歸膀胱，血氣皆通，心情舒暢。」更有甚者，還有人亂改歌詞「藍藍的天下拉野屎，空氣清新沒有蚊子，放下包袱真舒服，精神煥發好歡喜⋯⋯」

面對知青們明目張膽拉野屎，農村婦女們很是不滿，都說有傷風化，但知青們毫不理會，仍舊我行我素。生產隊長只得上門勸說。可知青們油腔滑調，嬉皮笑臉，說：「你管天管地，還管得了我們拉屎放屁？」氣得隊長只好向上面反映。

縣裡馬上進行調查瞭解，瞭解到多數農民群眾對知青拉野屎的行為都很有意見，就專門開會，研究下發文，希望能遏制這一不文明的行為。知青們哪裡會把這類紙質公文放在眼裡？縣裡幾個頭頭很生氣，下定決心選了何大明所在的生產隊作為整治樣板，派出由七個人組成的「整治拉野屎工作組」，要以階級鬥爭為綱，殺一儆百，狠狠整治這股歪風邪氣。

工作組一到生產隊，就拿臭知識份子家庭出身的何大明開刀，給他安了三大罪狀：第一是發明和帶頭拉野屎，不講社會主義公德；第二是組織和煽動知識青年拉野屎，浪費肥料，破壞農業學大寨運動；第三是鼓吹拉野屎，宣傳資產階級享受腐化思想，破壞知識青年思想改造。開完聲勢浩大的批鬥大會之後，又遊街示眾。在殺雞嚇猴的威嚇下，知青們個個心驚膽戰，只有忍氣吞聲，老老實實回去蹲茅坑。好在農村的山風、雜糧、農活很快就把知青們的皮膚磨練得粗厚了，感情養得踏實了，沒過多久，知青們也都習以為常，如廁也不再覺得可怕了。後來有人再叫何大明去拉野屎，他也嫌風吹雨打，不光彩，不願去了。

「四人幫」垮臺後，知青們都回了城。何大明回城後，憑著勤奮刻苦，發了家致了富，又邀約了一些知青重返上山下鄉那片故土。在被遊街批鬥過的那條街上，他掏錢建了一個比當地政府辦公樓還漂亮的公廁讓群眾享用，並題詩一首作紀念：「下鄉五載淚襟沾，艱難困苦記心間。如今故土換新貌，捐獻公廁把景添。」

在農場農村上廁所，除了髒，還有一個冷，也讓人難受。北京知青李志勤在〈北大荒的廁所還能起到政治避護作用〉有生動

的描述：北大荒的冬天，那叫一個嘎嘣冷，且不說人頭髮上掛的那個白霜，也不言大馬路上刮的大煙炮。單說冬天的如廁，就是一件絕對考驗人意志的事。我們連的廁所，修建在宿舍後面的空地上，距離不算遠，但地形較複雜，去廁所得小心翼翼地走上溜滑的凍土小徑，不時跨過幾個小「冰包」，頂著老北風，鑽進廁所。

北大荒的廁所有特色：最大的優點是沒有臭味，因為四面透風，不需要像我們現在的衛生間不但要用排風扇抽風，有時甚至還要用點香薰一薰。最大的缺點是比外邊還凍人，不僅窗戶透風，蹲坑的下面與外邊的掏糞溝是一體的，自然更透風。風順著通道向上走，風力更集中，一點沒遭塌。上邊是北風吹著，下邊是底風嗖著。在室外再冷你還能縮成一團，在廁所裡，你卻得老老實實地半褪衣襟，迎接冷空氣，方便完畢時，人幾近凍得麻木，這時才能慢慢地起身繫好衣服離去。

男同胞大概是上帝的寵兒，受到特殊照顧，受凍的時間似乎都可以短些；女同胞可就慘了，不僅受凍的時間長，次數還多，當我們每月例行公事時，把厚厚的一疊衛生紙貼放在私處，冰冷得像鐵板，又硬又冷，苦不堪言。不知是哪個聰明人，發明了自熱法，提前就把衛生紙放在腋下夾著，等用的時候是帶著體溫的熱度墊入，冰冷麻木的身體，立刻感覺到自下而上的暖流，溫暖了全身，血液開始緩緩的流動，相當的滿足。

這麼冷的廁所除了有方便的功能，還有傳話的功能。不信請你仔細觀察上方，男女廁所只有道一人多高的隔牆，隔牆的上邊是空的，開始沒意識到，後來因為好朋友到廁所說悄悄話，以為沒有人聽見，臨了，隔壁傳來一聲咳嗽聲，著實被嚇了一跳，撥出去的水橫豎是收不回來了，古人云：隔牆有耳，何況是半透的牆呢。但是，聲音的運動是雙向的，也是公平的，偶爾也能聽到來自男廁所的聲音，於是，便多出了一個流通渠道，出現了廁所新聞。

這還不算是稀罕事，更有絕的是，在那個特殊年代，廁所還起到一種政治避護作用，不是本人忽悠，是絕對有根有據的。一九七四那一年，凡是從北京回來的知青引人注目，一回來就與幾個好友唧唧咕咕，傳些政治方面的小道消息，從江青的初戀情人到林彪駕機墜毀蒙古溫都爾汗，真真假假，無所不有。大家聽得特驚奇，特感冒，可又怕上邊知道，追查謠言惹出麻煩事。所以一定要對方向天發誓才肯告知，講完以後還是不放心，怕追查露餡，不料，對方往往是急赤白臉地拍著胸脯說，如果有人問我在哪裡聽到，我就說是上廁所時聽到，他上哪兒追查去，誰知道廁所那邊是誰，我又看不見。話畢，大家不禁得哈哈大笑。

從此以後，凡是要被追查的事情，全都推到廁所身上。真是一推了事，一推百了。北大荒的廁所真是不容易呀，接納了我們身體最不乾淨的物質，還要包容我們推卸的責任。讓我們乾乾淨淨，輕輕鬆鬆地離開它。

黑龍江生產建設兵團54團磚瓦廠知青葉振華在〈酷寒東北，宿舍門口的淺黃色冰坡〉講道：高中畢業，所有畢業生都上山下鄉。我本來打算報名去雲南的，因為我最怕冷。可是同學們一通勸說，掙工資總比掙工分強，於是我就跟著去了黑龍江，整個一個大對角。去之前，聽說那裡冷到什麼程度，在室外小便時要準備好一根小棍，因為帶著體溫的尿一出來就會結成冰條……

那時住集體宿舍，宿舍以外另外蓋了個廁所。雖說小便不用棍子，但是晚上從溫暖的炕上下來，走幾十米去上廁所，那種寒冷也是難以抵受的。於是大家紛紛一出門轉個彎就尿，有的乾脆站在門縫裡往外尿。那門口原本就結了層冰，因為有人貪圖方便，將用過的洗臉水洗腳水就近倒在門口。一旦開了頭，就無法收拾了：大家都這麼倒，這麼尿。日積月累，宿舍門口就長出一個夾雜著垃圾的淺黃色冰坡，進出宿舍要小心翼翼，彷彿登山隊員似的，否則隨時都會滑倒。

冬天是漫長的，足有八個月之多，倒也不覺得衛生有多大問題。一開春問題就來了，門口老是臭烘烘的，而且與泥漿和在一起，實在令人噁心。這樣的日子我竟然過了十年。八十年代初我被分配在北京工作，曾經兩次聽市長作報告，專門講改進公廁的問題。他這樣轉述外賓用「一哭二跳三叫四笑」來描述北京的廁所：一進門，阿摩尼亞氣體辣得眼淚奪眶而出；門內尿水橫流，地上墊著磚頭，必須跳著進去；剛蹲下，便坑裡的大尾巴蛆嚇得人驚叫；與對過蹲坑者面面相覷，互相一覽無餘，只有搖頭歎息一聲苦笑。

後來讀到相關文章，談到西化問題，他說八國聯軍的瓦德西見到北京市民在街上隨地便溺，下令在北京城裡普遍設立公廁，原來這是當年引進的一個西化項目。當年我在東北上廁所，卻從來不曾想到過西化，西北風的苦惱倒是常常縈回腦際。

北大荒的廁所，糞坑不知為什麼都挖得很深，足有兩米，而且一般都不加蓋。冬天上廁所真是受罪。夏天呢，這裡可是個危險的陷阱，曾有人失足掉落，後果不堪想像；更曾經發生過有人將初生嬰兒丟落淹死的可怕事件。某連隊年年被評為先進，有一年冬天積肥，竟然從冰凍的糞坑裡刨出一個嬰兒！這個連隊的先進立馬被取消。

冬天上廁所的艱難，我們連隊的一位女知青已經詳細描述過，上海老年報刊登了她的文章。其實這種廁所也有它的另一面，就像當年學哲學時常說的：壞事變好事。

上文說過，冬天上廁所其實不必帶個小棍，但是清理廁所的卻必須帶根鋼釺。原來夏天掏糞時糞坑滿滿的，冬天則另一番景象：起初糞便在坑底凍成一大灘，後來越積越高，截面越來越小，活像一座糞塔。最後堆成一個小尖尖，直指蹲者的肌膚。負責清理廁所的人（那時往往由「右派分子」或「壞分子」來擔負這項重任）就要用鋼釺來鑿掉那個影響如廁的塔尖。如果沒有及時清理，後繼者便須東騰西挪，才能將那穢物安全排出。不過這麼一來，塔尖就變大了，甚至將整個坑口阻擋住了。

那年我在連隊食堂勞動，大師傅老呂頭有個閨女，似乎腦子不大好，傻傻的，三十多歲才結婚生子。臨產那天一早，她出家門到一箭之遙的廁所如廁。一會兒的工夫，她慌慌張張地跑回家對老父親說，孩子生在廁所裡了！

我是第二天聽說這事的，當即問老呂頭有沒有這事？他笑著說，是啊，閨女回來喊我，我連忙跑去廁所一看，幸虧那糞坑都滿了，那小子就擱在糞上，沒咋的，也沒凍壞，要是夏天還不淹死了？我就把他抱回家了，現在好好的。我說，大難不死，必有後福。他高興地說是啊是啊。現在那孩子也快到不惑之年了吧？願他生活如意，健康幸福！

第四節　偏僻難行的農村農場交通閉塞

從城鎮上山下鄉的知青們到了農場農村後，發現還有一道令人生畏的難題，就是出行很不方便。因為所在住地離城鎮都很遠。而買些日常用品都得走很遠的路。這些路往往十分偏僻艱險，途中時常可能遇上不測。黑龍江兵團的知青沈智莊在〈路〉

的回憶中就講述了這樣驚心動魄的雪夜：

一九七三年的最後一天，我去師部送幹部報表。每年的最後一天，全國各地的幹部報表都要逐層逐級匯總上報中央組織部。在師部由於過年放假，只有我自己在招待所裡過了一夜，第二天我決定返回團部了，不能荒廢時間。

我在空蕩蕩的場部大街上像個無業遊民似的晃來晃去地找車，時間一個小時一個小時地過去了，身上棉衣早已經被寒風打透，口中呼出的氣凝結成冰晶把眼睫毛都粘住了，天也幾乎完全黑下來，我仍舊沒有看到一輛車。

我去了二十五團車隊，沒有車。我又去了師部車隊，一輛輛地打聽，發現了一輛正在加水的大卡車，一位老職工已經坐在駕駛室裡了。司機師傅極不情願地說已經有人了——就是那個老職工——坐不下了。

我平生第一次，也是唯一的一次軟磨硬泡地央求他，終於同意了。我這一天的工夫可真沒白費，終於可以回到我的「家」了。司機師傅生硬地對我說：「去吃點東西，五點發車」。我哪敢離開半步啊，生怕這好不容易才爭取到的一線希望又消失了。

五點整我們出發了。儘管我整個人已經凍得像個冰塊，但能如願以償地返回團裡心中還是感覺暖暖的。在離開二十五團大概十幾二十幾里路的時候，我們在路上撿到了一個輪胎。我和那位老職工一起把輪胎往卡鉤上一套就又上路了。

沒走多遠，迎面駛來一輛掛著拖車的鐵牛55，我想一定是他們丟的輪胎。我們的車稍稍往路邊靠了靠，兩車相會了。果然如此，我們把輪胎還給了他們。就在我們也要出發時，車卻開不動了。只見大卡車的前輪在鏡面似的路上嘩嘩空轉，後面的輪子不僅絲毫沒有動，反而愈加向路的外側偏移了。

北大荒的冬天，尤其是最最寒冷的臘月的夜晚，氣溫少說也得有零下三十幾度。路邊的小河早已被幾個月下來的積雪填平，如果不是經常有過往的車輛留下的車轍還隱約可辨，整個原野與黑暗的天空簡直就是一個壓抑的讓人喘不過氣來的黑洞。無情的風雪，漫天的「大煙泡」把填滿溝壑的雪凍成了冰渣，表面結成一層硬殼，只有路中央的兩條車轍印在車輪不斷摩擦與冰雪熔融的作用下，被碾壓的無比堅硬和光滑，原本寬闊的路面此時變得十分狹窄，兩邊就是一壓即碎的硬殼下的雪溝。

司機師傅一遍遍地發動著車子，沉重的車子前身只是嘩嘩地顫抖，一動不動，後面的輪子像是裝了一個馬達似的，向後外側拖拽得更厲害。

遠處地平線上出現了一束燈光，伴隨著拖拉機的轟鳴聲逐漸清晰，我們興奮極了，這下有救了！果然是一台「東方紅75」，車上剛巧還帶著拉筋。我這個曾經的女車長，三下五除二就把鋼筋套在了「大解放」前面的掛鈎上。拖拉機把鋼筋輕輕地拉直，兩個師傅在我的指揮下一起開動，「加油！」……可能是我們的車太重了，也可能是路面凍得太過堅硬，拖拉機的鏈軌一樣嘩嘩地空轉。這就是說重力遠遠大於要衝破的摩擦力。反復幾次的努力以失敗告終，拖拉機也只好走了。

午夜時分，路上除了我們再也沒有任何生命的跡象了。曠野中鬼哭狼嚎似的風雪變得格外恐怖，似乎要吞噬一切，我們該怎麼辦？就這麼等死嗎？……如果我們再休息一會兒，車子凍壞，用不了幾分鐘，我們的命運可想而知。

我們上車商量了一下，我問司機師傅還有什麼工具可以用，翻遍駕駛室，只找出來一個鐵鍬頭，除此以外再沒有什麼可以當做工具用的東西了。他似乎想起了什麼，找出了隨車帶著的一副防滑鏈。我和那個老職工恰巧在師部一人買了一包火柴，一人買了一包蠟燭。

我們在沒有任何救助條件下的拼搏開始了。我負責點燈照亮，他們兩個人來套防滑鏈。我帶著毛線手套的手早已變得像笤帚疙瘩一樣不聽使喚了。我一手拉起大衣的一邊，一手抓起一把火柴一起劃，剛點燃的火柴忽的就被大風吹滅了，不知要重複幾遍才能勉強地閃爍那麼一兩下亮光。他們兩人借助微弱的亮光，摸索著吃力地擺弄著那一大堆鐵鏈，我這裡蠟燭撒了一身，不一會的工夫火柴就用光了。

黑暗裡待久了，視覺也許會增加，我們乾脆就摸黑幹。我替換下了司機，正好他可以發動車子熱熱發動機，我們一個環節一個環節往上套，忘記了時間，忘記了飢餓，大概這就是生命的求生本能。我只覺得自己都快變成狼了，重重地喘著粗氣。防滑鏈終於套上了。稍事休息後我們開始了最後的衝刺。司機師傅興奮地上了車，掛上檔，踩動了油門，「轟，轟」……車輪似乎有點轉動，我覺得它就差那麼一點點力量，我拼盡全力在龐大的車身後面推。「嘩」的一聲，車輪飛轉起來——仍舊是空轉！

我們相對無言地坐在駕駛室裡，車子熄了火，大燈也關閉了。眼睛慢慢地適應了黑暗，隱隱約約我看見了雪地中似乎有稀稀落落的草在風中搖曳，那是一些相對強壯而沒有完全被掩埋的草，我想都沒有多想，跳出車門撲向雪原。

結著硬殼的地面乍走上去很平坦，但走不了一兩步就會深深地跌落在深雪中，雪埋到大腿根部，再吃力地往上爬，不一會的工夫渾身就被汗水濕透了。我看見一根草就用手掰一根，看見一根掰一根，掰夠一抱就回來塞到車輪下。司機師傅發動了車子，車輪一轉，那些幹透了的草就像從粉碎機裡出來一樣，頓時變成了碎屑。

我累得幾乎不能思想，但是絕對不能停下來，也不敢停下來，一旦停下來恐怕就再也沒有力氣了。以往打草，幾鐮刀就是一捆，但現在是用手一根根地掰……要用多少時間，要重複多少次的動作才能掰夠這樣一抱啊！——不知用了多少時間，也不知掰了有多少「根」草。

塞在車輪下的草與地面漸漸緊緊地切合在了一起。突然車輪咬住了地面，我和那個老職工竭盡全力在後面推，助它一臂之力。也就是在一個十分短暫的停頓剎那，車子移動了！我們更加用力地推、推、推……終於，奇跡發生了！車子駛上了正軌，我們創造出了號稱「大力神」的「東方紅75」拖拉機都沒能創造的奇跡！看著那鋪滿乾草碎屑、留有防滑鏈齒痕的路面，看著駛出困境，又可以飛馳的汽車，心中真是百感交集：老子說得真對，以弱勝強，弱必定戰勝強！

無垠的原野上，汽車撒著歡地跑著，餘下的路程顯得那麼輕鬆，我們興致勃勃地聊著天。一九七四年元月二日的凌晨三時，我終於回到了團部。悄悄走進機關女生宿舍，鑽進室友們燒的暖暖的熱炕上的熱被窩。……

這一頁就這樣翻過去了。當年同行的老者若還健在，我祝你健康長壽。我想，司機師傅見到這篇文字的幾率可能為零，但是只要你看到了，順藤摸瓜，找到我的概率就是百分百。就像遇到時的偶然，分手也那麼的淡然，我們彼此還不認識，但人生中的一個瞬間我們曾經一起拼搏，真想在三十五年後的今天與你一起敘敘舊，畢竟知道這段故事的只有我們三個人。而且是死裡逃生的記憶……

與東北知青沈智莊相比，蘭州兵團知青董建國就沒有那麼幸

運。他在〈我沒給司機送禮，他竟然把我扔在路上了〉懊惱地回憶道：連隊與師部大約五十里地旱路，凡有個頭疼腦熱連吃幾天藥片不見效的就得步行百里路到師醫院瞧大夫。運氣好可搭上到馬場的馬車省一半的路，如果能搭上順路的拖拉機那簡直是享受了「處級待遇」。幾天來喉嚨發炎想到師部瞧瞧愁的是那一百里路。

晚飯過後連裡來了一輛吉普車不知送的什麼急件要趕回師部，好話說盡總算答應搭車，儘管這是一輛近似報廢的破舊帆布篷吉普但當時能坐著車到師部不亞於享受「局級待遇」。

天色已黑，坐在這充滿刺鼻的汽油味的車裡得意非常。突然車在一個大壩上停了下來，「有煙嗎？」司機回頭問。

「沒有。我不會抽煙。」

「呃」司機打開車前的那個鐵匣子掏出顆煙獨自吸起來，時明時暗的煙頭那一點火光映出了這傢伙一臉的不高興。「不走了！」他把吸的快燎到指尖的煙頭一丟。

「為什麼？是不是車有了毛病？」

「不為什麼。」他靠在車頭前又掏了一顆煙——這煙鬼！

我也從車上下來坐在路邊。可就在這時他突然鑽進車一溜煙跑了。這王八司機！

這時我全沒了主意。夜半三更在這荒無人煙的大壩上向前到師部30裡，後退回連隊20裡。最後決定還是後撤，離這裡不遠有軍馬場的一個養馬點大概在那裡可以借宿一夜。

馬廄柵頭是一間土房，養馬人就住在這低矮的土房裡。不大的小房裡權滿了馬料，一張木板床上惴著退了色的舊軍被，一支被煙薰的烏黑的馬燈中撲哧的閃灼一絲火頭，牆上掛著用白紙訂成的小本，封皮用紅色圓珠筆歪歪扭扭的寫了幾個大字——〈好人好馬紀錄本〉。養馬人正趴在桌子打盹，我向他說明來意並再三強調我們是同一個軍區的希望能給個方便。

養馬人很健談，大概一人獨守在這寂寞中話語儲存的太多，先是誇了他的馬，我想這多是他那〈好人好馬紀錄簿〉的內容。然後是訓練一匹戰備馬如何如何不易。簡而言之便是這裡是軍隊戰備馬訓練基地，那神態似乎和原子彈試驗基地一樣重要。外人不經首長親自批覆是萬萬不能在此留宿的。於是我心一橫，決定連夜返回連隊。

夜很靜。微風帶來一絲潤潤的涼意。前面便是最讓人心煩的「八裡長條」二十里路彎彎曲曲，獨有這八裡地是一條見首不見尾筆直的車道似乎永遠使人走不到頭。路兩旁的楊樹在夜風中發出索索的響聲，月光下的樹影將土路切割的斑斑駁駁。終於走出了這令人毛骨悚然的八裡長條，前面就是黃河了。

月兒特別圓，只是躲在薄雲裡。灰濛濛的。寬闊的河面像罩了一層白紗。河水衝擊著河岸不時發出塌方的轟鳴聲。這悶雷一般的轟鳴之後又是異常的寂靜。遠處不知什麼鳥兒發出一兩聲淒鳴，再不遠處是一片低矮的槐樹林。穿過樹林就是我們的連隊了。

林子裡風好像大了許多。樹與樹影都在晃，奇怪的是林中的小道要比白日裡明顯的多，亮亮的像一條彎彎曲曲穿過林子的小溪。

終於到了連隊邊的水庫了，這時才感到又累又餓，在水庫旁的菜地掐來兩支黃瓜，坐在土坡上大嚼起來。這時月亮從雲層中露出來了，大地頓時像撒下一片水銀。不遠處是我們連隊建在土臺上的那幾棟房子，中間的連部因為是磚房顯得昏昏暗暗。只有我們戰士住的土坯房在月光下是那麼的淨亮。

我第一次在這風清月明的夜欣賞我們的營地。那一個個黑洞洞的門後，五十多位熱血青年正在做著充滿希望的五彩繽紛的夢。我站起來拍拍身上的塵土，該動身了！天要亮了……

想來真是憤怒！這該死的司機，竟然因為隨車的知青沒有送他一盒香煙，就將人丟在荒無人煙的野地裡。是我，非得拿砍刀上師部找這毫無人性的傢伙算帳不可！

知青們在出行時，還有一種潛在的危險，就是這些荒野路徑隨時都會碰上兇殘的野獸。知青田正平就有這樣的經歷。他在〈狼伴我行〉中講述道：十月的北大荒已有些初冬的蕭瑟，早霜落在枯萎的柞樹葉子上亮晶晶的，而後又被漫捲的西北風拋到了天空。一條砂石公路穿過裸露的黑土地冰冷的胸膛，在索索抖動的荒草遮掩下，時隱時現地伸向遠方。

此時，我正獨自一人走在公路上，從綏濱縣敖來漁晾子步行回九團團部。因為全團放假三天，我到打漁隊去找同學邢勇、趙大明，在飽餐了一通美味「殺生魚」和「三花魚肉餡餃子」之後，因為不想超假，而又沒有順路的汽車，我決定徒步回去。

「不行，太遠了！」邢勇說：「有70里路吶。」但我執意要走，他也不再挽留，叮囑我路上要小心，並讓我帶上一隻漁場養的狗。

站在公路上向前望去，天空是北國特有的澄澈，高遠，一碧如洗，腳下則是莽蒼蒼的三江平原，霜濃寂寥，而夾在藍天黑土地之間的，就只有孤單單的我一個人。在這絕對寂靜，安謐的世界裡去追尋北大荒的雄渾，壯美，真是難得一次的浪漫之旅。

我用腳步丈量著坦蕩無垠的黑土地，迷朦的地平線近在咫尺，又遠在天邊。在奉獻了春花秋實之後，大地是一派寂然。我用手輕輕地撫慰著身旁，公路邊衰敗而又搖曳不定的荒草，在一波又一波如浪湧動的漩渦下，隱藏著多少大自然的祕密。

我專心諦聽著，嗚嗚作響的曠野之風，從身邊匆匆掠過，穿過白樺林驚起一群暮歸的寒鴉，聒噪不停。我凝視著銜在遠山的夕陽，由通紅的火球漸次變成橘黃色的圓盤，然後又收盡餘輝緩緩地沉落在淡紫色的暮靄中，襯在遠山背後的天幕也隨之變幻著七彩之光。

當我走了30里路，經過26連建設屯道口時，天空，開始昏暗下來，剛才還是風情萬種的草甸子，白樺林逐漸隱退到暮色裡，而遠在地平線的農家房舍則變成黑黢黢一片，從視野中消失了。

我哪裡知道，一隻兇悍，狡猾的狼正悄然無息地尾隨在我身後。環顧周邊，夜色如墨，樹影空蒙，惟有腳下的公路是一片灰白。

我感到有不祥之兆。因為那只漁場的狗，先是止步觀望，徘徊不前，最後索性四肢顫抖，邁不開腳步不像是疲勞而是恐懼。就在這時，從我右前方的荒草甸子裡，突然傳來幾聲淒厲的猶如嬰兒啼哭一般的聲音。在寂靜的曠野裡，聲音是那樣嘶啞，糁人，我下意識做出判斷：是狼，雖然我下鄉後從未聽到過狼嚎。此時我感到頭皮陣陣發麻，也明白了漁場的狗何以慌亂至此，為了解脫它，就朝著回家的方向，踹了它一腳，它理解了我的意圖，在公路上順勢打了幾個滾兒後落荒而逃。

這是一隻狡詐多疑的狼。此刻，它並不急於發起攻擊，而是像精於此道的職業狙擊手那樣，耐心地捕捉著擊發的最佳瞬間，它首先要做的是偵查，試探，摸清「獵物」防衛能力的底線。這個漂浮不定的幽靈，時而出現在公路右側的排水溝裡與我齊頭並進。隨即，又跳到了公路的左邊，那輕捷的腳步，像狸貓，像雲豹，6米寬的公路舒展一下腰肢就跳了過去，它在向我挑戰，炫耀武力。現在我與它近在咫尺幾乎伸手可及，甚至能清楚地聽到它咻咻的鼻息，更何況那一雙遊移的眼睛在黑暗裡爍爍地放出糝人的綠色寒光。

我好懊悔，出發前沒順手拿一把鐮刀。情急之中，我把長外套脫下來拿在手裡，作為唯一的武器，其實對於武裝到牙齒的豺狼來說，一件衣服能擋住什麼？人們常說：時間是最公正的，不偏不倚，但現在的一秒鐘竟是這樣漫長，時空的秒擺彷彿被無形之手撥慢了。焦急的我想把步伐邁得更大些，恨不得一步跨回團部，又似乎被什麼障礙滯留在空中，經過多少時刻，才踏到了地面上，走一步像熬過一天，無奈之下我只能一分一秒地和它周旋。

在經過一小時左右的如影隨行之後，被血腥味誘惑得焦躁的狼，終於耐不住了，毫無忌憚的衝上公路緊跑幾步，在大約距離我10米遠的前方停下來心懷叵測地蹲在公路中間，堵住了我前進的方向。只見它體格強健，身軀高大，陰森森的臉頰上充滿了野性的貪婪。它把我推入了絕境。然而，人類的思維相對於野生動物來說，應該是更勝一籌，只要不缺乏睿智和膽量。面對挑戰，我瞬間就決定了如何應對。

我鎮定了一下自己的情緒，移動著毫無防禦能力的血肉之軀，徑直向著鐵嘴鋼牙的狼口走去，有一絲悲壯，更多無奈，雖然我手無寸鐵，但我要用生死無畏的氣魄壓倒它；雖然我的心在顫慄，但腳步儘量放平穩些，不能露出半點慌張。我的如此舉動，可能大大超乎它的意料之外，從它靜止的身影裡，折射出些許困惑：一時間它拿不准是避讓還是猛撲，而我則三步兩步就來到它的跟前。

狼，畢竟是高智商動物。眨眼間就作出了雙贏的體面選擇。

它雙腿盤地不動，上身微微後仰作出了謙卑君子般禮讓之態，我就順勢從它嘴邊跨了過去。好險，短短的幾秒鐘內，我經歷了沒有刀光血影的搏殺，這是對生理、心理承受極限的考驗。

隨後的進程變得毫無懸念。黔驢計窮的狼，無奈之下只好慢吞吞地站起來，慵懶地拖著蓬鬆的尾巴，垂著頭走下了公路。狼又回到了自己的領地，我依然在公路上疾走。只不過現在，我和它之間的距離明顯被拉大了，因為我再也聽不到從草叢裡傳來的蟋蟋蔌蔌的聲音了。也許它正為錯失了進攻的最佳時機而懊喪不已吶。從不可一世的兇悍，演化到甘拜下風的懦弱，狼似乎在遵循著野生動物世界中通行的某種法則。

又過了一段漫長時間，當22連闌珊的燈火在眼前閃動，此地距離團部大約還有12里路，我輕鬆地回望了一下伴我同行達兩個多小時之久，行程幾近30里的狼。它已失去了先前的威風，知趣地停住了。在高高的樹影下，孤單的它，顯得渺小、伶仃。我最後瞥了它一眼，然後，不屑再顧地邁開大步朝團部走去。

類似這種險情，在知青于瑞華〈遇狼〉中也有回憶：……那是在一九七〇年的事情。當時我在黑龍江省黑河地區引龍河農場七分場。因受當時的副統帥林彪的一號命令的命令，在靠近蘇聯邊界的敏感地區實行一級戰備，全民動員，準備打仗。在一九六九年十一月二日，我和引龍河農場的其他分場知青有工業隊上海知青李俊，天津知青洪振東，哈爾濱知青叫關維國的，共計四人。被總場武裝部的幹事張志送到黑河地區德都戰備值班分隊，參加戰備值班，以應對當時蘇聯對我國的軍事威脅，防範隨時可能爆發的中蘇戰爭。

一九七〇年一月三號，手裡的工資已經花的差不多了，所以我和洪振東一起請了三天假，回場領工資。當天我們二人從連隊乘車來到了北安，一直等到晚上快七點鐘才盼來火車，隨著熙熙攘攘的人群我們擠上了車，車箱裡早就擠得像蒸豆包似得，零下四十度寒冷的天氣凍得大家不住的跺腳，滿耳朵裡都是咚咚的跺腳聲。當火車開到終點站龍鎮時，已是九點多鐘。我們來到農場招待所看看能不能住下，誰知早已是人滿為患，我們又趕到沾河林業局招待所，同樣也是站滿了求住的人們。這時有一位兵團去引龍河三分場去看她哥哥的上海女知青，還有一位到引龍河農場採石場看望她的被判刑的丈夫的齊齊哈爾青年婦女，再加上我和洪振東四個人，見沒有住處，我們商議走回場部，因為引龍河農場的場部離龍鎮車站只有十八里路。走的話有二個半小時就可以到場部。住的問題也就解決了。說走就走，我們四個人就這樣上路了。我們卻忽視了一個最重要的一個問題，就是狼。

出了龍鎮後，沒有了路燈，一片漆黑，伸手不見五指，我們四人只能時不時蹲下來看一看路，不然的話就走到路溝裡去了。路是白色有點兒發黑，路兩邊卻是蓋滿了白色冰雪的荒草甸子。聽不到狗的叫聲，也看不見燈光，只有我們四個人的腳步聲，嚓嚓地傳到了遠方。這時警覺的我隱隱約約聽到另外的聲音，嘁叱嗙嚓地雜亂聲音，我知道附近可能有狼。我的視力非常好，蹲下來向前方看去，果然在距離我們前方七八十米的地方發現了兩隻狼，和我們朝著同一個方向走著。我沒有聲張，因為我們四個人有兩位是女的，洪振東是男同志，可是他卻帶著高度近視眼鏡。我怕一聲張，他們一慌神，狼可就得機會要進攻了。

我雖然沒有聲張，可我卻在作廝殺的準備，我先解開軍大衣的扣子把軍大衣披在身上，右手把軍用挎包帶在手上纏繞一下，挎包裡裝著我從北安買的準備帶給同宿舍知青的食品，拎在手裡。他們看我把軍大衣披著就說這麼冷的天你怎麼了？我說走路走熱了，涼快涼快。這時我們走到一座木橋前，一隻狼順著木橋走了過去，另外一隻卻一頭鑽到木橋的下面，我們走到了木橋上面，我就使勁的跺著橋板，想把木橋下面的狼給轟出了，誰知這只狼死活不出來。四十幾米長的橋很快就過去了，前面的那只狼還在繼續往前走，只不過它的腳步卻在漸漸地慢了下來，後面的那只狼也從木橋下面悄悄地鑽了出來，跟在我們身後有四五十米的距離，而且腳步在加快。我們被狡詐的狼一前一後戰術性的包圍了。空氣裡充滿危險地氣氛，可是那三個人仍然不知危險已經悄悄地來到了我們身邊。

這時只有我一個人在準備著最後的拼殺。就在這最危急的時候，從背後照來一束微弱地汽車燈光，耳邊漸漸地傳來了汽車的隆隆聲，從龍鎮方向開來了一輛解放牌敞篷帶護欄的卡車。救星來了，心裡的一塊石頭總算是落在地上了。再看那兩隻狼一前一後急急忙忙向公路左邊的荒草甸子跑去，狼的爪子踩在冰雪上發出了咯吱咯吱的聲音，漸行漸遠了。

這時我才告訴他們剛才發生的事情，他們聽了後大驚失色。連忙伸手去攔截向我們開過來的汽車，這時汽車停了下來了，正是我們引龍河農場汽車隊的車。我和洪振東先把那兩位女的托上了車，我是最後上的車。還是汽車跑的快，沒有多長時間就到了總場工業隊，我們下了車後向司機連連致謝。講實話如果不是汽車及時地趕到，那兩隻狼要是進攻我們的話，結果還真是個未知數。所以這位司機的救命之恩令人沒齒不忘。我和洪振東又把那兩位女同志送到總場招待所後，我們才回到工業隊，我住在洪振東的宿舍裡，當天晚上睡了一個安穩的覺。天亮了，吃完早飯後，洪振東給我聯繫一輛去尾山農場的車，回到了七分場……

黑龍江鳳凰山農場知青王雅勝也講述了他〈一九七一年初

春路遇五條惡狼〉的經過：那是一九七一年的初春。說是春，氣候、景色還是冬天的，雪遠未消融，路面的積雪被人踩車碾壓得硬綳綳的。在六大隊大車排工作不久的我，本事不大膽子大，技術不高心態高，真想一個人駕著一輛車，「馳騁在北國遼闊的大地上」。機會來了，一天下午，安排我同一位叫吳德貴的農工到離分場北邊十多裡的草甸子去拉草，用作取暖用的柴火。

按理說一輛車應該有兩人，那天不知怎麼回事，一輛車只有一人。我僅是一個跟車的，能單獨外出，「是領導對我的最大信任，說明我有能力獨立操作」。到了草甸子，我費了好大勁才裝了半車草，捆好車，看看時間差不多了，就爬上車，往草垛上一躺，一聲「駕！」任憑大車慢悠悠地往回走。不要說「老馬識途」，回家的路大概小馬也是認識的。不知過了多久，車停了下來。我躺在軟乎乎的草垛上，兩眼望著天空，也不起身，連聲大喊「駕！駕！」車就是不動。我再喊幾聲，車還是不動。「見鬼了」，我爬起來想用鞭子抽那畜生幾下。

剛拿起鞭子，看見車前有兩大三小五條狗，攔住了去路。而拉車的四匹馬，個個都戰戰驚驚的，不敢往前跨一步。我大怒，「啪！啪！」來了兩個大響鞭。——大車排的人，不用教，甩鞭子的本領早就「自學成才」了。可那五條狗僅往後稍退兩步，仍然攔住去路，而那四匹熊到家的馬也仍然止步不前。正當我操起二股叉，準備跳下車，想狠狠地教訓那五條不知好歹的破狗時，「雅勝！不要下去！雅勝！不要下去！」喊聲由遠至近，吳德貴氣喘噓噓地趕著車追了上來，邊甩著響鞭邊大聲喊。

見又來了一輛車，前面的五條「狗」才調轉屁股，搗著碎步跑了。吳德貴喘著氣對我說：「雅勝，那可是五條狼啊！」還說他早就大聲喊了，因為他在下風頭，我又戴著皮帽子，他的喊聲我一點也聽不見。我這才想起那五條「狗」：皮毛灰色，眼睛兇狠，呲牙裂嘴，來者不善，但此時已無所謂害怕不害怕了。

第五節　心境難忍的極度貧乏文化生活

知青上山下鄉的歲月正是最為極左的歲月，當時全國除了八個「樣板戲」一部小說，幾乎沒有什麼文化生活可言。而身處農場農村就更加貧乏。黑龍江兵團知青柴貓講述了一個「在兵團看電影《賣花姑娘》」的故事就可形象地印證：那是在一九七一年吧？水中撈麥的那一年。早就聽大家講，朝鮮電影《賣花姑娘》特好看，寬銀幕、彩色的、情節好、插曲多。在電影〈地道戰〉、〈地雷戰〉、〈南征北戰〉統治銀屏的年代，有這樣一個外國電影，是多大的吸引力啊！

好消息傳來了，團部要放映《賣花姑娘》。我們聽了特激動，要請假去團部看電影，怕晚了買不到票。可是當時農活很忙，不准假。我們正在失望傷心時，又傳來更好的消息：團部晚上在露天放這部電影，誰去都能看。這下樂壞大家了，沒有人不想去。連裡決定，下了工，直接從地裡去團部，用小拖車來回運送。

我連離團部28裡地，走著要3個多小時，為了看電影，誰也沒想到會多麼累。正值水中撈麥，領導為關心大家，特地採購了長筒雨靴（誰買扣誰的工資）。雨靴沒有小號的，我穿36號鞋，賣我一雙39號的，穿上拖鞋，湊合穿著。就是這雙鞋，它坑死我了！

傍晚，從水淹的地裡爬到大路上，拖車拉著我們農工排的人到了團部，連裡其他人已到了，那裡早已人山人海。我們幾個個子小，從人縫中往前擠，怕在後面看不見。可是回來時，誰在後面誰能先上拖車，我們擠到前面的人只好自己向回走，等拖車來回盤帶全連的人。我的雨靴太大不跟腳，沒走多遠就開始磨腳後根上面的肉，實在太痛，我脫下來藉著月光一看，襪子破了，肉皮也破了，殷出血和粘液。我脫下鞋，想赤腳走，可是翻漿的路面經過太陽暴曬，硬硬的泥棱太硌腳，無法走路。我只好解開褲子，把褲子向下拉，用腳踩住褲腿，再套上襪子，提著褲子忍痛向前走，幸虧天黑沒人看見我的狼狽像。我痛得一步也不想走，但不走沒辦法，深更半夜不能一個人在野外走啊！估計走了10多里地，終於坐上了小拖車。

回到連隊已是後半夜，大家去食堂吃晚飯。我痛得已不知道餓了，趕快到宿舍脫下鞋一看，慘不忍睹！褲子也破了，血把襪子、褲腳、雨靴裡面都染紅了。原來雨靴裡面襯的針織物破了，破邊捲起，染血後形成一道硬棱，每走一步就磨一次腳，生生把腳磨得個鮮血淋淋。只知道穿小鞋難受，不知道穿大鞋也難受啊，痛得我直哭。都說《賣花姑娘》電影慘，我可憐的腳更慘。時隔多年，電影什麼內容已模糊，唯有流血的雙腳讓我記憶猶新，每當想起，心還會隱隱的痛……

雲南兵團知青聶曉薇在〈並非「天方夜譚」〉中講述了一個讓人荒唐而真實的故事：……在東風農場還出了一件因看電影而發生的慘禍。一天，場部放映《賣花姑娘》，當時在精神生活方面處於飢餓狀態的知青們聽到消息後，紛紛擁向場部，路遠的就搭汽車趕去。

結果，有一輛解放牌汽車因為嚴重超載，在一個彎道處翻下了山崖，當場就死了20多個知青，傷者更多。在調查事故原因時，發現在這輛小小的卡車上，竟載了80多個知青，令調查者瞠目結舌。

談起他們的死，總讓人感到有些苦澀，有些遺憾。儘管他們的死單個的來看彷彿有些偶然，但是如果把他們合起來放在那個十年浩劫的社會背景下來看，卻分明昭示著某種必然。如果不是在那種艱苦惡劣的生活環境，如果不是當時農場文化生活極端貧乏，那麼，這樣的悲劇也許就不會發生。

知青王漢閩在〈知青時的一次行竊〉也講述了一個讓人可恨又可憐的故事：在熟悉人的眼裡本人是個忠厚長者。然而我確曾當過一次竊賊。那是在一九七六年，本人下鄉插隊的第七個年頭。我所在的生產隊來了四個裁縫匠，三男一女，其中一對是夫婦，其他二個是這夫婦的什麼親戚。他們來自浙江。

那個年代在閩北山區農民男婚女嫁要做些新衣，或全家人要添些新衣時，就把這些人請到家裡來，三餐吃東家的另外再算些工錢。因當時農民普遍都較貧困，工錢常被拖欠。說起來，這些人常年在外鄉四處奔波也是夠艱辛的，但經濟收入上會比當地一般農民高一些。

當時來我村的這四個裁縫住在生產隊的倉庫的樓上。正值秋收季節，隊裡的一些青年農民將收割來的稻穀挑到倉庫後，常會上樓找這些裁縫抽抽煙、聊聊天。我這很陰鬱的窮知青也不例外。

為什麼說我是「很陰鬱」？因為與我同時下鄉的很多知青通過各種途徑或招工、或參軍、父母親有能耐的還成了工農兵大學生，已走了不少了。留下的知青多是家庭沒有背景，正要經歷由「接受貧下中農再教育」變為要「紮根農村幹一輩子革命」的「光榮」歷程。何況本人頭上還戴著「可教育好的子女」的桂冠。你說那時我能不陰鬱嗎？

與這些裁縫匠比，在各方面受嚴格控制的年代，他們能憑手藝走南闖北，創造自己的生活。而我們這些知青卻只能仰仗上頭能來招工、招生。上頭不開恩，你只好在這窮鄉僻壤當一輩子的農夫和樵夫。「同為異鄉為異客」我們卻顯得那麼無奈，那麼無能。

當時他們有一架價值五、六十元，三波段的半導體收音機，（當時一般工人月薪約三十多元）是整個大隊的稀罕物。我第一次見到他們在擺弄那收音機時就砰然心動，在覬覦心理驅動下，經過多天觀察，終於在一天我將收割稻穀挑進倉庫後既沒有上樓玩，也沒馬上出去，而是躲藏到一個穀倉裡。在裡面貓到樓上那些裁縫出去到東家那兒吃晚飯時，我迅速竄上去，那收音機果然就放在床鋪上，我匆忙將它藏到腋下，順手牽羊又將一雙長統雨靴穿走（當時勞動全都是打赤腳）匆忙逃離倉庫。

這宗盜竊案在當時治安狀況良好的小山村引發很大轟動，裁縫匠分別向大隊治保主任及幾十裡外的公社派出所報了案，讓我緊張了好幾天，所幸未查到我的頭上，過了個把星期也就不了了之。從此以後我就經常在半夜躲在被窩裡打開那收音機偷聽「敵臺」，「美國之音」當時有〈英語九百句〉教學，我就從那時步入英語學習的。

往事如夢如煙，我不知何以要將這不光彩的往事寫出來，但可以肯定的不是為了懺悔！

曾經插隊落戶於安徽望江縣東風大隊的知青「記憶裡的一朵浪花」在〈看電影靠我們人工發電差點累死〉一文中回憶：到農村的第二年。炎熱夏季的一天勞動間隙時，生產隊長對我說：今晚隊裡放映電影〈列寧在1918〉。我還記得當時那吃驚的模樣：真的？到農村已有十多個月還是第一次聽說放電影的事。當時別說生產隊，就是公社也是點煤油燈。

原來隊長的意思是，讓我和另外一位知青「踩特殊的雙排自行車」來發電，說定「十分工」。要知道當時我從出「早晨工、上午工、下午工」也就7.5分工。那天晚上生產隊像過重大節日，十里八鄉甚至將近30里外的老鄉也趕來。不要說銀幕正面，就是銀幕反面也要用人山人海來形容。

〈列寧在1918〉在沒有去農村時已看過三次了（一角五分一場）。所以這也是隊長安排我們知青來「發電」的道理。我不關心影片的情節，只是擔心該電影時間太長，體力能否支持放映片長達123分鐘的時間。

按照現在的說法，隊裡很有人情味，在放映機旁放置兩個小木桶，盛有河水。還特意安排兩個生產隊裡的年輕女孩為我們不時的遞毛巾擦汗。本來就是炎熱的夏季，再加上這麼多人圍擠在「踩發電」機旁，還有我們自己發的電熱，把我和那位知青熱的，簡直可以說要暈死過去了。由於要連續不斷的按照快節奏負重節律踩，實在有些吃不消了，踩得稍慢些那銀幕就昏暗下來且還要走音調，引得那全場一片叫罵聲。

生產隊會計負責監督，對我倆的行為竭盡表示不滿。儘管兩個人全身各自只有一條短褲。但那個出汗我都不知道如何來形容。隱約還記得那個女孩不停的遞毛巾，我喘著粗氣暈頭暈腦的不停的擦汗。她和我說的話是渾然不知。然而更使我和那位知青氣憤的是，隊裡只記「四分工」。我們找隊長理論，反而責怪我們聽不懂安徽「普通話的十分工和四分工的區別」。

我當時年輕氣盛，指責這是什麼「鬼一樣的普通話……」我不是氣量狹小，當我要真正離開農村時，我又非常認真的問隊長那「十分工和四分工」的事，39年過去了，我卻還清晰記得他一本正經並十分誠懇的說是我們區分不清安徽普通話的「si」和「shi」。現在每每想起或與朋友說起這件事，早已沒有了當年的「憤怒」，有的只是「哈哈哈…」。那年我正18歲！也算是記憶裡的一朵浪花吧！

知青陳錦文在〈追憶下鄉歲月：缺書的日子〉回憶：一九六九年我初中畢業，既沒高中可上，也沒工作可做，掛在學校「待分配」。一九七〇年初，老師奉命傳達：六九屆上山下鄉「一片紅」——我們這屆學生全都到農村去。

該過的程式過完，到準備行裝的時候了。書自然是要帶的。除了〈毛主席語錄〉、〈毛澤東選集〉，我還帶了當時報紙上號召學習的〈反杜林論〉等六本書。其實號召的物件並非我等乳臭未乾之小兒，只是書店裡只賣這類書。又從家中僅存的書中帶了幾本，有〈葉爾紹夫兄弟〉、〈三個穿灰大衣的人〉、〈克雷洛夫寓言〉等。各種書加起來，居然裝了一紙箱。

一九七〇年四月二日，在喧天的鑼鼓聲和震耳的人聲中，又一列知青專車駛離上海。幾天後，我們來到了黑龍江省甘南縣一個叫做「後長髮」的屯子。

日出而作，日落而息，沒有節假日。晚上，湊在自製的小煤油燈下，趴在炕上看一會兒書，一時竟成了我和另兩個同學的習慣。有時早起，會發現對方的鼻孔被薰黑了，相視一笑。

我對上面號召學習的六本書感到新鮮，挑了其中最薄的一本〈國家與革命〉先看起來。哎呀真難理解，周圍也沒人可請教，我看得很慢，積攢了一些問題後，我曾寫信向《人民日報》社的編輯求教。結果可想而知，人家沒理我。後來我想：大概我的問題太幼稚，人家不屑跟我說。知難而退，我轉而去讀家中帶來的文藝書了。

這些文藝書是我壓箱底的至寶，秘不示人。一怕被人知道影響不好，二怕被同學看到後要借閱，傳來傳去把它們弄髒弄壞，至今我還沒改掉不輕易借書給人的毛病。有時我會在心裡想著它們，用思想撫摸一遍它們的封面；有時借整理箱子的機會，趁旁邊沒人，把它們捧在手裡，翻一翻，過過癮。

下鄉不久，大隊領導讓我擔任民兵副連長。我不喜歡「行伍」，還好，空掛一「銜」而已。不過也因此結識了一位縣武裝部的參謀，從他那裡我借到了〈紅樓夢〉。看完後，我把書收在書箱裡，打算等有機會到縣裡開會時還給他。

轉眼間，下鄉後的第一個春節臨近，我回上海探親了。由於剛到生產隊時，我們被臨時安置在馬棚旁，等我從上海探親回來，住處搬遷了。我的東西也由沒回上海的同學和一些當地老鄉幫著搬了。我最關心我的書箱，恰恰就少了它！問誰誰都說沒看見。我想像著不知誰家的牆上、炕上糊著從我的書上扯下來的紙；不知何人在用我的書頁捲煙；不知是誰正愜意地栽歪（方言，即半躺半靠的樣子）在炕上翻看這些書，心裡真是不舒服。

最讓我煩惱的是，〈紅樓夢〉也丟了。我上哪兒買這書去呀，想賠也賠不出。無可奈何，只得給那位參謀寫信說明情況。那時他已轉業回山東棗莊。他回信氣憤地指責我，大意是我謊稱丟書，實則想把書據為己有。百口莫辯，我只有保持沉默。買〈紅樓夢〉成了我的心病。待到隨處都能買到〈紅樓夢〉的時候，我已經離開了知青點。那位參謀的地址不知何時被我弄丟了，即使買了書也無法寄還他。這輩子我欠了筆書債……

那麼多年過去了，現在看書已不再成為問題了。我常常想：但願以後，永遠不會再有缺書的日子。

知青范福潮在〈拿書籍換青菜的一段荒唐歲月〉回憶道：我們村子在川裡，有渠，有機井，常年種著十幾畝菜地，時鮮蔬菜吃不完。原上缺水，水井十多丈深，又澆不上渠水，不能種菜，村裡常派大車到我們村買菜，回去分給社員，夏收時，人忙車忙，隊裡不來買菜，村人便吃不上菜，我們就到原上賣菜。

凌晨三點起床，把架子車打足氣，帶上水壺，到菜園子裝菜，茄子、豇豆、辣椒、黃瓜、小蔥、韭菜、芫荽、番茄……裝滿車，村人還在夢中，我倆一人拉一車菜就上路了。同伴是位二十多歲的社員，按村裡本姓的排行，我稱他六哥，他是個機靈人，耍秤桿這活兒，人太木訥不成。

一路北行，朝霞微露，已入乾縣地界。進村後，車停在當街，吆喝一聲「賣菜哩——辣椒、韭菜、豇豆、黃瓜哩……」婦女們聞聲，立時挎著籃子圍上來，挑挑揀揀，有掏錢買的，有用麥子、玉米、麩子、黑豆換的，六哥看好成色，約完菜，讓我按行市換算出斤兩，再約糧食。早飯前，已過了兩個村子。六哥指著前邊一個村子說：「到我二姨家了，咱們吃飯去。」吃罷飯，六哥每樣菜抓了一些給他二姨，把水壺灌滿開水，我們又上路。

村口有座小院，背依澇池，獨立在道邊。門漆剝落，院牆塌了半截，一棵皂角樹探出樹葉，左邊門框尚存半副白門聯「淒風苦雨百年愁」，格外醒目。大門敞著，影壁牆後款款走出一位少婦，穿一雙白鞋，模樣俊秀，神態怡然，衣著氣質，不像是本地人。她手裡拿著一摞書問我們：「書能換菜嗎？」

六哥說：「不能，只換糧食。」我看她失望的表情，忙說：「我看看是啥書。」

她把書遞給我，翻了翻，是七冊一九六六年以前的中學課本，有兩冊〈語文〉、兩冊〈地理〉，全用牛皮紙包了書皮，沒捲邊折頁，很乾淨；三冊合訂在一起的初中〈中國歷史〉，一九五二、一九五三年人民教育出版社出版，李庚序、王芝九編著，馬宗堯、劉小廠繪圖，繁體字豎排，合計舊幣6200元，書頁上有紅藍鋼筆劃線和眉批夾註，封面封底磨邊缺角，品相不及前幾冊，但書頁完整，歷朝疆域地圖、帝系表、分冊大事年表一應俱全。

我連說「能換、能換」。她問我：「怎麼換？」六哥瞪我一眼，我不理他：「各樣菜隨你挑，不論價，一本換一斤。」她揀了四條黃瓜和一些辣椒、番茄，她拿著黃瓜，我用秤盤盛著辣椒、番茄，送進院裡。院子不同於當地民居，沒有前院，當院三間北房，兩間廈子，格局和材質都很簡陋，樹下停著一口新漆的棺材。返身走時，她說了聲「謝謝」，我頓感驚奇，此地人從不說這兩個字。

出了村子，六哥說：「這家主人姓周，是從外省下放來的，雖說是回原籍，本村已沒了近親，隊裡給了塊宅基地，風水不好，五年沒了兩位老人，老伴又得了癌症，剛才換菜的女子是他的獨生女兒，招了個上門女婿，是咸陽知青。他家太窮，以前我來賣菜，她也拿舊書報換，我沒答應。」我說，菜錢我出。六哥說：「哪能讓你出錢，就當是送你的知青朋友了。」

隔幾日再過此村，我在村口一聲吆喝，周家女婿提著籃子出來，手裡拿著三本書給我看。一本沒頭沒尾、繁體字豎排、人民出版社出的〈中國工農紅軍第一方面軍長征記〉，一本何干之主編、高等教育出版社一九五六年第1版〈中國現代革命史講義（初稿）〉，一本蘇聯科學院經濟研究所編、人民出版社一九五五年第1版、精裝本〈政治經濟學教科書〉。

我問他：「這書是誰的？」他說：「我岳父的。」我把書還給他：「大哥，給老人家留著吧。想吃什麼菜，你隨便拿。」他各樣菜挑了點兒說：「我岳母日子不多了，她是大城市人，不習慣此地的飲食，除了給她吃點兒新鮮菜，也無法盡孝了。看你是個愛書的人，你拿去看吧。日後路過我家，進門歇歇腳。」

第二章
知青相互生活的摩擦與歧途

第一節　集體戶知青做飯的難題與趣聞

民以食為天，作為集體戶的知青，面臨的第一個難題自然就是做飯。劉萬翔在〈下鄉第一次做飯不少社員來看熱鬧〉中說：我們是一九六八年十一月下的鄉，一個月後，我們自己的灶辦起來了，這在咸陽夏家寨知青中是最快的。

按照當時的政策，國家給每個下鄉知青發200多塊錢安家費（具體數字記不清了）。我們8個人有將近2000塊錢，在當時是個不小的數字。錢由我管著，用來買農具，蓋房子。因為吃派飯總不是長久之計，於是我們合計著儘快把自己的灶辦起來。辦灶說起來容易做起來可不簡單。鍋碗瓢盆、柴米油鹽、風箱煤鏟、水桶水缸，零零碎碎哪是我們這些剛離家門的初中生能想得周全的。

那一天，我們5隊的副隊長夏學敏帶著我去馬莊的集上去置辦灶具。夏隊長瘦瘦高高，人像一根麻杆，但臉膛紅紅的，說話很有趣。他對付社員的絕招就是罵，不管男女老少，包括自己的老婆孩子，一旦犯在他的手中，就是一通口無遮攔的罵，怎麼難聽怎麼罵。

馬莊的集逢農曆每月的三六九，一月有9集。農村的集市就是一個小節日。既是物資交流，又是人情交流。方圓十裡八村的人都興匆匆的往這一處地方趕。集上可真熱鬧，搭棚唱戲的，賣農具牲畜的，更吸引人的是各種賣吃食的，搭個簡易的棚子，支個小鍋灶，小風箱拉的啪啪響，棚前放一溜小板凳。雖然煙薰火燎，塵土飛揚，但大人孩子一個個喜笑顏開，興致不減。有賣雞蛋醪糟的，有賣穰皮麻花的，有賣羊血餄餎的；還有芝麻糖、水蘿蔔、鍋盔饃；還有各種手工製作的傳統玩具，既熱鬧又有人情味兒。

我們的收穫也不小，不禁飽了口服，灶具也置辦的差不多。計有：能裝8擔水的大水缸一個，鐵皮水桶兩個、水擔一副，燒火的風箱一個，大鐵鍋一口、配蒸饃的草圈和鍋蓋一副。在夏隊長指導下，還買了不少據他講日後灶房能用得上東西。我們把一大堆什物裝上架子車，天黑以前回到了村子。其他像飯碗筷子、飯勺鍋鏟、水瓢、油鹽醬醋瓶子等等，都是我們幾個人趁回家的時候在市裡買的，也有些是從家裡拿的。有幾把喝湯瓷勺子是我們幾個男生在小飯館吃餛飩時「順」的，燒火用的下煤鏟是在公社的供銷社「拿」的。

總之，下鄉整一個月後，我們自己的灶辦起來了。開第一頓飯的時候，不少社員都湧到我們灶上看熱鬧。特別是那些婆娘女子，一臉的好奇，看學生娃們咋著弄吃的呢？

知青吳亞平在〈當年的蝦燴面〉中回憶：三十多年前我在農村插隊，我們隊裡下了25名學生，經過大家推選，我管灶兼做飯，我們是一個革命集體，8名女生，17名男生。

那時候是革命年代，我們是第三世界的老大哥，我們要支援亞非拉人民的解放事業，臺灣同胞還生活在水深火熱之中，我們一定要解放臺灣等等。所以要種好地，多打糧食上交國家，以實際行動支援世界被壓迫的人民的解放事業。那時候上交的公購糧數量大，說是支援亞非拉革命。我們主要是種糧食，夏季收小麥，秋季收玉米、穀子、糜子、紅薯、黑豆、黃豆等等，由於土地大部分種糧，菜比較少，但我們還是因地制宜，想辦法吃好。

我們廚房的鍋比現在的浴盆小一點，案板如同單人床板，用起來非常順手。那時候沒有電，我們燒的是煙煤，用的風箱是兩根拉杆的大傢伙。我的主要任務是賣飯票，買菜，算賬，拉風箱。拉風箱這活在冬天很愜意，外邊零下十多度，尿泡尿還沒抬腳就能凍住，坐在爐火前拉風箱當然是暖融融的了，缺點是煤灰很大，飯做好了鼻孔嘴裡全是黑色泥炭，夏天拉風箱可不是好活。

我們村在一條小河邊，說是河流，倒不如說是小溪。寬約兩米，深約半米，就是那樣的小溪，裡面生長著成群的小蝦，還有螃蟹、王八、蛤蜊等等。我第一次見水獺就是在那條小溪裡，是棕色的，和貓差不多大小，頭像老鼠，尾巴又粗又長。

記得一年的雨季，連陰雨好多天不停，地裡的活不能幹，大家都在宿舍睡覺閒聊或是學習。因為雨天不能外出買菜，我們好多天沒有菜吃，我只能臨時抱佛腳，在開飯之前拿上蝦網和荊條筐去河裡撈蝦。那蝦是野生的，千百年來自生自滅，當地父老鄉親不吃魚蝦王八之類的雜物，我們吃，用開水煮熟，鮮紅鮮紅，撒點鹽拌一下，非常香。

河裡蝦很多，打撈幾下就可以了。蝦打撈好後倒在荊條筐裡，在河水裡涮涮泥沙，再把裡面的水草揀淨，回來用清水泡一下，直接倒在麵鍋裡煮熟即可，蝦燴麵就好了，然後吆喝「開飯了」。

剛開始吃蝦燴麵時農友們都高興，頓頓吃吃蝦燴麵，時間長了膩啊，有人提意見了，讓我變花樣滿足大家，七嘴八舌嘟嘟囔囔。我也變不出別的菜，只能是蝦蝦蝦。提意見的人多了。我發火了：「就這蝦燴麵，愛吃不吃」！說實話，當年我也吃膩歪了。

初到農村農場的知青，特別是剛到農村插隊的知青，許多人在集體戶生活的過程中，都會因為日常生活的吃住發生摩擦衝突。而在這時，一切空談闊論的革命理想熱情都會丟到了九霄雲外。他們才會真正意識到現實生活的殘酷。對於這點，知青左黎在〈第一步不是抓革命，而是我們得活下去〉中說得很實在：

……除了憶苦思甜之外，還能向貧下中農學習什麼呢？上海的8名知青在經歷了最初的困惑之後，首先面臨的最重要的問題，就是我們自己得活下去。因為我們當時根本就沒有吃的。

這種困境與當時國家給予知青的政策有關。俞自由、趙國屏等人是在一九六九年一月來到蒙城的，按照政府的安排，最初幾個月有國家供應，直到當年六月份的午季麥收。所謂的供應，就是給一點錢，一個糧本可以買糧食，再給一點煤炭。可是他們剛剛下去的時候，馬上就碰到問題了——有了這些也買不到東西！剛去的時候是冬天，據說是安徽歷史上最冷的冬天，下大雪，根本去不了縣城。

買不來煤，沒有燒的，知青們只好剝一點玉米，把玉米的芯子拿來當柴火燒，這樣一天只能做兩頓飯。第二頓飯在下午四五點鐘就吃了，可是知青們一般還要看看書，弄到晚上七八點鐘才睡覺，這時許多人已經很餓了。天氣又冷，動輒零下二三十度，根本沒有取火。趙國屏回憶：墨水滴在桌子上，再要去把它吸起來的時候，就已經凍住了。好容易熬到開春以後，靠國家供應的那點錢買油，買鹽，還要吃菜，根本就遠遠不夠，於是，「活下去」的問題尖銳地擺在懷抱一腔革命激情的知青們面前。

當時，上海知青們組成了一個集體戶，雖然人數不多，又都來自上海，然而知青內部也充滿了矛盾。很簡單的，卻是每天都會遇到的問題，比如誰燒飯、誰擔水，也會爭執不休。擔水沒有人願意去。俞自由的弟弟也在插隊組，有一次擔水還出了危險。村裡的井沒有圍沿，完全就是平的，當然轆轤更沒有。冬天挑水上面全是冰，俞自由的弟弟腳一滑就掉下去了，所幸他當時緊抓著扁擔，扁擔橫在了井口上面，他拉住扁擔使勁爬了上來。一共8個人吃飯，可誰也不願意燒飯，都願意下地幹活。

很多的矛盾在一起，插隊組需要有人來做決定。於是，知青中的三個團員組成了團小組，推舉俞自由擔任團小組長。幾十年後回憶往事，俞自由笑著解釋這一關鍵任命的緣由：「因為我出身比他們兩個好。」3名團員中，趙國屏的家庭是「偽官吏」，另外一個團員的成份是資本家，而俞自由的父親只是個小職員，所以她當仁不讓地接受了這一職務。

至於成立團小組的考慮，俞自由搬出了毛主席語錄，「毛主席說，支部建在連上，是最重要的，所以我們就學了。」所有的大小事情都由團小組開會決定，一旦做了決議，大家都要服從。俞自由至今還保留著當時團小組開會的記錄本。而這些記錄中很重要的一條，就是分配，一個人煮五天飯，其他人下地。煮飯的人不僅負責煮飯，還要餵豬，餵雞等等。

團小組成立的理論依據不難找，可是知青們決定，首先解決自己的生路問題，第一步不是抓革命，不是階級鬥爭，而是我們自己得活下去，卻著實經歷了認識上的重大突破。好在博覽群書的趙國屏很快在毛主席著作中找到了依據，在一篇延安大生產時期的文章中，有這樣一段話（大意）：有些人把那種為了改善生活而搞好生產，認為是落後的觀點，是完全錯誤的。換句話說，為了把自己的生活搞好，把生產做好，這是完全正確的一件事情。有了最高指示的撐腰，知青們把精力集中在怎麼種好自留地，把羊、把兔子、把豬、把雞餵好，才能夠有菜吃，使自己能夠活下去。

知青胡果威在〈四十年了〉中也回憶了當時知青集體戶的窘境：……我們剛到村子裡的時候，生產隊派張老十給我們做飯，我們付給他工分。幾天之後我們決定自己做飯。對我們那些新手來說，燒柴禾做飯也是一件苦差事。柴禾添多了會冒濃煙，添少了又燒不開那口奇大無比的鍋。自從女生開始做飯，每天早上敲鐵軌之前我們總是先被炊煙嗆醒。那些可憐的女生做完一天飯後眼睛都是薰得通紅，最初的幾個月我們的飯不是夾生就是燒焦的。

我們男生負責挑水，那是一口將鐵管打入地下，上面用杠杆和活塞抽的水井。一天我經過水井幫女生挑水。因為當時的溫度是零下二十多度，我的手剛剛抓住鑄鐵的井把，手就被粘住了。我掙了幾下，但是掙不脫。我意識到如果硬掙的話，就會把手心上的皮撕下來。我心裡開始怕了，那個女生趕緊跑去找人幫忙。兩分鐘後，餵馬的老鄉提來一桶水，澆在井把手上。鑄鐵的把手上立刻就結了厚厚的一層冰，提高了井把手的溫度，總算把我的手緩解下來。我的手心被嚴重凍傷，好幾個星期才癒合。

類似的情況在知青陛下〈我的知青經歷〉也有描寫：……不久又來了兩個女同學，三個人有了伴也有了稍許的喜悅，這時我和她們一起回到了婦女勞動的隊伍裡來。婦女出工和婦女一起幹活，婦女沒活和男社員一起幹活。隊裡在飼養室後院的精料棚（精料就是餵牲口的油渣，豆子類）裡為我們壘了一個炕，這張炕占滿了整個房間，我們的東西只好擺在炕角。還好，東西不多，每人一個紙箱。

冬天還可以燒炕，從沒幹過這活的我們不是燒得不熱就是把炕燒得和烙餅一樣，赤腳蹲在炕上腳都受不了，只好大半夜披著被子蹲著。男同學仍然睡在外邊飼養員的大炕上，他們不用自己操心燒炕。我們在一天的勞累後常鑽進被窩一排的爬在炕頭聊天聊地，更多的是設想自己的未來，可這些未來都是那麼的蒼白，唯獨沒人敢想自己有一天會跳出這個坑。我們還常在炕上跳「白毛女」、「紅色娘子軍」自娛自樂，終於有一天，炕被我們跳塌了，一個個掉進草木灰堆裡，我們也在煙灰中升騰了。

隊長氣壞了，不再給我們壘炕了，從一個廢學校找來幾個床板，我們又回到熟悉的床上。五個原不相識的人被迫組成的家庭矛盾太多了，大家一起出工一起回來，吃飯的問題就顯得特別突出，別的社員回家就能端起碗吃飯，因為家家都有留守人員，可我們卻都要為自己掙工分，男社員一天10分，婦女7分，我們更少點，剛開始我是5分。10分算一個勞動日，而一個勞動日只有兩角幾分錢，為了養活自己，誰也不會願意留在家裡做飯。等下工回到住處，冰鍋冷灶手忙腳亂，不會做飯的我們常常沒等飯做好上工的鐘聲又敲響。這時候男同學最愛幻想的就是娶一個農村媳婦，回家有個熱炕頭。直到我們離開農村前這個矛盾也沒有解決……

知青陛下還在〈歲月有痕，一頓飯〉中回憶：天才濛濛亮，是那樣的冷，東邊還看不見一絲陽光。我們已經收工了，這裡的人們一天是要出工三次，早飯前的勞動通常是拉車給田裡送肥，給飼養室背草。飼養室在高高的坡上，那裡堆集如山的肥料是永遠也拉不完的。每次空車拉上去別人裝車時，我就兩眼發呆的瞅著這糞堆，總在幻想著它哪一天消失了。呵！癡心妄想！牲口永遠按照它的生理功能吃喝拉撒著，我們將有一輩子背不完的草，一輩子拉不完的肥。

拉著滿滿的一車肥下坡由不得你一路跑來，任憑你使勁壓著車把柄唯恐出事故。回來上坡時雖然是空車，曾經一直上學而肩不能挑手不能提的十幾歲姑娘還是汗摔八瓣。收工回來額前留海濕成一縷一縷，上面的冰碴子不知是汗還是呼出的氣造成的，晶瑩剔透到像是綴上的首飾，似乎舞臺上旦角的髮髻。身上的內衣被汗水打濕了，一停下來拉著車奔跑的腳步，西北風吹著就覺得衣服不是布做的，而是像是用冰冷的鐵皮貼在身上，不由得打著哆嗦。

收工了，有人拿著鐵鍬、有人拿著鐵鍬，我拉著空架子車「回家」吃早飯。別的社員進家門就爬上燒的熱呼呼的土炕，就可以端起老婆、媳婦、媽媽做好的，熬得熱騰騰、黏黏的稠玉米珍稀飯。（也就是玉米碴子，那是我們下鄉地方一年四季的早飯，農忙時還可以加饅頭）

我們幾個知青回到自己的小院，顯得冷清荒涼，開鎖有了人，出工鎖大門。住房的窗戶上好歹有個框，還能糊上報紙，可廚房的窗戶就寒磣了，乾脆就是一個洞，像影視劇裡監牢的窗戶一樣豎著幾根棍子。我們用裝化肥的塑膠袋給蒙上，哪知它經不起風吹日曬的考驗，早已像墓地的招魂幡一樣隨風飄擺。不知是誰用一頂破草帽堵在那裡，還是能稍擋一些刺骨的北風，可每當做飯時殘風仍吹的灶膛裡的火忽起忽滅，灶前火光映出的小鬼臉上筆墨成畫。

入鄉隨俗，生產隊為我們買的大鍋是一口大大的U型大生鐵鍋，要兩個人使勁才能抬的起來，可以燉一頭豬了。只有這一口鍋，足以知道我們今後長年的生活飲食中只有主食而無副食了。牆角立著快一人高的大水缸，看見它我就想起樣板戲「沙家浜」裡阿慶嫂是怎麼把胡傳魁藏進了水缸裡的。

此刻水缸裡的水早已凍成砸不開的冰，也不敢砸呀，凍都會凍裂了水缸，一碰還不得連缸都報銷了，這可是我們少之又少的固定財產呢。男同學趕快挑起水桶去絞水，幾十丈深的井也真難為了我們這一幫十幾歲的孩子。水總算燒開了，撒進玉米珍，要一個勁的攪一直的熬，這麼大口鍋，真恨不得跳進去取暖。

上工的鈴聲又響了，我們最厭惡的聲音刺痛著耳膜。看著夾生不熟的玉米稀飯，雖然夾生卻燙的難以入口，我們一個個吸呲吸呲的往嘴裡刨著，往下吞著，沒鹽沒味還是香呀！高強度的體力勞動，不補充點能量、沒有點熱量，哪能再對付一上午的勞作。飯沒有吃完，不是吃不完，而是沒時間吃完。髒碗剩飯鍋都扔了一灶台一案板，出工了，剩下的事中午收工回來再說吧！

福州知青潘亞昭在〈追憶知青歲月：為逝去的青春掃墓〉也講述了類似的情景：下鄉的第一關是煮飯。我們的廚房是村民用竹蔑紮成的，到處都是窟窿，寒風肆無忌憚地在裡面穿梭。中間擺一張搖搖晃晃的舊圓桌，還有幾張舊竹椅，一坐下就吱吱嘎嘎響，坐不到椅子的就站著吃飯。那時吃飯很簡單，糧食按工分發，菜靠自己種，經常無油無菜，就擱些鹽巴調飯吃。從事著繁重的體力勞動，再加上我們正處於青春發育期，飯量本就大，但因為糧食有限制，不能多吃，每天都處於飢餓之中。

廚房裡用磚和泥巴砌著兩個大灶，上面兩口大鐵鍋，前面一個煮飯，後面一個煮豬食。在那裡，每家每戶都要養豬，殺豬要隊裡統一安排，逢年過節或農忙時，才可殺一頭豬，全村按戶分肉，那時才可有些油水滋潤一下我們乾癟的腸胃。

大灶邊堆著一堆半幹半濕木頭，那是我們去很遠的山上砍柴挑下來的。我們村在馬路邊，燒火的木柴很缺，每次砍柴都要花大半天時間，才可挑回一點，那時我們最害怕去砍柴了。

知青隊長按名單寫張表貼在竹牆上，按照名字順序，每天一個輪流煮飯。輪到我時，我提前一夜就開始準備，找了很多紙張、細木條、松枝，整夜不敢睡著，怕早上起不來。第二天房東家的大公雞還未打鳴，我就起床，在黑暗中到了廚房。按村民教我的，先架上松枝，然後捲團紙點著，塞進松枝下面。很快，松枝霹霹啪啪響著燒著了，我把細木條加入，火燒得更大了，我趕緊架入大木頭，可是隨著一陣陣濃煙冒出，火漸漸小了。我趕緊又把紙塞進，所有的紙都燒光了，火不僅沒著，反而滅了，一股股煙從灶口湧出，嗆得我直咳嗽。天漸漸亮了，我更著急了，越急越沒辦法，怎麼才能讓大木頭燒著呢？我一邊流著淚，一邊加緊用吹火筒吹著。正在這時，我們稱為「管家」的大姐起床了，我一見到她，眼淚止不住的越流越多。她邊安慰我邊幫我，很快，火苗又躥出來，火著了。一大鍋飯還夾生的，出工的哨子就吹響了。大家趕緊三口兩口劃拉完碗裡半生不熟的稀飯，望著滿臉黑一塊白一塊的我，沒有一個人責備我，默默地扛著鋤頭出工去了。

每天煮飯的人都要去江裡挑水，十幾個人一天的用水量很大，而且去江邊沒有路，又很陡很滑，特別是下雨天，就更難走了。我年小體弱，一次只能挑小半桶，下雨天時還經常滑倒，滾一身泥巴，有幾次還把木桶摔散了。有一個男生，看我日子過得很艱難，每次輪到我煮飯時，他都默默地幫我挑水，把水缸裝得滿滿的，而且在以後的歲月裡，還幫過我很多，我很感激他。四十年過去了，不知他現在還好嗎？

山裡的杜鵑花開了，紅的白的紫的，山風吹過，帶來陣陣幽幽的香味，我又想起了家鄉老屋中，父親親手種的杜鵑可否開花？每天晚飯後，從男知青房中就會傳出一陣陣經他們改編過的歌聲：「我的家在福州……一二四，一二四，從那個悲慘的時候，離開了我的家鄉，告別那衰老的爹娘，流浪，流浪……哪年哪月，才能夠回到我那可愛的家鄉？哪年哪月，才能夠見到我那親愛的爹娘？」

如泣如訴的歌聲，傳到了女知青的屋裡。讓我們這些思念家鄉、想念父母的女知青，一個個聽得淚水汪汪……

第二節　惡劣大自然對集體生活的考驗

知青上山下鄉伊始，大多數人都是抱著改造農村農場落後面貌的雄心壯志，但是，當他們目睹了所處的惡劣自然條件後，心靈深處隨之產生了強大的壓抑感。知青楊帆在〈那裡農民吃糧不足，燒柴短缺花錢更沒來源〉中也回憶了他們艱難的生存困境：打水、做飯、割柴——這是知青下鄉後從第一個早晨開始，為了生存，首先必須學會三件事。

第一件事是打水。幾十步外的山溪邊，有一口石頭壘砌的水井，井深與扁擔長度相仿。看農民打水，用扁擔一頭的鐵鉤掛住水桶，把扁擔輕輕一擺，瞬間水桶滿滿的提了上來，那動作簡單、便捷；那姿態輕盈、優美。

我心想著優美，模仿著農民，兩手把那扁擔一抖，期待著成功。誰料想，水桶光郎一聲磕在了井壁上。第二次作了端詳，輕輕一擺，水桶晃了晃，沒有倒向水面，一點水都沒進去。這時我覺得這扁擔太過僵硬，不好操縱。第三次加大了手勁，用力一抖。得，水桶脫離了扁擔，掉到井裡。趕快爬在井邊鉤水桶，顧不得弄髒了衣服。水桶鉤了上來，小薑說讓我來試試。他試了多次，頭上冒了汗，終於打上來多半桶水。實在是小瞧不得，這扁擔打水，看似容易，做著難，穩、准、巧方可。我們練了一個星期，才初步掌握。

第二件事是燒火做飯。這大鍋，做三十個人的飯也綽綽有餘，我們卻只兩個人。填多少水，心裡沒有譜，試著來，邊燒燒火邊揭鍋看。一個人管上邊，一個人管下邊。燒火盼著水開，所以多添柴，正撅著腚，用嘴往灶下吹氣，這火呼的一下燎到了外邊，差點沒燒到我的眉毛，一屁股坐在地上，順手一抹，臉上留下兩道黑。

這水也是半天不開，說開，就咕嘟咕嘟大泡連著大泡一個勁地迸裂，眼見鍋裡的水越來來越少，舀上米來嚐嚐，米粒還很硬，於是添水。氣泡沒有了，再加大火。咕嘟一會兒，水又沒了，嚐嚐，還是沒爛，再添水。這鍋蓋一會兒蓋上，一會兒揭開，鍋裡一會兒有氣，一會兒沒氣。高粱米遲遲不爛，遠處生產隊那邊已經有人招呼上工，第一天到生產隊與大家見面，不能遲到，情急之下我們就半生不熟地吃起夾生飯。

第三件事是上山打柴。做飯燒炕必須有燒柴。這是個山村，卻沒有山林。沒有山林的山村，一定貧窮到極點。農民生存三件事——吃、燒、花。這裡的農民吃糧不足，燒柴短缺，花錢更沒來源。我們大學生下鄉帶有工資和糧食證，不會與民爭食。但是要自己打柴，卻是件難事。

生產隊長讓我們自己割草當燒柴，於是拿著鐮刀上山。站在山頭放眼望去，不知從那裡下手。漫漫的山坡看不到喬木，看不到灌木，看不到秸稈一類的植物。只有茅草——疏疏的茅草。左顧右盼，沒有值得下鐮刀的地方。在我的家鄉，山上長滿了耐旱的紫荊，人們俗稱荊梢。，這裡卻沒有。後來知道，農民因為缺少燒柴，把荊梢條棵子的根莖都刨出來燒了。殺雞取卵，惡性循環。山上逾來逾荒涼。第二年（一九六九）夏天一場幾十年未遇的特大暴雨，使這些失去植被保護的山體到處出現滑坡，千瘡百孔。為此我給縣廣播站寫了篇稿子〈刨疙瘩的危害〉（農民把荊梢根稱疙瘩）。這是後話，且不說它。

整個上午，割了只夠做一頓飯的柴草。下午隊長找個社員帶領到遠處一個不允許打柴的山溝。這裡草長得厚實。那個社員說；就在這裡吧，彎腰就幹了起來，一刀緊連著一刀。他割草不是只抓有高度的草稍，他會用鐮刀抵住草的根部，無分高矮的草同時割下來。我卻一下子學不來。彎腰的時間一長，受不了，不斷地站直了揉腰。怕扎手，又不敢攥緊。等到社員說「好了，咱們回去吧」時，只見他捆了很大很大的一捆，比我們兩個人的還多出一倍。他高高興興地背負著收穫回家了，還算為知青出工，記了工分。

由於不能維持生計，我們只好找隊長。第二天全生產隊的男社員都為知青點打柴。待到傍晚，門前堆滿了燒柴。

劉洪遂在〈回首那段與天地奮鬥與生存抗爭的苦難經歷——東方炮知青林場紀事〉中回憶：……

淚別家鄉　一九六五年是極不尋常的的一年，是註定徹底改變一些人一生命運的一年。正是初秋時節，隨著一九六四年到平武的「上山下鄉知識青年回遂彙報團」的到來，在遂寧掀起了又一次「上山下鄉」的熱潮。

凡初中畢業未考上高中及小學畢業失學在家的十四、十五六歲的花季少年，都接到學校和街道居委會的通知，到遂寧縣委黨校參加「上山下鄉」學習班。學習班是全封閉式的，為期七天，吃住都在黨校。

「農村是一個廣闊的天地，在那裡是可以大有作為的……」，學習班整天就是聽報告、思想討論、發言、表決心。董家耕、邢燕子的先進事蹟激發了同學們「立志建設新農村」凌雲壯志，在未徵求家長意見的情況下紛紛報名，要立志務農。有誰知道，這條道路是那樣的漫長艱難。臨行前，下鄉知青集中在城南斬龍埡，進行了數天的集體勞動，共同的目標使許多原不相識的青少年熟識、交流，結下了初步友誼。

一九六五年十一月十日，那是一個令人終身難忘的日子。這群不知甜苦的青少年從此踏上了茫茫人生道路的旅程。風蕭蕭兮涪水寒，孩兒一去何時還。父母親友都在為即將離去的孩子落淚、祁禱。「一人下鄉，全家光榮」，全城的父老鄉親、政府大小官員，像過節一樣地來到縣衙廣場，集會歡送。

仲秋時節的早晨，濃霧茫茫，秋風陣陣，街道兩旁的梧桐樹不時飄下一片片黃葉。船山腳下，西門渠河旁的公路上，站滿了敲鑼打鼓的人群。光榮的知識青年，在親友們的淚水中、叮囑聲中，在歡送人群的鑼鼓聲、口號聲中，胸佩著大紅花，分乘四輛解放牌卡車，依依不捨地離別了可愛的家鄉——鬥城。朔涪江而上，奔向崇山峻嶺深處的川西北小城——平武。

出發的知識青年共一百零五人，分別來自原城關鎮第一、第二和第三、第四街道辦事處，到平武後被分到兩處，原城關鎮第一、第二街道辦事處的五十一位知識青年被安置在離平武縣城還有五十華里的白草公社所辦的建新林場。原城關鎮第三、第四街道辦事處的五十四位知識青年被安置在平武縣枕流公社所辦離縣城以西九公里遠海拔約二千多米高山上的東方炮林場。如果說人生如一本書，這一百零五人從這天起就在各自的書頁上，開始寫下自己一生的第一篇章。新的生活就從這裡開始了……

初上林場　……被安置在東方炮林場的54名知識青年到達

平武兩河堡大隊後，受到當地社員和學生的夾道歡迎。一切都很新鮮，也很陌生。生平第一次領嘗了具有當地特色的主食「草草飯」（用玉米粉拌少許水蒸出的團子和「金裹銀」（將大米飯和玉米粉混合後蒸出的帶有黃白色彩的乾飯）的風味。

東方炮林場位於枕流公社永豐大隊鐵龍堡處高山上，站在羊腸關公路上，可遙望東方炮山嶺，山高路陡，雲霧繚繞。據當地社員說，那可是野豬、狗熊出沒的地方，還有金絲猴、白熊（大熊貓）、盤羊（扭角羚）。

從山腳下到林場，要沿著崎嶇的山路爬整整三個多小時。初建的林場只有10名當地社員（老場員），住在一小間草棚和幾處岩窩（岩石與土層經長期風化融蝕形成的洞穴）裡，無法安置新來的知青，全體知青只好暫住在兩河堡大隊隊部和社員家中。

休整了一天後，公社書記唐金效和林場場長紀正才（本地人）決定抽派15名身體較好的男知青先到林場搶建住房。第二天，由何世玖擔任隊長，由張甯甯、高家宇、張志傑、蔣世榮、周清國、唐坤榮、秦霽威、遊秋祥、周永遂、羅樹林、王多才、鄭賢清等為隊員的突擊隊就提前上山到了林場。剩下的男生和女生留在兩河堡和當地社員一起參加修建兩河堡大隊電站開挖進水渠勞動。

幾天後，先期上山的知青和林場老場員（當地社員）搶修出了兩大間由木頭搭成的草棚。一間作為伙食團和部分女生宿舍，另一大間一分為二，一半作男生宿舍。一半作女生宿舍。草棚搭好後，留在兩河堡的女生和男生就全部上山來到了林場。當幾十名剛離開母親的小青年第一次艱難的沿著崎嶇的山路爬了整整三個多小時到達林場時，只見白雲在山腰間繚繞，草棚後就是莽莽的大山和黑峻的原始森林。

已是入冬季節，為備來年春播，全場人員轟轟烈烈地開展了毀林墾荒備耕生產。男生揮舞著長把彎刀，成片的灌木樹林在我們面前倒下。女生則在已開出的地裡耙草、燒草。一天的勞動下來，手打起了血泡，刺紮進了肉裡。臨時搭建的草棚不是長久之計，公社領導決定就地取材，伐木修建木房。在老場員的帶領下，一場為自己建新房的戰鬥開始了，男生負責砍伐木頭、女生負責砍箭竹。

天剛濛濛亮，大家帶上砍刀，背上幹硬的火燒饃（玉米麵用冷水調揉成餅投放進柴火熱灰中埋熟的），迎著刺骨的寒風、踏著霜露上山伐樹砍竹。中午在山上就地生火，將饃烤熱，就著山泉啃滿口鑽的玉米饃。直到天黑，才拖著砍下的樹和竹，疲憊不堪地回到駐地。再兩三天就要過年了，整個林場怎麼也看不出準備過年的跡象。

一天中午，個子最小的劉顯清在生火烤饃時，不慎引燃旁邊的枯葉，一場大家從未見到的森林火災發生了。只見濃煙滾滾、火舌亂串，成片的松林燒得劈啪亂響。風助火勢，火借風勢，大火順著山勢越燃越寬，越燃越高，到了晚上，半邊天空都是通紅通紅的，幾十裡外都看得見。

火災發生後，林場山下的永豐大隊社員最先趕到火場撲火，隨後枕流全公社和縣城各單位出動上千人員趕到火場參加撲火。經過八天七夜的撲救，大火才被撲滅。我們也算過了一個火紅的大年。

引發火災的劉顯清在一九六八年九月份撤場插隊後，一次隨張甯甯、遊秋祥、高家宇、劉洪遂等在兩河堡涪江邊炸魚，在下河撿炸翻的魚時不慎被河流沖入急流灘，溺水而亡。後經全場知青沿河尋找，在縣城西門外頂門壩河灘邊尋得後，就地掩埋。一個年輕、鮮活的生命就這樣早早地消失在異地他鄉，這是後話。

苦樂年華。　木架房修起後，知青們又自己背泥、踩泥，砍柴建窯，燒磚燒瓦。經過全場知青的艱苦努力和辛勤勞動，直到第二年的五、六月，我們才住上了自已親手建造的住房，一座穿鬥結構的木瓦房。新房子共七間，三間做男生宿舍，三間做女生宿舍，男女宿舍之間為一空房間，作為公用活動場地。中間是一條通走廊，走廊兩邊用箭竹編的籬笆分隔為寢室。男生宿舍旁是一間偏廈，作為辦公室用。

到林場的第一年，口糧還是由國家供應。糧食是大家輪流下山從縣城背回來的。早晨由林場出發到縣城，要走四個多小時。可往回走就難了，由於山高、路遠、體弱，一人一次只能背二、三十斤，順公路走9公里，再爬三個多小時的山路，途中歇七、八次氣才能將糧食和生活必需品背回林場，很多時侯都是半夜時分了。

每天的飯就是玉米麵蒸的「草草飯」，菜就是水煮白蘿蔔片，有時沒有菜了，炊事員（張甯甯、劉培英）就用一點菜油將鹽炒一下，燒成湯來泡「草草飯」吃。很少見到油葷。盼打「牙祭」就像盼過年一樣。後來在文革武鬥期間，買不回來糧食，還將自已種的，未經磨細的玉米籽煮來充饑，挖野菜下飯。每逢打「牙祭」時，許多女生都捨不得把自已分到的那份一次吃完，總要留下一半，等到第二天再享受一次打「牙祭」的快樂，令男生眼饞不已。

一天，羅樹林和周華玖不知從那裡弄回一條狗，令腹中久缺油葷的知青們興奮不已，殺狗的、剝皮的、支鍋架火的，忙個不停。誰知這是條老狗，整整煮了一夜都未煮好。由於白天太累了，大多數人熬不住，只好去睡了。最後只有幾個人享受到了狗肉的美味。事後，當地社員找上門來，才知道羅樹林和周華玖把社員的打獵狗偷回來了。

由於國家只解決一年的口糧，一年後，就得靠自力更生了。第二年，春耕播種時節到了。男知青分組由老場員帶領燒荒，就是把冬天砍掉的已乾枯樹林點火燒掉，獅子坪、四方台、懶散坪、馬桑坡，到處都燃起了荒火，成片的樹林很快化為灰燼。有時因不慎，還會引發森林火災，我們又得去撲火。火燒地不用翻耕，刨一個坑，撒上玉米種子，就算是播種完成了。這就是所說的刀耕火種，最原始的農作方式。

春夏時節，這裡的山是那樣的美，這裡的水是那樣的清澈甘甜。一天的勞動讓人腰酸背疼，還要經受螞蝗、毒蚊的叮咬。被螞蝗叮了的腿血流不止，整個腿都被染紅了；被毒蚊叮咬過的地方，又癢又痛，抓撈後紅腫潰爛流膿。特別是女知青，整個夏天一雙腿都在潰爛。直到今天，我們的腿上還留著傷痕呢。

到了秋天，玉米快成熟了，一片豐收的景象。望著滿山自己辛勤勞動的成果，大家充滿了豐收的喜悅。然而，這時野豬、狗熊出現了，一到夜晚就到玉米地來啃吃。為了防止野豬、狗熊來糟蹋糧食，林場安排全場男女知青分別到地裡輪流看守。一到晚上，兩人一組守一個號棚，山嶺間不時響起此起彼伏的吆喝聲，有時還會響起一、兩聲火藥槍聲，給寂靜的夜晚增添了一絲生氣。

一天晚上，輪到唐坤榮和劉洪遂守夜，他倆提著馬燈帶上火藥槍來到號棚後，唐坤榮坐在火堆旁，就著忽明忽暗的篝火給家裡寫信，劉洪遂拿著火藥槍好奇的擺弄著，東瞄瞄西瞄瞄。看到唐坤榮在寫信，就將火藥槍對著他，笑著喊道「不許動，舉起手來」，唐坤榮說「莫開玩笑，」，話沒說完，槍突然響了，一股火苗從唐坤榮頭上方射過，槍的座力把劉洪遂推到在地上，兩人都被突如其來的槍聲嚇呆了。原來當天老場員上山打獵回來後，沒有交代槍裡有火藥，就將槍交給了他們。幸好槍沒有對準唐坤榮身體，要不然，後果不堪設想。後來每每談及此事，兩人都還心有餘悸，感歎大難不死。

林場的勞動是很繁重的，生活是很清苦的。這並沒有改變知青們樂觀向上和好動的天性。勞累一天後，點著煤油燈，有的下棋、有的翻看著不知已看過多少遍的從家裡帶來的僅有的幾本書籍。而最讓人難忘的，是知青自己喜歡唱的歌：〈航標兵之歌〉、〈想念毛澤東〉……到後來有了《知青之歌》等反映知青生活、思鄉思親的歌曲。在下鄉期間，我們還多次參加了公社、區鎮組織的文娛演出。

林場處於海拔二千多米的高山上，除林場組織大家早上出操時唱唱歌、讀讀報外，基本上沒有文化生活。能看上一場電影，對知青們來說是一件很奢侈的事情。有一天，有人從縣城帶回消息，說城裡正在上映革命音樂舞蹈史〈東方紅〉，全場沸騰了。全場知青早早地收了工，下山趕到縣城看電影。

電影散場後，已是晚上十一點多了，大家趁著夜色往林場趕。從縣城到林場山腳下，要走了十幾里路。到山腳下，大家又背著糧食爬山回林場，（這是林場安排的任務，看完電影后，每人要帶回當月的口糧）。這時大家的腹中早已空空如野，每個人都又累又餓。等回到林場時，天已大亮了。林場破例放了大家半天假……

一九六六年底，文化大革命開始了，林場成立了「東方炮革命造反戰鬥隊」，投身文革洪流。後加入全縣知青造反組織「鐵流兵團」，並選出了遊秋祥、張甯甯、陳貝君、梁恩桐、劉洪遂、宋景萍等十位同志參加兵團組織的「大串聯」，準備到北京接受毛主席的檢閱。最後到達北京的只有遊秋祥、張甯甯、陳貝君三人，（到成都後，劉洪遂被兵團留下到綿陽設立留守聯絡站，其他同志有的回到了林場，有的回到了遂甯）其餘幾十個知青在林場堅持「抓革命、促生產」。

這時，已經是一九六七年的春節前後了。在林場堅持「抓革命、促生產」的知青都盼著參加「大串聯」的代表能帶回造反的勝利消息。直到春節後，代表們回來了，林場更多的知青捲入了這場「洪流」。

受「文革」的衝擊，林場的生產已處於完全癱瘓狀態。老場員都回家了，很多知青流回了城市。國家供應的口糧停了，就由公社派糧，全公社大部分的生產大隊都被派了糧，稍富一點的生產大隊可能出給玉米籽這樣的好糧，窮一點的生產大隊就只有出給壓倉多年的蕎麥。可這些糧，都是當地社員的備荒糧啊！林場的地荒蕪了，地裡的莊稼、藥材已被雜草淹沒，書記王成財與何世玖仍堅持不懈的下地勞動。知青中有抽調去村小教書的，留在林場的只有何世玖、周清國、劉培英等少數知青。集體生活沒有了，知青們三兩一組自立鍋灶，開始了自找生活出路。為維持生活，只好上山砍木杆、燒木炭、換來油鹽錢。

轉眼又到一九六八年春節了，又有很多知青回城過年（直到撤場插隊時才回平武），堅守在林場的知青更少了。大雪封了山，凝凍的山路又硬又滑，無錢無糧又下不了山，這個年是該怎麼過呢？當時在林場的知青沒一個有能回憶起的，根本就沒有過這個年。

好不容易熬過了又一個嚴冬，再這樣守在林場，只有死路一條了。知青們三五天下山一次，找縣知青辦、公社革委討要，可每次每人都只得幾塊錢、一二十斤派購糧。沒有辦法，知青們就做「背腳子」（就是背夫），背過青杠木鋤把、鹽貨、山貨。一天走幾十裡山路，日曬雨林，風餐露宿，也只掙得一二元錢。一九六八年三月，十來個知青又一起去平武縣養路段打工修路，一干就幾個月。

到了一九六八年八月前後，撤場插隊的通知下達了。返城的知青陸續回到林場，各自組合聯繫插隊點。東方炮林場正式解體了，林場的知青又散落在平武縣枕流公社的十幾個知青點，繼續接受貧下中農的再教育，與天奮鬥，與地奮鬥……

第三節　逢年過節孤苦可憐的生活情景

俗話說：每逢佳節倍思親。知青梁煒在〈難忘的臘八〉中回憶道：如今每當在喝臘八粥時，我們往往就會想起北大荒的臘八，那時候的知青過臘八時別有一番滋味。

一是真能體會到臘七臘八凍掉下巴的感覺。北大荒的冬天，天寒地凍，臘八那天更冷，如遇颳風，你就是帶著棉帽子，迎風站上10分鐘，鼻子和顴骨都會被凍白，如果不及時用雪去搓，日後就會變成潰瘍，就是用雪搓過了，慢慢也會褪掉一層皮。

二是據說佛教徒為不忘所受的苦難，在臘八這一天喝臘八粥，以紀念苦難的日子。聯想自己剛出校門就遠離家鄉，遠離親人，頗有同感。臘八這天心中很是惆悵沉悶，再加上野外勞動的寒冷，農活的艱辛，無疑為這沉重心情雪上加霜。

三是臘八這一天喝臘八粥，對我們知青來，這一民俗自來到農場後便消失的無影無蹤。回想在家裡的時候，整天高高興興，對喝不喝臘八粥好像很不感興趣，可在農場，越是喝不到臘八粥反倒魂牽夢縈地想喝那五穀雜糧大雜燴熬成的東西。

記得有一年冬天，一連的一個同學，在臘八前好幾天就約我在那一天去他們連喝臘八粥，說他家給他捎來不少紅棗，要在北大荒熬次臘八粥過個真正的臘八。一連距離我們十連有二十里路，自己雖從沒在大冬天走過這麼遠的路，但看到小義子和連連的天津哥們于聲他們只穿毛衣褲、單皮鞋就在大風雪裡走了幾十里路來十連聚會，也沒凍壞誰，咱穿上知青的大棉襖，大棉褲，衣服雖然舊點，但是擋風，估計走到一連也沒啥了不起的，再說有好吃的吸引，有動力，更有火力。

臘八那天一早，我就跟連長請了假，為了防寒，特意帶倆大個的烤土豆，熱熱的一個兜裡裝一個，再把手放進去，跟火爐一樣。我先搭了一段去團部拉百貨的大膠輪，在團部路口跳下來，開始真正意義上的徒步，向營部進發。

那天陽光耀眼的照，可氣溫侵肌鑽心似的冷，小風習習的吹，但身上如雪刀冰劍似刺骨的寒。該我倒楣，去一連還偏偏迎著風，我把兩隻手放在兜裡，背著凜冽西風倒退著走固然暖和，這樣下去，四個小時也到不了一連，中午那頓臘八粥就吃不著不說，天黑前也回不了十連了。我轉過身走，可手插在兜裡不擺臂還是走不快，於是我又戴上棉手套，口唱「穿林海，跨雪原，氣衝霄漢……」來個小急行軍，滿以為唱段革命樣板戲就會有朝陽暖胸膛，可嚎了半天也沒感到什麼「抗嚴寒，化冰雪」現象出現，反而慘切的寒風卻把門牙都凍疼了，幸虧搭上一輛去營部的馬車，跟車上的人擠在一起總算熬到目的地。

一連朋友那頓臘八粥準備得很是像樣，有大米、小米、黃豆、綠豆、紅豆、芸豆、大棗、大碴子，在我的建議下大家又嗑了不少葵花籽仁放到裡面，做了整整一大臉盆，不到十分鐘，我們四個知青呼嚕呼嚕就給吃光了，呵呵，這是我一生喝到的最香最香的臘八粥，至今難以忘懷。

大家該說的話在做粥的時候都說完了，飯後他們又幫我找了台去團部的汽車，下午三點太陽剛落山我就到連隊了。由於汽車的一路顛簸，還沒到開晚飯時間就饑腸轆轆，中午喝的粥早已被消化淨了，我想起兜裡的土豆，一翻只剩下一個，我想：大概在一連時被哪個哥們給偷吃了，還給我留一個就不錯了，三下五除二吃掉。

過了幾天，我們在食堂開大會，我們醫官的媳婦小杜坐在我身後，捏著我棉襖的後下擺，問：你們知青棉襖裡面絮的啥呀，軟乎乎的？我避免她下面又要說些別的話，就趕快上臺發言去了。

晚上我回宿舍有意一摸，還真的，棉襖的後下擺裡面軟兮兮的，我找把刀把下擺拆開一看，是幾大塊黑黢黢粘糊糊，上面滿是絮毛的東西，我拿出一塊，放在手裡用刀挑開仔細辨認，是土豆泥，原來我衣服兜開線了，過臘八時丟的那個烤土豆，不知不覺溜到這裡，在外力的擠壓下揉搓得這個奶奶樣，面貌皆非誰也都認不出，幸虧天涼，否則早就發酸了。我在棉絮裡再一找，又發現我丟的鋼筆帽和手絹也在這兒。

自從這件事之後，我把棉衣下擺的線都拆開，從不縫死，這樣既方便了洗罩衣，又不怕往裡掉東西，天冷的時候，手可以插得更深，還暖和呢，懶漢有懶漢的高招。那次臘八過得可真有各種可借鑒的「意義」。

知青梁煒在〈最後的豬肝〉還回憶他和同房的知青過年可憐可笑的情景：大年初三，大多數知青回家探親還沒回來，這個屋就剩下我和天津知青連連兩個人。儘管食堂距宿舍只有200米，可我們兩個懶蛋早上誰也不願意去食堂打飯，躺在被窩裡就分了工，連連負責把昨晚剩的饅頭切成片，放在爐蓋子上烤，當兩面都烤得黃黃的脆脆的時候，由我負責抹上點豬大油。還沒等我再咪一覺，饅頭就已經烤好了，連連催我起來，我說：「香噴噴的，就這樣吃吧！」一聽這話，剛鑽進被窩的連連一掀被子又竄了出來，用一口純正的天津話叫道：「幹嘛！咱都說好的事，咋又變卦了？真栽了。」

沒辦法，我只好起來到床下去拿豬大油，誰曾想，裝大油的玻璃罐裡空空的，連最後的油底子也不知被誰用饅頭給擦走了。於是只好披上棉襖找點肥野豬肉，到門鬥一看，坐吃山空，吊野豬肉的鉤子上空空蕩蕩，最後一塊肉也同樣不翼而飛，掛滿白霜的門鬥裡只剩下一副我們都不愛吃凍豬肝。我說：「連連，油和肉都沒了，只剩豬肝，今早也只能煮它吃了。」

「也好，今天就吃點差樣兒的。」連連說。我們又重新分工，洗豬肝、燒火、找鹽和山花椒，不到一個小時，爐上那臉盆裡就冒出了大股大股的蒸汽，肉香四溢。沒一會兒，只聽得隔壁農工班有人敲牆喊道：「等一會再吃，我給你們送酒去！」

「這幫饞貓又開玩花了胡哨的小伎倆了。」連連提醒我說。可不是，上次我們燉大雁肉，就是隔壁一個人拎兩瓶北大荒白酒，敲開我們的屋門明裡要和我們對飲，結果進來六、七個人，本來我們幾個人挺好的美餐，呼啦一下變成狼多肉少的局面，弄得我們誰也沒有吃好。今天，這副豬肝也就二、三斤，剛夠我倆吃，如果把他們放進來那後果不堪設想。有了上次的教訓，我對連連說：「趕快把門插上，別讓那幫鬼子進莊！」

插上門，為了保險，連連又支上根扁擔頂門。門外的人拍著門，跺著腳地喊：「太冷了，快開門，就我一個！」

「這人在跟咱們打馬虎眼，哪是一個，是一幫。」連連小聲對我說。果不其然，雖然是一個人在叫門，可透過窗簾縫隙又看到三、四個人的身影從屋後繞了過來。乾脆，實話實說，連連回答：「哥們，別敲了，說真格的，咱今天的豬肝不多，剛夠我們兩個人吃，多一個人都不夠撚兒，對不起您啦。」

「大過年的，讓我們進去喝點湯也行啊！」

「我們煮的是豬肝，沒湯，你們哥幾個回去喝酒吧！」

「那咱們在一起嘮嘮磕熱鬧啊！」

「……」就這樣你一句，我一句，嗆嗆沒完，我們邊說邊吃，那豬肝也快被我們吃完了，還有幾片焦黃的烤饅頭片。我抹抹嘴說：「看他們怪辛苦的，放他們進來吧！」

門開了，四、五個人蜂擁而進，眼睛盯那臉盆沖了過去，風掃殘雲，剩豬肝和那烤饅頭片頓時無影無蹤，煮豬肝的水也被當作湯喝個精光，其中一個說：「哈哈，哥幾個鬧個水飽，今天可以不去食堂了，回去接著打撲克！」說完大夥呼嘯而散，地上只剩下兩瓶北大荒酒。

連連說：「這些傢伙真是懶透腔了，在門外凍了半天，就為了不去食堂打飯，有工夫都跑幾個來回了，看看看，連酒都忘喝了。」

我用腳把酒瓶往邊上扒拉扒拉，不小心，一酒瓶倒了，酒灑了一地，趕快扶起，說：「這幫傢伙不喝酒早早把瓶蓋打開做啥。」可一聞，這哪裡是酒，明明是普通的涼水，再檢查那一瓶，同樣是水，「T．N．D」。

雲南知青羅明威在〈過年沒肉，我們把老鄉的病狗買來吃了〉也生動地講述他們三個知青心酸過年的情景：春節臨近，地處雲南邊陲的拉祜山鄉沉浸在歡樂祥和的氣氛中。平時連油燈也點不起的老鄉，此時也搜羅出幾張角票，買上一些煤油鹽巴之類，準備過節。境況稍好的人家則宰頭肥豬，釀點新米酒。至於煙花爆竹等玩意兒，對於這個窮得叮噹響的東主山寨而言，簡直是想也不敢想的奢侈品。

三個月前，為了根治祖祖輩輩令人心寒氣短的貧窮，生產隊派出四個老鄉和我們三個上海知青，去離寨子好幾公里外的一片荒山上，創辦石灰窯和採石場。大年三十那天，四個老鄉都回家團聚去了，只留下知青小邱、小吳和我看守工棚。寒風呼嘯，山坡上的荒草在風中簌簌抖動，原先還有幾分熱鬧的工地一片死寂。在冷落破爛的草棚裡，三個「獨在異鄉為異客」的遊子，只有形影相弔，相對無言。我突然感到一陣心酸……

老鄉臨走時留下的一罐家釀的米酒，還有幾棵毛杆青菜和鹽巴辣子。瓦罐裡殘存的幾星油花，早已在時涮在菜湯裡享用了，這沒肉沒油的慘景——究竟過的是什麼年哪？就連《白毛女》中的楊白勞負債回家，尚且能包上餃子與喜兒「歡歡喜喜過個年」呢……唉！我無奈地扔下破油罐，愁眉緊鎖。

小吳抱著粗大的竹制水煙筒，咕嘟咕嘟猛吸幾口，噴出一串煙霧，也是一臉苦相蹲在屋角。在久久的沉默中，小邱忽然用手拍了拍他那寬闊的額頭，濃眉下的雙眼一閃，說道：「有了！咱們去買條狗來，煮它一大鍋，不就是美酒佳餚俱全的年夜飯麼？」我和小吳就像落水者在慌亂中抓住一團稻草一般高興，連忙點頭稱是。

我們三人興沖沖地翻山越嶺，走到附近一個名叫「白塔」的拉祜族寨子裡，操著生硬的拉祜族語，挨家挨戶地問：「追貨艾馬作拉？（注：有沒有狗可賣的？）」在紮妥大爹家正好有一條生病的黃毛家犬，看樣子並不瘦。我們從衣兜裡摸索出分幣、毛票，湊足兩元錢將那條狗買下（現在想想當時的物價真夠便宜的），用繩子套住脖頸費力地將它牽回石灰窯工棚。

別看它是條病狗，要押上刑場還挺不容易。我和小邱一起費了好大的勁，才把套住脖子的狗往樹丫枝上一吊，馬上使勁收緊繩索。霎時間那狗便被懸在半空中。只見它汪汪亂叫，拼命掙扎，好像知道自己大禍臨頭，眼裡噙滿淚水……我很不忍心，便將臉偏向一旁。唉，要說知青的生活像苦藤上結的苦瓜的話，依我看這條狗比我們更可憐……此情此景，真可謂「斷腸人對斷腸狗」啊！

憨實的小吳手持一根杯口粗的木棍，口中念念有詞道：「今天我們過年沒有肉吃，黃狗啊黃狗，實在對不起你嘍……」話音未落，他突發狠勁，照狗頭正中就是一悶棍，隨後又補了兩下。那條不幸的黃狗喉管裡嗚咽一陣，頓時在嘴角淌出冒著氣泡的鮮血，命喪黃泉。

火焰在歡快地跳舞，燃燒的木柴時而發出火花炸裂聲，煞像是為我們鳴放辭歲的爆竹。不久，薰得黑糊糊的鐵鍋裡升騰起蒸汽，飄散出誘人的狗肉香味，讓我們垂涎三尺，恨不得立刻伸手去鍋裡撈……等到萬事齊備，端起山民的大土碗喝米酒，就著鐵鍋大塊大塊地享用狗肉時，只覺得自己是世界上最幸福的人了。這種場景可算是平生第一次呀，倒有幾分像小說和電影裡描繪的綠林好漢——痛快，痛快！此生願醉不願醒，何必苦惱對人生……

我提議各自說出一個心願來，為新年祈福。我首先說：「實在太想家啦！但願明年的今日，能讓我回到上海和全家團聚一次，就是累死在這窮山溝裡，也值！」小邱歎了口氣，接過話茬：「我在苦熬，也在盼望，什麼時候能把我們抽調進縣城，有份工作，吃上商品糧，我就心滿意足了。」小吳滿不在乎地抹抹油光光的嘴巴，粗聲大嗓地說：「依我看，只希望有朝一日咱們哥兒幾個開個狗肉館子——小羅你當老闆，小邱做帳房先生。我嘛——仍舊當屠夫，兼做大廚師！」（不料此話竟然一語成讖，在一九七一年底知青上調時，小吳被分配到思茅鎮的一家國營飯店當了廚師。）

小吳的黑色幽默，使我們破涕為笑，索性丟開煩惱開懷暢飲，酒香肉香伴隨荒山野地的除夕夜。火塘在熊熊燃燒，我們醉醺醺的臉上泛起幸福的紅光，神吹海聊的話題似乎給了我們某種精神解脫，暫忘了旱季裡頓頓鹽巴湯下飯、雨季裡雙腿潰爛流膿的痛苦，暫忘了每天掄大炊執鋼釺打炮眼留在手上的老繭和血痕，暫忘了無邊的鄉愁寂寞和對難以預測的命運的擔憂……

在漫漫長夜中，三個難兄難弟虔誠地翹首盼望天亮——相信明天我們將擁有一輪嶄新的太陽！一九七〇年除夕夜——我們下鄉後的第一個春節，我就這樣在四面透風的石灰窯破草棚裡度過，永志難忘，那裡無語的群山為證。

作為知青，最為可憐的還是北京知青程東富在〈那年，一鍋紅薯度除夕〉的回憶：……西元一九六八年十月，我作為老三屆知青，響應偉大領袖的號召，第一批奔赴廣闊天地，接受貧下中農再教育。我下放的地方叫太平橋公社柴草嶺生產隊。當時，大串聯，武鬥，清隊等所謂的暴風驟雨式的階級鬥爭稍稍沉寂，紅衛兵小將被「一鍋端」上山下鄉。我這個逍遙派也抱著「不望富足，只求太平」的善良願望，懷著「暫且隨波逐流去，管他驢年馬月還。」的心態，在那個貧窮偏僻的小山村落了戶。

那個山村地處皖西丘陵地帶，層層梯田蜷縮在一個個山衝裡，三三兩兩的村莊稀稀落落地蹲坐在山巒邊。那個地方的一工分值5分錢，整勞力日工分值在5角錢上下。「窮過渡」「瓜菜代」一年只有半年口糧，社員半饑半飽混時光。我們知青隨生產隊婦女兒童幹農活，有時「打盤」（田間暫休），我登崗四望，心中頓生陣陣淒涼和莫名惆悵。

當城市歡送我們的鑼鼓聲還迴響在耳畔的時候，當紅旗飄揚的車隊駛向四鄉八村的時候，我們還幼稚地相信工宣隊的動員報告：「農村歡迎你們，公社已經為你們安排好一切生活……」

可是，當生產隊長把我們帶到原是牛棚的半間茅草屋時，看到裡面空空如也，我們傻眼了。心中充塞著被欺騙，被耍弄的憤懣和悲哀。用土坯和木版搭起簡易床鋪，用稻草作床墊，鋪上同伴帶來的舊被單，蓋上一條千瘡百孔的破棉被，我們自我解嘲：「布衿多年冷似鐵，自得其樂溫柔鄉。」

轉眼間，臨近一九六九年農曆除夕，天氣特別冷。那年冬天，雪花紛飛，大地封凍，蒼山負雪，玉樹瓊枝，四野一片白茫茫。當時，我們四個同學，我，吳同學及從另一知青點趕來和我們一起過「革命化」春節的劉姓兄弟困在那半間茅屋裡。室內僅一床，一桌，一木凳，一土灶而已。四人兩兩蜷縮在兩床破棉被裡抵足而眠。天南海北，古往今來，文革小道消息，亂侃一通。

門外，雪還在呼呼地下，朔風吹，林濤吼，陣陣尖利的哨音，撼人心魄。股股冷風從破門縫擠進來，寒氣襲人。惟有牛二鍋（當地喜歡用的大鐵鍋）裡滿滿的一鍋紅薯，熱氣騰騰，小屋白霧彌漫。我們誰餓了誰下床，冷瑟瑟，顫哈哈地摸一挫山芋（當地稱紅薯為山芋）鑽到被窩裡充饑。就這樣，我們四個同學從除夕到大年初三整整睡了三天三夜。真是一個名副其實的「革命化」春節！一個特別的除夕夜！

沒有鞭炮聲聲，沒有紅燭高燒，沒有香煙繚繞，沒有電視春晚，惟有吳同學自製的七晶體管收音機放送著嘶啞的歌聲：「長江滾滾向東方，葵花朵朵向太陽，滿懷激情迎九大，毛澤東思想放光芒。」而我們四個卻賽歌似地唱著：「北風（那個）吹，雪花（那個）飄，風吹（那個）千里，年來到……」然後還歇斯底里地大叫：「我盼爹爹快回還，歡歡喜喜過大年，過——大——年……」

啊！一個令我終生難忘的除夕夜。

第四節　難耐飢餓困頓四處尋吃的狼狽

沒有菜吃還不是大事，最難挨的是沒有糧吃。重慶知青蒙啟明在〈南江知青歲月記事三：偷盜〉中講到：……我們六十年代初期剛下鄉時，國家供應一年的口糧，但必須每月派人下山到糧站去背米。黑潭林場19個知青（14男、5女）的伙食由公社派來的1名叫陳官忠的會計管理，陳是林場管理委員會副主任兼會計。場管會主任是公社副書記，副主任、場長張朝萬倒是個好人，沒文化一字不識，場裡的事務基本被陳把持。一家人卻常住林場辦在公社河邊的紙廠裡，從來不上山到林場。知青的伙食陳又委派一個工人家庭出身叫王正富的知青負責，陳每月買好米就通知王派另外的知青下山去背。

我們勞動了回來，只感覺到飯越來越少，菜基本沒有，米湯裡面撒一把鹽就是菜。後來，餓得實在不行，知青江志勝和趙成真就為了爭奪那點撒了鹽的米湯，竟在廚房裡打將起來，江志勝端起搶到手的米湯缽，趙成真手持鐵鍋鏟說：「一人一半」，江志勝不依，趙成真手中的鐵鍋鏟就對直戳了上去。筆者聞聲趕到時，只見江志勝還端著紅白一片，上面全是鮮血的米湯缽不肯鬆手。每當知青聚會，看見兩鬢斑白的江志勝喉嚨下前胸上那兩寸長為搶米湯吃而造成的暗紅色終身傷疤，聯想到現在餐館、高校食堂隨處可見扔掉的食物，我真不知道該為我們當年的爭奪說什麼……

直到「文革」開始，知青江志勝、賀亞倫、李大發、趙成真等到南江縣城參加了「知造司」，帶了槍回公社，才弄清楚林場會計陳官忠勾結王正富貪污克扣知青口糧的事實。陳每月把19個知青的糧油從糧站足額稱出，然後賣掉一部分，拿一部分回家去，再通知王正富派知青下山來背。王在山上又賣掉一部分，並用賣米的錢回了一次重慶。公社街上和林場附近的農民都證明從陳、王手中買過林場的米和菜油。

更為嚴重的是，公社的大紅人、早有家庭的林場會計陳官忠不僅貪污了知青的補助款還以吃食和留在公社街上林場紙廠做輕工作為誘餌，居然先後把林場5個不懂事的女知青全部都哄上了床。

想想實在可悲，就為了爭奪那點撒了鹽的米湯，知青兄弟之間竟在廚房裡用鐵鍋鏟戳得血流如注。而女知青為了那點吃的竟然不顧廉恥，全都甘心情願地上了床。

在知青蒙啟明的〈南江知青歲月記事〉回憶中，筆者還讀到了一則令人啼笑皆非的故事：……「在三大革命中改造自己的非無產階級思想」是當時叫得最響的口號。早請示、晚彙報、飯前飯後、收工之餘都要深挖思想。知青中有一少年，下鄉時尚未滿十四歲，小學都沒讀完，因隨哥哥走，也獲街道辦事處批准。這娃在學習中無論如何也弄不懂思想為何物。

大概是年幼不耐餓，在漫長難熬的夜晚，他總是深夜兩、三點鐘悄悄靸上鞋溜出門去。時間一長，引起大夥注意，於是跟蹤，發現在偷豬飼料吃。原來他每天煮豬飼料，到保管員處領來定量包穀麵摻進黑乎乎的豬草煮時，並沒有攪拌，而是待到夜深人靜時就獨自去享用那人間美味。

真相大白，這還了得，破壞抓革命，促生產！在無數次深挖思想，查找根源的學習批判會上，巴山戰友們紛紛上綱上線：全世界勞苦大眾還在水深火熱之中，知識青年上山下鄉是偉大領袖的戰略部署，要腳踩污泥，眼觀全球，放眼世界。解放全人類，縮小三大差別就全看我們革命的知識青年了，你如何能做出這等醜事云云。

終於，小崽兒被弄得疲憊不堪，情急之中居然背誦出一句毛主席語錄：「忙時吃幹，閒時吃稀，平時半幹半稀，雜以番薯蔬菜瓜果。」還說我們不論忙時閒時，一天只吃兩稀，還要定量不管飽。這下激怒了幹部，亂用毛主席語錄屬現行反革命，找根煙繩捆起吊上，氣勢洶洶地深挖思想根源：「你腦子裡到底裝的什麼思想？」

小崽兒也急了：「我腦子裡莫得思想也莫來頭！」這句南江方言，反把當地幹部弄懵了。思想既有好孬之分，就有有無之別，如果他腦子裡根本就沒有思想，你批判他什麼？在大夥的哄笑聲中，幹部瞠目結舌。

蒙啟明在〈南江知青歲月記事四、水紅籽〉中還講述：那年，到九寨溝旅遊。我望著清澈見底河裡橫七豎八的圓木，一個同事忽然喊我：「何老師，你認不認得到這些植物，好好看咧！」。我轉身一看，久違了！河灘上長著一大片我熟悉的，結著小小紅色果實的荊棘，雖然至今我都不知道這種植物的學名是什麼，但是它那酸酸帶澀的滋味卻深深地留在了我的記憶裡。

距黑潭公社10公里左右的花橋河邊和大山的小溪畔，就經常生長著這種結紅色小果子的荊棘植物，當地俗稱水紅籽。社員告訴知青：「莫小看這些水紅籽，災荒三年當主糧，救了不少人的命」。一九六五年我們在花橋河上的九重岩上挖幹田，收工歇氣時，飢餓的知青和老場員們都爭先恐後到花橋河溪邊去摘水紅籽吃。這種荊棘植物長滿了刺，採集起來有一定的困難，一邊采，一邊吃，由於它的果實很小，好像越吃越餓。於是就有知青提議去把砍刀拿來，砍倒一片，提到石壩上去一陣抖，然後用掃帚把紅色的小果果收集攏來。當時好像吃夠了，可是回家就開始吐清口水，一汪一汪地吐，屙尿都是紅色的，最後翻腸倒肚，四肢發腫，頭重腳輕，起不了床。所以，我記住了它那酸酸略帶澀的滋味。

我因吃多了水紅子，上吐下泄，渾身發軟地來到公社郵政代辦所，想給家裡寄封信要點糧票。頭上包著白帕子的公社郵政代辦所的代辦員譚兆孟說「老何，聽說你們知青早晨起來站成一排嘴裡搞得白泡子翻翻的？」。他一邊問一邊用黑指甲在嘴裡黃牙上刮下牙垢來粘貼信封上的郵票。我說：「那是在漱口呀！」他說：「嘴巴是吃飯的又不是茅坑，涮什麼涮！我看你們還假得到幾天」。一些好心的大嫂也圍攏來勸和我一起趕場的知青：「當什麼蟲鑽什麼木，你們知青趕場就背鋪蓋衣服到河裡洗，還做什麼活路？接受貧下中農再教育就要像農村人那樣過日子，和貧下中農打成一片，莫刷口，鋪蓋衣服染成黑的，省得洗」。二〇〇四年我曾經回過黑潭，當我到公社郵政代辦所原址打聽兆孟時，一個時尚的小青年推門出來，名牌體恤衫牛仔褲，頭上一撮頭髮染成金黃色，正是兆孟的孫子。想起當年那些從不出遠門，頭上捆著帕子，身上穿著一圈圈汗跡破爛黑衫的山區父輩，真是星移鬥換。

上個世紀一九五九～一九六一年，身體正處於發育階段的老知青們（大多十一、二歲）不幸遇到「人造荒年」。在城市裡吃過松毛（松樹葉）、蕨根、發酵的糠殼、小球藻等代食品和革新飯（把米反復浸泡，反復蒸煮，一斤米煮出了十幾斤，於是推而廣之的飯）；因飢餓得過水腫病；看到過街上打「抓精」（當時對站在街上冷不防抓了別人的食品，吐些口水在上面，任憑別人拳打腳踢，只顧把搶來的食物塞進嘴裡的人的俗稱）；忘不了那些蓬頭垢面站在餐廳、食堂裡等著舔碗、舔盤子飢餓的人們。到南江後，食品更加匱乏，隨著身體的發育和對食物需求的增加，對飢餓的認識更進了一步。

我曾經試圖把水紅籽的故事講給我14歲讀初二的女兒聽，因為她也快接近我下鄉的年齡了。可是她正煩她媽媽想她長好身體，成天要她多吃點東西。居然說：「水紅籽肯定很好吃，你帶我到南江去吃嘛！我最不喜歡吃家裡面這些東西了」。還說，有一天她下樓，聽見樓下的小妹妹在和家長吵，小妹妹惡狠狠地說：「你們現在一天買些雞蛋、水果來秙倒我吃，二天我長大了，也去買些雞蛋、水果來秙倒你們吃，看你們朗個辦？」。還說：「你們這些家長一天就知道要娃兒多吃東西」。我聽後哭笑不得。

知青胡果威在〈四十年了〉中也回憶：……因為我們勞動量大，消耗熱量太多，所以飯量大增，下鄉幾個星期後，我發現從上海帶去的碗太小了。於是我到公社的供銷社去買了一個搪瓷碗，幾乎像小臉盆那麼大，碗底上寫著「抓革命、促生產」，旁邊畫著鐮刀和錘子。我每頓都吃一大碗高粱米飯或玉米麵窩頭，可惜沒得添，吃完以後還總是餓。

清明過後我們開始春耕播種，那是農村中每年的第一件大事。因為早上地還凍著，所以我們在午飯後開始。被刺骨的寒風吹了一個月以後，下午暖洋洋的太陽曬在身上很舒服。大家先到隊部集合，打頭的張老九發給我們每個知青一根柳木棍子。我們一共有六張犁，每張犁五個人，共三十個人，我被分配到張老四的那張犁上。在鄉下趕車的叫車老闆，所以我們也叫他四老闆。

兩匹馬先拉著犁在土裡犁出一條長長的壟溝，翻上來的土是濕潤的，散發出一股土壤的清香味。馬重重地喘氣，打著響鼻。因為我們是新手，所以只能跟犁。我和同班同學小唐一起踩格子，我們的活是跟著犁在翻上來的新土上小步走，踩出一溜小坑。張老九是村子裡幹活最好的老把式之一，他把種子精確地播在一個個的小坑裡。回程時，四老闆在播完種的籠旁邊再犁出一條壟溝把種子覆蓋起來，我們在新壟溝的另一邊踩格子。四老闆的兒子「大吃」才十來歲，他牽著一頭驢，驢拉著一個石頭滾子把播完種的壟台壓平。所有的活都是同步進行的。

踩格子的活看起來很容易，但是在狹窄的壟臺上踩有點像走平衡木似的。當然我們不用擔心從壟臺上摔下去，但是壟臺上的新土並不平，一腳踩歪了就會扭著腳腕。拉犁的馬是大步走，我們倆得跟在後面小步快走，手中還拄著柳樹棍，就像兩個纏小腳的老太太在跑步。

兩個小時後該餵馬了。張老九喊道：「歇氣啦！」我們十多個男的轉過身走幾步，就像消防隊的水龍頭似地撒起尿來。所有的女生都往相反的方向走。東北的大平原一望無際，沒有任何遮擋的東西。我們男的撒完尿就在光禿禿的柳樹叢邊席地而坐伸懶腰。

張老九問道：「今兒個咱們吃點兒啥呀？」

我以為聽錯了，趕緊問：「吃什麼？」我們配給的糧食少得可憐，而且還沒有蔬菜，放下早飯的碗我就開始感到餓，整天沒有一刻是不餓的。一聽到吃我馬上就來勁了，空空的肚子開始叫，口水也淌出來了。大吃自告奮勇地說：「咱去瞅瞅。」他轉身就往二隊的地跑去，那兒也有幾張犁。

張老九轉向我們知青喊道：「嘿！還不趕緊去撿點兒柴禾生堆火？」我們蹦起來到柳樹叢裡撿了些幹樹枝，我劃了根火柴，點著了樹葉，再堆上樹枝。很快火苗就竄起來了，我們大家圍上去烤手取暖。

大家正在火邊聊天，我突然發現面對我的那些老鄉不出聲了，眼睛望著遠處的地平線，有些下巴都搭拉下來了，有些喉結上上下下地使勁咽口水。我往兩邊一看，我旁邊的人也都轉過身眺望著。我也轉過身看他們究竟在看什麼。那些女生已經在遠處站住，雖然我們還是能夠辨認出誰是誰，但是看不清楚細節。她們其中幾個站成一排人牆，另外幾個蹲下去。過了一會兒人牆後的那幾個站起來了，她們交換位置後，讓原先站著的幾個方便。老鄉們全神貫注，靜靜地看著，好奇地想像著城裡的姑娘脫了褲子會是什麼樣子。

那些鄉親門正在做白日夢時，大吃回來了。他帶回來一帽子玉米。打頭的張老九撥開人群讓大吃進來。大吃把玉米倒在火堆裡，我們用柳樹拐棍攪動著。

我問道：「好樣的，大吃。你給他們多少錢吶？」

大吃拍拍口袋說：「錢？咱哪兒來的錢啊？這不要錢。」

「怎麼會不要錢呢？」

「咱們今兒個種麥子，麥粒兒太小。咱向他們借了點兒苞米。趕明兒他們種高粱咱們種豆子，咱們再送他們一點兒豆子不就得了？」

一會兒玉米就開始爆了，香氣使人饞涎欲滴。大吃小心地從火裡扒出幾粒，扔在嘴裡嘗了一下，點頭說：「嗯，熟了。」我們趕緊把柴禾抽出來，用幹土把火滅了。張老九揮揮手說：「弟兄們，吃啊。」

我們十幾個人圍成一圈趴在地上。我左手支著下巴，右手挑玉米粒，然後把熱的灰吹掉，扔進嘴裡。我覺得那是我一生中吃過的最好的爆玉米，飢餓確實是可以創造奇跡的。我們正吃得起勁，女生們回來了。她們看見我們突然哈哈大笑，好像不認識我們似的。我往四周一看才知道我們每個人的臉上都是黑灰，就像一夥留著鬍子的土匪。張老九下令道：「都別吃了！給她們留點兒。」

女生們還猶豫不決地站在那兒。張老九揮揮手，指指那堆灰說：「過來吧，別裝了。這可香了，都嚐嚐。」

爆玉米的香味實在使人難以抗拒。我們散開後，女生們小心翼翼地走近灰堆。她們靈巧地把玉米粒挑出來放在手絹裡，然後撤到柳樹叢的背面慢慢地受用……

知青金雁〈在隴西的日子，青黃不接「借糧」難〉中回憶：一九七一年我插隊到隴西靠近岷縣的南部二陰山區的菜子公社。插隊的第一年我們吃的是供應糧，和原來沒有插隊時一樣按月從鎮上的糧站買麵回來，因為強體力勞動每個月都差幾天的糧食，但是東挪西借或者跑回家吃幾天家裡人的定量，也就緊緊巴巴地湊合了。我們是女生輪流做飯，這個廣義的做飯包括挑水、搗鹽、砍柴拾柴、醃鹹菜之類的一系列家務，出工的人把這一天的工分均給在家做飯的人。

有一次輪到我做飯，我手腳麻利的做完了一應活計，擀好了麵涼在案板上，等著下工的人回來再切麵下麵，我拿著一本書坐在門檻上一邊看一邊望著山下，等到看見有人扛著鋤頭往山上走的時候，趕緊回身到廚房裡，一看就傻了眼了，沒想到房東家的豬拱開廚房的門，雞上了案板，好好一大張麵給幾隻雞糟蹋得不像樣子，嚇得我一身冷汗，趕緊把雞吃剩下的麵先藏起來，重新和麵擀麵，上工的人進門看見我才做飯，都發牢騷問，早幹什麼了，為什麼現在才做飯？我忙不迭地又是道歉又是安慰大家，還把我留著來「例假」時沖的紅糖給大家拿出來泡水喝，並聲稱今天的工分還給大家，我不要了，就這樣勉強糊弄過去了，但我心裡知道，這個月糧食的缺口會更大。

我們的糧食供應到六月底，這時川裡的小麥可以收割了，節儉一點的人家能勉強接上茬。可我們山裡小麥才剛泛黃，離開鐮還差著天數，等我們掃完麵櫃吃完最後一餐稀糊糊就斷頓了，大家倒也不慌張，心想生產隊再不濟，倒騰倒騰口袋也夠我們幾人渡過難關了。吃完這最後的晚餐，我們拿著口袋去向生產隊借糧，生產隊長知道來意後滿面愁容地告訴我們，隊裡實在是一粒糧食也拿不出來了，五保戶田大爺已斷頓兩天，都是由隊裡出面向其他人借的，我們這個19戶人家的小山村，只有不到一半的人家勉強能接上新糧，其他人都或多或少的缺糧，隊裡還曾經有人提議向我們知青借糧呢。

看來，生產隊是沒指望了，地裡的糧食沒有個把星期又進不了嘴裡，偶爾地揪幾穗沒熟透的麥穗也不能頂飯吃，我們既不能喝風屙屁，又不能把脖子紮起來，只能寄希望於大隊了。生產隊長給大隊開了張條子，遞給我們時還不忘補一句，「估計大隊所屬的幾個生產隊也好不到哪裡去，你們知青有面子，實在不行就向公社借吧。」看到整生產隊連一頓都勻不出來，我們這才傻眼慌神相互埋怨，平時為何不節約，我心虛地不敢吱聲，為什麼不早向上反映。有人出主意說，乾脆到有同學的知青點上混幾天，有人則主張回家等到麥收分糧食再返回，但覺得都不是上策，吵吵了半夜沒有定論，最後決定還是先借糧要緊。

第二天，沒吃早飯我們就拉著板車拿著口袋趕到大隊，大隊長與書記都不在，一直等到太陽老高才見到大隊書記，果然不出生產隊長所料，還真讓隊長給說著了，大隊也沒糧，大隊所起的作用就是在我們生產隊長的條子上加蓋了一公章，讓我們去公社借糧。這時大家已餓腸轆轆毫無精氣神，還是書記催我們，「娃娃們快走，到鎮上還有十五裡山路，弄不好公家的人中午休息，你們就啥事也辦不了了。」我們只好頂著大太陽匆匆趕路。還好，趕在中午下班以前來到公社，而公社也恰好分到了一批從國際市場上買的飼料糧，主管救濟的公社水書記二話沒說就批了我們120斤原糧玉米，指定到糧站提糧。

到糧站正趕上人家吃午飯，我們幾人又累又餓像曬蔫了的茄子有氣無力地坐在糧站屋簷下等著「公家人午休」。糧站食堂中午飯是臊子面，出進的職工端著碗陣陣飯香飄過來，饞得我們只有咽口水的份兒。一位上年紀的老職工端著碗蹲在我們身邊，一邊筷子挑得高高的哧溜哧溜地吸著機器壓的細麵條，一邊不經意地沖著我問「娃娃們吃了嗎？」看著他碗裡綠的蔥花、紅白相間的肉丁、紅彤彤的油潑辣子、油汪汪的臊子汁，我雙手緊攥拳頭忍住呱呱叫的肚子小聲地說「吃了」。這時我突然感覺到「公家人」和我們「莊戶人」之間的天壤之別。人家是風吹不著、日頭曬不著，頓頓有面、月月天熟、月月分紅（指生產隊的年底發錢），我們風吹日曬、一年熟一次，按每個工值1角3分錢計，年終能分到十來塊錢就不錯了。

終於等到下午兩點糧站的「公家人」上班，給我們稱了120

斤從加拿大進口的9分錢一斤的飼料玉米。我們討了半碗水，一人抓了幾粒外國餵馬的幹玉米扔進嘴裡，慢慢用牙磨碎了咽下去。回程的路上，大家都沒有力氣說話了，幾人默默地走了15裡山路輪流把那一大口袋玉米拉回去。回到隊上時，太陽已快落山，我們已一整天沒吃沒喝，心空得前胸貼後心，腿軟得戳不起攤來，恨不能一屁股坐在田埂上再也不動了。但我們明白，如果不抓緊時間趕在點燈前把這原料玉米弄回我們住的山上磨成麵，晚上仍然沒吃的。

於是我們幾人分頭行動，男生去磨坊，女生運糧。要是平時這120斤糧食分倒在兩個背簍裡背上山是極容易的事，可這會兒腿肚子像棉花一樣，連人都挪不動、空背簍都拿不動，更別提背糧了。我們女生只好去隊裡牲口棚裡借驢，因其他牲畜出工還沒有回來，只剩下一匹新買來的白馬因為口生沒人敢用，無奈之下只好請飼養員牽出幫我們運糧。糧食口袋杵在地上差不多有一人高，我們既不敢牽新來不斷尥蹶子的馬，又抬不動糧食，十四五歲的小飼養員折騰的滿頭是汗也沒把糧食放在馬背上，氣得他沖著我們撒氣，「你們知青真是一灘『趴廢』（當地損人的土話），吃的給到嘴邊都咽不下去，真是癩蛤蟆扶不上樹，還怎麼活人。也就是你們知青是人，公社書記才給你們批糧食，我們餓死了都沒人管。」

我們又好氣又無奈地還擊他，「不是趴廢的幫我們把糧運回去」。後來還是叫來了隊裡的放羊娃幫忙，我們才七手八腳地把糧運回去。倒出來飼料玉米一看，裡面淨是沙粒小石頭，還不能直接去磨，還需要晾曬簸乾淨，看樣子當天無論如何指望不上吃了。就這樣從昨天晚上一碗糊糊一直頂了24小時，仍然沒有吃到東西，我想到可以把玉米粒炒炒吃，或者去到隊上其他人家拿玉米換一頓的吃喝，但看見別人沒吱聲，心裡發軟得把到嘴邊的話又咽了回去，只好喝涼水嚼馬料玉米粒當作晚餐，心想我們連外國的牲口都不如。

有個女生一屁股坐在門檻上哭了起來，不由得我鼻子也酸酸的，但是我沒有哭，只是在想小飼養員的第一句話，「給到嘴邊都咽不下去，還怎麼活人。」我原來以為自己已經歷練得相當堅強了，現在看來不管是心理還是體力都沒有融入當地社會，又在想他的第二句話，「我們餓死了都沒有人管」，我在心裡犯嘀咕：為什麼大家累死累活就養活不了自己呢，整個大隊沒有幾戶是一年管足一年的，並不完全是地裡收成太少，那麼就是公家收得太多？

公家收公糧是為了建設社會主義，是為了讓人民生活得更好，可是在老鄉嘴裡「憶苦思甜」，說的都是張仲良的「引洮工程」害死了多少人，我們村裡姑娘媳婦有多少人走了「陝西」。（大躍進時代的甘肅省委書記，當時甘肅「放衛星」刮「五風」上「引洮工程」導致餓殍盈野，婦女「走陝西」與人同居活命，老百姓對張十分痛恨）這是我們要的社會主義嗎？我不由自主地想起了不久前傳達的「林彪反黨集團材料」裡那份〈571工程紀要〉中的一些話：「農民生活缺吃少穿；知識份子上山下鄉，等於變相勞改……」，我陷入了困惑。

第五節　無可奈何走上偷雞摸狗的歧途

自上山下鄉運動開始以來，知青因為吃不飽，時而發生偷盜農民的食物和家禽現象，對此，知青蒙啟明在〈南江知青歲月記事〉之三的「偷盜」一節中，就有講述：……高強度的勞動，每天少得可憐的那麼一丁點包穀飯，十五、六歲身體正在發育的知青們白天走路打偏打偏的。晚上，餓得實在撐不住時，有些膽大的知青就去搞「襲擊」。他們在電筒上蒙上一塊黑布，黑燈瞎火摸下地，地裡有什麼偷什麼，甚至刨出潑了糞的紅苕母子，回到寢室裡，關上門，連夜連晚架起臉盆煮來吃。

一天夜裡，我們林場的知青又下地偷吃的，吃完還不夠，又準備出門。忽然聽見門外有人說話，打開門一看，門口虎視眈眈站著幾個山區大漢，每個手裡拿著一根粗大的柴塊子，後面還圍著一群婦女、兒童看鬧熱。知青們紛紛抄傢伙準備打架。

相持了幾分鐘後，一個姓侯的大漢歎了口氣，粗聲粗氣地說：「你們知青為什麼要偷我們地裡的東西，莊稼嘛，只要你開個荒，種上它，就會有收成，自家就可以正藍齊白地砍來吃了嘛！」說完搖搖頭轉身離去。另一個婦女走進來悄悄說：「你們知青何必去偷嘛？開點荒，種點吃的，公社又不好批判你們搞資本主義的」。

其他人聽罷也慢慢離去。農民幾句簡單的語言，居然說出了一個顛覆不破的人生哲理，這是若干年後，知青們在漫長的人生旅途中慢慢領悟出來的。

沒有菜吃，身處農場的知青還可以討，而那些插隊落戶的知青便只有偷了！知青周文順在〈知青偷菜實屬「迫不得已」〉中回憶：初下鄉，生產隊劃給知青一塊菜地。那可憐的地，長滿了草。村民和生產隊的菜園，一片蔥綠。於是，知青們像狼，夜出。各家菜園，輪番光顧，如入無人之境。狗都不咬，知青是熟人啊，鄉里鄉親的，怎麼咬？摘黃瓜，揀扎手的；白菜，只掐菜心。各種菜，各種瓜，甚至把人家留種的南瓜也抱走！生活很幸福。

但是，夜間行動，那年頭又沒什麼「夜視鏡」，所到菜地，難免一片狼藉！於是，村民議論紛紛，或說野豬下山，或痛罵「小偷」！知青們偷樂——有種「地下工作者」成功的快感。久而久之，農民終於聞出點味兒——知青們不買菜，不種菜，竟頓頓時鮮！但是，沒有證據，誰也不敢亂說。知青們的生活依然美妙。

這天，終於出事了。事件的緣起，是幾個村民津津有味的議論「蛋炒瓠子瓜」。知青聽到，垂涎欲滴。於是，夜深人靜，他們直奔民兵營長家菜地……哎呀呀，那頓「瓠子瓜」，吃得知青們上吐下瀉，連苦膽汁都吐出來了，還可惜了一小筐雞蛋！後來才知，夜間採摘，他們竟將一枚殺蟲用的「苦瓠子」摸回來！

醫生面前無假話。這樣，一棵「苦瓠子」讓沸沸揚揚的「菜園謎案」真相大白。生產隊炸鍋了，大隊部沸騰了！平日趾高氣揚的知青灰頭土臉。但是，村民無奈。你想，一九六九年下鄉的知青，屬紅衛兵退役。七八個男同學，幹農活、種菜不行，卻擅長打架，決不是好欺負的！而且，知青屬農民——社會最底層，不能被處分，更不會被開除。

「難道就這麼無法無天？」村幹部實在咽不下這口氣，向公社電話告狀。孰料，滿腹苦水未及傾訴，電話那邊劈頭蓋臉：「『偷菜』？不偷菜，他們吃什麼！十六七歲的城市娃，誰會種菜？你家菜園是孩子種的嗎？」

村幹部瞠目結舌……

耿東昌〈知青二三事〉中回憶：一九七〇年是知青下放的第二年。有的知青覺得選擇落戶的生產隊條件不好，就通過各種關係遷移到條件好的平壩地區。曾省明就是其中的一個。剛下鄉的時候他們滿懷希望，選擇有糧有燒柴的桂花公社八大隊（商家溝）安家落戶，經過一年的勞作，同其他下鄉的知青相比較，還是覺得平壩地區條件要好些，於是就又通過關係重新安置到南城公社三大隊。這一年春末夏初時節，地點落實後就約了幾個同學去給他搬家，有我、候雲新、余青、毛華明、華文仲、張志益等六七個同學，我們步行去桂花公社。

一大早就出了西門，一群20歲上下的年輕人沿途走著無聊，看見路旁的胡豆已經成熟，就開始不經意的摘胡豆角。突然有人提議，不如摘點胡豆回家當菜吃，大家齊聲叫好，於是，沿路走來遇到胡豆地就沿路摘，摘著摘著大家就比誰的手藝高。我記得有個同學直接用手的中指和食指一夾，胡豆就滾到了手心裡，豆殼還留在豆杆上。我覺得十分稀奇，便要他教我，其實就是食指和中指在豆角上稍微用力一夾，手心順勢接住掉出來的胡豆，只是需要熟能生巧。慢慢的我也學會了這一招，就這麼一路「偷」到西龍。

當時知青下放一年，還有供應糧，桂花、西龍的知青購糧在西龍糧點。曾省明說，他還有幾斤糧票，買回去，大家這兩天才有飯吃。在西龍糧店買米的時候，因為我認識糧店的人，主動要求幫助工作人員稱秤，同去的人精神緊張地喊我「快點、快點！」我不知道怎麼回事，跟著他們慌慌張張的背起米袋迅速離開了糧店。我問他們為什麼慌張，其中有人告訴我，剛才你稱秤的時候，我們偷了人家的米！我問怎樣偷的，原來是糧站稱米時要用「鬥」。他們先在一個空鬥裡裝了一些大米，然後用口袋就著這個鬥裝已經稱好的糧食，假裝糧食倒灑了，把口袋下面鬥裡沒過秤的大米倒到了口袋裡。因為我們去的人多，有七八個小夥子，一個售貨員也顧不過來，所以沒有發覺我們的「盜竊行為」。這次「無意」的盜竊，可能偷了幾斤米，因為做賊心虛，記不得是誰把裝米的口袋掉在地上，米也撒了，當時顧不得泥沙，趕快連泥帶土將米捧回口袋，大家就撒腿沿著西龍馬槽寺的崎嶇山路向桂花場「逃竄」。

這些年輕人一路走，一路惹是生非。走到桂花地界，看見山灣水田裡有一群鴨子游水，大家就撿起石頭比投擲，比誰投擲的遠，我記得是餘青一個石頭扔過去，一隻鴨子就被打得不能動了。大家說「快走快走，老鄉來了脫不倒手」我們走了十幾步，我實在捨不得那只打死了的鴨子，就跳下山坡，跑了幾根田坎，把那只鴨子從水裡撈起來，飛快裝進了口袋裡。

到了桂花場，曾省明憑票又割了幾兩豬肉，我們就向商家溝走去。路上突然遇見一條蛇，又是一陣喊打，我們用石頭把蛇打死了。大家很畏懼地繞著蛇走開。張志益捨不得，去把那條死蛇也撿了回來，當場把蛇皮刮了。

到了下午，該煮飯了，誰都想偷懶，於是大家抓鬮，分工洗菜、煮飯、洗碗，那米才難洗啊！有沙有泥塊，抓著煮飯的鬮的就倒楣了。那頓飯，我們有米，有肉，又有鴨子又有蛇，還有燴胡豆，在當時的生活是非常豐富的！到了晚上曾省明說是要向人道別，我們摸黑沿崎嶇小路向生產隊的公房走去，一路走一路唱，一路走一路鬧，誰也沒有注意到生產隊的公房裡在開會，可能是那個生產隊長在山裡稱王稱霸慣了，看見有人攪了他的會場，又沒看清是誰，就大罵起來。

你想當時的知青好歪嘛！正當一肚子氣沒地方出，到處惹事生非，於是就對罵起來，可能是開會的社員看到生產隊長挨了罵，想到在本鄉本土地面上都把船翻了，面子上十分過不去，就群起與我們對罵，罵的過程中一個社員情緒激動地沖向生產隊的公房，準備找根扁擔打架。我們看此情況，幾個人把衣服袖子一撈，露出手腕上的白色護腕，當時操武功的人在練武時都帶有護腕，在場的知青也裝模作樣的在手上帶上護腕，提勁打靶，虛張聲勢。

山裡的農民沒有見過護腕是什麼東西，看見我們每個人都亮出手腕上白色的東西，不知是什麼武器。同時又被我們的吼聲震住，我們指著那個拿扁擔的農民叫囂：「你動，就把你打死在這裡」。我們也不想把事情鬧大了，心裡也不是很踏實，對方也摸不清我們的底細，雙方就偃旗息鼓，各幹各的事情了。鬧了大半夜，我們回到知青點，大家都是年輕人，你搶我奪、狼吞虎嚥就把剩飯菜吃個精光。其實就只有些胡豆，肉菜中午就吃完了，第二天早上一起來，大家把飯煮好，又沒有什麼蔬菜下飯，就著鹽巴水就吃了一頓早飯。飯後，就把曾省明簡單的家具整理了一下，除了一張床比較笨重之外，都是些零星的東西。我們抬著床，返回了青神。

內蒙知青張錫鵬在〈知青生活回憶片段：苦澀的笑〉回憶：四十年前一個冬夜，當我們十個小青年攜帶著簡陋的行李，被千里迢迢送到冰天雪地的內蒙小山村時，村民們同樣感到新奇和驚詫。他們也只是十幾天前剛接到公社的通知，上海知青要到他們村落戶。天寒地凍，給知青們蓋房居住，顯然無法施工（最早也要等到五月份天暖解凍才能脫坯蓋房）。急中生智，隊幹部們一通商議，決定把村小學僅有的三間土坯房教室騰出一間，圍繞三面牆砌起順山大炕，當中安上一個大火爐取暖。於是，這間教室就成了我們十個小夥子的臨時居家。

這是我見到過最小的學校了。全校只有18名學生（都是本村子弟），分成二、三、四年級。校役、教師、校長由一個姓孫的四十開外的獨眼龍男子一肩挑。學校的兩間土坯平房，一間大的作教室（三個年級18個孩子在同一間教室上課），另一小間就是孫老師的辦公室。從此一年多的時間，我們就與學校相鄰而居，每天聽那孫老師拖著山西土腔長調，陰陽頓挫地帶領學生們朗讀課文：「紅小兵，團團坐，貧農大爺來講課……」

孫老師當屬村裡最高文化的「知識農民」，據說文革前在縣裡讀過高中。後來也曾在公社小學正兒八經地當過人民教師，吃過商品糧，著實也風光過一陣。後來聽說是因為出身成分高（父親是個地主），本人還不老老實實地夾著尾巴做人，一張賴嘴遇到看不慣的人和事就得得地亂數說，得罪了學校領導。碰巧那年有兩個學生在操場上用竹竿打架，孫老師一邊操嘛（土語，即斥責）一邊上去拉架，學生一不注意竹竿梢紮在孫老師的左眼裡，一隻眼就瞎了。六十年代精簡人員時，這一竿子就給觸發回了村裡，當了個民辦教師，重新掙起了工分。還真應了那句「禍從口出」的老古話。

三四月份的內蒙還是冰天雪地滴水成冰的季節。屋內有火爐，十個人擠在一起，倒也不算冷。可要是出到屋外，那可真不是好滋味，渾身凍的直哆嗦。於是，問題來了，小學校廁所是在院子的另一角，露天的，晚上要是從暖被筒裡出來上廁所，那不僅僅是靠勇氣能支撐得了的。十六七歲的小青年，誰似乎也沒有勇氣深更半夜冒著嚴寒去院子那一邊的露天廁所方便。也不知是誰先開了頭，尿急了，翻身下炕，拉開房門，從門縫裡像機槍掃射般的往外飆。那時候才發現，尿尿也會受傳染，只要有人開了頭，後面就會一個跟著一個起來尿。等十個人都尿完，把房門關嚴，此起彼伏的打鼾聲才把我們送入夢鄉。

零下十幾度的氣溫，雖然剛射出去的尿在成拋物線狀時還是熱氣騰騰，可一落地，馬上冰涼，再過幾分鐘就凍成了冰。半個月過去，門前形成了一道厚厚的冰坡。這下可把隔壁讀書的楞小子們高興壞了，下了課，找張紙片墊在屁股下，從我們門前的冰坡上嬉笑著望下滑。不滑到人仰馬翻總不甘休。

可能是孩子們身上散發出的濃烈尿臊氣把孫老師徹底激怒了。終於有一天，我們還沒出工，一個粗嗓門在屋外炸響：「你們還要不要臉啦？你們還算是有知識的青年？人沒出來，那逑（屌）到先出來了」……滔滔不絕的刻薄罵聲持續了好一陣，破鑼似的嗓音直震耳膜。有弟兄沉不住氣了：「這地主狗崽子！」拉開房門準備出去幹架。我趕緊拉住弟兄：「別，別出去，吵起來村民肯定幫他，罵一會他就沒勁了。」果然，一會兒傳來叮叮噹當鍬鎬與冰塊的撞擊聲，孫老師領著孩子們一會兒把門前的冰坡清理乾淨，尿冰塊被抬進了露天廁所留作肥料了。

雖然是我們做下了沒理的事，可莫名其妙地被臭罵一頓這口氣畢竟難消。年輕氣盛，我們決定給這個「狗崽子」老師一點顏色看看，也讓他知道「知識青年」的智商並不低。說實話，當年下鄉我們對於和社員一起下地勞動，並不怵頭。真正難熬的是缺菜少油，配給供應的那點糧食不夠吃。要知道，十個正在長身體的小夥子，肚子裡沒有油水，一天能吃進去多少糧食？油水，急需補充油水。我們把目光瞄準了學校院子裡，一只有金黃色漂亮羽毛的大公雞率領的一群小母雞。這群雞大搖大擺四處覓食，並不怕人。

那是孫老師家餵養的一群雞，有十多隻。當地農村，雞是散養的。雞窩一般都是在坡上離地半米高的地方，挖出一個口小肚大的土洞，裡面支上幾根橫木棍，晚上雞在木棍上棲息，雞窩口蓋上一塊青石板。很簡陋，很實用。每天清晨，孫老師一到學校（他家住在學校上面的山坡上，離教室有二、三十米遠），先搬開堵雞窩青石板，讓雞出去自由找食吃。傍晚天檫黑時，孫老師會給雞餵上一把小米或玉米之類拌上麩皮的細糧，等雞吃好都自動跳進雞窩，孫老師就把雞窩口用青石板蓋上，然後背著手上坡回家。

集體戶召開了戰術「研討會」，作戰計畫制定的滴水不漏。第一小組負責望風監視孫老師一家的行蹤，等天黑孫老師回了家，立即發出信號；第二小組二人見信號馬上帶上鐵鍬，到宿舍背後隱蔽處，挖出一個一尺見方的坑，上面用荒草掩蓋，備用；第三小組在屋裡燒上一大鍋開水，等「雞」下鍋；第四小組是特別行動隊，隊員小王、小沈、小嚴身手敏捷，等天完全黑下來，拿上手電筒，來到院子雞窩旁，輕輕挪開青石板，猛地打亮手電筒，在強光照射下，趁雞愣神的時候，飛快地伸手，卡住一隻雞的脖子，使勁一扭，悄沒聲地拖出雞窩交給同伴。接著如法炮製，再抓第二隻。然後悄悄地蓋上雞窩青石板，班師回朝。那真叫一個快，用不了十分鐘，兩隻雞已經褪毛，破膛，洗淨，入鍋煮上了。沒有什麼佐料，抓一把鹹鹽一撒，煮上十分鐘，沒等完全煮熟就撈出來。十雙飢餓的手一擁而上，你撕一塊，我拽一把，頃刻間連細小的雞骨頭都被我們嚼碎吞噬。能吃的都吃個乾乾淨淨，不能吃的雞毛，粗骨等全用廢紙包好，馬上填進屋後事先挖好的坑中，蓋上土，再倒上一盆水，用不了半個小時，那片土就凍個極實，一切了無痕啊。

第二天一早，孫老師挪開青石板，看著心愛的雞在眼前一隻一隻飛出雞窩，歡快地在院子裡嬉戲。看著看著，孫老師往常掛在臉上的笑容突然僵硬了。他一遍又一遍地數著院子裡的雞，一次又一次地彎下腰，把腦袋探近雞窩口，睜大那只獨龍眼往裡察看。「狗日的！」他憤憤地罵一句。終於確認兩隻正在下蛋的小母雞失蹤了。這一天的課孫老師是否教好，不得而知。但我知道，他多次發動老婆孩子在學校院子內外，山坡上，荒灘裡「咯咯咯…」地呼喚，試圖召喚回那兩隻已經被我們幻化成糞便的小母雞。傍晚，我們收工後回到宿舍，孫老師難得地進了我們宿舍問寒問暖，東拉西扯地聊天。呵呵，火力偵察。我們心裡明白笑嘻嘻地應付著把孫老師送出門。

畢竟孫老師是這個村受過最高等教育的人，智商並不低。幾天後他就堅定地把懷疑的目標聚焦到我們集體戶身上。當我們實在禁不住雞肉香味的誘惑，天衣無縫地完成了第二次吃雞行動後，孫老師見到我這個集體戶的戶長，終於忍不住了，他嘿嘿乾笑幾聲，伸出四個手指，睜大那只獨龍眼，手掌舉到臉部晃動，嘴裡訥訥地自語：「小張，嘿嘿，我機迷（土語，即明白）著呢，一目了然，一目了然……」

畢竟，沒有一絲一毫的事實證據，孫老師還是沒有公開發難。隨著時間流失，吃雞事件也就悄沒聲地淡化了。轉眼就是過「五一」節了，那天早上，出人意料地孫老師的老婆提著籃子進了我們知青宿舍，揭開蓋在籃子上的毛巾，哇，半籃子紅殼土雞蛋！她一個一個地輕輕拿出來，放在炕上，說：「唉，娃娃們可憐，從大上海來到我們這窮鄉鄉，甚也吃不上，今兒個過節哩，娃他大（當地土語，即孩子他爸）讓給你們送幾個雞蛋，自個兒家雞下的，新鮮著呢，煮上吃哇。」說完，拿上空籃子走了。

多誘人的雞蛋啊。數了數有三十個。我們面面相視，說不出的一種感覺湧上心頭。年齡最小的小朱悄悄對我說：「張哥，咱們要不偷吃掉那四隻母雞，現在能下多少蛋啊。」

是啊，能下多少蛋，又能孵出多少小雞?!……

光陰似流水般在勞作中逝去。幾年後，我們陸陸續續地上學，招工先後離開了農村。又過好多年，集體戶中已經在上海、北京、呼和浩特、集寧等地工作的兄弟相約聚在呼市。今非昔比，有不少兄弟成了企業領導或政府處、科級幹部。六、七個人，三輛小車直奔當年下鄉地。車後備廂裡滿滿的煙、酒、糖果、蔬菜、糧油是對老鄉在我們接受「再教育」時給予善良對待的一點謝意。當然，我們也專程拜訪了孫老師，在推杯換盅中笑談起了當年的「偷雞」事件，沒想到孫老師晃動著喝紅了臉的腦袋，迷起那只獨龍眼，滿臉誠信地說：「有這事嗎？我咋啦一點也沒印象呢，你們是在說笑吧。」唉……人生會經歷許許多多的事，有些事有人會忘記，有些事有人卻難以忘懷。畢竟，往事並不全部如煙。

類似的情況在知青陛下〈我的知青經歷〉也有回憶：我們也曾有過快樂，倉庫就在我們院裡，晚上我們把倉庫的門檻抽掉，從下邊爬進去，用瓶子裝油用布袋裝麥子，但也不能太放肆，每次不能太多，多了就會被發現。在這時候我們都是那麼興奮那麼激動，我們又可以改善一下生活，更多的是一種報復的快樂。玉米快成熟時，夜裡我們會悄悄的溜進地裡去掰些嫩玉米回來煮著吃，東掰一點西掰一點，隊裡發現後無可奈何地說給你們劃一行掰吧。

男同學晚上牽只母狗引來一隻公狗，弄死了拖回來我們幾個人熬夜趕著做出來吃，在煤油燈下一個個黑鼻孔，臉上東一道西一劃，人人都髒的像泥猴，可大家開心的比啥時都興奮。什麼都沒有，清水煮狗肉沾著鹽太香了。院門外聽見狗的惡嗥，有個男生說，狗是能聞出同類被殺害的氣味，會來報仇的。我們雖有些心虛，可也顧不了那麼多了。一年裡只有過年才吃一次肉呀。幾天後聽說臨村的人在找狗，大家都心知肚明是我們幹的，沒有證據也把我們無可奈何，因為那時候各地知青搗亂的名氣已經很大了。

第三章
意想不到的勞動艱辛與缺失

第一節　下鄉初期農耕手作的茫然

初到農村，許多知青對農耕手作都相當茫然。知青胡果威在〈四十年了〉回憶：「九叔，你能讓我試試播種嗎？」我問打頭的張老九。

「不，你還不行，這一年的收成都靠播種，你先用這個練吧。」他把麥種倒回麻袋裡，然後往播種筐裡裝了一些幹土。

我抓起一把就開始練習播種，砂土從我的手指裡漏下去。張老九把我手的姿勢糾正一下，讓指縫朝上。我又試了一下，覺得好多了，於是我在地裡來回走動練習。練了幾天以後，張老九認為我行了，於是點頭同意，提拔我幹播種的活。

播了幾天種之後，我開始在四老闆的身上下工夫。我到公社的供銷社買了一盒迎春煙，用來賄賂四老闆。我求他讓我試試，他終於同意了。第二天我們提早了了一個小時，天剛朦朦亮就起來了。我問四老闆我可不可以騎那匹大公馬。

「這匹不行，它是瞎子，你騎那匹吧。」他把灰色的公馬牽過來。

我問道：「咱沒有馬鞍子嗎？」

「什麼馬鞍子，咱可沒那玩意兒，騎光馬才舒服呢。」他把馬龍頭上的轠繩遞給我。

我從左面蹦著趴到馬背上，右腿一甩就騎上了馬背。它一開始走得很慢，我用腳踢踢它的肚子，它從走變成小跑。四老闆從後面跑上來把他的鞭子遞給我。我在空中揮舞了一下鞭子，還沒有打上去，它就開始四蹄騰空地奔跑起來。我的帽子也掉了，只覺得耳朵邊風聲呼呼作響。四老闆在後面把我的帽子撿起來。

我們到地裡的時候，天邊才變成桔紅色。四老闆把馬套上，然後在麥田旁邊挑了一條長長的荒地。他把鞭子放在我左手裡，把我的右手放在犁把上。開犁好幾天了，犁頭被土摩擦得像鏡子一樣鋥亮。我模仿四老闆喝了一聲：「駕！」那兩匹馬原地不動地看著我，好像在說：「你算老幾啊？」我舉起鞭子在空中揮舞，馬才很不情願地拖著犁往前走。在四老闆手裡，犁好像很聽話，可是到我手裡就不行了，好像在欺負我這個城裡來的學生。我覺得犁好像長了眼睛，我不想讓它往哪兒走，它偏要往哪兒走，在我身後留下了一條像蛇似歪歪扭扭的溝。

四老闆跟著我走，他拍拍我的脖子說：「別老盯著犁頭，往前看。」

我抬起頭，可是犁頭還是到處亂跑。四老闆上前幾步把手放在我的手上幫我扶犁。我們在一起犁了好幾圈，他突然鬆開手。我當時的感覺就像父親從後面撒開手，讓我自己在自行車上蹬。我抬起頭，挺起胸，跟著馬走。我直直地犁了十幾米後，犁頭突然又歪了，就像我從自行車上摔下來一樣。馬繼續往前拉犁，我急得不知所措。四老闆喝了一聲：「籲！」那兩匹馬聽話地停下來。我把犁放回正道繼續練習。

一個小時以後，我有點摸到了竅門。如果犁頭往左走，我應該把犁往左傾，如果犁頭往右走，我應該把犁頭往右傾。這聽起來好像跟直覺相反，但是在實踐中必須那麼做。當我看見鄉親們往地裡走過來時，我裝出一個很有經驗的車老闆的樣子，虛張聲勢地在空中揮著鞭子。突然我覺得臉上像火燎地痛，原來我把鞭子抽在自己的臉上了。我還是裝成沒事似的，繼續自豪地往前走……

齊魯一生在〈某一天，在兵團農場〉中回憶：初夏，早晨還算涼爽，天早早地亮了。沒有手錶的日子，醒來的時候，估摸著是六點鐘左右。並沒有醒透，身上還是酸的，骨頭縫裡發懶，肌肉鬆散著發軟，真是不願意動彈。農忙時節，要趕農活兒，節奏比平時快得多，所以早晨時間顯得格外緊張。

插秧分為「春插」和「夏插」，是很辛苦的活兒。「春插」的時候，田裡的水還有些涼，「夏插」的時候，就熱得難受了。這一天格外地熱。天上一個太陽，水裡一個太陽，都那麼毒，還讓人活不？後羿射九日，僅存一日。到了南陽湖農場，咋就成了倆日了呢？

彎腰時間長了，痛得厲害，真想直起身來站一會兒，鬆鬆身子骨。可是真站起來，再彎下去就顯得更困難了。這俗話說：「不怕慢，就怕站」。所以老兵們一直在教育我們，咬住牙！別站！痛到麻木，就好了！

看到遠遠地有送水的來了，大家如同盼來了救星，緊趕慢趕，到田頭上休息。先躺在田埂上伸伸腰，讓痛到麻木的骨頭放鬆一下。

送水的一般是身體較弱的戰友，或者生點兒小病，不能下地幹活兒，就留在家裡燒水。伙房裡的大鍋，加上水以後，用稻草做柴，燒啊燒啊，要燒一個多小時才能燒開。那稻草真不給力，燒出來的水也是溫吞水，水面上還漂著一層草灰。用大水舀子舀到桶裡，挑著上路。

喝水的時候是爭先恐後。取大碗過來，在水面上撥一下，把草灰撇到一邊，由中間舀上一碗出來，再穩穩地坐在地上，慢慢享受世界上最好喝的水。農夫田頭水，有點兒苦，有點兒甜，有點辛酸，還有一點小思念。

插秧這活兒真苦。站在二〇七條田的地頭，往前面看過去，大片的水田裡空空蕩蕩，一想到要一把一把用秧苗插滿這水田，心裡面就怯，不寒而慄，感覺很痛苦。可是。當你咬著牙、彎著腰，排成一行趟著水一路插到地頭，回首來處，看到已經綠了一片，那心裡就會輕鬆一下，找一點兒成就感。

插秧的技術要求並不高。只要做到分苗的速度快，把握住插入泥中的尺度。分解動作、熟練，以後就簡單了。一扯一分，一伸手，「唰」地一聲，稻秧就插入泥中去也。能做到動作連貫，聽到一片「喜唰唰，喜唰唰」，有節奏，向前進，還是挺有成就感的。

這一天註定是多事的一天。旁邊的一塊田裡，女排戰士們正在試驗使用插秧機，是團裡新引進的。一共兩台，給了二連一台。在當時還是新鮮事物，轟轟的機器聲很是吸引眼球。一台機器由兩個人操作，一個在前面把握方向盤，另一個在後面負責把秧苗擺放到秧苗箱中，有幾個鐵爪「唰、唰」地把秧苗摁到泥裡去。

不知道怎麼回事兒，鐵爪子突然掛在了後面那人的衣服上。鐵爪的力量太大了，一下子就把她刮到了插秧機下面，鐵爪子刺入到肩下，深深入到肉裡，插秧機停下來，人壓在機子下面，鮮紅的血流出來，在泥水中浸開。

周圍的人們都圍過來，想把插秧機由她的身上搬開，可是卻發現無法下手。如果硬搬，插入到身上的鐵爪會把身上的肉扯掉，也有可能會插入到更深到肉裡。試了幾種法子，都沒有成功，人們焦急得團團轉，眼睜睜地看著她在泥水中流著血，臉痛苦得扭曲著，呻吟，哭泣。團長急匆匆地趕來了，他在插秧機前面跺著腳，揮舞著雙手，口中喊著：「砸！把機子砸了！趕快救人！」

本來大家很期待著團長能有什麼好辦法來。他一喊，大家都明白了：他也沒轍。砸機器，那就是要人命呢！人躺在機子下面，你拿什麼砸？

後來，是排長想了個辦法，我們十幾個小夥子把機器和人一起慢慢抬起來，然後側翻，將鐵爪子和人分離開來。這個辦法果然成功，女戰士得救了。傷員被迅速送往團部醫院，大家也漸漸散去。剛剛的一幕實在嚇人，有些女戰士們圍在一堆，好一會兒都回不過神來。

女戰士經過治療，痊癒出院以後，調到了團部商店去工作。那插秧機後來是擱置起來，沒人敢用，團長也不允許再冒風險了。

因為沒有文化，許多農民農工不僅與知青心理有差別，而且在日常生產鬧出了不少笑話。知青高偉在〈最好年華拋在大漠深處終是人生一大遺憾——錯別字與方言〉中回憶：經常爬格子，免不了寫錯別字，一經查出，心裡總不能原諒自己。偏偏這時總會想起一個人來，那就是我在兵團結識過的老排長。

剛剛過完一九六五年的新年，我就調到團部加工廠電鋸班當班長，頂頭上司就是兼生產調度的木工排老排長。50多歲，花白頭髮，瘦高的個子，說一口晦澀難懂的方言，好像是湖廣一帶的人。大概因為這個緣故，老排長平日不苟言笑，總是一臉嚴肅相，相處久了，才發現他是一個很好接近的人。

老排長技術很好，是從北大荒調來的技術權威。他調好的鋸片非常耐用。唯一的缺點是錯別字太多，經常因此而鬧笑話，按他的話說就是墨水喝的太少，文化水平太低。每日派工單下來，得經常去當面向他問個明白，時間一長，老排長不高興了：「你們這些年輕人有文化，腦子靈巧，不會連看帶猜嗎，總會八九不離十的。」打那以後，大家真的連看帶猜，大部分都能猜對，不過，也有猜錯的時候，真的耽誤了工作。

一次，老排長去衛生隊看病，把派工單寫到班裡的小黑板上：「電鋸班三人維修橋南邊」，後面還畫了三個豎道「｜｜｜」。全班圍攏過來七嘴八舌猜了一會兒，最後統一了意見，一定是橋南邊有維修的活。於是，我帶了兩個人直奔疏勒河大橋。橋南的坡地上，園林隊正熱火朝天地挖樹坑，見我們去了十分高興，搬來了一堆鍬、鎬讓我們修。中午回去吃飯時排長問我：「修好了嗎，壞了幾根？」我答道：「我們三個人忙活了半天，才修好三十多把，園林隊還要寫表揚信呢。」老排長一聽就急了：「嗨，誰讓你們去園林隊啦，不是讓你們去修橋欄杆嗎。」「什麼什麼，可黑板上明明寫著橋南邊呀。」排長一聽哈哈大笑，語氣也放緩了許多：「上午團長來電話，說大橋壞了三根欄杆，讓我們派人去修。我不會寫欄杆倆字，就寫了語音相近的南邊倆字，你們要是多念幾遍不就明白了嗎。」得，敢情還是我們的錯。幸好當時沒吃飯，要不，飯都會噴出來啦。

麥收前的一天，一上班，鋸臺上就放著排長寫好的派工單：「連力把50根，硬雜木，尺寸同前。」大家看完都猜不出「連力把」是何物，老排長去連隊了，也沒法聯繫。既然「尺寸同前」，說明製作班幹過，只好去問製作班的師傅們。哪知道他們也是莫名其妙，不知「連力把」是幹什麼的。一位師傅說：「莫不是收割機上的手柄？這兩天正需要。」其他人一聽也覺得有理，便回來按手柄的尺寸下了料。下午一上班，就見排長雙手叉腰站在電鋸旁喘著大氣，我意識到上午又猜錯了。果然排長扭頭向我喊道：「你們簡直是破壞麥收，有這麼短的鐮刀把嗎？」原來，老排長寫的是鐮刀把，只是把「鐮」寫成了「連」，「刀」不小心出了頭，最後還是我檢討了事。只可惜了那些木料，丟進了廢料堆。似這樣的笑話還有許多，足可編一笑話集。

不久，因工作調動，我便離開了電鋸班，離開了老排長。臨行時，我曾寄語老排長注意錯別字，不要讓錯別字給人惹禍云云。後來，我調到青山中學，就失去了老排長的音訊。

過了幾年，我去酒泉市開會，在街上遇到原電鋸班的戰友，問及老排長，答曰：已經死了。待戰友說完經過，我才知道老排長沒有死在錯別字上，而是死在了他的方言上。一次團部召開群眾大會傳達毛主席的「最新指示」，整隊時老排長手舉語錄，帶領大家高呼「祝我們心中最紅最紅的紅太陽毛主席萬壽無疆！」他的方言「紅」、「黃」不分，發音相近，不熟悉他的人很容易把紅聽成黃，結果被別家的造反派聽見，揪上臺去，硬說他反對紅太陽，偏偏會場中有人站起來揭發他年輕時當過國民黨的兵。這還了得！一定是混進革命隊伍的特務，就這樣連批帶打帶嚇，沒有多久，老排長就死了。

我為此難過了好幾天，我知道老排長早年被抓過壯丁，後來加入了解放軍，北大荒十萬官兵集體轉業，一輩子勤勤懇懇的工作，只是文化程度低了些，其實是個大好人。原以為錯別字會給他惹禍，沒想到他會死在方言上。嗚呼，但願老排長的子女們不再寫錯別字，也不再說那晦澀難懂的方言。

知青何本立在〈大哥，房子又要倒了！〉也有深刻的回憶：

……向陽大隊是縣裡樹立的學大寨典型，來參觀的人比較多。其實，到處都是肩挑手忙式的耕作農活，又典型在哪裡呢？原來就表現在上工時間長，休息時間短，要人們一不怕苦，二不怕死，革命加拼命；還表現在常開田頭批判會，動不動就把幾個正在老老實實幹活的「四類分子」拉出來鬥一場，喊一陣階級鬥爭永不忘的口號，也說不出其他什麼名堂。

我自幼隨父母在城裡上學，從來沒有幹過艱苦的農活。特別是午秋二季，天長夜短，天麻麻亮就得上工，天擦黑才能收工，睡眠就遠遠不夠了。我整天感到頭昏腦脹，放工到家就想睡覺，聽到上工哨子聲還睜不開眼，如牛負重。田頭休息的十幾分鐘，都要躺在田埂上閉閉眼。農村生活是收什麼吃什麼，我們初次安家落戶，獨立生活，經常缺油少菜，營養貧乏。

下放農村的第二年冬天，正趕上興修水利。西卅店公社組織各大隊勞動力，到齊顧鄭水庫參加勞動。全大隊青壯年男勞力都參戰和我們知識青年都去參加了。

齊顧鄭水庫一公里多長的壩埂上，紅旗招展，佈滿了勞動人群。各大隊都分了任務，劃分了地段。當時興修水利，什麼機械也沒有，就靠「人海戰術」，幾十米高的壩埂全靠人力壘起來，挖土、抬土、夯土全部是人工幹。我們兩個人抬著一大筐土，一百幾十斤重，去爬那幾十米高的壩埂，上下一趟就汗流浹背了，幾天干下來，腰酸腿疼，身體像要散了架似的。

大隊長是個愛出風頭的人，每逢公社組織這種勞動，他都要搶頭功。這種超負荷勞動他還嫌不夠，「我說啊，我們還不像大寨人」，自從他從大寨參觀回來，張口就是大寨人怎樣怎樣。「明天，人家抬一筐，我們抬兩筐，要跑步上下坡，這才像大寨人。」

抬一筐都夠嗆，抬兩筐上坡就更重了，兩百幾十斤重啊，爬起坡來腿都在顫抖。沒幹幾天，我就覺得左胸肋骨被壓得疼痛難忍，其後這種疼痛一直伴隨著我，時輕時重，從沒有痊癒過。這是那次勞動留下的創傷！我看到好幾位比我小幾歲的女知青累得更夠嗆，紅紅的臉夾掛著汗珠，還抬兩筐土艱難地爬坡。只有一位女知青悄悄對我說：「大何，別聽他們的，蠻幹！幹出來成績是他們的，累壞了身體是自己的。」在那場艱難的勞動中，這是我聽到的唯一一句溫情的安慰話。……

如今的人們絕對想不到，當年在農村，有時隊長安排的農活，竟是讓人難以啟齒的拾糞。山東省濰坊知青張建國在〈追憶知青歲月：難忘「偷」糞〉回憶：

一九六九年春節剛過，生產隊分配農活，安排我外出拾糞。回鄉當知青3個月，扒墳（取磚蓋生產隊房）、打井、挑大圈，髒累活兒都幹了，現在叫我去拾糞，簡直就是遊動著丟人，很不情願。隊長找我談話：「沒有大糞臭，哪有五穀香？咱村就有大閨女替老爹拾糞的事，你小夥子怕什麼？」見我無話可說了，又開導：「你乍下來，還愛面子，我叫『拾糞王』於某帶帶你，過段時間就行了。」

我們的拾糞「大本營」遠在30里路外的城西北郊種馬場南邊、緊傍一條省級公路的一個機井屋子裡。三批人員輪流，一輪15天，日須120斤以上，完不成不能回去，攸關年底的工分等級。炊事員兼管糞過秤，每過三四天，隊裡就來車拉。糞有拾無類，人畜都行，當然「大牲口」牛馬騾驢的多見。城裡逢五排十大集的前一天下晌，大家開始睡覺，養精蓄銳，以備次日黃金時段到來……

凌晨，公路上牲口脖鈴就叮泠叮泠悅耳地蟬響不停，車轅上掛著馬蹄燈，光線給根根畜腿鑲上了金邊，新糞在春寒料峭中蒸蒸冒氣，像剛掀鍋的饅頭。「路」間鈴響馬「糞」來，各路奪寶者競相衝上公路。我怕遇到熟人，不敢上此平臺角逐，而「在那遙遠的地方」——人車罕至的阡陌田道上徘徊苦覓。傍黑過秤，多數人動輒超額，而我每比人少，用時還多，最高拾到106斤。

我的私人指導於某不辱使命，竭力提攜我，私底實話都說給我聽：「你沒見，拾糞的比糞蛋子都多，天下哪有那麼多糞好拾？說拾是好聽，是搶，是偷。」這論斷讓我驚心動魄。說完，要我配合他模擬示範：把幾塊坷垃堆在地上，當作假想糞，我倆都背著糞籃拿著糞叉，等距離站在兩邊十幾米處，待他喊聲「別客氣」，相向奔爭那攤糞。他先聲奪人，嚇我一跳，吼著「我的，我的」，卻沒管糞，而是紮煞開雙臂，擺扭著屁股，擋住我……我怎麼也過不去，就使勁推，感覺他如鋼釬插地，牢不可動。那糞就獨在他襟袖間了，若鏟就如囊中探物。他咯咯笑一陣說：「我還是對你客氣了。倆人爭糞，別看地下，先一別腿把他撂倒，糞還會飛了？」這時我看他，頭皮上有一溜明疤，當是一次爭糞掄家什的紀念符號吧。

一天清晨，還不大亮，我被喊喊喳喳低語和刨地聲驚醒，見門外多輛小推車的長簍裡，馬糞培得滿滿尖尖，都不下300斤吧，夠我一老本把拾3天的。我不禁垂涎欲滴，悄悄問於導咋來的「神拾法」。「沒叫你，怕你抹不下面子，到種馬場偷的。前天幾個人進去表面上看配馬，實是打踩（偵察路徑），看糞坑在哪裡，有多少，值不值得去一趟。幹這事，膽要大，車劃（推車技能）要好，還要風大掩聲，月亮似明不明……這霎兒刨坑為了埋，怕他們明瞭天找上門來……」看我表情失落，他又面授機宜，「老實巴交，想拾夠斤數就沒日子了……還要學會哄糞，就是車住下的時候，趁攆車的不在或不尋思，用牲口的糞叫牲口聞，丁霎兒就引出屎來了。不過，得有和攆車的摺骨碌（摔交）的本事——你要是會打這種仗，就真和貧下中農打成一片了。」說完一陣仰天大笑。不說不笑則罷，一說一笑，把我愁到天上去了！「我還要現學打仗？」「甭愁，末了我幫你。」我才略感吃了定心丸，暗下決心，一定言聽計從，等他恩典幫扶我。

隊裡還有個唆掇性規定，說城裡人生活好，糞便質量高，肯肥莊稼，還可漚釀別肥，一斤人糞頂三斤畜糞。於是，搞到人糞就成了各人心照不宣的奮鬥目標。一天，於導突然空手帶我進到城裡，繞某廠家屬宿舍一匝，悄悄指劃著，讓我畫了8個廁所大體位置圖，說今晚就來掃它一蕩，成功了回去平分——不要我動手，只是贊著小車不偏沉，他自己一桶一桶提出來倒進去。

我推著他的小車和借的鐵糞桶、鐵舀子，晚上10來點，到達目的地。他讓我不遠不近地等在外面，一是放風，見有人走來，就咳嗽一聲發信號；二是看護好「命根子」——好比現在家庭轎車的小推車，一看不妙推起來就跑。當時城裡環衛處都轄有「糞園子」，管著收、曬、賣。甭說，偷糞就等於偷錢啊！偷與衛，就成了鬥爭的焦點，搏擊的所在。據說守衛者個個強壯兇悍，偷糞者往往頭破血流而去。

一想到「偷」字，頭皮就冒汗，我也入了賊伍了？而偷的又不是什麼值錢大寶，不就是人們腚下不屑要、臀上捂鼻子的臭物嗎？轉而想，中國農民六七億，下鄉知青幾百萬，哪個不在天天與髒臭打交道？你算老幾，玩什麼清高……頭腦裡正五馬六羊亂尋思，眼網突然晃進幢幢人影——兩個彪形大漢不知從哪裡冒出來，轉到了廁所進口，貓手貓腳，手提粗長棍棒。糟糕！喊來不及了，想到自己的另一使命，推起小車就跑。記不得跑離了多遠，只是在沒人的地方停下了，心跳不停，更擔心於導的處境。他雖有格鬥本領，可「師出無名」，偷不占理，沒底氣，打起來就會沒勁；他就是平安歸來，我倆也是白來一趟，浪費了時間，蝕本搭上吆喝；又想到自己沒放好風，會賞得什麼臉色……各種念頭閃忽攪混。突然，於導徒手跑來，低聲喊我。「人的因素第一」，有人就有一切，我大喜，迎上他。他嘉許說：「行，你保住了小車，這值錢！虧（幸虧）了你沒吆喝，不的話真叫他們當了賊。」見他臉頰上淌著血，我問：「和他倆戰了？」答：「哪能？在人家地盤上。」聞到他身上奇臭，隨即問出了有驚無險的一幕。

那倆人提著「哨棒」進去，前面的低聲說「你慢，堵外面……」，還隔著影壁，讓才要伸糞舀子的於導聽到，知道被包圍了。無處可遁，說時遲那時快，他把工具一拽，倏地一下把糞桶合在頭上，神速蹲在便坑上，一邊褪著褲子，一邊吆喝「跑不了」──這一切，僅在幾秒之中。倆衛士聞聲進去，於導摘下糞桶，指指牆頭說：「我正要解手，進來個偷糞的，想逮住交給你們，沒想到那傢伙賊溜，呼嗵一下，把臭桶合在我頭上，他倒翻牆跑了……」聽者將信將疑，撒眸了一圈，竟信了，一個還掏出紙來，讓於導擦擦臉上讓桶把鏈劃出的血。

於導說：「不用這法，就打不了他們馬虎眼，肯定挨個臭揍，砸斷骨頭受罪是小事，要耽誤幹活！」聽完，我對這條硬漢子的「臭身計」、「苦肉計」佩服得五體投地，頓時不覺他身上臭了。不經風雨，難見彩虹，他的「拾糞王」稱號，不是隨隨便便得來的，在通往王者的道路上付出了血的代價。他說不能白來，再回去。我大吃一驚，這不是再跳虎口！他讓我掏出位置圖，在黃弱的路燈下，看了看說：「這正是空兒，他們查別茅坑去了，不會再回來……」我打退堂鼓：「——沒桶，沒舀子……」「臭家什，他們不屑拿……」此行不虛，果如所料，大獲豐收。

第二天，隊裡來人輪換我們。我的總斤數還不夠，按規定，我還要在遠鄉荒坡「特立獨行」。於導不忘「脅從」之誼，兌現承諾，平批給我180多斤金黃鮮糞，再乘以3，指標富綽有超了！我終於忝列返鄉隊伍，「一個不能少」地回到了村裡。

這樣弄糞算不算偷，四十年來我還斷不定。想想人家「孔乙己」，偷書都不算偷，莊戶人廢物利用，搞點再造人類美食的糞便，更不應扯上偷的邊了。文章末了，想到先擬題目中的「偷」字怪彆扭，想改又沒妥帖的，就給它帶上了引號。

第二節　缺乏安全保護的農業生產

當時的知青參加農業生產，幾乎沒有什麼安全保護措施，也缺乏安全生產意識。所以知青發生人身傷亡事故屢見不鮮。在農村農場黑龍江兵團知青紫陌紅塵在〈小興安嶺林場紀實〉回憶：

……山裡的伐木工作前期以放樹、截楗子為主；隨後就是倒套子（向山下運輸），最後才是歸楞（集中）、裝車。放樹作為整個生產環節的第一步，既驚險艱辛又富浪漫情懷。

黎明，鴉雀喳喳，炊煙嫋嫋。在熹微的晨光裡，大山蘇醒了呈現出醉人的幽藍，往日寂寥的山林，晃動著知青忙碌的身影。不用班排長催促我們早就醒了，準確地說是被凍醒的。我們住的棉帳篷就那麼一層，用它抵禦北大荒零下30多度的嚴寒，真是難為了它。一股股冷風從裂著縫的帳篷門吹進來，感覺就像直接躺在荒原樹叢裡。

早飯後兵團戰士排著一字型長隊，肩扛太平斧、彎把鋸，踏碎瓊瑤般積雪蜿蜒上山，向著人跡罕至的原始密林前進。在天風地土的養育下，這裡灌木叢生，枝幹繁茂，山陡路滑。知青的腳印散落、深陷在沒膝的雪中，一如我們默默無聞的青春年華。

幹活時，老職工和男知青倆人一道鋸，而女知青則負責把整棵大樹截成6米或8米長的原木林場稱之為楗子。嘈雜的鋸聲、斧聲、歡笑聲喚醒了大山沉睡千年的夢。小興安嶺是紅松的世界，胸徑在一米左右，高達三、四十米的參天大樹比比皆是。隨著一聲洪亮的喊山號子「順山倒」悠遠地四處彌散，百年大樹被我們從樹根鋸斷後，轟然倒地，就像一座空中樓閣降臨到人間。剎那間，雪花紛紛揚揚、漫天飛舞：我們吸入白雪，呼出霜氣，我們的神思飛揚飄融進了冰天雪地：巍巍林海，茫茫雪原，帶給了知青們多少艱辛和快意。

午飯時，我們全排30多人圍坐在劈劈啪啪作響的篝火旁，熊熊的烈焰升騰、飛舞。「火烤胸前暖，風吹背後寒」就像我們景仰的東北抗日聯軍當年那樣：喝的是黑乎乎的融化雪水，啃的是外皮被烤得焦黑而裡面還凍著的饅頭……

這就是我們在小興安嶺林場的伐木生活場景。由於上山幾天來時不時遭遇險情，只是憑上帝憐愛之手垂顧，才一一化險為夷，生活給我添加了警覺，但厄運還是落在了我的同學邢勇的肩上。

放樹的頭幾天，我們倆人是一個小組使用一把鋸，每天都能鋸倒七八棵大樹，成績還好，後來領導把我們分開了。他和一位女知青一把鋸。也不知是哪位不負責的伐木工，鋸斷一棵大樹後，樹身並沒有倒下，微微傾斜依託著旁邊另一棵樹的樹枝還立在原地。他既沒有想辦法放倒這棵樹即「摘掛」，也沒通知其他人就走開了。而偏偏邢勇就選中鋸第二棵樹。而且他還違反了操作規則，在樹木即將倒地的瞬間，樹木會發出啰啰的斷裂聲，業內稱謂「叫軋」，此時應當站立觀察四周，以對可能出現的險情作出快速反應。可他坐在地上，當兩棵大樹相繼倒過來，他已經沒有時間再站起來，不幸中的萬幸是只砸中了他的腿部，如果再偏移20釐米，那就……

隨著一位上海女知青聲嘶力竭的呼叫，我們都明白出大事了。我們立即跑過來，解下自己的綁腿帶，七手八腳做了一副簡易擔架，連滾帶爬地把邢勇抬下了山坡，緊急送往林場醫院。雖然是簡陋的醫院，居然還有一台老舊的X光機，拍片後確定是大腿骨折，醫生建議我們立即轉院到哈爾濱治療。然而二三百里的路程一路顛簸病人難以承受，必須要先復位再用夾板包紮，可小醫院並沒有牽引設備，醫生讓我們幾個人分別抱住他的腰和腿用力拉拽，隨著醫生的指揮，我們幾個人一齊用力，把邢勇痛得滿頭大汗，我們心疼得眼淚都快流下來，一陣忙亂之後，總算牽引成功。

我們重新登上卡車，向哈爾濱方向疾駛而去。雪花伴著寒風撕裂著我們的肌膚，冰冷的感覺浸入骨髓，雙腳幾分鐘後就被速凍成冰疙瘩，失去了知覺。

在道外區的陳氏整骨院，我們這些衣衫襤褸的年輕人成了城裡人發洩輕蔑目光的物件。經明白人指點，我們又驅車到位於王崗的兵團總醫院就治，因為一時沒有床位，我們臨時安頓在狹小的旅社裡，心裡總算是踏實下來，忽然憶起，六七個小時了，我們水、米未沾牙。

這一天是一九六九年十二月三十日，城裡家中的父母正忙於迎接一九七〇年的元旦，而我們這些遠在數千里之外的知青卻在和傷病，零下30多度的嚴寒做著苦苦的抗爭。

湖南知青彭中慶在〈苦澀的欣慰〉講述：桌上擺著桂陽縣政協的約稿信，準備為曾經轟轟烈烈的知青運動出一本文史專輯。我的思緒一下子被拉到了那遙遠的年代，拉回到了那窮僻的山村。那長達十五年的充滿辛酸的快樂、憧憬的困惑、天真的初戀、苦難的冀盼的日子已成為腦海中永遠不能忘卻的歷史，特別是那三次死裡逃生的經歷，記憶猶新……

第一次是「水底驚魂」。從童年走向青年是人生充滿幻想、狂熱和激情的年代。一九六五年九月我初中畢業時，正逢全國開展大規模的知青下鄉運動，我雖說出生不好，沒有升學的機會，但我並沒有消沉，我決定投身廣闊的農村，爭取做「一個可以教育好的子女」。這年九月，還不滿16歲的我滿懷豪情，帶著簡單的行李，來到桂陽縣蓮花坪農場。一九六九年十二月又再次下放到大塘公社楓山大隊五裡生產隊勞動。當時，我們出身不好的人在城裡要受到「左」的不公正待遇。但在鄉村，農民們對我們特別熱情關心，把我們都當成「毛主席的好青年」，沒有任何歧視。手把手地教我們犁田、耙田、做各種農活。生活有困難，東家送一筒米，西家送一碗菜，生活雖說窮苦，但心裡感到溫馨、舒暢。

大塘公社是一個半山半丘陵區，公社的田地基本上靠人工修築的水庫灌溉。一九七二年四月，雖說已經是春天，但山區依然寒氣襲人，早晚仍要穿厚厚的棉衣。這天，公社管理所的鄧所長專程來到我們生產隊找到我說：「小彭，聽說你水性很好，9歲就能橫渡湘江，今天來，是希望你為公社辦一件大事。」

「什麼事？」我問。

「小村水庫的涵洞漏了，水庫的水日夜往外流，眼看就要春耕了，要這樣下去，要不了幾天，水庫的水就漏完了，那水庫下面幾百畝水田都無法耕種了，我們希望你能把它堵好，這也是公社黨委和貧下中農對你的考驗，你要經得住啊！」

這正是自己展現能力、為貧下中農做貢獻的機會，我爽快的答應了。

小村大隊離我們楓山大隊有十多里路，地處公社的高山區。那天天氣晴好，但水庫的水仍然冷如寒冰，鄧所長為人挺和善，專門給我帶了一瓶燒酒，叫我喝兩口酒再下水。可是我天生不會喝酒，一喝酒就頭暈。

看著水庫的水嘩嘩地從涵洞裡往外泄，沒等他們發話，我脫光衣褲，捧水拍了拍胸部，深深地吸了一口氣，一個猛子紮進水裡，水庫的水刺骨的寒冷，我咬著牙憋住氣順著水庫涵洞梯一個一個往下摸，查看是哪個涵洞塞子鬆了。開始的時候，我在水裡要用力往下游，隨著越潛越深，我不用遊身子就直接往下沉，也不知沉了多深，只覺得頭和耳朵痛得越來越厲害，突然，我的身子「撲」地一下吸在了一個涵洞口不能動了，我知道我找的了漏水口了。

可當我準備上去拿塞子下來堵洞時，我才發現無論自己怎樣劃水，身子就是動不了。我的心一下子涼了，知道是被涵洞巨大的吸力吸住了，一種求生的本能促使我拼命地掙扎，可一切都無濟於事。時間一秒秒地過去了，終於無法再憋住氣了，我張開了嘴，冰冷的水一下子灌進了胃裡，我下意識地又把嘴閉緊，四肢彷彿都失去了知覺。我絕望了，腦海裡飛閃過一張張熟悉的面孔：母親歷經艱辛，獨自一人將我們兄弟拉扯大，我還未盡進過一天孝；我同艱共苦、相濡以沫的妻子，還沒讓她過上一天舒心的日子；我的女兒出生還不到兩個月……不！我不能放棄。

一種強烈的求生欲望使我漸漸模糊的意識清醒過來，遊不動，我就爬，對，順著水庫的壁往上爬。我強憋著氣，用手腳使勁地抵住壁邊的岩石，慢慢地移動，果然奏效，身體一點點地移開了涵洞口。我咬著牙又爬行了大概兩三米，確信已經離開了涵洞口的引力區後，我雙腳一蹬，朝上游去，嘩！終於沖出了水面。我拖著筋疲力盡的身體爬上岸，一下子就躺在了地上，大口地吸著氣，兩三分鐘的時間彷彿經歷了幾個世紀。

鄧所長和他剛剛從附近叫來的準備救人的幾位農民聽我說完經過，都為我捏了一把汗。我裹著棉衣，曬著太陽，身上漸漸地暖和了，手腳也慢慢地回復了活力。鄧所長和農民一邊靜靜地看著我，眼中流露出焦急、期盼和為難的神情。我知道他們的難處：不堵吧，水庫下面的幾百畝稻田怎麼辦，那可是一千多農民賴以生存的根子，可看著我虛弱的樣子，再要我下去涉險，他們於心不忍，看著白白流掉的水，我站起身來，咬著牙斬釘截鐵地說，「我還是下去，把它堵好！」

隨後，我叫他們找來一根長繩子綁在腰上，要他們拿好另一頭，只要我一扯繩子，他們就往上拉。我帶著涵洞塞子和白膠泥，再次紮進水中，直接遊到那個漏水的涵洞口，用塞子把洞口塞住，又用白膠泥把周圍封好，洞口的吸力一下子就消失了，我不用繩子拉，自如地遊了上來，往堤外一看，水真的已經堵住了。

公社黨委、貧下中農對我的考驗我經受住了，可我瘦弱疲憊的身體卻沒能經受住寒冷和恐懼的考驗，回到家中，又發高燒，又說胡話，大病一場。鄧所長給我送來五塊錢，又叫生產隊給我記了三十分工分（當年每十分工值0.37元）。小村水庫的農民聽說我病了，都紛紛來看我，還給我送來20個雞蛋，他們不善言辭，但我從他們的臉上和眼中感受到了濃濃的發自內心的感激、關切之情。

第二次是「空中遇險」。一九七四年五月，由於落實政策，插隊落戶已經五年的我們又回到了連花坪農場。農場先後又接納了衡陽、郴州的大批知青和一些下放的幹部，改名為郴州地區旱土良種示範場，直屬地區行署管轄。

由於我在插隊期間學會了泥工、木工、燒磚瓦燒石灰，加上農場職工猛增，基建任務大，返回農場後，農場便成立一個基建隊，要我當隊長。我雖說有點受寵若驚，但心裡很高興，我的能力、表現終於得到了領導的認可。

一九七五年農場種了上千畝甘蔗，十月，甘蔗收割，農場決定建一座小型榨糖廠，這個任務自然落到了我們基建隊上。這正是我們知青施展自己才華，為農場建設做貢獻的機會，時間短，任務緊，我帶著隊員們早起貪黑地幹，廠房爐灶很快建成，問題是那座高五十多米的鋼管筒怎麼豎起來，一沒吊車，二沒高空作業設備技術和安全設施，場領導下了死命令：不管用什麼辦法，要求我們在三天之內把煙筒建好。

初生牛犢不畏虎，我們一商量，決定土辦法上馬，先用杉木搭四方腳手架，再把十米長的鋼管用軲轆吊起，然後固定在腳手架上，一根一根的焊接，腳手架每搭高十米，便又焊接一根十米長的鋼管。

一天過去。煙筒安裝20米。兩天過去，煙筒安到40米，第三天只有一筒鋼管了，完全能按期完成領導下達的任務。腳手架一天天升高，危險也一天天加大。腳手架雖是矩形往上升，但終因為面積不大，又固定了幾十米長，幾千公斤重的鋼管，稍一颳風，或人在上面稍一活動，整個架子和鋼管便搖搖晃晃。頭兩天還有人跟我冒險上去。第三天，大家你看著我，我看著他，都不敢在往上爬。

我是隊長，自然當仁不讓。可一個人又要把五米長一根的杉樹扯上去，又要用馬釘固定，終究搞不成，我對郴州知青小張說：「我們倆上去，爭取為農場榨糖廠早日開工立功。」小張的情緒立刻被我調動起來了，於是兩個人一起爬上了四十多米高的腳手架。扯樹、搭架、釘釘、固定，嘴上雖說不怕，但腳手架每一次晃動，我們的心都顫抖一次，真是如履薄冰。

上午十點左右，正當我把一根杉樹扯上高架，雙手抱緊在另一根已固定的杉樹上，叫小張拿馬釘來釘時，突然一陣山風刮過，腳手架劇烈的搖動起來。小張站立不穩，撲倒在架子上，雖說我拼命抱住杉樹，但我這一點微不足道的力氣怎能和大自然的力量抗衡，抱著的杉樹被風吹得一歪，像杠杆一樣把我撬起，從五十來高的腳手架上「飛」了下來。我兩眼一黑，喉頭一甜，幾乎失去知覺。

我要感謝造物主的偉大，他把人的求生本能營造得如此頑強，在這種毫無生存希望的情況下，竟然還不肯甘休。我不清楚自己在摔下空中的時候，怎樣又攀住了下層的腳手架。當我睜開眼睛時，也就是地上人群爆發”哎呀”驚呼聲時，幾個同事馬上爬上來，把我一層一層扶下腳手架。我吐出幾口鮮血，臉像死灰一樣蒼白，毫無生氣地躺在地上，良久，良久，才慢慢回過氣來。再看從腳手架上爬下來的小張，也是面無血色，虛汗直冒。

真誠地感謝上蒼，那掉下來的杉樹是豎著插下來，要是橫著打下來，那整個腳手架和四十多米高的煙囪就會被打得一起倒塌，我、小張還有腳手架下的人都難免會成為架底冤魂。幸甚！福甚！

第三次是「燈口餘生」。榨糖廠的各項工程在我們血淚、汗水的澆築下逐一完工了，只剩下幾個糖水池的水泥粉刷牆面。甘蔗的收割也如火如荼地進行，為了能早日開榨，我們基建隊已經連續一個月地加班加點，別說禮拜天休息了。

十月十一號下午6點多鐘，大家收工回家吃飯，晚上還要來加晚班。我想，趁天沒有完全黑，先把燈泡安上，免得晚上來看不清。我到工具箱拿著下午剛領到的300瓦的大燈泡，爬上三米高的糖水池，站在只有一磚寬的池牆上，拿起吊在屋樑上的燈頭，把燈泡往上一塞。

不知是手上有汗，還是燈頭漏電，我只感到一股強烈的電流襲來，啊！我本能地發出一聲慘叫，全身一陣痙攣，觸電了！我下意識地把手一甩，雙手卻死死地被燈頭粘住，燈泡掉到地上砰地一聲摔得粉碎，我又用力甩了甩，仍然無濟於事。

我真要詛咒自己的命運，詛咒上帝的不公，為什麼倒楣要命的事一樁一樁接踵而來？可以說，從有記憶的童年起，就很少有舒心的日子、高興愉快的事。就連兩個女兒的出世，也是驚恐中多餘喜悅。當時在農村，根本沒有條件上醫院，只是花兩塊錢請個接生婆來接生，什麼醫療技術，什麼衛生保障，什麼急救措施，一概都沒有，一旦出現危險，也只是眼睜睜的承受。

女兒的出生雖說給家庭帶來了笑聲，然而，更多地帶來的是苦惱和憂愁。在那一年只能吃三次肉，半年沒油吃，沒飯吃，只能吃紅薯泡菜的日子裡，孩子為我們受苦，我們為孩子心痛，大家都在困苦中度日。

意識在痛苦的回憶中慢慢消失，只覺得自己的身體在飛呀，飛呀，飛到一片碧綠的草地上又幾朵紅花，幾隻蜜蜂，真靜呀，真靜呀，我慢慢地飄倒在草地上，準備好好地美美地睡一覺了……

「彭中慶！彭中慶！」……驚恐慌張的叫喊聲把我驚醒，我睜開眼睛，只見剛剛收工沒走多遠的同事聽到我的慘叫，急急忙忙趕進來。

頭腦回復了一剎那地清醒，看了就看三米多高的糖池和池底下散滿碎磚頭的水泥池，就在一剎那清醒的瞬間，求生的本能再一次促使我做出一個大膽的選擇，與其被電死還不如摔下去，摔下去也許還有一線生機，我用盡吃奶的力氣，加上身體的重量，猛地向下一倒……上面也不知道了。當我醒來時，發現自己正躺在一塊木板上，同事小鄭正好把場辦公室王主任找來。王主任只是瞥了我一眼，徑直走到摔破的燈泡前說：「嘿，可惜這只三百瓦的燈泡了，明天又要去買！」。我的眼淚一蒙就溢出來了，唉，我的命還不如一隻電燈泡啊！

那一天，正好是我26歲生日，我瘦弱賢慧的妻子煮好飯，煎了兩個荷包蛋，炒了幾個小菜，等我回家過生日。兩個女兒吵著說：「爸爸還不回來，媽媽，我們餓了，我們先吃飯吧。」可她們怎麼知道，她們可憐的爸爸差一點就永遠離開了她們呢？

榨糖廠如期完工了。在農場五年基建隊生涯中，我們十幾個知青不僅建好了榨糖廠，還建成了機械加工廠、職工宿舍、油庫、山頂大儲水池。雖說這中間我們吃了很多苦，受了很多累，甚至幾乎斷送了生命，但看到一棟棟漂亮的廠房在我們手中落成，看到荒涼的山坡變成熱鬧的街市，心中總流露出深深的自豪。

一九七九年七月落實中央知青回城政策，我與同是知青的愛人一齊回到長沙。一九八四年我大學畢業後，分配到湖南人民廣播電臺工作，成為了1名無愧於人民的新聞工作者。

第三節　缺乏安全常識的盲幹行為

當年上山下鄉期間，絕大多數農村農場只忙於墾荒生產，根本就沒有進行生產技能培訓，也沒有對這些千里迢迢來的學生孩子介紹當地自然環境的兇險和生活注意事項。致使一些知青因缺乏安全生產生活常識因傷致殘的事例屢見不鮮。

黑龍江兵團知青田正平在〈一九七〇年二月二十四日冬照海離開了我們年僅16歲〉講述：……時光就像深山老林裡的溫泉小溪，叮咚地流淌著，3個月過去了。一九七〇年二月二十四日，在完成了木材採伐任務即將下山的前一天，我們在楞場上裝最後一車原木。因為明天就要回到闊別數月的9團，一種喜悅、輕鬆、麻痹在人群間蔓延。

開始，裝車工作進行得還算順利。我們4人，即劉錫來、殷士良、冬照海和我，蹲在已被裝上汽車的原木下面，手拿壓角子（一種工具），協助裝車的人們理順原木的擺放，身邊就是高腳工作凳林場稱之為木馬。望著頭頂逐漸增多的原木，我感到危險正在向我們走近，於是說了一句，咱們出去吧。當我們依次從車下鑽出來後，才發現冬照海還留在原木之下，身後就是木馬。我們幾個連忙喊他出來，他應了一句，行，整完這棵吧。

說話間，又一棵重達千餘公斤的水曲柳原木被大繩拽上了汽車，由於它自身超重，車上的小型原木楗子被擠到了一邊，於是水曲柳原木不規則地轉動了一下，冬照海來不及躲閃，他的頭部被夾到水曲柳原木和木馬之間，當即無聲地倒了下去。鮮血從嘴裡如泉湧出，瞬間就染紅了他的兵團綠棉襖，然後又流到白雪皚皚的地上。

見狀，我立刻鑽到車載原木的下面，抱起他，本能地用手堵住他的嘴，但鮮血仍從我的手指縫向外噴流，隨後就變成了紫黑色的血團和泡沫。

大家圍攏過來，急切地呼喚他，情況萬分危急。我們立刻把他抬上另一輛卡車，送往相距70里的林場醫院，10幾名知青含著眼淚隨車護送。然而，汽車上路不久，16歲的冬照海就因傷勢過重永遠地閉上了眼睛。

噩耗傳來，巨大的悲痛籠罩了整個營地。大家失神地呆坐在帳篷裡欲說無語，欲哭無聲，每個人的眼圈都是紅紅的。火爐裡的木拌子早就熄滅了，帳篷裡寒冷徹骨，窒息的氣氛讓空氣也彷彿結了一層冰。開午飯的時間早就過了，在山裡難得吃到的香噴噴的米飯，紅燒豬肉，就擺放在那裡，全連100多人沒有一個人能吃下一口飯。

陰雲低垂的天空，又紛紛揚揚地飄起了漫天清雪，更添幾分悲涼。沉重的山風拂過密密匝匝的紅松林，枝幹搖曳著，發出了低低的嗚聲，在為年輕的戰友送行。想想剛剛發生的悲劇，眼中的熱淚止不住又滾落下來。

回9團後，冬照海的遺體被安葬在團部西側的小山包的向陽坡地。在連隊為冬照海舉行的追悼會上，我們見到了從哈爾濱市風塵僕僕趕來的他的母親，才得知他家生活拮据，靠媽媽賣冰棍艱辛度日。痛失愛子，讓老人家傷心欲絕……

李德良〈風雨中，那座矗立的墓碑……〉回憶：四十年前的今天。上午出工後沒多久，在連隊南邊地裡幹活的人們，猛然看見油庫門前騰起一股濃烈的黑煙，一團碩大的「火球」在地上翻滾著，一個人影追著「火球」在拼命地撲打。「不好，出事了！」人們扔下手上的活計，瘋狂地向出事地點跑去。在最先跑過去的幾個人幫助下，「火球」被撲滅了，一個幾乎燒焦了的人佝僂在地上，已經奄奄一息。

「快，送團部醫院！」有人找來一條麻袋，兜起躺在地上的人，四個人一人拎一個麻袋角便瘋狂地朝連部跑去。那時連隊是新建點，唯一的交通工具就是一輛四輪馬車。馬車拉著被嚴重燒傷的天津知青王桐昆更加瘋狂地向團部醫院狂奔。

到醫院後，醫生立刻進行搶救，輸液清創，消毒抹藥，窄窄的醫院走廊裡，醫生護士來來往往，神色緊張。搶救室門外，聚集著陸續趕來的連隊領導和戰友們，大家凝重的臉上掛著焦慮，有的人眼裡還噙著淚花。隨著時間一分一秒地流逝，走廊裡聚集的人越來越多。為了不影響醫院的搶救工作，在領導的再三勸說下，臨近傍晚，除留下三兩個人值守外，大家才陸陸續續離開醫院回到連隊。入夜，凝重的夜色籠罩在每個人的心頭，哀傷的月亮偷偷躲進雲層不忍看人間的淒慘悲情。醫院急救室內徹夜燈明，只為挽留那行將離去的生命，搶救依然在緊張地進行……

第二天一大早，醫院來信兒說王桐昆需要大量輸血，昨夜值守的人已經獻了不少，但依然不夠。得知這一消息，天津知青大呂連早飯都沒顧得上吃便跑去團部醫院獻血，緊跟著又去了好些戰友。從醫院回來，獻過血的大呂一聲不吭的坐在炕沿上悶頭抽煙，眼角掛著淚花，平時紅撲撲的臉上沒了血色，原本就很深的抬頭紋壓著緊鎖著眉頭。

「見著王桐昆了嗎？」我問大呂。「唉，別提了……」他長長歎了口氣，用濃重的天津口音說：「太慘了，那腦袋總（腫）的跟籃球賽的，臉上黑乎乎一片，看不清鼻子看不清眼兒的，穿的衣服都昵嘛燒成碎片貼在身上了，只能一塊兒一塊兒地往下裂（揭），裂（揭）下來的碎布片上沾的都是人肉，昵嘛實在是太慘了。」聽了他毛骨悚然的描述，我只覺得順著後脖梗子一股股地往外冒涼氣，不禁又想起了知情人講述的那讓人不寒而慄的瞬間……

和往常一樣，這天早上王桐昆高高興興地去油庫上班。沒多久，機務排的小T來到油庫跟他要汽油說是洗拖拉機的什麼零件，小王二話沒說，就從油桶裡給他倒了半臉盆汽油，小T就勢在靠近油庫門裡的地方洗起了零件。王桐昆是個熱心腸，便坐在小T對面幫著一塊兒洗。這時小T好像想起了什麼，從兜裡掏出一個打火機，說是沒油了（那時的打火機是用汽油的，上半截是砂輪火石，下半截是中空的，裡面塞滿了棉花作載體吸附汽油）便把打火機的下半截浸入汽油盆中，等吸滿了汽油之後蓋上底蓋，他想也沒想就習慣性地用拇指去按砂輪，一束火星從砂輪下飛濺出來，點燃了打火機，也點燃了自己的手，慌亂中他下意識地一甩手，一滴燃燒著的汽油被甩進了油盆，「轟」地一下整個油盆著了。

這下倆人慌了，小王想奪門而出拿麻袋來滅火，而小T則想一腳把油盆踢出門外，免得把整個油庫給燒了。事情往往就那麼巧，前趕後錯，當小王剛到跑門口，小T的腳也飛了起來，半盤燃燒的汽油一下全扣在小王的身上。頓時小王變成了一個火人，他趕緊就地打滾兒，想以此來壓滅身上的火，但是他萬萬沒想到這種方法根本壓不滅汽油火，更何況外面還呼呼地刮著風。小T見闖下大禍，慌忙拾起一條麻袋追著小王拼命地撲打，等聞訊趕來的人把小王身上的火撲滅後，1米8個頭的小王已經被燒得捲成一團，一條麻袋就給兜走了……

我跟王桐昆不是很熟，因為天津知青才來不久，而且我們不在一塊幹活兒。但是他給我的印象卻很深很好，倒不是他一見了我就「李哥李哥」地叫，而是他1米8的個頭和總是掛在臉上靦腆的笑，還有那笑成一條線的咪咪眼兒。大呂跟他是校友，是七〇年七月一批下鄉的，他們之間很熟，所以大呂總是拿小王笑成一條線的眼睛逗悶子（其實大呂的眼睛也比他大不了哪去）。每當他拿小王「開涮」時，我都會揶揄他：「大呂，你別老是大嫂子笑話老娘們兒，其實你還不如人家呢，人家笑起來好歹還能看見眼睛，可你笑起來就什麼也看不見了，滿臉都是褶子。」結果免不了招來大呂一頓拳腳，這時都是小王幫我解圍，他身大力不虧，三下兩下就把大呂給「擺平」了。可是，誰能想到平時大家逗悶子窮歡樂的場景竟會在一瞬間戛然而止呢……？

晚上躺在炕上翻來覆去睡不著，一想到那地上翻滾的「火球」就渾身起冷痱子。滿腦子的「如果」不知該問誰：如果不在那個地方灌打火機汽油；如果不盲目地打火；如果找條麻袋一下捂住那著火的油盆兒；如果小王當時迅速脫掉著火的衣褲……，如果……，可惜已經沒有如果了，悲劇已然發生，實實在在的發生了，多麼慘痛的教訓啊！迷迷糊糊捱到天亮，見大呂不知什麼時候起來的，坐在炕沿上抽煙，一臉的愁雲密佈。我揉著惺忪的睡眼問他是不是一宿沒睡？他沒回答我，仍一個勁兒地抽煙，恨不得把煙屁一塊吞進肚子裡。我安慰他：事情已然發生，著急上火有什麼用，相信小王命大，一定能緩過來。誰知他卻搖了搖頭，特別沮喪地說：「緩嘛呀，現在就可能……」

他停下話頭又點了一根煙，眼睛濕潤了，他說他昨晚兒做了個夢，夢見哥兒幾個抬著一塊大木頭往山裡走，死沉死沉的。他說抬木頭都是往山下走，哪兒有往山上抬的？按家裡老人的說法，夢見抬木頭就是抬棺材，說不定王桐昆已經……。下面的話他沒說，眼淚已經流了下來。我知道大呂是個特別重感情又特別容易激動的人，卻不知道他小小年紀竟然也是個虔誠的「迷信」徒，我搜腸刮肚卻怎麼也找不著合適的詞兒來寬慰他，只是一個勁兒地說：「別信那個，夢歸夢，兩碼子事。」或許是現實與夢境的機緣巧合，或許是「心靈感應」的真實存在。噩耗傳來，王桐昆終因傷勢過重離開了我們，離開了他剛剛踏上的黑土地，永遠地走了……

那兩天，大家忙著紮花圈，寫挽聯，整個連隊沉浸在哀痛之中。當碩大的松木棺材緩緩地滑入墓穴時，許多熟悉不熟悉王桐昆的人都紛紛趕來，只為送他最後一程。荒原兀起的新墳擺著用青松翠柏紮起的花圈，半空中盤旋的烏鴉哀鳴著久久不肯離去，王桐昆家人撕心裂肺的慟哭無不讓在場的所有人動容……

知青一凡在〈北大荒，年輕的亡靈發出悵惋的歎息〉講述了一個令人痛心的故事：……七〇年代初的春天，剛剛在撫遠荒原上建點的6師60團某連的知青好幾個月沒見葷腥了，望著荒原上奔跑的麅子直咽口水。有3位知青想給大家改善一次生活，他們開著拖拉機，帶著槍去打獵了。

他們在荒原上發現了一頭熊。熊一見他們扭頭就跑，他們興奮得開著拖拉機在後面窮追猛攆，一直到把它攆得跑不動了，坐在那嘴冒白沫子，呼哧呼哧直喘。知青開槍把熊打死了。這頭熊很大，他們高興極了，七手八腳把死熊捆好，拴在拖拉機的後面，拖著熊就勝利凱旋了。

他們走著走著，驀然，發現拖拉機緩緩往下沉。不好，誤入沼澤地裡了。他們慌亂地從車上跳了下來，眼睜睜的看著那輛拖拉機漸漸沉了下去。不行，得趕快想辦法把拖拉機弄出來！他們急忙跑回連裡，找來了10位知青和老職工，直到天黑也沒有把拖拉機弄出來。

人已饑腸轆轆，綿軟無力，他們又冷又餓，一懷惆悵地往回走。大家走著走著就走散了，最後僅回來了6位。第二天，全連出動去找，結果只找回了6具屍體，其中的一位連屍體都沒有找到。……

第四節　缺乏自然常識付出的代價

黑龍江鳳凰山農場知青軍漾在〈我舔了下槍口，瞬間舌頭和槍凍在一起了〉講述一件年輕無知而又可怕的經歷：一九七〇年冬，我擔任新二連的排長。連隊派人輪流值夜，負責看管曬場。

那一年，好像糧食特別多，曬場上堆滿了大豆、玉米。那天輪到我和三班戰士武廷柱值夜班，他值上半夜，我值下半夜。天氣特別的寒冷，把人要凍透了似的。我穿著下鄉時發的草綠色棉大衣，腳上穿著棉膠鞋，裡面絮了厚厚的烏拉草。還背著一枝三八大蓋步槍，沒有子彈的。

我圍著曬場一遍一遍地溜達著，耳邊不時想起連長的叮囑「責任重大，越是形勢大好，越要警惕階級敵人搞破壞」。但是，所謂的敵人無非就是那些留場的就業農工罷了。我走累了，坐在裝滿糧食的麻袋包上。那是些灌滿了大豆的麻袋包，橫豎整齊地擺放著，等明天場部汽車隊來車，裝車送北安糧庫。

我無聊地數著麻袋數，不時地抬頭望著天空。皎潔的月光如水銀般倒瀉在了地上，繁星閃爍，夜空浩瀚無垠，空氣也好像凝固了似的。「萬籟此俱寂，唯聞鐘磬音。」此時沒有鐘聲，只聞從遠處村屯或許是荒野傳來的說不上是什麼動物的叫聲。

我想眯盹一會，可又真不敢去睡覺，生怕真有階級敵人來放火燒糧食。甚至想到自己如何與敵人展開搏鬥、如何正義凜然、不屈不饒，敵人如何狡詐或兇殘，萬一自己犧牲將會如何如何……亂七八糟胡亂想了一番。我不時擺弄著手裡這枝有點鏽跡星斑的步槍。一會往槍管裡望望，一會舉起槍朝遠處瞄準。我心中在琢磨，從這枝步槍裡射出的子彈，可能殺死過不少的鬼子和國民黨軍呢。

時間過的真的很慢很慢。我又繞曬場轉了一圈後，坐回麻袋包上了。我雙手拄著槍，用腮幫子貼了一下槍口，頓時感到一股徹骨的寒意。一會，我竟鬼使神差般的又用舌尖舔了一下槍口。瞬間，舌頭被牢牢地粘上了，絲毫動彈不得。壞了，這下可壞了！此時，我腦海裡立刻閃現出脫谷時，被用唾液粘在「收割機」大鐵輪轂上的那一個個凍僵了的、血肉模糊的、老鼠屍體。

我小心翼翼地站了起來，雙手抱著槍桿，不知所措。定神朝四周細細觀察一番，終於發現在不遠處的一座茅屋裡有燈光。我一步一挪朝著茅屋走去。輕輕把門推開，滿面霧氣騰騰，隱約看到有兩個忙碌的身影。

這是分場的豆腐房，有兩個農工在做豆腐。看到有不速之客的闖入，著實把他倆下了一大跳。我當時的情景簡直無法描繪，想要有多狼狽就有多狼狽。我雙手抱著三八大蓋步槍，全身上包括眉毛、眼睫毛、兩鬢都掛滿著霜花。

「你怎麼啦？」，一位年紀稍大些的上下打量了我後問道。

可是我支吾著，半天說不出話，只能用一個手不停地比畫。他終於明白了，扶我到爐膛前輕輕地坐了下來：「慢點，別著急，一會就會好的。千萬不能硬拽啊，那會把你舌頭上的肉撕下的」。

聽他一說，我十分害怕，更不敢亂動了。屋裡溫度很高，不一會，整個槍管漸漸泛出一層冰霜，後又看它化為水珠，慢慢地流淌下來。在那位農工的幫助下，在一陣劇痛後，總算將可憐的舌尖脫離了那毛骨悚然的槍口。我清楚地看到，槍口上還粘留著一層薄薄的白膜——我的一塊舌黏膜！那一天，黑河地區的最低溫度是零下38度。

可想而知，當地的氣候條件是何等惡劣！

黑龍江生產建設兵團54團磚瓦廠知青葉振華在〈酷寒東北，宿舍門口的淺黃色冰坡〉講道：高中畢業，所有畢業生都上山下鄉。我本來打算報名去雲南的，因為我最怕冷。可是同學們一通勸說，掙工資總比掙工分強，於是我就跟著去了黑龍江，整個一個大對角。去之前，聽說那裡冷到什麼程度——在室外小便時要準備好一根小棍，因為帶著體溫的尿一出來就會結成冰條。

這當然是帶有玩笑的渲染，但是外公告訴我說古書上講的「墮指裂膚」倒是確實的。「裂膚」是常有的事，「墮指」雖未親見，但是「凍掉腳指頭」的例子還是聽到過的。「草原英雄小姐妹」不就是凍掉了腳趾的活生生例子嗎？我自己也體會過「寒徹骨髓」的感覺，同時也相應地得到些防凍的常識。

第一年冬天，有個做電工的知青不聽老職工的勸告，仗著自己年輕身體好，不戴棉帽就爬上電線杆工作。他下來後還得意地說，不冷啊！剛上去時耳朵是有點冷，可現在一點都不冷。大夥兒一看，他的耳朵都凍白了，摸一下，一點感覺都沒有，這才感到事態嚴重。有同學趕忙張羅倒熱水，準備用熱毛巾給他捂一捂。在場的老職工急忙制止，並捧起一大把雪，給他搓耳朵。用了好多雪，搓了好一會，他的耳朵才緩過來。之後的幾天，他的耳朵起個大泡，接著又潰爛。老職工說，要是當時就用熱水捂，他耳朵恐怕就保不住了。

通過這二個事例，可以看出相當多的知青對自然常識的缺

乏。更為嚴重的是，俗話說：水火無情。剛剛走出學校大門的知青們，並不知道野性自然的兇險，他們成批的懵懵懂懂的上了山下了鄉，因為安全常識的缺失，又糊糊塗塗的丟掉了寶貴的生命，甚至死了都不知怎麼死的，真是成了屈死的鬼。記者林堅在〈她們長眠在這片土地上〉記述說：

肖佩瑄，是廈門五中六八屆初中畢業生。她哥哥至今仍清楚地記得，她是一九六九年九月十四日下鄉到東留公社新聯大隊的。在一九七三年夏天的一個傍晚，天降暴雨，雷電交加，勞動了一天的她和同伴們收工回村，路過小河，突遇洪水，站立不穩，被大水沖走。全村群眾和當地知青沿河尋找，直到第二天上午才在下游的一座水壩邊打撈到。

從此，異地他鄉，寂寞山頭，萋萋芳草間，留下孤墳一座。

類似這種對自然規律認識不足，死於突然暴發的山洪之中的事例，在海南兵團也經常發生。海南兵團知青王焰在〈她是穿著那件新衣上路的〉也講述了一個令人傷感的故事：

那年春訊，一連幾天大雨，使團部醫院前的那條平時乾枯得滿是石頭，幾乎沒有多少水的小河，突然咆哮張狂起來，從山上衝下來的泥漿變成洪水填滿了河溝！黃昏前，我們正在團政治部學習，突然聽到急促敲打鐵板的聲音，伴隨著的喊聲音：「有人被水沖走啦！救人啊……」

大家不顧一切跑出去，有人告訴我們，被水沖走的是上山開荒的一位女知青，下山時才知道原來上山的路被洪水沖壞了，需要改走另一條遠一些的道回連隊。可這位女同學堅持要走原來那條近路下山，說是希望早點回宿舍寫家信，因為她昨天剛收到媽媽寄給她的一個包裹，裡面是一件新衣服……

我們冒雨沿河岸狂跑，呼喚那知青的名字……老工人帶頭跳下急流，大家先後跳下去，水性好的站在中間，手拉手組成一道人牆，希望能在洪水中攔截起自己的戰友！一個通宵過去了，沒有她的蹤影。中午，水退去了，她安靜的躺在河床上，全身幾乎沒有掙扎過的傷痕。其實，她遇難的地方就在那道人牆的前方的不遠處……

她是穿著媽媽寄來的那件新衣上路的，就安葬在她所屬連隊的橡膠林段裡，用她永遠的18歲生命守衛那片為之付出生命的土地，把一切思念留給了熱愛她的人們……

據查，海南兵團僅一九六九年就發生淹亡事故65起，死亡68人。一九七〇年在第二批知青到來後淹亡事故更上升至80多起，死亡過百人。其中包含屯昌晨星農場在洪水中一次死亡22人的特大淹亡事故。

黑龍江兵團知青拾夢空間在〈三十多年前，我曾被「雷倒」〉說：那是一九七一年六月，到引龍河農場後第三個夏鋤時節，知青們天天在烈日炙烤下，淌著汗，揮舞鋤頭，為一望無盡的苞米地除草間苗，勞動強度之大，難以言說。我體力差，儘管每天天亮出工時都對自己下要求：今天一定要幹在前面，不能落後，但一到下午，就人疲體乏，像被曬蔫了的狗尾草，再也提不起勁來，面對望不到頭的苞米壟和暑熱蒸騰的黑土地，手中的鋤頭似有千斤重。

這時候，我就和落在後面的同學嘮嗑，天南地北，邊幹邊聊，這能藉以麻木掉眼前的艱苦疲累。聊得最多的當然是學生時代，游泳啦，被老師罰站啦，溜出校門去吃小餛飩啦等等。令我一輩子難忘的「雷事」就發生在我們聊著天「磨洋工」的時候。

六月十五日下午四點多鐘，天空發亮發燙，草帽下的臉蛋依然個個是被汗漬紅了的醬窩瓜，我和兩個同學落在後面，自然又搭上了話。邊說邊幹著，看見帶工的指導員王成貴提著鋤頭走到我旁邊的一條壟，朝我們身後的坡下看了看，就彎腰兀自鋤起草來。他是當地的老複退軍人，很和善。我轉過腦袋，順著他剛才的視線朝後望去，發現坡下幾十米處還有一個身影，彎著腰在奮力勞作，那是統計員范亞平。

范亞平原在食堂工作，後來下連隊負責統計，平時拿著大木尺在地頭走來走去，丈量地皮、派工排壟。他不必幹體力活，但這天他也親自拿了一條苞米壟來幹，想為「打好夏鋤這一仗」做點貢獻。當然，他畢竟不如我們下大地的專業，王指導員看他幹得慢且累，就過來幫他接壟鋤掉一段，便於他趕上來。不一會，范亞平就提著鋤頭一歪一歪地走上坡來，和我們後尾幾個人「並肩作戰」了。

范亞平工作一向都很努力，鋤草也是如此，他在我們身旁，卻毫不注意我們聊天，始終腰彎得蝦似的，像在嗅腳下的苞米株。他眼睛近視，是怕分不清草和苗。這種「頭拱地」姿勢很彆扭，也最累人，左一下右一下，每一鋤頭鏟下去都要費很大的勁。難怪草帽下他汗流滿面，呼呼喘氣。

大約過了十五分鐘，蠶場方向出現了一塊烏雲，懸在半空，像個大鍋蓋漸漸罩上來，這情景我們早習以為常了。須臾，豆大的雨點灑落下來，劈劈拍拍打在草帽上和泥土裡。我把草帽往下拉了拉，對兩個同伴說：「別聊了，快貓腰幹吧！一會兒雨下大了，鋤頭粘滿泥，就更不好幹了。」話畢幾個人都噤了口。然而，就在我們彎下腰這一瞬間，范亞平卻恰恰直起身來仰頭矗立，邊擦汗邊唱了一句：「暴風雨更增添戰鬥豪情……」

說是遲那時快，天地之間突然一片白光，極熾烈刺眼，就像原子彈爆炸，所有的一切頃刻在強光中顫慄熔化。我只覺得天猛然塌了下來，猶如一塊巨大鐵板重重砸在頭上，天和地瞬間併合在了一起，我被壓扁在當中，什麼都不知道了。

據在水房工作的同學事後講，當時他們從分場遠遠觀望人影點點的7號地，以為快下雨了會提早收工的，突然伴隨閃電，一團火球從天飛降，直擊坡地，旋又彈起來，再擊下去，接著是巨烈的霹靂聲，很多人在奔跑……他們驚呆了——因為我們幾個就是火球猛擊的靶標！

俄頃，我從黑暗中浮了出來，感覺頭頂很疼，「這個雷不尋常！」恢復了意識並睜開了眼，發現周圍好幾個同伴都橫七豎八倒在地上。還沒等我叫喚，他們就都紛紛伸動手腳爬起身來，這時只有范亞平還躺在離我一米多遠的壟溝裡，一動不動。

「范亞平！范亞平！」大夥從四面八方圍聚過來，呼喚著他。他渾身一股焦糊味，頭上的草帽被擊穿出一個大洞，青煙隱隱逸出，佈滿紫色血斑發黑的額頭下，一雙昔日靈活的眼睛木然大睜著，漠視著天空，彷彿在痛苦地責問天公。他的褲線全部崩裂，腳上的農田鞋膠底也被打脫了，露出了焦黑的腳掌。

「完了，完了，沒救了！」王指導員悲嚎著，瘋了一樣在壟溝裡跑來跑去。

「你們還不趕快把鋤頭扔掉！」他聲嘶力竭地朝青年們喊著，帶著巨大的恐怖，「還有水桶，鐵的，都扔得遠遠的！」

奇怪的是，天轉而又晴朗了，既沒下雨，也沒再打雷，先前的炸雷像是一場遊戲，專門來逗我們玩的。然而，范亞平確確實實是停止了呼吸，直挺挺的躺在泥土上，沒有了生命體征。

我們無論如何也不相信一個朝夕相處的戰友，轉眼就陰陽兩隔。我們年輕，初涉人世，沒有經歷過身邊的死亡，相信生命是堅韌的，雖不能永恆至少是長久的，因此范亞平只是遭受了重傷，並不會真的死去。大家手忙腳亂地給他做人工呼吸，期盼他蘇醒。看看不起作用，我和八九個人就抬起他離開苞米地，上了公路往場部方向跑。

我們心裡都一個勁地念叨著「時間就是生命！快點！再快點！」上海不久前一起成功搶救觸電愈二十分鐘傷員的事例，給了大家極大鼓舞，儘管都已經上氣不接下氣了，抬著的軀體也越來越沉，但我們一刻不息，堅持再堅持，加速再加速，想著一定要把范亞平搶救過來。抬了好幾里地，分場得到了消息，派了蓬蓬車來接應，范亞平被緊急送到場部，抬進了醫院的搶救室。

醫生和護士圍著范亞平展開了搶救，輪番給他擠壓心臟，進行人工呼吸，我們則聚在門外，群情激昂，等候著佳音。過了好一會，醫生護士全撤了下來，都累得氣喘吁吁，有的拼命舒緩著手臂，表示已經盡力了。我們湧進房去，接替醫護們繼續做下去，一個累了再換一個，輪流上。我們仍然固執地認為，只要功夫用到家，范亞平會活過來。

我像搖船似的不停地擺動范亞平的手臂，一邊緊盯著范亞平的緊閉的眼睛和鼻翼，期盼著奇跡發生：在我們不懈努力下，范亞平漸漸眨動起眼皮，然後淡淡舒出一口氣，像睡醒一樣睜開眼，環顧四周……，然而這不是電影，一切沒有發生，范亞平依然紋絲不動，生氣全無。我默默對他說，中午回分場吃飯時還在食堂裡看到你排著隊，好好的，怎麼到晚上你就這樣人事不知了呢？你平時能言善辯的，而現在你真的停止思想了嗎？真的沉入到了無邊無際的死亡黑暗中去了嗎？我的雙手越來越酸累，而他的手臂已變得冰涼，僵硬得難以再彎曲了。

「歇手吧，他已經死了。」一個高個子大夫過來勸止我們。我們依依不捨地離開了搶救台，然而內心卻突然湧上了一股巨大的悲憤，像決了堤的洪水，撞擊著五臟六腑，尋找著宣洩的地方，淚水頓然噴出眼眶：我們一起從上海來的戰友死了！范亞平死了！一個朝夕相處的同伴永遠消失了！這是怎麼一回事？今天為什麼會這樣子？

隔壁的房間裡，響起了陣陣怒吼聲，驚動了四面八方。從分場趕來的知青們圍住了總場黨委書記高磊，要求他下令，叫醫生不惜代價繼續搶救，好些人搬出了上海用階級感情搶救觸電工人而獲成功的事例來，高書記竭力解釋什麼，但青年們根本不給這位農場首腦講話機會，義憤填膺的抗議浪潮淹沒了他的聲音，他只好洩氣地坐了下來，聽憑年輕人劈頭蓋臉的指責和批判，然而當有人怒罵「你是個披著馬克思主義外衣的政治騙子」時，他再也忍不住了，騰地彈起來：「放肆！」

青年們一下被震住了，頓時鴉雀無聲，旁邊保駕的人保科長孫某武擠上前來查面孔，燈立刻被人拉熄了。黑暗中只聽高磊說：「小夥子們，你們太衝動了，雷擊是什麼？2萬伏高壓電呀，能救得過來嗎？剛才醫生是看你們太激動，照顧你們情緒，明明知道沒有用還搶救的！你們也得講點科學嘛！」

大夥兒這才冷靜下來，開始相信范亞平無可複生了。六分場的男女知青們越來越多地趕來了，層層圍在范亞平身邊，默默地瞻仰著他的遺容。一場簡易的追悼會就在搶救室裡舉行了。革委會李幹事悲哀地致悼詞：「毛主席的好紅衛兵、上海工人階級的好後代范亞平同志與我們永別了……」頓時，屋裡屋外悲聲四起，李幹事也哽噎了，而女生們更是淚水滂沱，哭成一片。這悲慟滔滔洶湧，大家與其說用眼淚痛悼亡友，不如說同時也為自身的命運而悲泣。

六月十九日下午，我們在東山崗上埋葬了范亞平，他的墓穴正對南方，朝向上海。他和19有緣，活了19歲，下葬是19號，墓上花圈也恰好是19個。「高山青松傲然屹立，亞平同志雖死猶生」，挽帶在風中淒然飄動，他是我們下鄉後第一個捐軀黑土地的戰友，被一個「雷」輕易奪走了青春和生命。肅立在松柏清香的墳塋前，我傷感地想道，雷擊倒在地的有我們幾個，為什麼偏偏選中范亞平死呢？假如那天范亞平不自己去鏟一條壟，依然只是輕鬆地量量地皮；假如王成貴不幫他接上一段活，他沒因此走到坡上來；假如那一刻我沒說「快貓腰幹」那句話，而他也沒高高仰起身擦汗，那麼躺在墓裡的會是我們中間的哪一個呢，還會是他嗎？生活中有許許多多這樣的「假如」，而一個偶然的念頭，一句無意的話，一個細小的動作，就會改變人的命運，甚至性命，人生實在太無常了，太神祕莫測了！

葬下范亞平那天夜裡，悲淒的風雨交加發作，雷神又來光顧了，無情的雷公狂施淫威，霹靂接二連三從窗子炸進來，電光在宿舍裡亂竄，地動屋搖，震耳欲聾，我們這些遠離家鄉孤苦無助的知青都緊緊蒙頭在被子裡，提心吊膽地等待著雷公的再次判決……

國務院知青辦發佈的內部簡報稱，據不完全統計，僅一九七二年，全國15個生產建設兵團（獨立農墾師）約有2000名知青死於各種事故，受傷上萬人。這個數字還不包括全國各省的下鄉插隊知青。

第五節　面對各種疾病困擾的惶恐

當年，讓知青這個群體感到困惑迷茫的，還有一個可怕的惡魔，就是知青在城鎮時聞所未聞的各種疾病。由於遠離故鄉，水

土不服，再加上缺醫少藥，有的知青冤枉地錯過救治時機，造成終身致殘甚至慘死。知青錢小賢在〈血吸蟲像瘟神般摧殘著下鄉知青〉中講述：

一九六八年十二月十三日我們告別母校、離開蘇州奔赴昆山縣石牌及陸橋公社插隊落戶。我們插隊的石牌低窪易澇、水網交錯是血吸蟲繁殖的有利條件，河邊草叢、荒田灘塗又是釘螺孳生的適宜場所。當人們在賴以生存的水田渠道裡勞作，在池塘河水中掏米、洗衣、游泳都可能感染血吸蟲病。也就是說我們的日常生活與工作都要接觸疫水，均處於血吸蟲的包圍之中……

我們所在的南北四隊就有個晚血「大肚皮」，四十來歲顯得十分蒼老，又黑又瘦，人稱老培根。他根本幹不動農活，就連家務也不能做，如到河邊洗菜就彎不下腰。不過每次社員會他總是邁著緩緩的步子來參加的。人們戲稱他看不見自己的腳尖，人沒進門，膨大的肚子先挺進來了。培根卻不在乎，照舊談笑風生，時不時冒出一句「東北風、雨太公」之類的農諺。可就在我們插隊不到一年的那個秋收大忙季節，老培根丟下比他小十歲的嬌妻和一雙幼子撒手人寰了。

記得那天我們正在黃泥婁荒田裡割稻，大約快傍晚了，有村裡的孩子跑來報訊。隊長立即決定不開夜工了，大家收工後回村紛紛趕去幫忙。兩天後隊裡為培根舉行葬禮。「點香、磕頭」村裡的「明白人」主持著約定的儀式，並要求未滿十歲的長子用顫抖的小手端著飯碗喊「爸爸吃飯」，再按習俗派人把碗往地下一摔，隨後就蓋棺釘釘。親屬們撲上去嚎啕大哭。4名大漢扛起棺材就走。鄉親們邊流淚邊扶著家屬跟在後面。到西塘田的近河邊培根家的自留地下葬，那裡的地勢可算是全村最高處，入土為安。

過了五七三十五天，半夜裡我被一陣陣撕心裂肺的哭聲驚醒，後來知道那是悼念亡者的「鬧五更」。培根是我們親眼看到的第一個被血吸蟲奪走生命的人，但不是唯一的。後來又有幾個晚血病人相繼去世，連到我們大隊蹲點的潘書記也因門脈高壓、食道靜脈大出血而英年早逝。

血吸蟲確實像瘟神般摧殘著疫區的人民，當然更不會放過我們這些城裡去的知青。當年我們大多數知青以苦為榮，以苦為樂，滿懷熱情虛心接受貧下中農再教育，跟老農一樣日出而作，日落而息。農閒時晚上還要開會鬥私批修。農忙時天天開夜工。我們赤腳下田，毫無防護條件，隨時都會感染發病。而且我們知青缺乏抵抗力，若在短期內接觸大量的含有尾蚴的疫水，就會暴發急性血吸蟲病。

石牌公社發生過好多例，最嚴重的要數本大隊的1名知青。前不久我偶爾遇到當時的石牌衛生院化驗員，她至今仍然清楚地記得，該患者血中的嗜酸性白細胞竟高達百分之三十多，超過正常值十倍！可謂史無前例。記得我們眼睜睜看著那患病的同伴高燒不退、寒戰不止、腿腳抽筋、痛苦萬分卻束手無策，唯一能做的就是與老鄉一同划船送公社衛生院。那裡雖然醫療條件簡陋，可是醫生診斷治療這種病很有經驗，經過抽血、補液、降溫，終於控制了病情。

據醫生分析發病原因與這位知青為了培養綠萍長時間赤腳在渠道、池塘等淤泥裡勞動有關。如果不及時治療，可因長期高熱、毒血症而危及生命，或迅速發展為肝硬化腹水，後果不堪設想。至於患慢性血吸蟲病的知青更是不計其數，有的知青反復感染，曾經治療過多次。有的留下後遺症，在返城多年後體檢做B超時發現「血吸蟲肝」，即肝臟血管內有血吸蟲卵沉著。回想在當時有個知青為了避免手接觸河水，就用筷子攪拌淘米，一時在當地傳為笑話。可是用現在的觀點來看，那是自我保護意識強的表現。

知青廖國賢在〈我們決不讚美苦難〉講述：我是四川彭山縣人，一九六三年～一九七二年就讀于彭山二小和彭山一中，和丁平是同班同學，七二年下鄉。七五年的七月二十六日早晨出了早工，回到知青屋做好早飯吃過後，突然感覺左大腿根部有些痛，緊接著就痛得不能走路，我扶到牆壁好不容易挨到床邊躺下去全身就一點都不能動了。後來有兩個老鄉來叫我出工，發現我不能動彈，知道我病的可能比較嚴重，兩個人馬上輪換背我到縣醫院搶救，醫生診斷為「打谷黃」（即鉤端螺旋體），由於搶救及時，我未進入那「五十分之一」，此時的我還未滿20歲。我的上一屆的一位校友在頭一年就是因為這種病未及時送醫，躺在知青屋裡進入了那「五十分之一」；兩三天後，家長和老鄉們找他，才在知青屋裡找到他一具僵硬的屍體。

可能有人感到奇怪，三十多年過去了，為啥我對這件事的年月日時間都記得這麼清楚？如果這個日子是農曆，就正好是我的二十周歲的生日！我能忘得了這個日子嗎？能忘得了當時的情景嗎？我非常感謝我的兩位農民弟兄，一個名叫羅學成、一個名叫杜國元，我的生命是你們搶救回來的。我不是怕死，我怕的是像這樣窩囊的死去，我怕的是白髮人送黑髮人，恩怨情仇，銘刻在心。

而黑龍江兵團知青瀟灑也在〈無知成患，意外減員〉中講述了知青成群結隊患上黃疸肝炎的奇景：豐年稔歲，七〇年秋天的「麥收戰役」打響了。麥子成熟早晚有差異，哪個連的哪個地塊熟了就先收哪個地塊兒。搶收五連麥子那一陣，各連收割機手都集中來了，食堂壓力驟然增大，炊事班裡的「伙夫」們更忙了。「早晚看不見，地裡三頓飯」，除了要把菜湯、饅頭送到地頭兒上，還要開出更多的夜班飯。

每天都要去倉庫扛四袋兒麵，發好200斤麵蒸饅頭，半斤一個的饅頭看著個頭兒就大，橫七豎七碼在方屜上，一鍋摞四五屜。上完蒸屜切菜，大菜案子前並排四五個人；班長馬光元掌勺炒菜，老貝就是「二師傅」。儘管一天比一天累，緊張忙碌中、伙房裡少不了的開心、熱鬧，掩蓋了身體的病態與過勞。

外號「小土兒」的北京知青病癒出院休養、閒著沒事，常來伙房轉。那時政治盯的緊，其他方面少根筋。勞動生活中，很少防疫隔離保健意識。「小土兒」得的是「黃疸肝炎」，出院的人，他說好了，大家也沒在意。等待開飯時，「小土兒」常常抄過炊事員們的碗先吃。肝炎病毒就在眼皮底下被培養、無心插柳般潛滋暗長。潛伏期的肝炎，彷彿與人和諧無事相安。伙夫們也照舊緊張有序、忙而不亂。不過沒幾天，病毒發威：男生大宿舍裡，接二連三有人住院，女宿舍也有住院的消息傳來……

這天，渾身無力、我也發燒了，不是高燒、也就38度5。上完廁所，往起一站沒走兩步，腿一軟昏倒在門口。戰友們發現把我扶回了宿舍，平時常做卻難得嚐到的荷包蛋麵也端到了眼前，只是毫無滋味、不想下嚥。很快又發現自己眼珠發黃、連撓破的蚊子包流的都不是血而是黃水兒。找到高醫生，他笑著說：身體那麼棒，你要得了，咱全連誰都跑不掉。

兩天後燒低了，又去上班。大家照顧不讓和麵、切菜，讓打雜兒燒燒火。聽說要泡黃豆，看看都在忙，就去場院挑豆子。原來百八十斤不在話下，挑起擔子就走。那天沒敢盛滿，整了兩個大半桶居然站不起來，又往外倒，仍舊直不了腰。減到最後，只剩四分之一、也就兩個桶底兒吧。跟喝醉了似的，搖搖晃晃回到食堂。大家趕忙迎上來接過擔子勸說：燒火去吧，別再幹力氣活了。

進到灶間一下坐到磚頭上，用長柄小鏟兒往爐膛深處送煤，燒著那從軍隊中推廣來的節能灶。聽外面喊開鍋啦、上屜嘍，剛鬆口氣、身體更加疲軟無力，兩眼一黑就什麼也不知道了。不知過了多久，恍惚中有人拖我，緩緩睜開了眼睛。原來，剛上屜時，熱汽還冒，蒸了一會兒，大家眼瞅動靜兒越來越小，後來連一絲熱氣兒也不見了，跑到灶間一看才發現我又暈倒了。連拉帶拽、七手八腳，把我從灶間整上來。

已經昏過去兩次，還能昏過去幾次呢？跟同宿舍的赤腳醫生慶華說，給開張驗尿的化驗單吧。到了分場一驗，給出「黃疸肝炎？」結論，連裡馬上派尤特茲送我去總場醫院。

發病時胃部硬的像石板，特別痛。駕駛尤特茲的張士昆師傅讓我坐駕駛室。搓板路顛的人太疼了，張師傅趕緊到路邊地裡弄了半車麥秸鋪好，車鬥兒一顛又痛得打滾，把嘴唇都咬出血了。他一見只好讓我下來，坐到駕駛室工具箱上，一再減速直到不能再低的二檔。四營到團部37公里，因為受不了顛簸，走走停停、小心翼翼的尤特茲開了老半天，終於到了總場醫院。真難為士昆兄了。

抽血後等結果時，就近住在五連調到總場修配廠上海知青劍飛的宿舍裡。第三天早起去看化驗結果，小路上有條大溝，秋天的溝裡白花花掛滿了霜。坡陡路滑、過溝時幾回都沒爬上去，獨自在溝底喘息，直到過來人了，才被拽上去。

化驗結果出來了：黃疸指數75。醫生緊急安排，病房沒床，樓道裡馬上拉起屏風加了床。樓道裡躺了一天，轉入病房。總場醫院傳染科是獨立平房，北側中部開門、左右除有一間醫生、護士房間外，其餘都是病房。

病情稍好轉，醫生過來講：是爆發性黃疸肝炎，剛發病指數就這麼高，要是到150就沒救了。你昏倒了兩次，如果治療再不及時、會因肝功能衰竭、已經到了急性肝壞死的「肝昏迷」，甚至不能打強心針救，只能靠自身維持，緩不過來就完了。聽說了危險，緊張過後，知道是撿了條命。頭皮發緊：我說怎麼跟別人的症狀和感覺不一樣呢。

炊事班的戰友銘驥也追了來，腳跟腳兒和我在傳染科碰了面。五連住院人多，大家把我們喚作「肝炎小分隊」。連裡派人將現金、糧票送來，由我分發給病友們。遠離了伙房的忙碌和田間搶收的熱火朝天，病房裡憋得難受的病友們聚在一起、山南海北的侃，小護士都愛往五連病房跑，圍著文岩、忠書聽聊天找新鮮。看到不輸液的腳下自由，急壞了那些掛瓶兒的六九屆小荒友們，隔著房間也大聲搭訕。

對肝炎病人如何恢復，醫生們分成兩派意見：一方說想吃什麼就吃什麼，一方反對什麼都吃。我的醫案上爭執更激烈，弄得我都沒了主意。知道小上海們很會吃，也加入了他們一族。有時嫌伙食單調，聽說吃啥補啥，就成幫結夥去總場飯館吃「溜肝尖」，都指望能補一補肝。因為病情最重，我比連裡其他戰友多住了一個月才讓出院。

兩三個月內，肝炎突然地集中爆發、一下撂倒20來人，不經意間得了個「第一！」秋收大忙時節，非戰鬥減員半個排，為此五連被全團通了報！我剛住院，炊事班便體檢徹查，中藥「茵陳湯」天天預防，亡羊補牢、全連還消毒了水井。

因為無知與大意，病毒流竄肆無忌憚。一次肝病傳染，唯我命懸一線。身體基本恢復、回京休養三個月後，重回了戰天鬥地的農工班。到北大荒第三個秋天，我曾走近鬼門關。而兵團複建後的一九六八年到一九七〇年，來到北大荒頭三年中，不幸辭世的兵團新知青荒友竟超過了五百多。當年，他們伴隨幾十萬人的知青大潮，湧向廣袤荒原，誰能想到，最終不會再隨大潮裹脅回城。彷彿退潮後沙灘上的貝殼，永遠留在那片離家千里之遙的冰天雪地……

知青陳宜芳的經歷更是命懸一線，她在〈我在死亡線上徘徊9天，鄉親都把棺材準備好了〉回憶道：離開罕達汽整整二十五年了，最讓我惦記的是一口棺材。二〇〇四年八月，當我再次來到罕達汽的時候，才知道棺材真正的主人——馮大爺已經睡在裡面八年了。而三十一年前，這口棺材是給我預備的。

在北大荒，最怕染上「出血熱」。那時曾聽老鄉說，日本佔領東三省的時候，曾經用老鼠做化學實驗。後來，有老鼠逃了出來，背上背著一條褐色的印子，爬到人身上，或者人吃了老鼠爬過的東西，就會得上這種嚴重的傳染病，高燒不止，21天內死亡。插隊的第四年，我就曾患上出血熱，在閻王爺那裡逛了9天。一九六九年五月，我下鄉了。那時我17歲，身高1.5米，體重34公斤。因為我是「黑五類崽子」，姐姐總是怕別人欺負我，離開上海的時候送給我一句：「你個子小，如果有人欺負你，咬著牙也要還手，決不能讓別人小瞧了。」

我下鄉的地方在罕達汽公社，那個只有23戶人家的生產隊，位於大、小興安嶺之間的一個山頂上。我沒有被當地老鄉欺負，不到一年的時間，卻被老鄉選為「可教育好子女」，抽調到供銷社做了1名售貨員。

一九七三年，在北大荒的黑木耳、土豆的滋養下，我已經長成身高1.68米、體重65公斤的健壯女子，100公斤的麻袋輕鬆上肩。九月中旬，我和公社所有勞力一起，到大興安嶺搶救了一場山火。沒想到，回到供銷社十天後，我就突然感到渾身無力，體溫達到40℃。

有個頭疼腦熱的算不了什麼，我吃了點感冒藥，睡了一天。可誰知，第二天早上開始，我吃什麼吐什麼，喝進去的水，馬上變成褐色的液體湧出嗓子，體溫升高到41.5℃。第三天開始，臥床不起，上半身下半身像是被硬扯開，分成兩截。第七天，連拿水杯的力氣也沒了，除了兩隻眼睛，七竅中的五竅都向外冒血。

社員們看到我可憐，馬上拿來擔架，要抬我去衛生院。倔強的我堅決不上擔架，只讓人背。可是，背我的人還沒走出200米，我的身體就像被五馬分屍，疼痛難忍，只好坐到供銷社門前。

恰巧，上海醫療隊途經此地，一位主任醫師見我渾身皮膚全是粉紅色的「痱子」，緊張地說：「這些都是血點，她肯定得了出血熱，趕緊送衛生院，隔離搶救。」

我被抬進了衛生院，血壓是「0」，肝功能衰竭，腎功能衰竭……「90%有死亡的可能。你們還是通知她的家長趕緊來見最後一面吧。」伴隨著醫生的聲音，我看到眼前所有的莊稼漢都流出了淚水。

「無論如何，我們一定要把她救活！」是公社黨委書記的聲音，他激動地說：「這個女孩子是黑五類子女，按照規定，她就是死了，家長也不能來看。公社就是她的家，決不能看著好孩子就這樣死了。」

「我不能死。」我站起身，下了地，硬是自己走上返回供銷社宿舍的路上。一路上，老鄉們眼裡充滿淚花。驚訝地看著我。一位老太太問：「姑娘，你會死嗎？」另一位老太太說：「她不會死，肯定不會死！」

我換上媽媽給我買的最漂亮的粉紅色毛衣，靜靜地躺在宿舍的床上，什麼也不知道了……再次睜開眼睛的時候，已經是9天以後，我躺在100多公里外的黑河縣醫院搶救室裡，旁邊站著不停地輪換著為我輸血的男青年。原來，就在我昏迷過去的時候，公社書記一邊派吉普車把我送往縣醫院，一邊讓縣醫院派車來途中接。兩輛車中途相遇，搶救工作在車上開始。因為我的血管已經乾癟，醫生在我的胳膊上紮了12根止血帶才找到可以靜脈注射的血管。

縣醫院全力搶救的同時，公社書記做了最壞的準備：「孩子的父母不能來送她，我們給孩子做口最好的棺材吧。」68歲的馮大爺沒有兒子，兩個孝順的女兒給她準備了一塊獨幅紅松，作為他的壽材。馮大爺聽說我要死了，馬上把木頭拿了出來：「這些知識青年太可憐了，我有最好的壽材，送給她。」

當地的風俗，普通的棺材的「幫」3寸厚，「天」要5寸厚；棺材從家裡到墓地不能落地。然而，罕達汽的老鄉們，連夜給我做了一口5寸幫、7寸天的棺材，用大紅漆漆好，說：「讓這個好孩子早點升天吧。」16個抬棺材的小夥子一直守候在我的宿舍裡。

搶救了8天後，醫生用針在我腳上劃了一下，驚喜地叫了起來：「她有反應了！」醫生高興又激動地說：「快，她醒之後的第一件事就是要輸血，還要大量的豬肝、大白菜。」很快，一卡車小夥子來到醫院，等候我的蘇醒。

那些天，我把一輩子的豬肝和大白菜都吃完了——醫生說是用來補充血色素和清理腹腔內淤血的。

半個月後，我從閻王爺那裡回到了人間，從黑河縣醫院回到了罕達汽——我熟悉的人民公社，我的家。那個小鎮不過100來戶居民，可是我回家的那天，整條街上擠滿了人。依舊是眼睛裡充滿淚花：「從來都是救護車送走的人不再回來，今天是個奇跡。小陳子命大。」還是那兩位老太太，高興地指著我說：「看看，我說孩子命大，死不了，這不活脫脫地又回來了。」

走進我熟悉的宿舍，一眼就看到天井裡的大紅棺材，我哭了。老鄉們趕緊用苫布蓋上棺材，接著，我的房間堆滿了雞蛋，那是老鄉們準備過年吃的雞蛋。

因為黑河的醫療條件有限，把我從死亡線上拽回來已經是奇跡，但無法治癒我的病。又過了半個月，公社書記把我送回上海治療。聽說，為了感謝上海醫生，罕達汽的老鄉們送給上海5噸野生黃芪。

類似的病情，相小明在〈起死回生的「出血熱」〉也有回憶：一九七五年冬季的一天，我們36連的一個排正在場院用東方紅－75的後橋驅動顆粒制肥機。我是當班的駕駛員負責機械制動。

突然，看見一隻背部有黑色條紋的小老鼠，感覺很新奇，於是用木鍬壓住它，赤手抓住它的脖子，把它的嘴巴貼在拖拉機鏈軌板上，小老鼠馬上被牢牢地粘在那裡。北大荒冬季的溫度經常是零下二三十度，人和動物濕潤的皮膚都不能直接接觸室外的鋼鐵器物，否則就會被迅速地凍在金屬表面，稍微一使勁兒就會被撕下一層皮。這是我們初到北大荒，老職工告誡我們的第一件事。

時間不久，敲鐘吃午飯了，我沒有洗手，打了菜，手拿幾個剛出鍋的大白饅頭，就狼吞虎嚥地吃了起來。萬萬沒有想到，下午我就開始發燒，渾身滾燙，心口窩的部位開始疼痛，以至引起嘔吐和痙攣。我趴在炕沿兒上，渾身沒有丁點兒力氣，連頭都懶得抬。晚餐是食堂送來的雞蛋麵，平時最盼望吃的美味，現在連看也不想看，最後把胃裡的黃色的膽汁都吐出來了。直覺告訴我，這種突如其來的病痛折磨是我從小到大沒有經歷過的。絕不可能是衛生員所說的普通感冒發燒，弄不好耽誤了，我很可能就過不去今天晚上了。最後我只能用凳子腿頂住我的胃，來緩解疼痛。求生的本能使我強忍痛苦，扶著牆來到隔壁宿舍，找到羅馬拖拉機駕駛員小李，懇求他把我送到團部醫院。他說：「衛生員沒有向連裡要車，自己不敢私自出車。」

於是，我在他的幫助下，來到他父親也就是我師傅家，我苦苦哀求師傅說我實在挺不住了，您快點把我送到團部醫院吧！師傅看著我蠟黃色的臉，額頭上佈滿了豆大的汗珠，一個平時身體相當不錯的小夥子，如今跪在地上呻吟，當即決定：烤車、加熱水、著車，馬上去團部醫院。在大夥兒的幫助下，車終於發動著了。此時的我已經處於半昏迷狀態，怎麼上的車，又如何到的團部醫院，都記不清了。

唯一記得的就是，某一天的凌晨醒來的我，第一眼看到的就是搶救室天花板上的日光燈，我當時覺得很奇怪，這到底是哪兒呀？病床放在房間的正中間，除了一些醫療急救設備和一個巨大的氧氣瓶，四周空無一人，死一般的寂靜。我就這樣一個人靜靜地躺著，一直到天亮了，有一個人進來，沒想到那個人一看我還活著扭頭就跑。不一會兒進來了好多人，並給我進行了檢查，掛上了吊瓶。這時我才知道連隊還專門為我派了看護，是哈爾濱知青孫玉源，他告訴我，我被送到醫院不久就被確診為「流行性出血熱」，就是那只背部帶黑色條紋的小老鼠攜帶的病毒傳染給我的。

瞧，這就是年輕無知的代價！

雖然這種病剛剛開始流行，就已經有幾個男女知青死亡的病例。我被送到醫院時，瞳孔已經擴散，血壓也幾乎測不到，醫院給我注射了佳木斯送來的特效藥。無奈之下，團部醫院給我們連下發了關於我的病危通知書。天底下的事就是這麼湊巧，那天由於縣城停電，通知家長的電報無法發送，只能改為第二天再說。陪護我的哈市知青孫玉源心地善良，當聽說讓所有醫護人員撤出搶救室時，他哭了，望著蓋著白被單兒的我，久久不願離去，最後臨走時他多了一個想法兒，沒有拔掉插在我鼻子裡的氧氣管，並找了兩塊磚壓在氧氣袋上，就是因為這些，我才沒有斷氣！

由於有了孫玉源的機智，再加上我師傅父子的鼎力相助以及醫院的大夫、護士的精心治療，我才得以從死亡線上活過來。之後的治療和康復也很重要。這種病發展到後來是無法排尿，容易發生腹部水腫，引起腎衰竭，轉尿毒癥等其他併發症，所以要嚴格控制飲水量，每次我渴了，就只能用小勺餵一小口，潤一潤喉嚨和嘴唇。同時吊瓶的藥水也在不斷地變換顏色，一時是粉色，一時是黃色，一時又變成淡紅色，這是醫院特意為我配製的一種利尿合劑。由於控制鹽和水的攝入，身體又排不出毒素，電解質發生混亂，渾身時常抽搐，穿刺化驗結果是鉀高鈉低，鎮靜劑注射的藥量過大，未被有效地吸收，集中在臀部形成一個硬硬的腫塊，夢中經常遇到被毒蛇咬屁股，可能就是這個原因。小孫就用熱水袋為我熱敷。有一段時間連隊的戰友和領導來看望我，我甚至都不能叫出他們的名字，就連《人民日報》四個大字我都要重新學習。

在大家的幫助下，我逐漸恢復了記憶。臨出院時，我對父親說一定要給醫院寫一封真誠的感謝信。後來我向9團孫參謀長請了3個月的療養假，身高1.74米的我，出院時體重只剩下70幾斤。

時至今日，已經過去了三十六年。我經歷了人生中最大的一次劫難。後來我們都返城了，和哈市知青孫玉源天各一方，但我下定決心要在有生之年再次見到孫玉源，當面奉上感恩的心。人們常說：大難不死必有後福，我也不知道自己這後福到底在哪裡？也許凡遇大難而不死，就是所謂的後福吧。暮年回首，人生還能有幾何？回望四十年前的青春歲月，在北大荒這塊熱土上，灑滿了全國各地知青的汗水、淚水，有一首歌曲名叫「瀟灑走一回」，而我在北大荒則是起死回生走一回……

第四章 知青對再教育地位的心理失落

第一節　與農民農工心理素質的巨大落差

偉人曾經說過，知識青年到農村去，是接受貧下中農的再教育。照理，這些貧下中農都是有很高的思想政治素質，可是，知青左黎在〈為什麼貧下中農裡面都是小偷？〉疑惑地回憶道：

……他們8名上海知青被分配到蒙城縣一個叫做朱集的偏遠生產隊。生活條件的艱苦惡劣自不待言，俞自由後來回憶：「所有的房子沒有磚瓦的，全是土。沒有窗戶，就一個洞。到了冬天就用土磚把它塞起來，天熱了就把那磚給拿了。那磚也是土坯磚。門是非常簡陋的，透風。」

隨著上海知青的到來，村民們陸續發生了一些變化：女孩子開始托知青在探親時替她們買襪子，因為在此之前，村裡基本上沒有人穿襪子。村民開始逐步用打火機，而以前都用打火石取火。起先，知青們早起刷牙，旁邊圍一圈人看著，不知道他們在幹啥。後來有的村民也學著刷牙。連穿鞋都在悄然變化：過去大部分人穿「麻窩子」。一種用麻繩打的很大的鞋，裡面塞上麥秸，由於不容易透水，下雨天就穿這個鞋。後來穿膠鞋的人逐漸多了起來。

可是，對於怎樣接受貧下中農的再教育，上海知青們卻感到

「非常困惑」。俞自由回憶，到農村之前，由於所接受的各種宣傳，「腦子裡面始終覺得貧下中農是非常高尚的」。可是剛下去的時候很有些迷茫。其中最大的困惑，就是他們的東西總是無緣無故就少掉了。知青們帶去的火柴，有時一天就被偷掉十來包。襪子也常常失蹤。村民們聽說來了上海知青，都擠到他們的屋子裡看，整天不斷來人。等看的人走了，東西往往就會少一些。在留存至今的日記本裡，俞寫道：「為什麼貧下中農裡面都是小偷，老是偷我們的東西？」

趙國屏的性格相對寬容，他想，村民們也就是比較隨便，覺得東西拿走就拿走了。可是對於自小接受觀念和重視修養的家庭教育的他們來說，的確難以理解。

除此之外，原先腦子裡單純樸實的貧下中農形象似乎也遭遇到挑戰，情況遠比他們想像的複雜得多。他們所在的村子，只有一百幾十個不到兩百人，但是非常複雜。有四個姓，每個姓裡面還分了好多門派。他們聽到的都是：某某人的背景很壞，國民黨的時候是當排長的；某某人三年自然災害的時候，出去偷東西，被公安局抓起來啦……總之，大多都是不好的、負面的反映。

知青胡果威在〈四十年了（五）〉中也講述道：……餵馬需要個把小時，所以我們休息的時間也比通常的十五分鐘要長。第一件事是先用煙葉捲煙，然後大家就躺著伸懶腰，吐煙圈。性幻想是對付疲勞和無聊的最好方法，男人們到一起就是講葷段子和互相取笑。

「四大紅是啥？」張老九問道。

「殺豬的盆，廟上的門，大姑娘的褲衩，火燒雲。」大吃應道。

又有人問：「四大嫩是啥？」

「小茄包，嫩豆角，大姑娘咋咋（乳頭），小孩雀。」大夥都被逗得前仰後合的。

上面的兩個例子恐怕是「四大」中最文雅的了。此外還有「四大白」、「四大黑」、「四大綠」、「四大抽巴（皺）」、「四大累」、「四大硬」和「四大軟」等，加起來不計其數，四樣東西中至少有一樣是葷的。

「胡大哥，咱給你破個謎啊？」大吃對我說，「我雞巴插你腚，你雞巴插狗腚，狗雞巴插牆縫。你說咱倆誰操狗？」

這個謎我已經聽過多次了，實在是很難回答。如果回答是我操狗，那是一件非常不光彩的事情。如果回答是他操狗，我就成了被他操的狗，那顯然是更糟糕。

「我就操你。」我跳起來撲到大吃身上，沒頭沒臉地一頓臭打，直到他求饒為止。

「咱可有個好謎，」張老九笑容滿面地對我說，「隔褲子操屄，那是啥？」

我絞盡腦汁想了半天，周圍的鄉親們看著我，好像我是一個參加智力競賽的選手，居然笨得連一個三歲的小孩都知道的問題都回答不出來。可是我還是連門都摸不著。

張老九等得不耐煩了，他咧著牙笑著問我：「褲子是啥做的呀？」

「是不是布？」我遲疑地問道。

「對，對，就是布。」張老九邊點頭，邊搖手，滿懷希望地催我：「你倒是猜呀，猜呀。」

我還是不知道他到底什麼意思。那幫大老爺們和小夥子都等不及了，他們做出各種鬼臉和手勢來提示我。我還是丈二和尚摸不著頭腦。最後，大吃對我的無知終於忍無可忍了。

「幹布（部）！」他高興且得意地喊出來。在東北方言裡，「幹」是「肏」一種隱晦的說法，「幹布」與「幹部」正好同音。所有的男人都笑得前仰後合，有的眼淚都笑出來了。我不得不佩服那些鄉親們的天才的創造力，因為這兩個同音詞用得實在是鬼斧神工。那些貧下中農竟敢對幹部如此毫無掩飾地出口不遜，使我大為吃驚。

如果有人說「我好了。」無論說話的人是男的還是女的，所有在場的老爺們和男孩都會異口同聲地答應，「好了我就（從你的身上）下來了。」他們無不為自己的機靈和敏捷的反應而得意得得哈哈大笑……

我們這些知青也成了那些葷笑話的對像。有些葷笑話相當露骨，有的卻比較含蓄。其實他們並不是要侮辱我們，而是在逗我們玩。起先我對他們在笑什麼往往是莫名其妙，聽多了以後，方才能理解那些乍聽起來好像並不冒犯人的一語雙關和隱諱用語的真實涵義。剛開始我對他們開的葷笑話感到很生氣，但是我又不想用同樣粗魯的語言反唇相譏。

我在城裡長大的時候，父母親和老師都不許我們罵髒話，因為那是「村話」。對撒村的懲罰往往是掌嘴、擰嘴唇或打屁股。下鄉後我才充分理解村話是怎麼回事。但是隨著時間的流逝，我發現那些鄉親們並不認為知識份子的文明是一種美德。在某種程度上他們對城裡人的文明很反感。根據我的觀察，如果誰對葷笑話或粗話皺眉頭，鄉親們就會不高興。那些講葷笑話最起勁的人反而倒是最受歡迎的。

起先我非常厭惡那個環境，並且拼命地想離開那個環境。當然我絕不願意一輩子紮根農村說粗話，而且子子孫孫都說粗話。然而矛盾的是，正因為我想離開那個環境，我意識到我必須首先變成他們中的一員。如果我對那些葷笑話採取排斥的態度，或是批評他們不講文明，那只會觸犯那些鄉親們，從而使我在那兒待的時間更長，並加深自己的痛苦。

反之，儘管撒村違反我為人的原則，而且在別的知青眼中留下很壞的印像，特別是在那些女生面前，但是如果我也像他們一樣地撒村，也許能使我更快地離開農村。為了達到那個目的，罵粗話成了一種最基本的求生技能和必要的墮落。我必須入鄉隨俗，因為撒村僅僅是一種手段而已，並不是目的。

當鄉親們跟我說葷笑話時，如果我太嚴肅的話，非但會使他們不快，還會使我自己更煩惱。動真氣的後果實在是太嚴重了，一笑置之顯然是明智的辦法。更好的辦法是乾脆回敬一個葷笑話，來緩和緊張的氣氛。與其設法容忍，還不如把那些髒話作為生活的一部分，因為我反正得在那兒至少生活幾年。為了加快學習的速度並儘快離開農村，我必須全心全意、速成地接受所謂「再教育」……

類似這樣低俗的情景在老眼鏡〈貧下中農對知識青年「毫無必要」的「性教育」〉也有述說：下鄉四個月後，迎來了第一個冬天，因為沒有回天津的路費，十三人的知青點，只剩下我和另一個女生大姐在村裡過年。

東北那旮嗒講究「貓兒冬」，就是足不出戶，因為平時氣溫大都在零下30多度。沒有農活，剛到農村又和貧下中農不熟，加上只有極少的取暖燒柴，幸好有一本《毛選四卷》有〈共產黨宣言〉天天讀，時時看，頁頁翻」，另一件「大事」就是與回天津過年的、一個要好同學來往通信，亦屬自得其樂。後來長大了，方曉得這自得其樂與樂極生悲時時會緊密相連！

春節前，那知青大姐病了，整日腹痛難忍。村裡無醫，我只好跑到附近一個朝鮮族的村落，請來朝鮮土醫，胡亂吃了幾片「正痛片」，根本無效。看著戰友躺在炕上連續四天疼得直打滾兒，也急壞了我這「小爐匠形象的男子漢」。便急火火地哀求一農民幫忙，用馬車送到30裡遠的旗醫院（縣醫院）。

旗裡大醫院的蒙古大夫好半天查不出病因，便告之：「這女人的病還是去婦科治！」。婦科也忙了一大陣子，還是不知所以然。那「革命大夫」看出我們是毛主席派來的知識青年，經請示醫院軍管會，找來一個正勞動改造的「牛鬼蛇神」，診斷為「也許是腸套疊，也許是腸梗塞，先吃幾片拉稀的藥看看！」，就回來了。

病好了，「事兒」卻來了。「去縣城大醫院看婦科」即刻成為村裡爆炸性頭條新聞！在貧下中農的腦漿子中，「婦科那是專管生養孩子的地界兒！這孤男寡女在一塊兒准沒好事？」，從那以後，經常有貧下中農時不時地來青年點探探頭就走，搞得我們倆莫名其妙。我們的細微行動都能迅速覆蓋全村。比如，到院裡抱燒柴，自然隨手披上「毛主席發的」棉大衣，也不知為啥就被傳成「互穿內衣！」。好在那女生出身「純工人」，而我是「職員即富農」，自然成為「作風有問題」的罪魁禍首。

無獨有偶，禍不單行，人遭非議，狗又「引火焚身、自我暴露」！鄰村天津知青要來一條小狗，棕紅色，挺招人愛！它竟然在夜裡把幾個男生的棉鞋排列在一起當做「沙發床」而遭到痛打。我看到那小狗狗可憐兮兮的樣子，更有感於它的「創新意識」毅然予以收留。

冬天，天寒地凍，狗狗也總嚮往溫暖，賴在屋裡躲避嚴寒。我那能睡7人的東北大通炕只有我一人享受，多少有點屬於「浪費資源」。在東北，儘管家家養狗，但馬拉車牛耕田，羊擠奶雞下蛋，貓護糧豬換錢，這狗的地位遠遠不如當下如此高貴，貧下中農的住房條件遠遠不如知識青年暫時借住的隊部，「這幫城裡人，居然讓狗與人同等」，簡直是新鮮！

我當時未加留意，這狗狗竟是個「女狗」，最可氣的是，這狗兒居然「不經請示，私自戀愛，還未婚先孕」。使貧下中農老師的階級鬥爭警覺性驟然得到提升「追查狗父」成為那個冬天村裡的革命話題。從貧下中農津津樂道，眉飛色舞的歡愉表情中，肯定享受到比革命樣板戲還刺激的革命快感。毋庸置疑，這「狗父」的桂冠歷史地落在我這另類知青的頭上，這不僅是落實「對知識青年進行再教育，很有必要」的具體體現，也是階級鬥爭在知青領域的新動向！

其實理由很符合規律，我這個小眼鏡下鄉不久就「替地富翻案」（見前文：「知識青年對貧下中農進行教育，很有必要」），政治上反動必然會導致道德的敗壞，加上大隊「內務總管」家族式的、宣洩性的大造革命輿論。弄得我這剛剛下鄉半年，17歲的毛頭小夥兒不僅「一頭霧水，莫名其妙」，也朦朦朧朧意識到這鋪天蓋地的「性知識教育，是貧下中農在愚昧，落後，貧窮中唯一的享受」！

回天津過年的知青戰友回來了！我以為來了救星。沒想到這些天真的，以對毛主席無限崇拜的革命智商，堅信「信不信貧下中農老師的話是個大是大非的原則立場問題」，尤其那些「視情為惡」的稚男稚女，直到好幾年後才搞懂「造人和造狗的基本製作工藝流程」，這也成為長大後內心反思與自嘲的「歷史實證」。

於是，我成了「另類知青」的典型，不久，我在日記上一首「與世相處未一年，後悔獨鳥飛異鄉」被發現，又成為反對上山下鄉的新罪證，被裝入我的檔案！直到我入黨的前一天，公社負責知青工作的幹部才原物奉回，還不忘叮囑：「這可不是我搞的啊！」，我自然一笑了之，全中國都在荒唐，我們小知青，算得了什麼！

值得慶倖的是：春天來了，我那聰明的小狗狗升格為狗媽，一氣兒竟然生了九個沒睜眼兒的小狗！我興奮的另一個焦點是：這些可愛的小狗崽兒，都不戴「小眼鏡」！

知青老眼鏡還在〈讓知青「一頭霧水」的「憶苦思甜」〉中講述了讓人啼笑皆非的故事：下鄉之初，對知識青年進行「憶苦思甜」，「不忘階級苦、牢記血淚仇」的再教育，「很有必要」。這一傳統的教育形式，是各大隊不能不搞，誰也不敢不搞，誰都搞不好的活動。

一般程式是，領導開場白，然後高呼一陣當時流行的經典口號。如；「敬祝毛主席萬壽無疆，林副主席身體健康」「無產階級專政萬歲」「地富不投降就叫他滅亡」。接著正式「控訴」開始。

一老農開場白：「舊社會地主不幹活，整天騎著大馬瞎溜達，看著我們耪地，我們吃苦流汗，他享清福。不過吃的還行，到割地時，東家給咱吃粘豆包、管夠；豬肉燉粉條子，可勁兒造（隨便吃）。唉！要說苦，最苦的還是吃大食堂那幾年，（指一九六〇年饑荒時期）沒糧食吃啊，連糠餑餑都吃不上，野菜團子在苞米麵裡一滾蒸著吃，哪有糧食啊……」。隊長趕忙制止「你胡咧咧什麼！下一個」。我們一頭霧水。

老貧協陳主席留著一副山羊胡，形象介乎於捷爾任斯基和座山雕之間，捋著鬍子慢條斯理地講「我那時是小半拉子（就是半大小子），白天給地主放豬、拾糞、掃院子，晚上還得侍候地主，哼！讓我倒尿盆兒！你們知道尿盆裡有啥嘛？都是紅一道、白一道的」。整個會場哄堂大笑。有嘎咕的社員發壞地問「你沒喝兩兒口？」。有的抱孩子婦女低聲罵「這老不死的！」。我們搞不明白貧下中農們為嘛笑！隊長可不敢數落老貧協。也跟著咧嘴笑了幾聲。我們又是一頭霧水。

一個五十多歲社員真情地講；「康德那時（滿洲國溥儀的年號），我們過得啥日子？那真不是人過的日子啊，吃的是混合麵（高粱、玉米、糠麩），粑粑都拉不出來。蒙族人還好點，漢族人偷偷吃點大米，那就叫經濟犯。日本人在咱這旮嗒（地方）倒不禍禍人，他們在你們關裡（指山海關以內）殺人，放火。要說最壞就是老毛子，那老毛子（指蘇聯紅軍），賊禍禍人，專門禍禍娘們，三隊那、那誰……」。旁邊有人攔住「提那破事幹啥」。那社員悻悻地挪到一邊，吧嗒吧嗒抽他的蛤蟆頭（東北煙）去了。我們還是一頭霧水。

會場開始轉了向，大夥七嘴八舌講到村南的大甸子，「老毛子狠著吶，撿洋落那年（一九四五年），老毛子把王爺廟（原內蒙首府，現今烏蘭浩特）好幾千日本兵趕到咱南甸子，都是投降的，圍起來，也不使槍打，光使坦克來回追著碾啊！整整碾了兩天，把那幾千日本人都碾成肉醬啦。要不咱那甸子地，肥著呢！那年沒少撿洋落，西頭，那老王頭就撿了個日本孩子！」這回我們霧水沒了，津津有味聽起聞所未聞的新聞來了。

我們知青真的不解，過去一提憶苦思甜，想到的就是楊白勞、黃世仁啊、劉文彩、收租院啊，這裡的貧下中農，怎麼憶苦反而憶到解放以後啦？怎麼體現不出一點，他們對地主的深仇大恨？怎麼恨蘇聯紅軍反而超過恨日本鬼子呢？怎麼看不到他們痛哭流淚，激憤萬分的場景？真的是「一頭霧水」?!

類似這樣無賴愚蠢的教育者在知青宋德濱〈懲治狗蹦子（跳

騷）〉也有講述：在勞改農場下鄉時，領導知青的有當地工農幹部（管教幹部），大連轉業軍官，肇源兵。前二類幹部素質較好，知青容易接受。第三類肇源兵是來自肇源縣農村，不足初中文化，當了幾年的大頭兵轉業。這些人政治、文化水平、見識、能力並不比知青高，其中部分人缺少自知之明，擺不正自己的位置。當了幹事老想欺壓知青，於是矛盾不斷發生。

一九七二年一個叫梁守富的肇源兵，外號狗蹦子，梁大得瑟，此人長得尖嘴猴腮，賊眉鼠目，整日遊手好閒，專門監視男知青言行，要麼去女知青宿舍了騷，再不就是上一把手王主任處打小報告。甚至連分管知青的副主任趙軍的壞話都說。真是到了狗討人嫌的地步。有一次狗蹦子說了哈市知青張聚昌（外號老革命）的壞話，此時，老革命已長得膀大腰圓，在食堂劈柴、挑水，渾身有使不完的力氣，正為無路返城煩悶。聽得此事頓時火冒三丈，與眾知青商議後，傍晚時分，老革命等候在房角，見狗蹦子從女知青宿舍了騷出來，便迎上前去，走到路溝旁的小木橋上，兩人相遇。按平日，狗蹦子以為知青肯定給他讓路，沒想到老革命膀子一橫給他撞了個踉蹌。他說你撞我幹啥，老革命說撞你算啥，誰讓你說我壞話，我還得揍你呢。說完，一個右勾拳將狗蹦子打到橋下一米多深的溝裡，狗蹦子捂著頭跑向王主任家告狀去了。出了氣的老革命帶著勝利者的喜悅回到男宿舍。

天下知青向著知青，我怕王主任偏聽偏信，我得消災滅火。我先到副主任趙軍處將事情經過說清楚。趙主任嘴上說沒什麼，心裡卻也解恨。我又到王主任家說梁守富罵人在先，張聚昌打人在後。王主任見狗蹦子犯了眾怒，不便深究，此事不了了之。老革命七四年考上雞西師範，後來又研究生畢業，現為省委黨校教授，政治教研室主任。

第二節　對農村農場陳舊風俗習慣的迷茫

知青蔡彥生在〈「三角泳褲」引發村民圍攻〉講道：農場的建立和城市知青的到來，不但改善了這裡的農業生產條件和經濟狀況，對當地農民的觀念也有很大的更新。我們職工隊挨著的三垡村裡有一個大水坑，四周長滿了柳樹。每到夏天，知青都愛到這裡去游泳。

一開始，我們穿著三角式游泳褲到水坑去，經過村裡的時候，村裡的人都很驚訝和憤怒。有一次一群村民還拿著叉子、棍棒等等趕了過來，一邊跑一邊喊：「打流氓啊！」村裡人也在這兒游泳，但他們的短褲要長得多，差不多快到膝蓋了。不過，我們奇怪，村裡的婦女夏天怎麼就可以半露著肩膀在路邊餵小孩?!

時間長了，村裡的年輕人跟職工隊的知青都混到了一起，大家有說有笑，又唱又跳，處得也很開心。圍攻的事是沒了，但村裡不少老人對於這些年輕人和我們在一起，仍然非常看不慣，說：「你們就跟城裡的這群小流氓學吧！」

知青高山在〈場長妻子裸露著上身做飯〉回憶道：一九七五年夏天雙搶的時候，我們每個知青都要到自己所在小隊參加雙搶。我和小韓被安排在林場場長所在的二小隊，而且就住在場長家。他家是乾打壘的房子，坐落在一條美麗清澈的瑪瑙河的河畔，逐水而居，小景十分優雅。

農村在雙搶時，每天都要先下地幹活，八九點種再回來吃早飯，飯後再下地，直到兩三點再吃飯，下午要幹到天黑才吃飯。一天要幹十幾個小時，十分辛苦。在這一階段，家家都要把最好的東西拿出來吃，可在計劃經濟年代，哪裡有什麼好吃的？無非是炸廣椒，炒奄菜，要是有一碗炒臘肉，那是相當奢侈了。

場長的妻子是一個地道的家庭婦女，身材不高，但小巧玲瓏，精明能幹。她不下地，專門負責後勤服務。她對我們兩個小夥子給予特殊待遇，先吃飯，後下地。每天天不亮，她就起來忙開了，大清早就用柴火灶悶米飯，再炒幾樣下飯的小菜，快做好的時候就把我們從甜美的夢鄉中叫醒。我們伸著懶腰打著哈欠刷牙洗臉，然後坐下吃剛出鍋的香噴噴的米飯。

農村的酷暑是很熱的，只見她光著上身在忙碌著，一對豐滿雪白的奶子在我們眼前晃來晃去。作為血氣方剛的小夥子，開始很不好意思，只顧低頭吃飯，偶爾抬頭瞄一眼那對從沒見過的寶貝，然後再埋頭苦幹。可她卻像沒有事一樣，完全沒有那種羞恥感，更沒有那種挑逗感。日子久了，我們也就習慣了。

割稻栽秧的雙搶持續了三天，我們已經疲憊不堪了，胃裡缺少葷腥，就像竹埽把在裡面糙。場長妻子看出我們面如菜色，便吩咐她的大兒子去捉老鱉，給我們打牙祭。說來她兒子還真能幹，一下弄來四五隻兩斤左右的老鱉，燉了整整一臉盆。體內缺少油水的我們，投箸頻頻，風捲殘雲，竟吃了個精光，看到我們個個像饕餮之徒，她滿意地笑了。

就這樣，我們在場長家愉快地度過了有生以來第一個也是最後一個難忘的雙搶，場長妻子那種熱情好客，淳樸厚道的農村婦女的形象，永遠留在了我的記憶中。

也有的農村青年對新到來的知青不懷好意地存在著非分之想。南寧知青江國樞在〈西林知青紀事：我充當過N次「情哥哥」〉回憶：我們南寧一中首批58位赴西林插隊的同學在一九六九年四月1號分成兩部分奔赴兩個公社：初中的28位同學及2名高中女同學安排在離縣城僅25公里的古障公社泥洞大隊；28位高中

的同學則安排在遠離縣城77公里的馬蚌公社。初中的同學當天即下到了生產隊，我們是當天到達公社。到達公社的當晚，適逢黨的九大勝利召開，於是我們留在公社學習了三天。

四月4號傍晚，正當我們準備吃晚飯時，我突然聽到有人叫我，一看，竟是安排在泥洞大隊的初中女同學老磨及瘦鬼。天呀！她們倆個弱女子，竟然步行50多公里，找到這裡來。我預感到初中的同學肯定碰上什麼事了。果然，未及坐下，她們就嚷開了：「江管（我的花名），你們要過去一下，我們那邊出大問題了」。

細問之下，原來她們大多分在有正值婚齡的男青年的房東家。她們訴說小房東對她們不懷好意、騷擾她們，大多數女同學不知如何是好，亂成一團，抱頭痛哭吵著要回家。老磨她們沒辦法，想到文革前曾是她們少先輔導員的我，於是步行50多公里，找到馬蚌公社來了。還好，晚來一天，或者不是碰上九大開幕，我們就已下到40公里以外的小隊了。我與知青領隊阿咪商議後經請示公社領導同意，決定由我與亞咪到泥洞大隊走一趟，做做這幫學妹的思想工作。第二天，我們在傍晚時分趕到泥洞大隊住了下來。

到了泥洞大隊的第二天清晨，出工的鐘聲響了。我走出房間門口，立刻被眼前的景象驚呆了：只見在大隊所在地的女插友正去出工，帶頭的何××高舉著從學校帶來的紅衛兵大旗，6位女插友個個戴著紅衛兵臂章，排著整齊的隊伍，唱著語錄歌向田裡走去。簡直就是當年下鄉支農的紅衛兵小分隊。我心裡立刻明白，她們的問題出在頭腦裡面角色的轉換沒到位，在來插隊時對困難估計不足。我腦子裡閃現出路途三天的情況：第一天大家情緒高漲，一路歌聲不斷；第二天，隨著汽車鑽入山區，我們的情緒有所低落，歌聲越來越稀；第三天，幾乎沒了歌聲。

是呀，我們高中的同學，在來插隊時可以說做了充分的思想準備。但連我們的心情也隨著汽車輪子在盤山公路上的轉動而越來越沉重：想不到路程是這麼的遙遠、想不到路途是這麼的艱難！特別是想到一輩子可能都回不了家時，真是心如刀絞！這些未成年的學妹多數會在巨大的轉變和完全想不到的困難面前不知所措的！從城市到遠離家鄉的雲貴高原、從學生到農民，一切都是巨變，她們嫩稚的肩膀真是扛不起啊！。我與亞咪交換意見後，確定了我們的思想工作方法。

她們第一節收工回來吃早餐了，我對她們說：「在縣裡面辦學習班時，縣革委主任劉章全同志的報告你們注意聽了沒有？報告中說：’你們再不是溫文爾雅的學生，是響應毛主席偉大號召來接受貧下中農再教育的插隊知識青年’！是的，我們再也不是叱吒風雲的紅衛兵、你們也再不是在父母懷中撒嬌的乖乖女！要在腦子裡面真正轉變角色、擺正位置。只有這樣，我們才能正確對待當前碰到的困難。山裡人，從來未見過你們這種如花似玉的城市姑娘，多看兩眼不能說人家不懷好意；小房東真心想幫你們的忙不能說人家無故殷勤別有用心！一定要妥善解決這問題，處理好與房東的關係。」我們勸說她們把紅衛兵大旗收起來、把紅衛兵臂章除下來。她們聽從我們的勸說，把紅衛兵臂章除了下來。我注意到，在除臂章時，有些同學流下了眼淚。

我們說，要對來西林插隊碰到的困難作充分的準備。當前的困難還是小問題，以後可能會碰到更大的困難（當時我說這些話的時候，沒想到我自己在後來的插隊生涯中竟然在困難面前差點挺不過去）！碰到困難要多學習毛主席著作，用毛澤東思想武裝頭腦，以英雄人物榜樣，勇敢面對困難並戰而勝之。

為了取消大家的顧慮，為了幫有情況反映的學妹們避免麻煩事，我們決定到各小隊走一圈：一方面做思想工作，一方面扮演學妹們的「情哥哥」在房東面前亮相，讓真有非分之想的小房東有所收斂。於是我們便開始在分佈在十多公里範圍的各小隊中行走。到了東家，說我是某某的「情哥哥」，到了西家說亞咪是某某的「情哥哥」。在村中行走，逢見村民，老磨她們都會大聲嚷嚷：這是某某的「情哥哥」！就這樣，連我自己都搞不清楚，到底當了多少個學妹的「情哥哥」！

說起來也好笑，當年我們根本不知道這「情哥哥」該如何當，不知道該說什麼話，在介紹「情哥哥」的時候我滿臉通紅，對說是「情妹妹」的學妹我連正眼都不敢望！只知道低頭傻笑，雙方毫無親昵的表現。況且，來了二個男人，全村三個女知青都有了「情哥哥」，明眼人一看就知道是假的。記得當時走到反映最強烈的黃素絢所在的村邊時，恰好碰見黃素絢的小房東趕著牛車過來，當他知道黃的「情哥哥」來探望她時，趕緊低著頭悻悻地走了。

當天，我們每到一個小隊，都是以「情哥哥」的身分亮相，都是這樣做思想工作，給學妹們鼓勁。走完最後一個小隊，我們長籲了一口氣。我們向小學妹們道別，懷著替這些學妹幾分的擔心踏上我們自己知青的征途。

在後來的歲月中，在近百公里之外的我們一直惦記著這些學妹：不知她們挺過這難關沒有？有一次去縣城開會的途中（當時都是步行的）我們仍然以「情哥哥」的身分去亮相。這些學妹們告訴我們，上次我們來了以後，全村的村民都知道她們的「情哥哥」就在「附近」的馬蚌公社，小房東們規矩多了！我們發現，這些學妹已經滿臉笑容，明顯已適應了插隊生活。後來，她們很多人比我們高中的同學幹得還出色。

由於知青不懂當地風俗習慣，不但鬧出了不少笑話，而且有的還引發了生死悲劇。知青夢雪講述的〈知青麗莎和君鋼的悲壯愛情〉就是證明：麗莎是步雲公社牛鳴大隊知青樓的美人兒，她天生麗質，還有一個好嗓子，再加上她人善良，所以很多人都喜歡和她在一起。君鋼是老紅軍的後代，耿直正義，性格豪爽，知青點上有什麼事需要人幫忙，君鋼總是第一個站出來。許多女知青需要碾米啊，挑水啊，劈柴的總是請君鋼幫忙，當然幫麗莎的忙也不見外了。

知青點三十幾個人一起住，勞動是分到各個生產隊去的，吃飯是大家輪流煮，村裡人心地好的多，常常送一把青菜啊，幾個瓜呀什麼的給知青，不論誰送的什麼都是煮一鍋大家吃了。有個叫斜眼的，他的哥是在城裡當幹部，家中生活相對較好一點，他常在輪到麗莎煮飯時到知青點走走，送點菜啊什麼的，麗莎和大家都不在意，謝了他煮了大家吃了就是了。不過麗莎說這人看人的眼神不對，大家笑了，他不就是斜眼嗎，就那樣的。

後來斜眼開始送雞蛋了，懷裡揣著，神神祕秘地掏出來給麗莎，直往麗莎的懷裡塞，說讓麗莎自己吃，麗莎老覺得這人不太對勁，可又說不出什麼來，雞蛋是稀罕物，珍貴著呢，麗莎就學當地人將兩個雞蛋和著地瓜粉一起攪了煎了一大盤，大家吃得挺香的，有人笑著說乾脆專門由麗莎煮飯得了，大家有好菜吃，麗莎說有點怕了斜眼了，君鋼也認為斜眼不懷好意，可大家笑君鋼吃醋呢，這事也就過了。

生產隊農閒修水渠，男壯勞力都去了，剩下些老弱病殘的和婦女們，這天又是輪到麗莎煮飯，斜眼來了，這次可不是一把菜和幾個雞蛋了，他端著一個罐子，裡面是已經煮好了的一隻雞，麗莎無論如何也不接受了，可幾個女知青樂了，她們已經好久沒見肉了，這送上門來的好東西哪捨得不要啊，大家三下兩下地就把雞給解決了。

當天夜裡，一串鞭炮響，斜眼帶著一幫平時遊手好閒的兄弟們到了知青樓，說是要來接新娘子，大家蒙了，知青點哪來的新娘子啊？斜眼帶著人逕自地闖到了麗莎的房間，一把拉著她就走，麗莎當然不肯了，大家趕緊來攔，可都是女知青哪是那些男人的對手啊，那些二賴子們還乘機往姑娘身上貼著佔便宜，還嚷嚷著說按步雲的風俗習慣，麗莎就是斜眼的新娘，因為麗莎相親的雞蛋吃了，今天接親的雞也吃了，現在別想賴的，這是山裡一慣的規矩。

麗莎被強行拖走了，村裡幹部和男知青都住在後山修水渠，幾個女知青捶不開斜眼家的大院門，只好往後山的水渠奔去，君鋼看見跌跌撞撞的姑娘們揮舞著火把，邊爬山邊往山上喊就知道一定出大事了，第一個抄起洋鎬往山下奔。

君鋼翻牆進了斜眼家，大黑狗被君鋼一鎬就敲裂了頭，幾個想攔的二賴被君鋼揮舞著洋鎬打得哭爹叫娘，君鋼一腳踢開斜眼的房門，看見斜眼正在撕扯著麗莎的衣服，君鋼大喝一聲，一鎬劈去，斜眼的腦漿噴了出來，麗莎暈了過去。

公安局的小車來到步雲公社的牛鳴大隊，帶走君鋼，雖然君鋼殺了斜眼事出有因，但畢竟是命案。麗莎和知青們拼了命地想攔，當然無濟於事，麗莎對著戴著手銬的君鋼大叫：我等你一輩子！！！

麗莎和大隊幹部和知青們，找到公社，要求公社出面幫助，麗莎又回到城裡四處奔走，公安局和法院常見麗莎的身影，君鋼由死緩到無期到被改判為服刑三十年，麗莎不聽君鋼的拒絕和勸告，到君鋼服刑的農場邊上開了一家小雜貨店，柔弱的麗莎變得堅強起來，她告訴君鋼好好表現，爭取減刑，麗莎就在牆外等著，堅信他們一定有相聚的一天。

第三節　對農村農場領導粗暴方式不適應

對此，知青宋德濱在〈一句話挨批鬥〉回憶：如果說我們住在冰冷的大倉庫裡，晚上睡覺得戴上皮帽和口罩，後半夜爐火熄滅，早上被子凍在石磚牆上，吃的黑麵或白饅頭加凍大頭菜和土豆湯，幹的是勞改犯一樣苦累的活，知青和勞改犯幹活的惟一區別就是勞改犯在小紅旗範圍內，不許越界，有解放軍看押。我們知青在圈外，無人看管而已，生活上的再苦再累，受不了也得受。最不能讓知青在勞改農場忍受的是政治上、精神上的壓抑和打擊，尤其對那些黑五類子女更是如此。文革極左思想的影響和勞改幹部用對待勞改犯的辦法對待知青，在我們下鄉的頭兩年裡尤其嚴重。

我還記得在一九六八年十二月的一天晚上8時許，勞累了一天的知青剛剛在冰冷的大倉庫裡躺下，突然一陣緊急集合號響起，全連知青迷迷糊糊只得又穿衣服起床，連裡一位叫梁建英的知青（其父為林大教授正蹲牛棚），嘟囔一句「什麼大不了的事，半夜折騰人」，被人彙報到連裡，等全連知青拉到室外才知道是連夜慶祝毛主席發表最新指示，於是在零下三十多度的北大荒寒夜，全營知青一頓敲鑼打鼓喊口號，折騰到半夜，回到倉庫，還不讓睡覺，接著上綱上線批鬥發牢騷的梁建英同學，弄得人人自危，心裡直打寒戰。全場、分場遊鬥犯錯知青的事不時發生。

知青宋德濱還在〈遇零下三十度寒流正步走〉述說：還是一九六八年十二月底（三九寒冬）的一天晚上，我們排由排長楊來福帶隊到十餘里的麥地打場脫麥。我們剛幹到半夜，突然營裡派人告知當夜來零下三十七度寒流，叫我們趕快回營部，以免凍傷人。於是我們趕緊往回走，西北風刮過，許多人手腳凍硬，鼻子耳朵凍白，沒有知覺。可這時楊排長也不知發了哪股風，犯了哪門子邪，是為了顯示他的革命性還是過官癮，只有他自知，硬讓全排整隊，在凹凸不平的麥地裡走正步，不少同學摔倒。大家心裡又氣又罵，卻敢怒不敢言。

知青宋德濱在〈罵人戴手銬風波〉回憶：大約是在一九六九年九月的一天，畜牧連大車排戰喜才、劉金才、遠傳信等知青趕著牛車從地裡往回拉麥秸稈。等從地裡裝完麥稈回到營部食堂，已經過了午飯時間，關門了，吃不著飯餓肚子怎幹活。情急之下，平時就罵罵咧咧的遠傳信就把炊事班長給罵哭了。罵完之後，遠傳信以為沒事了，就又上地幹活去了。

哪知炊事班長跑到營部告狀，營部保衛幹事楊金海當即拿著手銬趕到麥地，將正在幹活的遠傳信給戴上手銬，押回營部關起來。戰喜才等見事不好，立馬趕回畜牧連將此事告訴眾知青。大車排長王佩貴、飼養排長李乃良和眾知青一聽僅因罵個人就被戴手銬關起來，用對待勞改犯的態度和辦法對付知青，這還了得。於是幾十個知青戰士在王排長、李排長的帶領下直奔營部要人。知青同甘苦共患難的命運，驅使我也義不容辭的加入其中，為我們知青鳴不平，討個公道。

當我們趕到營部時，營部保衛楊幹事早不知躲到哪去了，其他各連知青戰士聞訊也紛紛趕來，辦公室走廊裡擠滿了上百知青。分場革委會主任、營長李學山出面接待知青。一開始李營長還堅持拒不放人，眾知青不達目的豈肯甘休，上百人把李營長圍在中間，吵吵嚷嚷、七嘴八舌，紛紛抗爭。眾知青說營裡不解決，我們趕上牛車、馬車上團裡（場部），團裡不解決，我們就上省裡。這時我想起了毛主席最新指示，就沖李營長說「對廣大人們群眾是保護還是鎮壓，是共產黨和國民黨的根本區別」。

李營長聽後一愣，這不是給上綱嗎？李營長嘴上說你鑽空子，態度卻漸漸軟下來。他怕知青把事鬧大，收不了場，上級追究他的領導責任。最後達成妥協，營裡在畜牧連召開全連大會，其他各連派代表參加。在會上遠傳信首先檢討自己罵人不對，楊幹事當面給遠傳信摘下手銬，這場風波就此平息。餘波沒過幾個月，營裡將遠傳信、劉金才、戰喜才等調往更艱苦的嫩江建邊農場。連同情善待知青的管教幹部趙井春連長也送到五七幹校勞動鍛鍊去了。

我們這些經歷過文革大風大浪鍛鍊，連毛主席都見過的當年紅衛兵，後來的知青何懼勞改農場個別幹部的錯誤壓制，但畢竟權利在人家手裡，很大程度上知青命運不得不任人擺佈。

知青陳金春在〈推薦回城上學才結束了艱辛的兵團生活——冰涼刺骨留下的病根〉回憶道：農村生活是艱辛的，農田勞動是繁重的，旱田和水田作業均有不同的艱辛。冬季旱地作業，寒氣逼人兩手凍得麻木，風力很大，塵土飛揚，眼睛睜不開，彎下身子，滿嘴是沙。夏天，驕陽似火，上焊下烤，烤得我們大汗淋漓，讓人煩躁。在蒸籠一樣的酷暑裡幹十幾個小時一絲風也沒有，太陽照的頭頂和背部火熱辣辣的難受，因為是弓著背勞動，背曬的特別難受，我把草帽戴在背上來抵擋太陽的曝曬。臉曬得黑紅，當初白嫩的臉蛋變成了黑臉婆，美麗的青春就這樣在廣闊的天地裡消失了。

為能喚起一絲絲風，我們輪流喊」嗚……嘿「，還真管用，喊聲一停就感覺到有點涼風，也就那幾秒鐘的涼爽。男戰士是光著膀子在地裡幹活，背上曬得塌了一層皮。那時我們多麼希望這種日子早點結束，哪怕我們回家倒馬桶，掃大街也願意，只要不受日曬雨淋就滿足了。有時我們排有人回家探親，也就是一年一次12天的探親假。回來後她們的臉上皮膚變白了很多，真漂亮，真羡慕。但白只是短暫的，過不了幾天又恢復了梧桐色。

每次下工都是拖著疲倦的身體回到寢室，看著雪白的米飯，沒有一點食欲，163公分的我，只有80幾斤重。在甘蔗田裡勞動是我們最開心的事，手指雖然被甘蔗葉子劃了一道一道口子，火辣辣地疼痛，但給了我們最大的甜蜜。我們躲在甘蔗中間，將甘蔗兩頭一劈，吃中間的部分，一根沒吃完接著吃另一根，老農來了，我們趕緊扔下，用眼睛斜瞄著他，看他的反應，大家相互看著偷偷咧嘴悶笑，那情景那甜蜜至今回味無窮。

水田裡勞動更是勞累煎熬。耘咊，用雙手去拋灑糞氹子裡的有機肥料，這種垃圾和屎尿攪放在一起經發酵漚成的有機肥料，奇臭無比。我們用雙手在灑滿機肥料的水田裡拼命的摳稻田裡的草，雙手浸泡的又黃又粗、發脹、捏不攏，十個指甲縫裡全是泥，手指摳出了血，非常疼痛。原是芊芊小手變得又大又粗糙，用手去撫摸背面，背面絲被手撚起來，這哪像淑女的手，比老農還老農。

雙搶時候是驕陽似火季節，室外氣溫通常都在攝氏四十度以上。在田間勞動，頭頂熾熱的太陽，腳下是被烈日曬得發燙的水稻田，泥土裡的殘梗亂草紮腳，腿上還不時被螞蟥叮咬。一條條肥壯的螞蟥叮在腿上越拉越緊，嚇的渾身顫抖起雞皮疙瘩。老農說：螞蟥叮腳要用手拍，不能拉。我們將螞蝗拍下來，用鐮刀剁成幾段，用開水燙，說也奇怪，你怎麼弄也弄不死。聽說，螞蝗要用鹽醃才會死。於是我們用很多鹽灑在螞蝗身上，不一會兒，螞蝗變成了一堆水。

我穿著長袖衣，戴著草帽，弓背彎腰在一眼望不到頭的稻田裡收割稻子，看看太陽，老是在空中，看看稻田割了一茬又一茬，時間過得特別慢。早起晚歸的搶收，累得趴在田埂上不能動彈，沒有人照顧你，還得繼續幹，誰也不會偷懶，因為大家都是這樣。

冬天寒風凜凜，四月的鄱陽湖氣溫很低，上身穿棉衣，下身穿短褲在秧田裡插秧，刺骨的冰水，凍得直哆嗦。在鄱陽湖有」不插五一咊「的說法，必須在五一前種好稻子，否則穀穗是癟的。秧田裡的爛泥很深到大腿根，腰酸背疼腿發麻，蹲不能蹲，一蹲屁股就沾水，一天干下來，個個伸腰揉背的叫苦連天。第二天，誰也別想偷懶，還得繼續幹。

按規定女同志來例假可以在旱地裡幹活，由於繁重的勞動，女同志的例假也不正常，有的一月兩次，有時一來大夥一個接著一個來，所以到水田幹活的女同志不多。軍人指導員和連長看到這種情況，就罵我們，說我們偷懶，要我們全部下水田勞動。我們都是十六七歲的姑娘，被指導員講的臉紅，難為情，所以例假在身照樣把雙腿插在刺骨的冰水裡。我們在背地裡說指導員，難道他老婆沒有例假嗎？他不懂嗎？儘管我們有一百個不願意，有莫大的委屈，沒有一個敢抵制的，大家含著眼淚默默地忍著幹活。

月複一月，年復一年，有的得了婦科病，我的雙腿從此落下了病根。四十年來，雙腿膝蓋以下到腳踝骨酸痛，每天晚上睡覺要用很長的布帶綁上，就像八路軍紮綁腿一樣，而且要拼命紮緊，一直紮到血管和骨頭，才可睡一下。否則，兩腿酸脹的不能躺下來，腿怎麼放也不自在，怎麼躺也不行，心裡煩躁不安，心臟難受的要用手去抓，影響腎臟，時時要小便。此種情況越來越嚴重，看過醫生，目前這種病是疑難症狀，無法醫。冰涼刺骨的水田勞作落下的病根，折磨了我一輩子，長期失眠，精神崩潰。據我所知，我們這些知青中，目前有不少人都患有關節炎、腰肌勞損、腰椎間盤脫出或坐骨神經痛等疾病，都是當年水田留下的後遺症。

類似的情況，女知青陞下在〈一個女知青擔驚受怕的插隊落戶經歷〉也有講述：……夏收後是玉米生長的季節，而這時又是最少雨的季節。烈日炎炎似火燒就是在這個季節才得以最深刻的體會。在這旱原上要想讓秋莊稼有收成就得引渠灌溉，而在這缺水的旱原上水渠開閘放水是按各個公社、生產隊排隊來安排時間的，在你有限的時間裡要保證水渠不滲漏，不被別的隊沿途偷水，而這偷水的事情卻是屢見不鮮的事，為此發生鬥毆的事件也屢屢發生。

看水的事以往都是男社員的事，可這天傍晚輪我們隊用水了，隊長讓我們三個女生也一同去，我們也和男社員一樣被各自分在沿岸守護一段河渠，我想，要是有人來搶水，我可是鬥不過人家的。要是河渠決堤漏水從外邊是堵不住的，必須要從河裡堵才能湊效。這天偏就有情況了，在我不遠的那個女生大喊著漏水了，我們都跑過去，隊長說還不下去堵，我的這位同學有點遲疑，不由分說的就被隊長一掌把她推下水，我們也都跟著跳下去，這時我看見她的腰間漂上一絲醬色……

想來，這隊長實在粗魯，沒有一點憐香惜玉之心，更沒有女人的「四期」保護意識。但願那個月經生理期的小姐姐後來無

恙，因為有許多女知青都因此而落下了後遺症。

守堤一直持續到深夜，看著要變天了，地沒澆完隊長沒發令，誰也得堅守崗位，突然電閃雷鳴，夏天的雨說來就來，我們個個都被淋成落湯雞，所有的社員都衝進附近的一個破廟裡，這個廟肯定已經荒廢了多少年，電光下蜘蛛網像紗縵一樣，因為文革開始就早不允許這些封資修活動了。外邊的雨依然傾盆如注，雷電依然大作，在一聲炸雷的閃電中，看見幾個男社員脫得一絲不掛如同廟裡的神還是鬼，我們三個女生頓時嚇的鑽到供桌下。

真是活脫脫的恐怖電影場景！無奈，可見當時農民的文明與物質匱乏。

第四節　對自身處於教育地位的心理失落

雖然偉人指示「知識青年到農村去，接受貧下中農的再教育，很有必要」。但是，當有文化的知青到了農村農場後，就會在心裡對這樣的教育產生失落逆反心理。因為有的農村農場幹部根本不尊重知青的人格。知青程瑞生在〈那天翠兒訂親我為她家釣魚〉有刻骨銘心的回憶：前幾年，我曾重返當年插隊的江都吳堡，老隊長身患癌症，躺在床上，見到我激動萬分，指著一位忙著倒水的中年婦女說：「這是我的女兒，你認不認得？」

「是翠兒？」一晃三十多年了，我仔細打量著，努力尋找當年小姑娘的影子，說「你訂親那天吃的魚還是我釣的哩！」她一臉茫然，老隊長卻使勁的點頭，面色有些尬尷。

吳堡水網密佈，有不少野生的魚蝦，當地農民很少捕撈。插隊進入第二個年頭時，生活更加困苦，我們便動了個點子——每天輪流早起釣魚，改善改善生活。我釣魚就是從那時起步的。運氣好時能釣不少，釣上來的魚也是五花八門，鯽魚、鯿魚、白鱔等，有時甚至小鱉也上鉤。只要能釣到，那怕兩三條，我們都有福共用，熬一鍋湯大家小補一頓。當地農民見到後，也跟著學，但他們就是掌握不了魚咬鉤帶動浮子抖動時起竿的瞬間學問。

一天放工後，隊長找到我，要我第二天不要上工了，為他釣一天魚，工分照算。我很納悶，後來得知，他要為他的翠兒訂親請客。當地的農民當時都很窮，花錢買魚是買不起的。

第二天我起了個大早撒窩子開釣，幾個小時就是不上鉤。翠兒訂親請的客人不少是公社、大隊和村幹部，一家都等著我的魚下鍋哩，我緊張的要命。感謝老天有眼，上午10點過後，魚終於開始上鉤了，那天的太陽真辣，我中飯也沒吃，頂著烈日站在河邊與魚PK，肚中無物，渾身淌汗，兩腿發酸，但兩眼死盯浮子，一點不敢鬆懈。釣上來的魚不論品種，不管大小，全部養入水桶中。儘管那天計給我的工分只值四毛錢，但我要向隊長一家交差啊！整整10個小時，到了下午四點多鐘，我終於釣滿了一水桶的魚，大概也只有六七斤吧，請客夠了。

隊長家響起了鞭炮聲，我趕緊收竿拎著魚往隊長家走。此時，我真是又累又餓，眼發黑，心發慌，腿發軟，快到他家門口時，他家的廚房飄出肉的香味，惹得我口水直淌，實指望隊長跟我客氣一下，也請我搓一頓。可隊長接過魚一聲未吭，連根煙也沒遞。我疲憊不堪地悻悻而回，倒在床上，淚水奪眶而出。那年，我與翠兒一樣大，都是16歲啊。

四十年過去了，每當我釣魚或談及釣魚，總想起這件事，而那誘人的紅燒肉味又總是回到我的鼻子前，這是我迄今聞到過的最香的肉味。這不，肉味又來了，不寫了。

知青張春生在〈回憶起兩個在紅土地上逝去的人之二，我從

梁上把他抱了下來——陳長至〉說：陳長至，四川成都知青，一九六九年初中畢業生，雲南生產建設兵團十一團四營七連戰士。死於一九七一年六月一日，死因：自殺。

一九七一年六月一日中午，我剛要去打飯，就聽到營教導員何世雄在門外喊我。說是七連出事了，要我馬上跟他走。我什麼也顧不上，就跟他上了路。一路上教導員告訴我，七連打來電話說有一個新來的四川知青上吊死了，詳細情況還不清楚。一路上，我倆心情沉重都沒有講話。

經過長途半個多小時的急行，趕到七連時已經差不多快一點了。連裡有人在連隊外面等我們，看見我們就領著直奔連隊後面新蓋的豬圈走去。豬圈外面圍著七連的大小幹部們，人人神情緊張，目送我倆走進豬圈。我走進豬圈，看見剛蓋好的房子空蕩蕩的，一人多高的梁上用竹篾繩掛著一個人，背朝著我們，是個男青年。他個子不高，瘦瘦的，身上穿著土灰色的一身工作服，光著腳，褲腿邊還有些土，顯然上午是參加了勞動的。就是褲襠以下有一片是濕的，大概是大小便失禁所致。

教導員看了，很不高興的說：「怎麼還在上面？還不趕快放下來！」我趕快走上前去，由於豬圈不高，雙手抱住死者的雙腿膝蓋位置，我的臉正對著死者的腰部，一股臊臭味直沖鼻子。抬頭看見死者很小，稚嫩的小臉上一條條的水痕，分不清是汗水還是淚水，嘴微微張開，沒有傳說中的吐出舌頭。這是我有生以來第一次這麼近的面對死人，心中不禁有些發慌。

我雙手使勁摟住他的腿，往上舉，向前送，把他的頭從繩套裡送出來。沒想到小小的一個人會有那麼重，脫出來的屍體壓得我站立不穩，我趕緊鬆了鬆手，讓屍體往下滑了一點兒，這也墜得我往前走了三四步才穩住，我慢慢把他的腳滑到挨了地，又著腿把他平放在地上。而後，我逃也似的離開了現場。……

後來，我看了陳長至的遺書，裡面寫著：「今天是六一兒童節，去年我們還高高興興地在學校裡過節，今天我們已經是大人了。我就是想好好幹活，接受再教育，可是他們老罵我「浮上水」（巴結上司的意思），我真受不了。……」看來他是心理承受能力太差，想不開尋了短見。

他們這一批成都小知青是七一年四月十二日到的瑞麗，到六月一日不足兩個月，他們是六九、七〇兩屆的初中畢業生，應該是一九五三或一九五四年生人。當時也就是16~17歲。

後記：一九八五年回去，由於時間緊沒有去七連，因此也沒有去看他的墳是否還完好。不過聽說近些年成都的知青們回去的很多，我想戰友們一定會去給他修墳和掃墓的，一定是不會忘記這個留在紅土地裡的知青的。

景德鎮知青吳少鈞在〈難忘的黎明水庫〉述說：回憶知青生活，勞動那難言的艱辛，留給我們終身甩不掉的傷痛，真是說不完，道不盡。最令我難以忘卻又最感難挨的就是建黎明水庫。

那是一九七二年冬天，我們油麻廠知青點全體知青和鄉親們一道來到小裡村，響應公社大修水利，農業學大寨的號召，建黎明水庫。面對光禿禿的山梁，我們在寒風中凍得瑟瑟發抖。每天勞動還經常挨罵，我們男女知青揮舞著鋤頭傾力砸向凍土，一鋤下去，地上只有一個小白點，鋤反彈起老高，胳膊震得又酸又麻，握鋤把的手時間長了，伸不直，挑擔子的肩頭被磨破了皮。一鋤摟一鋤，一擔摟一擔，一天連一天，我們用辛勤的勞動和傷痛的身體築起了水庫大壩。在水庫勞動中我們一天干十幾個小時，汗水濕透了內衣，頭髮眉毛一片白霜，大家暗中咬牙，忍受寒冷與疲勞的煎熬。有的女知青每天一擔一擔地往壩上挑土，實在累了也不能歇，只能伸出瘦瘦的手背抹掉眼淚，支撐起身子重新把沉重的擔子壓在紅腫纖弱的肩頭。特殊的生理使女知青經受了比男知青更多的重負，即使來了例假，公社指揮部也不允許休息。有的男知青患上氣管炎，徒手走路都呼哧呼哧氣喘，每天還要堅持在水庫上來回挑上幾百擔凍土。男知青杜振龍累得便血不止，也不准去市裡治療，每天還要在壩上挑土。由於水庫勞動繁重、消耗大、營養不良，不少知青腿上長滿膿瘡，流出的膿水腥臭難聞，腿腫得像刨光的木棍，腳腫得穿不進鞋裡，用破帶子破衣服把腳包嚴實，咬緊牙齒，又繼續出工。

一天下午，我正挑土飛往壩上，小裡的一個民兵排長叫我到公社水庫指揮部去一趟。他帶我走進指揮部，公社革委會負責人廖某某揮揮手叫我走過去，廖某某說：「現在我們響應毛主席農業學大寨的號召，建黎明水庫，全公社所有勞動力都來小裡了。水庫形勢一片大好，我們的傳統是輕傷不下火線，重傷不進醫院。但是我們有的老幹部躺在革命的功勞簿上，連黎明水庫座東朝西，座南朝北都不知道，天天好吃懶做，好逸惡勞，專吃革命的老本，是革命的寄生蟲。「隨後，廖指著我說：「你是油麻廠知青把他的漫畫好好地畫一畫，張貼到水庫的大壩上，教育我們的下放幹部和群眾。」

我走出指揮部，我邊走邊想，胡老師是抗日時期的老幹部，是位慈祥和藹的老人，平時只要看見我們都是笑咪咪的，全油麻廠的鄉親們和知青們都很尊敬他，我怎能畫他的漫畫諷刺他老人家呢？何況他已六十多歲了。

這以後，我一直在水庫埋頭勞動沒有畫漫畫。大約過了十天左右，一天晚上，我在水庫旁的嶺上茅屋睡覺，下半夜的時候，幾個小裡民兵來到我身邊：「你叫吳少鈞吧，為啥煽動大家不出工？」不容我分辨，他們就把我捆綁到水庫壩上。那是一個寒冷的冬夜，水庫壩上的幾盞汽燈噴出冷森森的光柱，壩上周圍站滿了荷槍實彈的民兵，兩挺機槍對準了壩上的人群。看樣子準備對我們下毒手，當時，我心裡非常害怕，我又不是四類分子，為什麼把我綁到這裡來呢？公社革委會負責人廖某某站在壩中央的石頭上。我被鬆綁後和一群四類分子「牛鬼蛇神」站在一起集合待命。我個子高四下望望，「四類分子」和「牛鬼蛇神」個個縮著脖子，攏著手・畢恭畢敬地站成好幾排，低著頭不發一聲。廖某某叉起手來，大聲吆喝：「你們這些四類分子、牛鬼蛇神，如果在水庫上不老老實實勞動改造，那就是破壞毛主席農業學大寨運動，就是破壞無產階級的偉大戰略部署，我要用機槍給你們點名……」面對廖某某的訓斥，我們都不敢出聲。廖某某訓完話後，我們趕緊挑土，個個喘著粗氣來回顛著往壩上碎步跑，誰也不敢偷懶，這樣幹了很長時間一直到太陽漸漸露頭才准歇工吃早飯。

在「四類分子」中就我一人是知青，我想就是因為我沒有執行廖某某要我畫漫畫的指示，而把我綁到「四類分子」中示眾。此後，在水庫的勞動中，我親眼目睹一位「四類分子」在勞動中活活累死。現在回憶起來這位老人背略駝，臉呈蠟黃色溝紋縱橫交錯，一個地道的農村老漢模樣，在挑土時經常不停地氣喘咳嗽，一次在壩下昏迷不醒後，被民兵命幾個「四類分子」抬下水庫。後來從其他「四類分子」口中得知，這位老人抬回家後沒過幾天就死了。他們說：他抗戰時期在國民黨部隊當過兵，遠征印度打過日本鬼子，那本是一段值得褒揚的歷史，在極左路線橫行的年代卻成為黎明水庫的殉難者……

第五節　對極左路線粗暴言行的困惑反感

俗話說，民以食為天。但是，一些農村農場的領導卻秉承極左路線，對農民的種養橫加干涉，而且對時常上綱上線找茬批鬥，使得知青們十分反感。知青高雙喜在〈飢餓歲月裡我們犁掉了農民十畝瓜秧〉回憶：一九七六年春節過後，我被公社黨委從大隊抽調上去搞社會主義基本路線教育。我們的派駐地是本公社南王大隊。

那時候，周總理剛剛去世，「四人幫」為達到他們篡黨奪權的罪惡目的，含沙射影地詆毀周總理，喪心病狂地攻擊鄧小平同志，並利用手中掌握的宣傳機器，大肆製造社會輿論，極力把他們裝扮成真正的馬列主義、毛澤東思想的繼承者。

當時，「四人幫」鼓吹得最突出的一條就是要限制資產階級法權。他們把馬列的基本原理斷章取義，說「按勞分配」、「等價交換」就是產生私有觀念的思想根源；「商品交換」就是產生資產階級法權的經濟基礎。按照他們的邏輯，既然我國是個以農業為基礎的國家，絕大多數人口都在農村，那要達到徹底消滅私有觀念、取締「商品交換」的目的，就必須牢固佔領農村這個陣地，必須堅定不移地貫徹人民公社「一大二公」的總路線，堅決杜絕自主經營，限制商品交易。就是在這樣的政治背景下，我們社教宣傳隊一行八人進駐了南王大隊。

南王大隊的自然條件比較差。全大隊沒一畝水田，都是旱地，吃糧完全靠天。風調雨順時，一畝地還能打個三百來斤糧食，碰著老天不開眼，那就只有百八十斤，甚至顆粒無收。農民一年到頭，辛辛苦苦，不但溫飽不能解決，甚至吃水都成問題。

因為地處旱原，水位很低，打井幾十丈深，吊上來的都還是黃泥湯，所以，大多數村民就只能吃露天的池水，也就是雨天流到坑裡的水；有的特困家庭，全家七八口人睡一個炕，只有一床被子合蓋；我所駐的那個生產隊，一戶村民有七個孩子，全是女的，因家裡實在太窮，年齡五六歲以下的基本上就沒穿過褲子。多年來，南王大隊就一直處於這樣的貧困狀態之中。國家雖然也年年撥給救濟款、發放返銷糧，但也只能是勉以為繼，治標不治本。

剛進村時，看到這種狀況我們都很難過，但也愛莫能助。因為在那個政治掛帥的年代裡，提倡的是「寧肯衛星不上天，也絕不能讓紅旗落了地，」「寧肯要社會主義的草，也絕不能要資本主義的苗。」一切都要用政治的尺規來衡量。按照當時的觀點，就是說雖然群眾的生活是苦了點兒，但是與避免「重吃二遍苦、重受二茬罪」，防止資本主義復辟這樣的千秋大計相比，還只能算是次要的事情。同時，我們也在琢磨，解放都二十多年了，南王大隊的生產為什麼一直都搞不上去？主要原因到底在哪裡？這時，我們想起了毛主席的教導：「階級鬥爭是綱，綱舉目張。」對呀，主席的話讓我們豁然開朗。我們認為，主要原因一定是出在幹部沒帶領廣大群眾抓好階級鬥爭和路線鬥爭這個綱的問題上。現在我們來了，只要能幫他們抓好這個「綱」，那其他問題就會迎刃而解。

我們每週定期召集大小隊幹部學理論，揭「蓋子」，進行批評和自我批評；組織社員到政治夜校學習討論外省市的先進經驗，辦專欄，舉行賽詩會，搞憶苦思甜，唱鼓舞人心的革命歌曲。總之，通過多種生動活潑的形式使幹部和群眾懂得階級鬥爭、路線鬥爭將長期貫穿於我們的各項工作之中，我們絕不能只顧拉車，不抬頭看路，一定要保持頭腦清醒，時刻警惕資本主義復辟的苗頭。

經過幾個月的大力宣傳教育，從表面上來看，幹部群眾的進步還是相當明顯，不少人在學習發言中都表示，一定要種好糧，植好棉，努力減輕國家負擔，爭取為國家的建設貢獻一份力量。聯繫本大隊的實際，就是集體絕不搞多種經營，不參與集市交易；個人在自家的自留地裡只種自用的農作物。

看到這種喜人的抓革命、促生產的大好形勢，我們都很高興，決定擇日召開一個現場會，讓其他大隊的幹部都來觀摹，並在以後適當的時候作全公社範圍的經驗推廣。為了使現場會具有強烈的說服力，我們還準備挑選幾塊精耕良作，莊稼長得壯實的「樣板田」。

一天，我們工作隊騎著自行車正在四處察看時，突然發現遠處有塊莊稼地有些異樣，荊隊長就招呼大家前去看看。走近一看，我們大吃一驚，原來是一塊嚴禁種植的西瓜地！好傢伙，瓜秧長得都有倆個巴掌那麼大了。荊隊長當時臉就變色了，立即差人去把生產隊長和大隊支書叫過來。趁這空檔，我們問瓜農這塊兒瓜田有幾畝，他說共十畝，都快該開花結果了。

沒過多大功夫，隊長和支書就趕到了。看到我們一個個臉色鐵青，支書馬上就意識到事情嚴重了。他立即掏出身上的香煙，尷尬地強顏歡笑說：「抽煙，抽煙。」

我們也沒客氣，接過煙隨即問道：「這到底是咋回事？」支書就指著旁邊的生產隊長說：「你給工作隊的同志們解釋解釋吧！」

「是這麼回事，」隊長點燃了自己的旱煙袋，深深地吸了一口說：「今年旱情比較嚴重，麥子收成很差，除去上交的公糧，社員的口糧就沒多少了。考慮到這種天氣種西瓜比較合適，我們就想種上幾畝，計畫在西瓜上市時給社員換些口糧。」

「那事先向大隊請示過嗎？」荊隊長問道。

「沒有。等大隊發現時苗都長出十幾公分高了。」

「那你知道這事的嚴重性嗎？這是搞多種經營，搞資本主義，破壞路線教育。」

「那你說現在該咋辦？」

支書這時在一旁連忙插話了：「荊隊長，首先，我要說種西瓜肯定是錯誤的，而且性質很嚴重。剛發現時，我們也曾想鋤掉瓜苗，可當時看到苗已經長那麼高了，除掉實在可惜，就給留下了。荊隊長，你看這樣行不行，」支書接著用祈求的語氣說：「只要能保住瓜秧，我作為支書，願意作深刻檢查，接受組織嚴厲處分，並承擔全部的責任。」

「你承擔責任？說得輕巧，你承擔得了嗎？」荊隊長一聽支書這話，馬上就來了氣兒：「同志，要知道這可是執行什麼路線的大是大非問題呀！十畝瓜秧事小，鋤掉了還能再種，可要是道路走錯了，那想回頭都不容易了啊！」荊隊長接著說：「我們本來還準備在南王大隊召開路線教育經驗交流會，現在看來只能改成教訓總結會了。不過這樣也好，可以讓大家進一步認識到路線鬥爭的艱巨性和長期性。」

第二天下午，全公社的大小隊幹部都來到了瓜田現場。生產隊長和支書分別作了深刻檢查，荊隊長當眾宣讀了公社黨委對此事的處理決定：生產隊長被就地免職；支書受黨內警告處分；十畝瓜田立即犁掉。

在兩台拖拉機隆隆的轟鳴聲中，綠油油的瓜秧被很快埋在了鬆軟的黃土下面。看看與會的幹部，大多數都表情凝重，緘默無語；被免職的生產隊長，一聲不吭地蹲在地邊兒吧嗒吧嗒地抽著他的老旱煙，隱約中還能看到他眼角噙著的淚花。我當時的心情非常複雜，不知道該如何看待我們做的這件事情，是堅持了正確的路線？還是損害了群眾的利益？我無法作出結論。但有一點卻是非常肯定的：我很同情這位生產隊長。我在尋思，他此刻到底在想什麼呢？他的淚水究竟是為何而流呢？是為自己被免了職？是為那埋在地下的可憐瓜秧？抑或是還在操心社員日後的口糧？

南市街知青戈陽權在〈密植給我帶來的苦腦〉中回憶：一九七〇年春耕前夕，生產隊召開貧下中農大會，我們知青也參加了。由隊長張蒙古傳達，省市和公社精神：說今年要多搞一點條播、撒播，密植上級有規定，一定要五乘三，三乘三。說什麼一畝田裡多栽幾百棵禾苗就能多產幾百斤糧食的科學言論。當時我就不同意這種說法，難道貧下中農一輩子的實踐經驗還不如上級的指示精神？我只知道禾苗需要肥料、陽光、雨水和通風，才能生長好稻穀。一畝田就好比一碗飯，一人吃一碗飯能吃飽，如果三個人就可能吃不飽了。也就是說一畝田裡本來只能栽幾千棵禾苗，你硬是要栽幾萬棵禾苗這樣禾苗還能好嗎？

可是今年我的生產隊還是按照上級的精神，搞了幾百畝的冬播和撒播，結果到了秋收季節只是顆粒無收，就連穀種也沒有擔回來，只收了一點牛吃的稻草。那時我們鄰近的一個大隊（柳溪大隊）就出現了幾家到樂平去討飯，原因就是條播與撒播造成的：我記得那幾戶人家在柳溪村的戲臺上受到公社召開的批判大會的批鬥。說「他們破壞密植，明明高產，還說沒飯吃」。批鬥會整整開了一天才結束。

我記得當年我們生產隊在密植這個問題上，我和貧下中農一道是按照往年的習慣七乘八、八乘八規矩栽的五畝田只是在馬路邊上靠田埂邊栽了一些五乘三、三乘三，做做樣子給領導看的。

就在此時公社領導姓廖的帶了幾個幹部果然來到我們生產隊檢查工作。並發現我們沒有按照上級要求，大發脾氣把隊長張蒙古叫來臭罵了一頓。並立刻叫他把那已栽好五畝禾苗打掉，當時張無奈只好用耙打掉了那幾畝禾苗。接著姓廖的對此事抓住不放，問是誰帶頭栽的？當時站在田裡的貧下中農誰也沒有做聲，只是我說了一聲是我帶頭栽的，這時姓廖的當場把我叫上岸來說我是破壞密植，和上級領導對抗就是反革命，一定要在大會上批鬥並撤消我五七排長和生產隊長職務。

知青佚名在〈「文革」時農村的「革命化春節」〉回憶：
從記事起，我已經度過50個春節了。記憶中的春節有甜蜜、有苦澀、有喜悅、有悲傷，但最讓人難以忘懷卻又難以形容的是那「文化大革命」時的春節。

在那動亂的年代裡，幾乎所有的傳統都被當作「四舊」破除了。村幹部嚴禁群眾磕頭拜年，說那是封建殘餘。後來禁止的東西越來越多，連做年品都禁止了。其實不禁止也沒有什麼辦法，在那集體吃食堂的年代裡，哪裡有什麼細糧來做年品啊。大人們都是偷偷摸摸地拿出沒有被拿去大煉鋼鐵的小鍋，掏出節省下來的細糧，在晚上為孩子們做上一點點年品。

農村的冬天本來就是很悠閒的，基本上沒有什麼農活，所以有了「冬閒」的說法。但是在那個動盪的年代裡，根本就沒有悠閒可言，即使是在大年初一。大年初一頭一天，家家戶戶都被村委會的大喇叭喚醒：「老少爺們兒，該上工了。」

於是大家都拿著工具慢騰騰地走出來，等待生產隊長分配任務。我們這裡不需要修建梯田，也不需要修建水庫，所以很多報紙上介紹的活動沒有辦法去做。但是為了展示「文化大革命」的成果，展現人們高昂的革命熱情，讓群眾過一個「革命化春節」，村幹部們還是能想出不少事情的。而眾多怪異事情中，最荒謬的就是「運雪到田」了。

村幹部們發動大家把積雪全都運到田裡，當作是給農田澆水，口號是「要讓每一滴水都到它該去的地方，為革命做貢獻」。但是我們的村子附近就有一條小河流過，莊稼用水方便得很。這種做法，按照現在胡錦濤主席的話說就是「折騰」，但在那個年代裡，這種「折騰」事兒並不稀奇。

於是大家都趕著車，拿著工具開始幹活。先把村子裡的積雪全部運走，漸漸延續到村外，甚至走到別的村子附近。有時候，如果那個村子也在發動類似的活動，兩個村子的幹部還會吵幾句帶有革命氣息的架。這個說：「我們這樣做都是為了革命，革命怎麼能分你我？」那個說：「革命是不分你我，但我們要保衛集體主義的勝利果實。這裡的雪是我們村子的集體財產。」這個又說：「你這思想是封建主義和資本主義殘餘，是『山頭主義』在作怪。」那個又說：「你這是非法侵佔革命成果，我們要給予嚴厲的回擊。」大家也都放下手裡的活，樂悠悠地看著兩個村幹部吵嘴，直到兩個村幹部呵斥一聲，才繼續做起活來。記完工分後，大家都拖著沉重的腳步向自己的家走去，心裡都想：「這樣的革命化春節什麼時候才不用搞啊？」

幸虧到了改革開放年代，春節這個特色民俗才又回歸傳統，後輩們再也不會經歷那麼荒謬的春節了。

知青陛下在〈我所經歷的荒唐事〉中回憶：我們當年在農村插隊時的農閒季節常會參加公社的文藝演出，那個年代時興這種活動。跟著農村姑娘吼兩嗓子秦腔樣板戲「紅燈記」可一點秦腔味也沒有，到像是清唱沒有韻律的小調，自己聽著都不是那麼回事，表演舞蹈「白毛女」段子，農民罵我們太沒體統；腿跨那麼高簡直是丟了祖宗的人。

話說回來，在農村的日子裡精神上空虛可胃腸充實，大負荷的體力勞動使我們人人都有好胃口，除卻最新鮮的糧食，除了鹽沒有一點油水和蔬菜，每當大家端著飯碗添飯時都儘量往自己碗裡撈幹的添多點，沒質有量，正是發育的年齡，幾乎所有的知青都吃的胖呼呼的。

有一次在會演時我們表演唱「不忘階級苦」，節目一開始我就站前一步領唱起來；「天上佈滿星……」這天演出是冬季的晚上，我們都穿得厚厚的棉衣，再套上不合體的那個年代舞臺上常見的紅綠套裝舞衣，哈哈！像個傻大姐，這付形象一定是可笑極了。當我正醞釀感情唱出悲切，碩大的白炙燈照著我也照亮了舞臺下邊，我一眼就看見我們小組的兩個男同學就站在舞臺下邊做怪像，比劃著水桶的樣子擰動著身體，肆意誇張的嘲笑著我的體型。我不由的笑起來，竟然唱不下去了，大幕後敲邊鼓的小棍飛到我的腳上，我更是忍俊不住彎下腰來，表演是無法進行下去了，大幕拉上了。

最後重新的演出還是成功的，可我卻為自己引來了不小的麻煩。這麼悲痛嚴肅的節目上我竟然會笑起來，而且還笑個不止，再加上自己家庭的背景，這就是個嚴重的政治問題，上邊指示隊裡馬上派人去父母單位外調，可派出的這兩位農民哥出了村子就不知道該幹些什麼，隊裡讓我出公差帶著他們去外調。有意思吧，我只當帶著他們倆出去走走，見見世面。到了學院，連我都不知道該找誰。走進父母上班的大樓碰到一位熟悉的阿姨，我就對她說明瞭情況，她告訴我們所有的人都出去開會，要問什麼就問她吧。我回避在外邊等著他們，不一會他們就出來了，後來據說這位革命的阿姨是又揭發了父親又牽連了母親。

已經辛苦了一天還沒吃什麼東西，我把他們帶到家裡，就是那個我們家人棲身的「牛棚」，爸爸被關，媽媽下放鍛練，家裡沒有一人。廢墟一樣的家裡找不到一丁點可食的東西，這個學校幾十年來基本上家家都是在單位食堂吃飯，不到點是不開飯的，況且爸媽不在也沒有飯票，我用什麼招待這兩位調查我的貧下中農呢？翻遍找遍所有的地方找到一包藕粉，我生火燒水，他們耐心的等待，我又仔細的給他們倆一人沖了一大碗，加上白糖小心翼翼地端給他們，看著他們皺著眉頭嘗了幾勺就放下，倆個人不約而同的走出了我的家門，一個嘟囔著說：「住的什麼破房子，吃的什麼破漿糊」。

有天晚上隊裡開會批判我，社員們分坐在飼養室的各個角落，我也混在人群中，一個碩大的飼養室上空只吊著一盞15瓦的燈泡，不湊近是看不清誰是誰，好在形勢不嚴峻。隊長說在舞臺上的表現是有階級性的，是資產階級對無產階級的藐視，更惡劣的是還想用漿糊堵住外調人員的嘴……可是勞累了一天的社員對開會本不感興趣，渾暗的燈光下也讓辛勞了一天的人犯困，對吃的什麼漿糊更是弄不明白也不想弄明白。這個「政治事件」就這麼蒙混過關啦！

知青董尚文在〈山村批鬥會〉內疚地回憶：山村的批鬥會，如今想來實在荒唐，但當時卻是認真的進行了，一點都沒有含糊，那確實是真的。

那是一九七四年的冬季，記得我們插隊已有一年多，已經成了村裡基本民兵的主要力量，無論是攔河築壩，還是大面積平整土地，開山放炮，我們知青已溶入了大隊的突擊隊行列。一天社員們拖著勞作一天後的疲憊身軀，剛剛回家捧起飯碗，村裡的喇叭突然響起：社員們請注意，社員們請注意當我們農業學大寨運動熱火朝天的時刻，卻有階級敵人企圖破壞革命的大好形勢搞破壞，妄圖阻擋我們農村學大寨的步伐，下列人員立即出發，將地富反壞右份子立即押解到大隊部，晚上九點召開批鬥大會。村裡的廣播就是命令。剛剛收工回來的社員們急急忙忙的吃罷了晚飯便往大隊部趕去，而我則是大隊的廣播中播出的八個押解人員中的1名。累了一天，連飯都來不及吃便叫小隊的民兵小隊長召到了，離我們小隊還有三裡地的大隊部。

大隊部門前的廣場被兩支太陽能燈管照的雪亮，廣場如同白晝一般，我們被點了名的知青，轉眼間已從三個小隊集中到了大隊部，在大隊的角落裡，四個「份子」已縮成一團堆在那裡。民兵營長點名後，給我們一人發了一個大饅頭，分配了押解的任務。我被安排押解1名富民份子去接受批鬥。聽到這樣的任務，我的心頓時顫抖起來，我真想立刻逃離那批鬥會的現場，躲開那雪亮的太陽能燈光的照耀，躲到一個燈光照不到的黑暗的角落裡。因為我的父親在我還在上初中時就被革命群眾當噴氣式的樣子，押上過被批鬥的臺子。還沒有來的及細想，口令已經喊起：把富農份子×××、×××、×××……押上臺來，被我和另1名知青押解的「犯人」，還未等我們倆上手，便已彎下腰身，將兩條胳膊高高舉起，也就是當時流行的低頭撅腚的姿勢，我們同執行押解任務的知青，卻還須表現出仇視階級敵人的表情。

批鬥會講了些什麼？又有幾個人發言，我全然不知。儘管在外表看，我像是1名威武的押解員（當時能執行這種任務是一種令積極份子羨慕的活），而我的內心卻一陣陣顫抖，幾近虛脫，我們倆人押解的是一位滿頭白髮，六十多歲的1名自覺擺出挨批架勢的老人。有這種心靈感受，也許是因為剛剛被解放的父親也有這種經歷的原故吧。

批鬥會後我們押解「犯人」的8名知青（在我們插隊兩年中只有一次批鬥會），受到了大隊黨支部的分別表揚和照顧。但批鬥會後瞭解到的批鬥會原因，卻讓我們知青的心中生出了不少疑惑。

這次挨鬥的富農份子（因村子窮，在土改時沒有人被劃為地主）是莊稼活的好把式而且更是全村趕車的頭號把式，由於採石場往大壩工地所走的路有山、有坡、有溝和急彎，村黨支部便把階級敵人從艱苦的工地調到了趕大車的行當。當這一個「敵人」在採石場裝石頭時聽到有人喊把那個錘子拿過來，「敵人」看到了需扔的錘子（砸石頭的錘子是木魚嘴的錘頭山桃木的柄，把很細頭很大），卻見身邊無人，便好意的拿起身邊的這柄錘子扔了過去，誰知，被他扔過去的錘子柄卻被意外的摔斷了，也合該這個「敵人」麻煩，當晚就召開了這次批鬥會，而且連帶那三個已年過六十的「份子」不得安生，也使得我這個執行押解任務的革命的知識青年差點虛脫。

三團十四連李豔傑在〈歲月有痕——一個天津知青的故事〉講述：二○○九年八月回訪黑土地，在一次老職工宴請的酒桌上，非常意外的結識了一位在農場紮根四十年的天津知青俞宏茹，歲月的滄桑寫在她的臉上，看起來她已經一點也沒有城市人的摸樣了，黑黑的臉上佈滿了皺紋，但是她的臉上寫滿了幸福和快樂，她開朗大方、非常健談。出於敬佩和好奇，我決定深入瞭解一下她和她的家庭。我們握手寒暄之後就隨便聊了起來。首先我瞭解到一個塵封三十九年的驚人事件，那是一九七○年五月二十八日發生在我們一師三團三營二連的沉船事故，有6名風華正茂的十六七歲的女知青全部遇難。她也是漁業班的成員，那一天因為身體不適沒去倖免遇難。知青博物館裡有著這樣一張照片和文字，上面寫著：亡者不幸，生者亦不幸！就真實的記錄著她不幸的經歷。

我眼含熱淚聽她訴說：由於受文革極左思潮的影響，竟有人把這次沉船事件說成是蘇修特務策劃的裡應外合的潛逃事件，船上僅存活一個復員兵，當即就被關在了地窖子裡，就連沒去的俞宏茹也被關押和審訊，說他們是策劃好了的，那年她才17歲，還沒有成人，單純幼稚，什麼都不懂，反復審問她都說不知道，確實也是無中生有，荒唐至極！

由於受盡了驚嚇加上心理壓力，在關押期間她得了一場重病。老職工宋大叔看到她臉都黃了，就和看押她的人說，這孩子病了，再不送醫院就得死了。看押她的人才允許到醫院治療，是宋大叔趕著馬車送她住的院。後來病的非常嚴重，是重症肝炎，昏迷了好多天，在北安醫院住院7個月才出院。由於受到嫌疑，沒有工資、沒有糧票。善良的老職工宋大叔給予她無私的關心和幫助，送錢和糧票，並安慰她、給她以慈父般的溫暖，幫助她渡過了最痛苦最艱難時期。她說我的命是宋大叔給的，我永遠不能忘記他的大恩大德！

後來她和宋大叔的三兒子結婚了，他們感情很好，丈夫對她也非常好。她慶倖找了一個好丈夫，有了一個幸福和諧的家庭。她和我說：當時我也想有一個城市戶口，也想回到城市上學，但是丈夫和孩子怎麼辦呢？再想想死去的那些戰友，什麼都不重要了，過去和現在我都很知足。我要守望著她們，和這些戰友作伴，直至永遠！……

第五章
林彪外逃事件對知青狂熱的喚醒

第一節　林彪事件後對自身前途的迷茫

然而，就在一九七一年九月，幾乎是「新三屆」知青繼「老三屆」知青之後，陸續大規模地到達農村農場之時，中國歷史上發生一件大事，這個月十三日的夜裡，寫進黨章的接班人林彪倉皇出逃，在蒙古溫都爾汗沙漠墜機身亡，史稱「林彪事件」或者「九。一三」事件。

這個事件的意義在於，「文革」運動由此遭受根本挫折。其實更大的失敗來自人們內心。上級傳達文件的時候，許多天真的人們不敢相信自己耳朵，據說有的農場有個女知青當場瘋了，她無法接受這個可怕的事實，於是她的精神天空垮下來。

還有一個男知青，他不屈不撓地逃到北京，去向黨中央揭露有人陷害林副主席的政治陰謀，他理所當然被關進牢裡。更多人不得不面對現實，承受挫折和精神偶像被打碎的痛苦。他們的痛苦來自真誠的心靈，那是一種銘心刻骨的被傷害，就像少女被騙失身。

客觀來說，作為曾經是紅衛兵的知青，在經歷了瘋狂的政治運動之後，真正使他們清醒思考自身命運的當是林彪外逃的「913事件」關於這一點，我們可以在張怡賢在〈九一三之

夜——未眠的休止符〉看到知青當時這樣困惑的心態：一九七一年九月十三日，熄燈號都吹過了，連部突然通知我們到食堂開會，全體老職工也來了，我們接到團部命令，今夜要執行緊急任務。前面開會，後面炊事班開始做飯。指導員和連長分別簡短的佈置任務：今夜要把鐵道線上所有易燃物撤離到安全地帶，我們十六團負責新華車站鐵路兩旁化肥的轉移。

珍寶島事件之後不久，鄰國在中蘇邊界大量增兵，部署在亞洲地區針對中國的總兵力達一百萬人，坦克二萬餘輛，飛機三千多架，並在黑龍江對面縱深組建兩個空運突擊旅，其中一個部署在我黑河地區對面蘇境內，一個新的武裝入侵在孕育之中。面對嚴峻態勢，我們經歷過多次防空演習、急行軍拉練、深夜出動臂繫白毛巾對暗號查戶口搜查特務，高度警惕外來侵略的發生。那時有個習慣，夜裡每接到緊急任務，炊事班以最快的速度為大家煮好麵條。

我們匆忙吃過飯，集合後直奔新華站，平日這裡是全團最熱鬧的地方，各連隊的戰友回家探親都在這裡依依惜別，當戰友探親返回時，也是在這裡把家鄉的溫暖分享給迎接的人們。一盞碘鎢燈鑲掛在高高的電線杆上，照亮了整個車站和周圍的路基。而今夜的車站沒了燈光，只有貼近鐵軌距離站臺兩端不遠的藍色指示燈還在微微的閃爍，鐵路附近的路燈也全部關閉。依稀可見遠處人影從鐵道旁搬著重物移向公路邊，無聲地往返著。隊伍中開始傳達命令：「一班三班從鐵道搬化肥到公路，二班四班跟車裝卸，不許講話。」

我們很快就熟悉了地形，平時我們卸煤的地方，也就是我們團自己修的那段鐵路支線轉彎處的鐵道邊碼放著一垛垛化肥，我們要將這些化肥連夜全部轉移到遠離鐵路的連隊。行動開始了，男生一人夾起一袋，女生兩人抬一袋，在微弱的月光下看得見牛皮紙袋上面「硝酸銨」的字樣，這無疑是易燃品。不知是九月的夜風冷瑟瑟，還是黑暗中的寂無聲，我不由自主地打起冷顫，牙齒也不自覺的上下磕碰。人們儘量屏住呼吸，搬哪、搬哪，頭上開始出汗，一會兒全身的血液都被調動起來。公路上運輸連的大解放、南京嘎斯全部出動，車上車下，除了重載時發出的腳步聲，只聽得見牛皮紙袋在車板上摩擦的聲音，還有男生們呼呼喘氣的聲音，就連汽車發動時的振頻也壓得很低很短。月光下，當我們毫無遮擋的看見兩條鐵軌安靜地伸向遠方時，我們列隊而歸了，我們想到的仍然是戰爭。

時間不知不覺過去了大約兩周，一天晚上熄燈號吹過，我都躺下了，忽然聽到上海戰友沈敏華悄悄對我說：「林彪摔死了！」我不能相信自己的耳朵。

轉天早上，我們工業五連接到團部通知：封閉學習。團裡派來工作組，宣佈由於我們提前知道了「913事件」，團黨委決定就在我們連進行試點學習。後來才知道是近鄰新華郵局的人將林彪摔死的消息洩露到我們連。從工作組代表緊張而又興奮的傳達中，我們終於知道，是因為咱們國家確實出了一件驚天動地的大事：偉大領袖毛主席的「可靠接班人」林彪和老婆葉群、兒子林立果等人發動「571政變」未成，於九月十三日乘坐三叉戟飛機從山海關強行起飛，叛國投敵，在外蒙溫都爾汗荒原折戟沉沙、墜機身亡！

之前的反常狀態尤其913之夜的緊急行動就是此事件的連鎖反映。在那個「571工程紀要」中還提到「知識青年上山下鄉是替罪羔羊……」，當時我們聽不太懂其中的內容，儘量用心去學。每天吃過早飯就在食堂裡的長板凳就坐，中午吃飯，下午繼續學習，傳達文件，晚上討論，一周下來，我們身體得到了休息，每個人的臉舒展不少，手都細了許多。當我們結束學習時，兄弟連隊也開始傳達文件。十月的北大荒披上了一層疑惑的面紗，熱火朝天的交響樂——剎那間劃上一個休止符。

黑龍江兵團知青子蘊在〈驚魂九一三〉中說：一九七一年秋季的一天，我到連隊去采寫以「四個第一好」為主題的綜合報導文章，傍晚回到團部，感到氣氛不對。團部大禮堂周圍站滿了荷槍實彈的武裝連戰士，看來裡面正在開會。可什麼會議值得這樣森嚴壁壘？值得開到這麼晚？我滿腹狐疑的回到宿舍，宿舍裡空無一人，我整理了一下材料，然後打水洗涮，吃晚飯。

晚上，大約七八點鐘的樣子，陸續回來了幾個人。看到我從連隊回來了，上海青年，宣傳幹事方月華湊到我身邊，神祕的說：「聽說了嗎？特大新聞」！我說：「沒有啊？我還沒見到人呢？」她趴在我耳朵邊說：林彪，林彪在叛逃的路上摔死了！「我吃驚的看著她：「你說什麼？你瘋了吧」？她直起身，嚴肅的說：「掉腦袋的事情，誰敢開玩笑？這是千真萬確的，今天已經傳達到連以上的黨員幹部了。現在是外鬆內緊，我們已經進入一級戰備狀態了。」我只覺得一股涼氣從後背升起，瞬間手腳冰涼，震驚，不解，氣憤，恐懼……各種錯綜複雜的情緒一下子護住了我的靈魂，我驚魂甫定，疑為作夢……

這天晚上直到半夜，大家七嘴八舌都講著這件事情，從口氣和神情上，我知道這件事對每個人的震動都不亞於我。這天晚上，我失眠了。林彪，毛主席的親密戰友，黨的副統帥，被我們天天敬祝身體永遠健康永遠健康的人，被寫進黨章的毛主席的法定接班人，居然要謀害毛主席，要另立黨中央？居然叛逃到國外，居然摔死了……這讓我怎麼能相信，怎麼能接受得了。更可氣的是我這個傻瓜，剛剛在連隊采寫完以堅持「四個第一」為主題的報導稿，還是按林彪建設部隊的思想去組織的。一種被欺騙，被愚弄，被出賣的憤怒讓我難以自己。

說實話，對林彪我談不上崇拜，熱愛，我也並沒有因為林彪的死而惋惜，我只是痛心，為自己，為所有善良的單純的中國人痛心，我們是不是太愚昧了?!我們這一代人，是思想最單純最機械的人，對毛主席對黨中央的信任已經到了無以復加的地步，凡事從不問為什麼，只要是毛主席說的就是真理，毛主席的話一句頂一萬句……

很快，我們被組織起來學習，討論，提高認識，進入了一輪無休止的學習提高階段。那時候的政治思想教育一直堅持的作法是：上邊得病，下邊吃藥。中央不管誰出了問題，老百姓都得洗腦吃藥，聯繫自己思想，鬥私批修。也許各位很難相信，這個事件對我思想乃至信仰的打擊是致命的，在學習中，我不斷的問自己，這是為什麼?!我們還能相信誰？所有的老幹部都被打倒了，只剩下林彪一個毛主席最忠誠的學生最親密的戰友了，最後卻仍是一個最可怕的階級敵人。我們還應該相信誰？

從那天開始，我不再信任什麼，不再信仰什麼，在我內心深處，一種理性的清醒甚至近似灰色的消極情緒悄然升起，我甚至有一種感覺：我自由了！

原黑龍江兵團知青，現中國著名攝影家賀延光說：我的思想是在一九七一年「913」林彪事件後開始有了變化的。我們大約是在九月14號突然接到了一級戰備的命令。我們不知道是林彪事件發生，實際上上面也不知道實情。我們都以為要和蘇修打仗，士氣非常高。我們把行李打成捆交給後勤，把綁腿拿來縫成乾糧袋裝滿炒好的高粱米，每天晚上睡覺不准脫衣服，懷裡還抱著槍。九月中的北大荒已很冷了，根本凍得睡不著覺，也沒有被子蓋，背包都不許解開。槍不離手。這種狀態保持了一個月左右。後來，我們連以上幹部接到命令到佳木斯開會，神神祕祕的，我們仍然以為是要打仗，是要作戰前動員，沒有一個人能想到會有「林彪事件」這類大事發生。

在我們原來運輸連所在的廢棄兵營，兩邊是木板大通鋪，100多名連以上幹部分別坐在大通鋪上。我們團長進來了，他披著軍大衣，坐在通道中間一張小課桌後邊的一把小椅子上，面色毫無表情。他二話不說就開始念文件：中共中央中發X號檔案，九月十三日，林彪叛黨叛國，倉皇出逃，摔死在溫都爾汗……一下，全傻了，我們全傻了——副統帥啊?!他的四野從北打到南啊?!接班人啊?!永遠健康啊?!毛主席的親密戰友啊?!如同五雷轟頂，就在大家愣神兒的當口，我們坐的這一側通鋪嘩啦一下塌了，幾十個人一屁股坐到了地上。要在過去，還不嘻嘻哈哈鬧騰半天？可是這時，全場百十多人一聲不吭，可見人們嚇傻到什麼程度了。

接著七天，外面站著崗，讓我們學習、表態、發言、揭發、批判。我們能揭發什麼？只能說林彪在天安門上臉色蠟黃蠟黃的，而毛主席紅光滿面，聽說林彪吸毒。我們按中央的調子表態，誓死保衛毛主席、保衛黨中央唄。後兩天鬆了一些，我們可以到市區看電影。這時，社會上還沒有傳達，街上櫥窗裡，還是江青給林彪照的學習毛主席著作、光著頭的照片；電影院的宣傳畫還是毛澤東和林彪檢閱紅衛兵。我看到這些感到混身發麻，無法理解、害怕，這社會怎麼會是這樣？有一種這麼多年上了個大當初醒的感覺，但這個初醒，是不自覺的。

當時我還和一個戰友——他原是北京四中的，偷偷議論，他說：「不會吧？是不是林副主席被人劫持走了？」我們還半信半疑呢。但是，一邊是林彪，一邊是毛主席、黨中央，我們還是天然地相信黨中央。但不管怎麼說，林彪事件至少對我來說開始有了自己的疑問和想法，儘管這些想法還很朦朧。因為長期以來，對林彪所有的宣傳都是正面的，是毛欽定的，是進了黨章的。但嚴酷的現實，不得不讓人們去追究其真相，去質疑其緣由，儘管這種追究和質疑不是公開的，但「9・13」事件確實開啟了人們內心深處思考的閘門。

知青阿城在〈「批林」：「571紀要」讓我們欣賞林彪父子〉回憶：……一九七一年的林彪事件，幾乎是當天從境外廣播中聽到的。這是七十年代最重要的事。毛澤東的神話頃刻崩潰。從一九六六年「八一八」毛澤東在天安門城樓上揮手開始，不，從劉少奇提出「毛澤東思想」開始，至此，催眠終止。大家都從床上坐起來，互相看著，震驚中湧出喜不自勝。雖然竹笆草房永遠是透氣的，但是大家還是往外走，覺得外面空氣好一些。

場上有個紅點，走過去，是隊裡支書在蹲著抽煙。我們知道支書也是敵臺熱愛者，照香港的說法是敵臺發燒友。大家都不戳破，逗支書說還不睡覺啊？明天還要出工上山，睡了吧；別心思太重，什麼事要拿得起放得下啊。等等等等，支書一個都不理，只抽煙。

大概一個月後，省上派工作隊到縣裡，召集隊一級以上的幹部到縣裡。隊長回來後很得意說：咳，早雞巴就曉得的事，還要雞巴搞得多緊張，把人圍到山上，雞巴山下民兵圍得起來，妹！機頭都扳開，亂就掃射，打你個雞巴透心涼。黨中央說了，雞巴林彪逃跑了。

雲南是沒得「雞巴」說不成話。但是只聽「雞巴」就想歪了，它只是語助詞。我們就做驚訝狀，啊？林副主席？隊長說，沒的副主席啦，林彪；啊？往哪兒跑啊？咳，副主席自己有飛機，你們這些小狗日的，哪個不聽敵臺！還要裝不知道！那你在縣裡也裝不知道？咳，我們麼，在組織嘛。

這種互相裝傻充愣，永遠是我們的娛樂之一。不過，當林立果的〈571工程紀要〉（「571」是「武裝起義」的諧音，恐怕後人不懂，注一下）傳達下來的時候，立刻讓我們對林氏父子另眼相待，尤其是〈紀要〉中稱「五七幹校」和知青下鄉是變相勞改，大家都點頭。〈紀要〉中對毛的行狀刻畫，簡練準確，符合我們的想像。劃江而治，老辦法，但還是好辦法。隔江對峙，南邊恐怕制度上會不同於北邊。制度不一樣，我們恐怕會好過得多。四川知青和昆明知青都覺得挺高興，有上海知青擔心會在上海打得很厲害：隔麼好來，瓦特了，屋裡廂嘛……（那麼好了，完蛋了，家裡頭嘛……）

其實事情已經過去了，說著說著好像事情馬上會發生。

〈571工程紀要〉是歷史文獻。它的行文口氣是「文革」初起時大學生的語言，不過林立果當時已經被提拔為空軍作戰部部長，他的文本語言，其實影響至今。我偶然看到劉亞洲先生的文章，也是這樣的口氣。平心而論，這個〈紀要〉是一份改革文獻，它第一個提出現代化的關鍵，即，現代化首先是解決極權的問題。百年來中國一直沒有完成工業革命，即第一次現代化。蘇聯好像完成了，還贏了「二戰」，所以新中國誤會為工業革命並不威脅政權，尤其是工業現代化也並沒有阻止德國出現希特勒。周恩來在「九大」提出四個現代化，似乎順理成章，結果不久就出事了。

其實對於毛澤東發動的文化大革命和推行上山下鄉這些極左

路線做法，一些知青早就於苦悶中進行過思考，知青耶子在〈當年在黑龍江兵團，我認識的一個知青現行反革命〉講述：一九六九年五月我和一位同學來到黑龍江兵團二十二團六連，被分配到班上後剛放下行李，就見一位男知青前來，他說：「這就是新來的？」我正在解行李，於是抬起身看了他一眼，誰知他似乎一驚，走到我跟前，「你……」，我就主動作了自我介紹，但他直愣愣看著我，又說：「你怎麼這麼像我妹妹。好像好像。」我一笑，沒在乎，但他卻把「怎麼這麼像我妹妹」這句話重複了好幾遍。

之後我知道他是六八屆高中畢業上海知青，比我早來兵團不多時間。這個上海知青他多才多藝，一個人用口琴和笛子能把《白毛女》大部分段落演奏下來，而且詩歌寫得非常好，還能跳好幾種民族的舞蹈。每次過節排裡班裡表演節目，就得請他指導。他勞動積極，政治上也表現不錯，不久就被調到連部當了文書。

說不清什麼時候開始，我像他妹妹的傳聞在連隊傳開了，我從來沒有和別人這樣說起過，看來是這位上海知青自己在那兒說的緣故。開始我也不當回事，但後來有的男知青見到我就語氣怪怪、意味深長地拿這傳聞調侃我，我不高興了。於是，見到這個上海知青就開始冷淡他，以致後來乾脆不與他說話了，或回避他，哪怕他依然如先前對我熱情關心。幾次遭遇我的生硬態度後，他知道我真的生氣了，好像非常失落，有時甚至遇見我對我說話時都有些語無倫次了。

我那時才虛歲17歲，不但不懂男女關係，而且極其反感和規避男女關係，覺得男女關係是資產階級骯髒的事。況且對男女關係的認知，我當時和時代大環境以及連隊領導的認知是一致的，就是認為自己的認知是絕對正確的。一直到那件事發生後我才終於明白，當時在這位上海男知青心目中他看待我如他的妹妹根本不是什麼男女之情。

那是我去兵團第二年，關節炎住院一個月多這期間，連隊有些女知青來看過我，但我絕對想不到有一天他竟然到醫院來看我了。我非常吃驚，看他坐在我的病床邊，儘管吃驚但還是冷淡，只聽他說：「我是到團部商店給連部買些文具用品，順便來看你。他們都說你的關節炎很嚴重……」我沒有反應，只是低著頭聽他自己一個人在那兒說了許多。後來他大概意識到了這一點，於是沉默了好一會才又說：「我有件事想和你商量。」我還是沒有說話搭理，「我有件事想和你商量」他重複了一遍。我依然沉默，想起連裡那些男知青因為他說我像他妹妹而對我猥瑣的調侃。氣氛非常僵硬——彼此沉默。終於他站起來，低聲說了一句：「多保重。我走了。」

他走後，我也沒有想什麼更多的。只是半個月後的一天，一位北京女知青來醫院看望我，我才被震驚了。她告訴我：他成了現行反革命。他在連部走廊的黑板上用空心美術字竟然寫下了整個黑板那樣見方大小的「打倒毛澤東！打倒林彪！」的標語。更令人咂舌的是事後團部派專案組下連隊徹查時，他也積極幫助專案組成員在全連追查，整個連被搞得雞犬不寧，有幾個被懷疑的就先進行了隔離審訊，後來包括連長指導員人人都得寫字被對筆跡，結果搞了一星期，最後竟然從對筆跡中認定是他，他不但不否認還非常爽快地承認了自己的「反革命罪行」。

整個連隊轟動了——連裡表現如此積極的先進知青竟然成了反革命，而且在整個事件中如此從容自若。在押交軍事法庭審判前先在連隊進行批判，批判會上，先前被冤枉而隔離審訊的那幾個知青上去把他打倒在地，拳打腳踢，上海男知青也上去打他，因為他被認為丟盡了上海知青的臉。如果不是被團部專案組的人強行拉開，他肯定會被活活打死。

在大家義憤填膺、聲嘶力竭的叫喊聲中，他在批判會上交代了作案的動機：他恨文化大革命。他認為是毛澤東發動了文化大革命毀了他——他本可以參軍去，什麼都通過了，最後政審沒有通過，因為他的爺爺和父親都在國民黨的特務機構工作過，有歷史問題；他通過了上海電影製片招演員的考試，但又是政審通不過；他來兵團必須和家庭脫離關係、劃清界限，他做到了，本以為他來北大荒，妹妹就可以留在上海了，誰知上海六八屆初中高中「一片紅」，全都得上山下鄉，他的妹妹只好去了崇明島插隊，他沒有能幫上妹妹留在上海，而妹妹是當時他唯一相依為命的人，因為父母爺爺都已被隔離，不知生死，也不知去向。他恨文化大革命，恨毛澤東，恨林彪，他認為林彪是毛澤東的幫兇。所以他要在黑板上表達自己的仇恨。他還承認被專案組從箱子搜出的子彈是想哪一天逃往蘇聯不成功的話，就自殺。

我被徹底震住了。這時才想起他離開我時說的「我有件事想和你商量」——這件事是什麼事？為什麼要和我商量？「這件事」不可能是寫反動標語，因為他知道我絕對不可能容許這樣的事，那「這件事」又是什麼？他想給我什麼留言嗎？他想讓我轉告他唯一相依為命的妹妹什麼話嗎？那他可以寫信告訴妹妹呀？……我一直在猜想他究竟要和我商量一件什麼事？——至今我都無法明白，或許這已經成了我一生困惑的謎。

這裡不得不提及一點，我在林彪事件後被徹底改變了。林彪事件動搖了我要解放全人類三分之二生活在水深火熱中的人民的理想和信念，文化大革命的中國從此在我心目中開始怪異和荒誕，並從此定格，改變了我的價值觀和思維方式。由此我常常想起這個我在黑龍江兵團認識的知青反革命，想起這個最後一面以蔑視我而讓我又一次被震動的上海知青反革命。那是我離開二十二團（出院後已經從連隊調到了團部中學）要調往二十八團去和六連戰友告別時發生的事。

那天天氣晴朗，一望無際白雪皚皚。我的棉膠鞋踩在雪地上，「哢嚓、哢嚓」響，快接近六連大門時，我聽見鐵鎬刨冰的聲音，往聲音尋去，只見一個剃光了頭的人，穿一件球衣在使勁砸架空的廁所底下的糞冰柱（在北大荒，拉的屎很快就凍住形成糞冰柱，不砸掉就會高過坑沿，無法再蹲下去方便）。他儘管背朝連隊大門，但我從側面還是認出了是他，我的腳步猶豫停了一下又往前走去，走過了他的身後，這時我聽到他停下了鎬子，我回頭看到他拿起放在雪地上的軍棉衣，搭在肩上，一手提起鎬子，從我身後走過來，我終身難忘他在走過我身邊時，一言不發只是極其輕蔑地掃了我一眼，沒有停下腳步徑直不緊不慢地向前走去。

一剎那，我忽然感到心中掠過一種前所未有的空蕩蕩和說不清的苦澀滋味：——今天我想這大概應該屬於一種內疚的情感吧。因為在他蔑視我的目光中，以後我讀到的是一種羞於面對又不得不面對的譴責和痛心，以後我逐漸才慢慢明白了，當時的生存處境讓他絕望了，他以這樣一種藝術型的犯罪和調侃式的戲劇過程認罪來書寫他的兵團人生，按今天的認知，實在是一種無奈青春的黑色幽默，因為既然青春已經被那個荒誕的歷史時代給黑了。

所以他視我為妹妹其實在他是在一種絕望的生存處境中的莫大自我安慰，也是一種通過移情來進行自我心理調節的方式。而我在那種極左或極端的意識形態的洗腦下，將人性中最純淨的友愛之情感視作最骯髒的並歸推給資產階級所屬，由此將人性中的最具脈脈溫情特徵的本質拒之千里，簡直愚昧到不齒於為人的地步了。這就是當時那個時代烙在大多數像我那樣的知青或中國許多人精神上的歷史之邪惡印記。我一輩子無法抹去，因為它存在過，而且不僅僅只屬於個人記憶。

以後我通過瞭解知道他因為認罪態度好，自我反省深刻只被判了五年，暫時在連隊勞動改造。以後我去了二十八團後他的情況就不得而知了。但我想他一九七〇年被判五年，一九七五年才能成為「自由人」，那他一九七五年才能探親見到他的妹妹，如果服刑期間沒有節外生枝的話。這一生我要始終遙祝這一對兄妹能夠團聚和幸福。

第二節　想念親人與探親假的故意刁難

震驚中外的林彪乘飛機外逃、摔死在蒙古的溫都爾汗的「913」事件，使上山下鄉人數已經超過千萬的知青，不得不冷靜思考著自己的前途命運。當狂熱的詩意激情在荒蠻而陌生的現實面前冷凝之後，他們明白了自己只是一個被謊言欺騙，集體放逐的特殊群體。

這些在「文化大革命」之中心理素質和知識基礎普遍貧血，但卻受過現代工業化城市文明浸淫的青年，無論如何「滾一身泥巴」，也培養不出最高領袖所希翼他們那種崇拜農民大爺大娘的樸素感情，況且他們大多數人到了青春成熟年齡。

探親，回家看望爸爸媽媽，看望自己的家鄉親人，就成了知青最渴望，最幸福，也是下鄉生活中的頭等大事。然而，在上山下鄉期間，知青最耽心和害怕的事，莫過於那些掌管審批探家權的領導故意刁難不批假或借機勒索。

海南兵團知青Y說：……自到了農場後我已是連續第五個春節沒在家和父母一起過了。這一年的年初，家裡來信說遠在外省工作的哥哥要在婚前帶我那未來嫂子回家見見父母及在廣州過年，讓我也申請探家，因為錯過了這次機會，在那年代，想再和外省的嫂子見一面不知要等到猴年馬月。有了這麼個不需編造的硬理由，沒理由不批吧？

報告由指導員遞上團部，卻沒批下來，我問為什麼不批？指導員說，團部要求基層幹部春節值班，不能探親。這是什麼道理，除我之外，其他正副職都是有家室的，天天都在連隊，天天都在看著「家」呢。我窩著一肚子氣又沒處撒，心想，你不讓我探家我也不會值班！於是春節三天的假期，我跑到場部附近好友的連隊玩了二天過了一夜，事後也沒把我怎麼著。

節後一二天，又通知我探親假批下來了，這叫什麼事？「混蛋！在故意克我呢！」我心裡罵著，立馬就去買票啟程了，好歹趕到家，哥嫂倆第二天就要走了，與未來嫂子總算見上一面。與她的第二次見面，已是改革開放後的一九八二年春節了。

知青lixiaoying在〈探家〉一文中述說：來海南島五年了，還未輪到我探家，雖說同學之間的情誼幫助我們減輕了對家的思念，但心中對奶奶和父母兄妹的思念仍像斬不斷的流水，綿綿不絕每天咬著我的心弦。

請假探親，對於我們這些十六七歲就離開廣州來到崇山峻嶺的人來說，竟然是那麼難以開口。在節假日不加班不正常的那些日子裡，想休息一個整天都是奢侈的白日夢。想連續休息十多天，那幸福的感覺就像今天考上了大學或評上了職稱或找到一份好工作……懷著幸福總是與我無緣的自卑感，我壓抑著自己請假探親的欲望。

家裡來信，說奶奶病重快不行了。家裡人從不會撒謊，絕不會想我們回家就編出這樣的家書。奶奶是個吃了不少苦的人，想起奶奶我的心就痛。當年她把三個兒女全部送去參加抗日遊擊隊，那時我的小姑姑才10歲。當然那不是奶奶的主意，而是小姑姑要跟著我爸爸去抗日，奶奶只能村口相送。

解放後，運動多，爸爸歷次運動都有麻煩。在我小學三年級的時候，父母下放海南島，是奶奶與我們五兄妹相依為命。糧食不夠，她吃野菜也要讓我們吃飽。文革期間，爸爸被關押，奶奶像瘋了似的在街上游遊蕩蕩。她不明白為什麼老不顧家一心撲在工作上的爸爸會反黨反革命。我和姐姐到海南島時，父母還在牛棚內出不來，奶奶把家裡唯一好吃的東西——一瓶白沙糖塞進我的藤箱，那成了我捨不得吃的寶貝。現在奶奶快不行了，天塌下來我也得請假探親！

下午收工後，我和姐姐勇敢地向場部進發。我所在的大豐農場八連要淌過一道水壩，還要走過一段很長的膠林，白天都有些可怕，天很快就黑了，為了請假，這些算不得什麼。

當時農場已被部隊接管，領導我們的是現役軍人。雖說我最喜歡的爸爸照片就是穿著軍裝的，可我對穿著軍裝的團部領導實在沒有好感。他們高高在上，俯視著我們這些「可以教育好的子女」。我從來沒見過他們下連隊勞動，但是他們到連隊視察的時候，連隊必須把菜苗也拔下來讓他們嘗鮮。

現在回想起來，我想他們當時一定也十分委屈被派駐海南島，飄洋過海深入黎村苗寨，做那些完全陌生的工作，與毫不相干的農場工人、知識青年打交道。有誰想到在部隊會遇上這樣的工作。為了出成績，農場原本的規定必須破除，什麼隔天割膠，下雨天不割膠這些規定全部見鬼去吧，兵團戰士就是能出奇跡，下雨天也可以割兩次。原始森林要全部變成膠林，防風帶要改造，豬場就建在無法種植物的窪地……

據說請假必須由參謀長批准，經打聽，我們站在了參謀長家門前。壯著膽，我們小心奕奕地敲門。「找誰啊？」「找參謀長。」「參謀長不在家。」「他什麼時候回來啊？「」十時左右吧。」「那我們在門口等他。」十點到了，參謀長還沒回家。天真冷啊，還下起了大雨。天是越來越黑了，怎麼辦呢？今晚睡在哪呢？明早4時還要準時割膠啊。

突然，參謀長家門開了，有個人出來吐了口口水，我往裡看，看到參謀長在裡面正與幾個人在打牌。門又關上了，我感到一陣委屈，但不能請不到假就這樣灰溜溜地回去啊。我不甘心，勇敢地又敲了敲門。裡面問有什麼事啊，我把要探家的理由說了一遍。過了好久，終於有個人出來說：「不批。現在正是大忙的時候，誰都說要探家，活誰幹啊。」不由我們分辨，門又關上了。

我氣壞了，真想破口大罵。但還是忍了，誰叫你在他領導下呢？難道想永遠都不探家嗎？看來是不可能得到開恩的了，誰叫知青的地位與勞改犯差不多呢。當晚，我們往回趕了一個小時的黑路，沒有耽誤割膠時間。

幾天後，團部接到上級通知，要讓我們姐妹倆探家。原來，父母找了關係做了一些工作，探家的事才得以順利解決。這次不用我們請假場部主動通知我們趕緊回家。為此，有同事問我奶奶是不是老革命，才能得到這樣的重視。

我和姐姐花幾個月工資買了飛機票趕回家，進得家門，得知奶奶已經在前天過世，臨前死還喊著我們的名字。抱著奶奶的骨灰，我哭了。「奶奶，我終於來看你了，你永遠會在我的夢中出現。」

知青gzlfb憤然道：〈探家〉讀來沉痛，文字卻無一點矯飾。小瑛的職業是寫字，但這篇文字已突破記者水平，是回歸沉靜的平實，是平實中的力量。我也曾被這一類參謀長逼得在司令部門口大哭，那傢伙卻在裡面和一夥女人談笑風生。當時連動刀子的心都有。

知青tianyadong深有體會地說：我在武裝連當班長時，可能因為要求探家的太多了，連裡出了個絕招，將上級給的探家名額分配給各班，各班討論後上報，一個討論會開成了訴苦會，要求探家者家境一個比一個慘，怎麼排，一些人還是給支到了下一年，散了會就有人罵罵咧咧地摔板凳，倒楣的是我們這些班長，成了出氣筒。

如今想來，知青這種違心的謊言實在是出於無奈。知青天涯孤客回憶說，我的第一次探家也是「出術」才爭取到的，兩年多了還不批我探家。一次，暴雨大水沖走公家木料，我在打撈時被捲入水下，沖了兩百多米，碰上一條橫倒在水中的大樹，然後才爬得起來。眼鏡丟了，於是將計就計，說是要回廣州配眼鏡，不然就幹不了活，這才迫使隊長批了假。

第三節　擅自爬車回城探家的瘋狂舉動

因為無法得到領導的恩准，一些知青只好鋌而走險，擅自爬車回城探家，知青海河浪花在〈勝利大逃亡〉講述：剛到農場的日子真是太難熬了：繁重的勞動，難咽的伙食，無休止的批判……用度日如年來形容，一點也不過分。但再難熬，日子一天一天的也在過著。

春夏秋冬，日出日落，說話到農場有一年多了，另一種比幹活，比批判更折磨人的東西在每個人的心頭愈演愈烈，那就是——想家了！有時想得五臟六腑像貓在抓。雖然國家有探親假的制度，但那不是給我們制定的，我們是什麼人？接受再教育的！比勞改好不了多少！要想從連裡得到回家的『恩旨』真比登天還難，說句不好聽的，除非家裡死了人！看來，除了忍耐再忍耐，似乎沒有別的辦法了。

一天早上，忽然傳來一個把大家都「震」住了的消息：八班的何其華逃跑了！（這是芭蕾舞校僅有的一個班）連裡的氣氛陡然緊張起來。大家震驚之餘，也興奮著，暗暗為她的大膽叫好，也為她一旦被抓回來的後果擔心，大家都緊張的關注著連裡的動向。而解放軍則如臨大敵，分幾路人馬從新城，小站，葛沽圍追堵截。但別看他們在我們面前神氣，其實他們的勢力範圍有限，土八路一個，一出連隊就什麼摺都沒有了，到了天黑，一個個垂頭喪氣的回來了。看來第一例逃亡以勝利而告終！聽說解放軍後來還曾派人到北京蹲堵，但以我們這些人的智商，他們哪是對手，均薷薷的無功而返了。

俗話說，榜樣的力量是無窮的！有了成功的例子，很多人在心裡暗暗打起了小算盤。儘管連裡加強了戒備，但陸陸續續逃跑的人越來越多：JI，LXH，HNS…連我們11班的副班長，一向的好學生LFL都跑了。當然大家各有各的原因，後來，終於輪到我了。

那天接到男朋友的信，他從新疆探親回來，當然希望我回去而不是他到連裡來，我猶豫了半天，去連部以我奶奶生病的理由要求探親，結果是不用想的：「不准！」這可就別怪我了，我已作到「先禮後兵了」！剩下的只有一條路——逃跑！

下定了決心，悄悄和要好的同學CYM打了招呼並一起商量具體的計畫，得有個內應不是？時間選定在凌晨4點半，那是天最黑的時候，是大家睡的最沉的時候，當然也是哨兵最困的時候。關鍵還在於6點起床，有半個小時的梳洗上廁所時間，誰也不會去數人，況且還有C給我打馬虎眼！等6點半出操，班裡發覺少了人，再報告連部，我正好到達小站並坐上了頭班車！東西一點都不能帶，只能裝點錢，這樣即使在院子裡碰到哨兵，也以為我去上廁所——這個地方離我們的宿舍那麼那麼遠，要橫跨整個營房，在營房的最邊上！

當晚，我借了手錶放在床頭。緊張的一夜沒敢睡，一會兒看看表，一會聽聽同學是否都睡著了。終於熬到了4點20，悄悄的起了床，摸到門口，回頭看看，大家依然沉睡，只有C似乎動了一下，看來她也沒睡好。走到院子裡，看看四周，果然不見哨兵的影子，估計是找個地方打盹去了。到底是做賊心虛，雖然不見人，仍然是緊張的大氣都不敢出，生怕哨兵不知會從哪裡竄出來。到了廁所，一頭鑽了進去，當肯定裡面一個人都沒有，才鬆了口氣。小心的在裡面等了五分鐘，一直豎著耳朵聽外面的動靜。當再次確定安全後，迅速的衝了出來。一頭紮進了濃濃的黑夜中。

那夜色，陰沈沈的黑極了，周圍是荒野，一點燈火也看不到，伸手不見五指，黑的令人窒息。天空中似有似無的飄著細細的雨絲，道路又濕又滑，我深一腳，淺一腳，跌跌撞撞不顧一切的向前跑。時不時的停下回頭張望，側耳細聽，看是否有追兵在後面。腳下是坑坑窪窪的土路，或是田間的羊腸小路，有時甚至要走田埂，好幾次差點栽到溝裡，但這時已經什麼都顧不上了，心裡只有一個念頭：快點，再快點！

跑了近兩個小時，好不容易，小站鎮就在眼前，頭班車也已到位。買了票，卻不敢上車，找了個僻靜的旮旯躲起來，警惕的四面查看，一直到開車的前半分鐘，確定沒有追捕者的身影，才衝刺一般跳上了車。車門在身後啪的一聲關上，發動機響了，緩緩的駛離了車站，我的心才算放下了一半。但一路上我仍然不時回頭張望，一有汽車開近，心就提到嗓子眼兒，蹦蹦的幾乎要跳出來！

終於到了天津，沒敢去應該去的東站，選擇了偏僻的北站。誰知剛進站臺，迎頭碰上一個解放軍，他上下打量了我一下，伸手示意讓我站住，我的頭「嗡」的一下，心裡剎時像結了冰：「難道連裡的電話已打到這裡？難道就這麼功虧一簣了？腦海裡閃現出我被押回連隊的難堪景象……」

說話間，那個解放軍已走到我面前，他敬了個禮，和氣的問：「你有票嗎？」「票?!」我一楞，隨即鎮靜下來，若無其事的拿出車票，他仔細的看了看，又狐疑的看了看我，揮手放行了！我強壓住要跳出來的心，儘量慢慢的走進車廂，再一次確認他沒有跟上來，才有時間打量一下自己，明白了，一夜的奔波，我是蓬頭垢面，衣服上，特別是褲子和鞋子上濺滿泥點，他把我當成逃票的了！不是逃跑的！車輪終於轉動了，我的心徹底放下來，歡愉和激動的心情就像逃跑的黑奴跨過了南北分界線！

在北京的日子是歡樂的，更是短暫的，總要面對回去的問題。私自逃跑已是一大罪，如果膽敢滯留北京不回去，那就是罪上加罪了，回去肯定是要做檢查的，那倒沒什麼，小菜一碟！但在眾目睽睽，指指點點中進入連隊，總是有些難看和尷尬。於是我串聯和遊說先期逃回北京的人結伴一起回連隊。不能說人多力量大，起碼人多膽壯！HNS，LFL，還有兩個我忘了是誰，決定一起回！進入連隊的時間定在晚上6點，那時大家都在吃飯，操場上肯定沒人，我們可以人不知鬼不覺的潛回連隊！計畫完美的實施了，我們各自溜進了自己的宿舍，沒有一個人看見！怎麼樣，本人有點戰術天才吧？來去的小『點兒』掐的多準！

放下行李，按照事先計畫好的，我們一個一個主動去找排長談話，「深刻檢查」，力求「寬大處理」。我們三排長是解放軍裡最壞的，一雙賊兮兮的小眼，一口地道的山西話。曾有很長時間，他老是色咪咪的盯著我，老要找我談話，而我總是把頭盡可能的藏到大棉帽下。一聲不吭。幾次軟釘子後，他看我如此「不識抬舉」，才放棄了把我培養成「改造標兵」的念頭。現在我送上門來了，他豈能放過這大好機會，自然是口沫橫飛滔滔不絕，而我一天奔波下來，就差沒在那兒做夢了！

過了幾天，連裡決定讓逃跑的人來次大檢查，但逃跑的人太多了，只好分班進行。在班裡檢查？太好了，我們幾個就差沒歡呼了，因為我們11班逃跑的人竟然占了一半！有幾個逃跑的，正好才有幾個批判的。所以這個檢查會開的別提多輕鬆了：我們嘻嘻哈哈高高興興的念著檢查，那幾個沒跑的哼哼唧唧不疼不癢的批判著，更絕的是，YHM居然悄悄在後面把帶來的椰子喝乾淨後，用小刀把椰肉切成小塊兒，挨個兒遞給大家！把排長氣的鼻子不是鼻子眼睛不是眼睛，卻也只能裝聾作啞，最後不鹹不淡的來了幾句草草收了場，我們就這樣輕易過關了！你們說我們的逃跑是不是該冠以「勝利」二字？

北大荒知青曹偉偉在〈雪地大逃亡〉中講述：上世紀一九六九年下半年，我們這批十七、八歲的毛孩子，為響應毛主席號召來到北大荒，開始了知青生涯，嘗到了遠離父母的艱辛。

「每逢佳節倍思親」。那年中秋後緊接著就是國慶日，是我們最想家的時候。連隊放假，總算不用下地幹活了，食堂也改善伙食。吃的是自己種的土豆、白菜、豬肉燉粉條，喝的是酒房燒制的苞米二鍋頭。我是頭一回喝白酒，烈酒咽在喉嚨裡辣火火的，小半碗下肚，我立馬成了關公臉，幾巡下來腦袋已經暈暈乎乎。很快大夥兒就造得溝滿壕平。回到宿舍後十多人一鋪大炕，乘著酒興聊起了上海的日子，特別是紅燒肉、芋艿老鴨湯、大閘蟹等上海吃食是那樣誘人，嗓門就一個比一個響。待到這興奮的吵鬧聲剛剛平息下來，卻聽到從女生宿舍傳來一陣陣嚶嚶的哭聲，頓時我們這裡變得死一般寂靜，那悲戚的哭聲，叫人心裡得慌，不一會兒，我們室內有人附和著也響起了聲聲抽泣，很快傳染到整個屋子，終於引發了一場號啕大哭。常言道：男兒有淚不輕彈，只是未到傷心處。我算是心腸較硬的，但聽到這四處此起彼落的哭聲，想起這段日子的艱難和遠離父母的孤獨，不由也鼻子發酸，傷心起來，加入了大合唱的行列。

寒冬來了，北風呼嘯，氣溫已是零下三、四十度。冬天吃兩頓飯，沒有風雪依然要出工，到場院瓣苞米，或是掄鐵鎬刨糞。三點多鐘吃完晚飯，戰友們聚在一起談起上海的往事、兒時的憧憬、理想前途，都已付之東流，正如流行在知青之中的《南京之歌》：「告別了媽媽，告別了家鄉，金色的學生時代呀，就伴隨著青春的逝去一去不復返，未來的生活是多麼艱難多麼漫長……」不由更加傷感，思鄉之情愈發濃重。

近期不時傳來別的分場知青已開始逃離回城的消息，逃跑之風很快四處蔓延開來。總場已在場部和龍鎮火車站設立了「紅哨兵」檢查站，盤查外出的車輛人員，有通行證的才能放行。由於中蘇邊境形勢緊張，我們也時常半夜緊急集合，打起背包沿著公路跑一圈，回到寢室又冷又餓，這不是折騰人嗎？大家滿腹牢騷，於是，多在醞釀逃回上海的計畫。

可是要逃回上海談何容易，那年月交通極其落後，從農場到上海起碼要三四天時間，囊中羞澀，只能逃票；單單過龍鎮關卡就不是件容易的事，如果被抓住押回分場，開個批鬥會或者給個處分是完全可能的。然而，這些顧慮都被迫切的思鄉之情所取代。我們串連了近二十個戰友，鐵了心要逃回上海，時間定在兩天後晚上，在分場外的公路上匯合。在這兩天裡做好了一切逃離的準備工作。

行動開始了。這天晚上我吃了四隻饅頭，一大碗土豆湯。考慮到輕裝上陣，儘量少背東西，我把要在上海穿的衣服都穿在身上：上身兩件棉毛衫，兩件海魂衫，再加兩件襯衫，一件衛生絨衫，外面是知青綠軍棉襖，下身穿三條短褲、兩條棉毛褲，一條絨褲，外面是棉褲，頭帶狗皮帽，腳穿棉膠鞋，可謂全副武裝。僅有的三張十元大鈔，捲成一小捲，塞進牙膏底部，藏在馬桶包內的小口袋。身邊內衣袋則放了四元錢，以備路上開銷。

我們等到9點柴油發電機停止發電了，整個分場籠罩在極度黑暗中的時候，一個個溜出宿舍，快速向集合處跑去。大家都默不作聲，彼此點點頭，算打個招呼，清點一下人數，共十八人。不知誰說了一聲「開路！」我們一行人便冒著零下四十度的嚴寒，嚓嚓地踩著雪，摸黑向場部方向走去。我想到是在為自己爭取幸福，內心充滿了昂揚激情。

六分場離場部八裡地，剛行進了二裡多路，就發現前方車燈晃動，有一輛車迎面駛來。我叫了聲「隱蔽！」大夥兒立馬散開到兩旁的路溝裡。溝裡的積雪有半人多深，趴在裡面是很難被發現的，但心裡仍怦怦亂跳。不一會，一輛解放牌大卡車風馳電掣在我們眼前駛過，雪粉四揚。之後大家陸陸續續爬出路溝，回到公路上，一點人數，少了兩人，只聽見不遠兩個同伴陷在積雪裡直叫喚，雪太深，爬不上來，我們跑過去，費勁地把他倆一一拽出路溝。後來一路上類似的情況重現過幾次，我們有車必躲，那種提心吊膽的情景至今還記得很清楚。

走了一個多小時到了場部。幾天前我們就有人探過路，探明在引龍河橋邊有「紅哨兵」的卡子，二十四小時有人站崗，橋上是過不去的，必須繞道走。於是我們就從工業隊邊上繞了幾里路，從冰封的引龍河面上走過了河。過河的時候，我們都特別緊張，因為河面在星光下反射著灰白的光，一行黑影在冰上行走，特別顯眼，如果民兵往這裡瞅來，一定會被發現，那一切都玩完了。

繞了幾里路，避開哨卡過了河，回到了通往龍鎮的公路上，我們的心情放鬆了不少。這裡到龍鎮還有二十多裡地，我們都有點累了，但我們每個人都在想，走一步就離上海離父母近了一步，想到再過幾天就能回到父母身邊，這一路上吃多大的苦也值了。沿著公路又走了二個多小時，前方閃爍著一抹燈光，那就是龍鎮了。

到了鎮上，已過午夜時分，靜悄悄的，只有我們一行人走在街道上，腳步刷刷，不時傳來狗的狂吠聲。七彎八拐地，火車站就在眼前了。龍鎮火車站是個簡陋小站，每天只有幾趟短途列車，其中兩班到哈爾濱的客車，分別是上午8點多和晚上9點多到來，停個二十多分鐘，然後再開回哈爾濱。我們要乘的就是這趟車。但現在晚班車也早已經開走了，車站上冷冷清清，只有值班室和候車室亮著燈光。進入暖呼呼的候車室，大家你看我我看你，都哈哈大笑。每個人都像雪人，滿身是白白的霜雪，連眉毛鬍子上都掛滿了晶瑩的霜花。

暖和過來後大家就開始商議下一步的行動。最後認定明天上午不能在龍鎮上火車，因為明天在等火車時，場部的「紅哨兵」就會趕來候車室把我們統統抓回去，所以決定再繼續往前走一站路，到下一站蔡家崗車站等火車比較安全。想到蔡家崗離龍鎮有40多里路，比從六分場到龍鎮還要遠，好容易到了龍鎮，想歇歇手腳休息休息了，卻再要走更多的路，實在令人可怕。但為了回家，為了能成功的回上海，再大的苦也只能承受呀。大家默默的起身，走出候車室，沿著通向蔡家崗的公路，又開始了艱苦的跋涉。

凌晨是一天中氣溫最低的時候，寒風陣陣襲來，肚子早就餓癟了，褲子穿得太多，連尿尿都困難，露在寒風中的鼻子凍得生疼，需不時用手摩擦才能防止凍傷。就這樣有的同伴暴露在外的肌膚仍然凍掉了皮。道路坎坷，大夥都已筋疲力盡了，時不時有人給大家打氣：「快點走呀，前面就是蔡家崗，晚上就到哈爾濱，過幾天就到上海了，加把勁呀！」我們相互鼓勵，攙扶著繼續前進。天濛濛亮，我們一宵走了七十多裡冰雪之路，終於艱難到達了目的地——蔡家崗火車站，大夥兒不由高興得擊掌慶賀，把疲勞都暫時拋開在一邊了。

我們找了一家緊挨著火車站的小飯鋪，敲門進去，肚子早餓壞了，大夥吵吵叫老闆趕緊整點熱乎麵條墊巴墊巴，很快服務員端出來熱騰騰的炸醬麵。我們吃了一碗又一碗，填飽了肚子。看著天已大亮，我們興高采烈，好像已經坐上了火車回到了上海。

正在興奮中，忽然聽到外面有刺耳的剎車聲，有人拉開布簾子往外一看就驚叫起來：「不好了！場部『紅哨兵』來了！」我趕緊出外看，兩輛解放大卡車停在飯店門口，穿著軍棉衣戴著紅袖章的「紅哨兵」已把飯店圍住了，一個堵在門口的頭頭高聲喊叫著：「一個不要跑，統統上車回農場！」我們這些人頓時傻眼了，幾乎要軟癱下來。跑嗎？哪跑得了，就是有力氣也無法跑得過這些如狼似虎的武裝民兵，真是一點招都沒有。於是前功盡棄，只能可憐的羔羊似的，一個個低著腦袋沮喪地上了卡車，很快便被押回了分場。好在這幾天各分場逃跑的知青多如牛毛，我們又是集體行動一大幫人，法不責眾，所以被批評教育了一番，並沒過多的為難或處分我們。

這次無功而返對大家打擊很大，好幾天受挫感盤踞在心頭，揮之不去，但回家的信念依然強烈。有經驗的哈爾濱青年給我們出了不少主意。他們分析我們這次行動失敗的原因時說道：「像你們這樣一大群人都穿著綠棉襖綠大衣（統一發的服裝，成為上海知青的標識），目標實在太大了，不抓你們才怪呢，必須化整為零、化裝潛逃才行。」有高人指點，我們又蠢蠢欲動。

經過這次行動後，農場的幹部對知青的動向已非常注意，每天晚上熄燈後都要打著手電筒到各宿舍查點人頭，形勢對我們越來越不利。幾天後，我們做了更細緻的準備，很多方面都吸取教訓，進行了調整，服裝也換上了哈爾濱知青的黑棉襖，打扮得和當地「北佬」毫無兩樣。臨走時，為防止查夜查崗被發現，我們每個人的被褥照平時一樣鋪好，被子裡塞進不少東西，墊得胖鼓鼓的，做出我們仍在被窩裡睡覺的假像，盡可能延遲被察覺從而被追趕的時間。半夜12點，我們魚貫溜出分場，二十多人分別三、五個人一組，拉開距離，悄悄潛行，那神祕勁就像當年八路軍武工隊一樣。我們又一次踏上了逃跑返鄉之路。

一路上仍然小心翼翼，臥雪爬冰，避開哨卡。天亮時已到達龍鎮。在鎮上大家分散在各個飯店，飽餐一頓，等待上午九點多往哈爾濱的火車。八點半，火車徐徐進站，我們也陸陸續續靠近火車，只不過都在車廂的反面晃悠，利用車體遮擋住紅哨兵的視線，而因此車廂前人並不多，那些紅哨兵們都把注意力集中在車站的進口處。離開車還不到五分鐘時，我們同時從各節車廂的車輪下鑽過來，就像從地下突然冒出來一樣，紛紛從開著的車門竄上列車。剛登上車，火車就鳴號啟動了，紅哨兵們一下傻了眼，等反應過來，我們已在車廂裡向他們招手再見了，氣得他們直搖頭。其實我知道，他們中不少也是下鄉知青，也一樣想家，同是天涯淪落人，所以對我們不過是眼開眼閉而已，並不認真。

晚上七點多，列車順利到達哈爾濱站。下車後，我們不能出站，因為我們根本就沒有車票，從心底裡也沒打算過買票，無票者進出站是件麻煩事，所以我們就只能滯留在車站內，在縱橫交錯的鐵路邊上遊蕩，等待著57次開往上海的列車進站，直接上車。過了一個半小時，總算盼到了57次來了，站臺開始放人，我們混跡於旅客中上了車。八點四十五分，汽笛一聲長鳴，列車開動了，我們的心隨著滾滾的車輪澎湃激動，就彷彿已經回到了家一樣喜悅。沒有座位，只好擠在車廂連接處棲身。車廂暖和，渾身癢癢，懷疑長了蝨子，所以大家就說，回到上海第一件事就是到浴室好好洗個澡。也有的說，一到上海，叫母親燒頓紅燒肉解解饞。隨著列車顛簸晃動，疲憊不堪的我們都昏昏欲睡，很快便有人打起了呼嚕。

午夜，吉林省會長春到了，火車停靠十分鐘，上來的人很多，蜂擁而入，有一撥人我一看就是同類，火車一開，他們彼此間就說起了上海話，並問我們上哪裡去。「回上海！」我們回答。他們頓時驚愕萬分，說：「我們還以為你們是北佬呢。」相互聊了一會，才知道他們是插隊吉林延邊的上海知青，日子過得比我們還要慘，出工一天只有幾分錢，有的女生還倒欠生產隊的錢，延邊地區又都是朝鮮族人，語言不通，特欺生，經常發生不愉快的事件，有的女生還時常讓當地人欺負。說著說著，有兩個女知青眼圈紅了。類似遭遇在那個年代司空見慣，有誰來可憐我們知青呢？四十年過去了，我依然記得那幾張幼稚、迷茫、滿含淚水的臉。

火車剛過四平站，有一溜人匆匆從前面車廂趕過來，神色慌張：「查票的過來了！」我們聞聲也只好向後邊的車廂轉移。我們發現無票者越來越多，過道上擠滿了人，堵得水泄不通，好容易提著顆心挨到下一個車站昌圖車站，剛停車，我們就擠著下了車，並從站臺上跑到已查過票的前面車廂上車。一路上，用這樣的方法逃票，趕下擠上了好多趟，都順利躲過去了，只是到了濟南車站，終於被趕下車，並被押出站外。這時大家都已經精疲力盡了，不願再如此遭罪下去，就從濟南買了火車票，穩穩當當的坐車回上海。兩天後，我們終於踏上了日夜思念的上海的土地……

知青李偉民〈探親回家路的艱辛：夜逃、丟票、扒車〉中回憶：時間倒撥至一九七〇年一月，將逢春節，是我們這批知青離開家鄉後面臨的第一個春節。18歲左右的小青年第一次遠離家門，每逢佳節倍思親，我們很想家。當時雖有政策有明文規定：國營農場職工每年可以享受一次探親假。但不知什麼原因，卻沒有貫徹實施。我們曾經請過假可未准，想回家啊，怎辦？明的不行，就準備大膽暗地一走了之。

艱辛一：黑龍江冬日夜行記。幾個人一合計，在春節前的某日，趁夜深人靜、大家熟睡之際，悄悄的拖出早已準備好的小扒犁。7個人（有我、朱明興、於延來，其他幾個記不清了），一人至少一個旅行袋（估計個個裡面有黃豆、東北瓜子等），可憐的薄板釘子小扒犁頓時被壓趴。作罷，毫不猶豫，每人扛起自己行李，在冬夜的月光襯映下，踏著嘎吱作響地白雪，朝著28連東邊小路西建公社方向走去（因為走團部汽車站我們怕被攔截，）。途經西建水庫，在那水庫冰坡上，月光特別皎潔，四周一片寂靜，我印象特別深刻，只有我們孤零零地幾個黑影，也不知有誰或者誰摔倒了幾次，反正滑倒起來，滑倒再起……仗著年輕，扛著旅行袋（不像現在有雙肩背包，背起來那麼自然），大冬天伴著零下40多度寒冷天氣，夜行大約20里路，途中誰也沒有休息，誰也沒拉下……終於，在天亮前到達了連隊東南方向的西建汽車站，坐上了每天早晨僅有一班的長途汽車。

艱辛二：返滬途中沒錢丟票記。到達克山火車站，我們每人購了一張到上海的火車票，票價好像是36元的慢車統票。我們先到達哈爾濱三棵樹，在知青於延來後來的老丈人大老李安排的房間裡，大家熱熱乎乎地貓了一個晚上。也不知啥時候，臨出發前，突然我發現我的車票沒了，錢也沒了（也不知啥時候沒的），這突起的情況下沒有退步，打起精神，孤注一擲，準備混下去再說。一行7人在大老李的護送下，上了一列終點站為濟南的客車，一路上，在大家的證明或掩護下，躲過了幾次查票。至於一路上有沒有吃飯，吃得啥飯，是自己僅剩的幾個小錢解決的？還是噌大家的反正也記不清了。到達濟南，順利出站，準備侯車換乘一班由濟南開往上海的火車。

艱辛三：濟南狂奔扒車記。晚上，由濟南開往上海的列車開始檢票了，在檢票口我沒混進去，和檢票員商量也不見效，只能拜託朱明興他們把我行李先帶進去，必要時辛苦帶回上海。先前不讓我進去的那個檢票員隔著人堆遠遠大聲對我嚷嚷著，看得出他是在警告我別再搗亂的意思。沒有選擇，急中生智，趕緊奔下一樓，出候車室右拐，以我那時最快的速度，沒有目標，只有方向，順著車站圍牆馬路狂奔，我知道火車站附近必定有通勤門或跨越鐵軌的日常居民行走小道。也不知多少時間，只見一小門（肯定不是職工通勤門，因為如是通勤門肯定會有人值勤看守的。現想大概是交通便道把，如像現在建有橫跨鐵道的天橋我當時肯定沒戲了），進去，沒人喊讓我站住，再右拐，我深一腳淺一腳地沿著鐵軌朝著車站月臺方向狂奔，一切都是那麼的自然。

軌道縱橫交錯，天黑光線昏暗，我僅憑著交通信號燈能覆蓋的光亮，在枕木或是碎石渣道上朝著既定方向一步一跳或小跑著。大冬天穿著棉衣，忘了那時有沒有出汗或者當時我已大汗淋漓了，反正沒時間，也顧不得一切了，只知方向對，但到底還有多少路心裡不清楚（就像先前我是奔了多少路才找到這扇門的一樣不清楚），好在我拐進去的地方是客運區（現在想，假如那時拐進去的恰好是貨運區或要先經過貨運區才能到達客運區那就慘了），不久，遠遠聽見熟悉的車站廣播聲，接著終於看到燈光下的火車站台，也不知哪個站臺哪節列車？只見右方有一列客車緩緩駛離站臺，難道就是我正在尋找的、準備棄我而去的那趟車？沒有選擇，習慣和本能驅使我朝那趟車奔跑而去，跳上站臺……

茫然間，只聽到朱明興大叫「李偉民，跳上來，跳上來」，一陣驚喜和感激，沒有猶豫，跳上臨近那節車廂踏板（要是晚一分鐘，我不是站在站臺上，火車不是以這樣的速度出現，我肯定跳不上這踏板了）。一旦站穩，我拼命敲打車廂門，朱明興他們正好趕過來，列車員因才關上車門尚未離去，大概是聽了朱明興他們的解釋，好心腸的列車員打開了車門，途中還曾安排我在他的列車員休息室就坐。生平從來沒有有用這種方式上過火車，即使文化大革命中的「大串聯」也沒有。南京過後，怕上海出站檢票嚴格，向於延來借了5元錢，補辦了一張由南京到上海的車票。

經歷了這番探親回家艱辛之路，與父母姐妹在滬渡過了時間短暫的人生第19個春節，我還清楚記得，母親聽說我回來，在弄堂裡張開雙臂幫我拿下行李的情景，欣喜之情全然表露在臉上。此刻，我感激在我危難之時幫助我的朱明興等7位黑兄。

知青大雅在〈與豬同行〉的回城探親經歷更加驚心動魄：前一天剛決定回北京，傍晚，大雪就一團團的下起來。得趕快走，不然大雪封山就走不出去了。半年找不到書看，我會悶死的。

凌晨，摸黑從炕上爬起來。貼身穿上夏天幹活磨破的燈芯絨外衣，套上汗水漬白了的藍絨衣，再穿上四處露花的藍色平紋布棉襖棉褲（知青稱為「四面服」，暗指「四個面向」的知青政策），蹬上裡面絮著柔軟烏拉草的黑膠皮靰鞡，然後，用綠色綁腿把膝蓋以下認真地裹起來。綠色方頭巾裹上兩個玉米麵貼餅子，繫到棉襖與絨衣之間的腰上，棉襖外腰間再繫上一根草繩。斜挎草綠色挎包。戴上黃狗皮帽子，白羊皮手套。臨出門，從缸裡舀半瓢帶冰渣的井水，匆匆灌上兩口，差點凍炸了牙。

一開門，風捲著雪團猛地撲過來，打在僅露出的眼睛鼻子上，生疼生疼。第一口冷空氣像塊兒生鐵，梗在喉嚨口，硬硬的。估計零下三十度，大興安嶺的冬季，很平常。飄飄揚揚的雪花充滿了這個世界，將我置於其中，雪在腳下咯吱吱響，似乎受不了我的重壓。毫無疑問的是，風雪更加強大。我向公社走去，只幾十步，青年點的破草房就消失了，身後的腳印也消失了。風呼嘯漫捲，大雪迷蒙。整個世界混混沌沌的，人，那樣無奈，渺小，微不足道。此時，我無論如何也體味不到偉人詠雪時「江山如此多驕」的豪情，反倒覺得若違背天意，「死幾千萬人」是很容易的事，更加覺得人面對天，無論如何也偉大不起來。

公路從北向南穿過公社辦公地，是黃土與碎石夯成的土路。道班與郵局緊挨在路邊，按習慣，這就是「站」了。因為一夜大雪，面臨封山，是人們「貓冬」的時候了。「站」上只有我一個人，風雪中，時不時向北張望，心中唱著「西伯利亞白茫茫，無邊無際……在這裡，我就想起我的家。」那年，我21歲，體重160多，全身筋肉硬邦邦的，能扛250多斤重的鹽袋，上三級跳板的鹽囤。除了不敢想「前途」，日常生活中膽子還蠻大。因為下雪，昨夜跑在半路的汽車一定要在今天趕回旗裡，要不封在半路就慘了。所以，我認定今天有去旗裡的車。

大風剛把它撕碎的馬達聲拋給我，卡車就從雪幕上降下來。迷蒙中，紅藍色塊立即讓我明白，車開得不快，卻容不得我多想。當一陣風從面前帶過，隨著回捲的雪霧，三腳兩步躥上，伸手搭上後廂板，引體向上，一蹁腿就上去了。

人躺落在一張繩網上。網下是十幾頭豬。白的，黑的，只只都盯著這不速之客。車顛簸著，我墜著繩網左右晃悠，在豬背與豬肚皮之間來回撞擊著。如果沒有惡臭與冷風的刺激，晃不了幾下，我就會暈的。豬對撞擊似乎很反感，吭哧著，用長嘴拱我。我得保持平衡，又得轟豬，真是手忙腳亂。馬達重重地喘息，上坡了，車在雪路上慢慢地爬。我想，必須趕在車下坡之前坐穩才行。我發現，在靠近駕駛室的地方，繩網有一個較大的破洞，離我約1.5米遠。在晃悠的繩網上爬行，風刀雪劍中，豬嘴拱動著，才知道多麼艱難。當感覺背上濕唧唧冷颼颼的時候，我已經鑽過大洞，背靠駕駛室坐下了。

車越過岡頂，下坡了，越來越快。風雪刮過車頂，一部分又急捲回來，打在身上。不知是冷，還是車尾高，豬都向前擁過來，眼神是那樣冷漠，目中無人。我用手威脅它們，以保護人與畜牲間應有的距離感。儘管在我的生活中，這感覺早已微乎其微了。

風捲走身體的熱量，寒冷漸漸浸沒全身肌膚。當我體驗到寒冷從肌膚向關節，從四肢向胸腔逼近時，無法抵擋的恐懼摧毀了僅剩的那點兒人的尊嚴，不得不將求助的希望轉向即將進屠宰場的豬。我不再威脅它們，它們也友善的擁向我，擠得緊緊地。車兩旁隨路退去的柞木棵子越來越稀疏。開闊的草甸子旋轉著，近處的向後退去，遠處的好像要追上來。從地貌上看，到旗裡還要大約一小時。身體對抗寒冷的能力與時間成反比，腦子裡顯現的函數圖像，像死神逼近的軌跡。我心裡似乎越來越沒把握。

我坐在那裡，胸前兩隻豬頭，嘴呼哧出瞬間散去的熱氣。泔水味兒，青年點灶間的味道。莫名其妙，剛才急匆匆離開的地方，這時，卻突然強烈地吸引我，僅僅因為在那裡不會凍死而已。時間使我別無選擇，只能隨車繼續前行。

其實，公社革委會的探親證明已經開出好久。由於怕回家早了，引起北京街道的注意，天天半夜三更查戶口，搞得人心驚肉跳，所以才拖到今天。在呼倫貝爾的小山村，「貓冬」太難熬了。整整半年裡，上午九點半，老陽兒從東大岡有氣無力地露個臉，沿著南岡上沿，馬馬虎虎晃一趟，不到下午三點，村莊就沉沒在死寂的黑暗中。沒有燈光，沒有書讀，沒話可談。嚴寒逼人，狗伏在灶口，懶得吠一聲，人躺在炕上，瞪著空洞的大眼，什麼也看不見，也沒什麼可看。冷了，往灶坑裡加根棵子。餓了，往灶坑裡扔幾個土豆。靈魂似早已逃離，炕上似只有軀殼，日益膨脹的空虛太恐怖了。為逃避「貓冬」，能回家的都回家了。有父母沒家的，有家不能回的不得不留下。趕上一個人「貓冬」就更慘了。去年鄰村青年點裡的老白一人「貓冬」，還算幸運，他不知在什麼地方找到一本高等數學公式表。開春兒再見到他時，兩眼直不愣登的。滿嘴二階導，三重積分……問他什麼意思，說不知道，反正幾百個公式順背如流，讓我們聽得不寒而慄。

身上越來越冷。我的雙腿插在亂七八糟的豬蹄之間。幸虧豬都站著，為我略擋風寒。在我背後，真的是背靠背的地方，是另一個世界。也許，披著光板羊皮大氅的司機正抽著莫合煙，不時吱出強烈煙臭的黃色唾液。與他擠坐在一起的兩個姑娘，一邊捲著莫合煙，一邊愉快地與他調笑著，各尋所樂地動手動腳……那裡，沒有風雪，馬達的餘熱溫暖著他們。他們當然想不到，背後，緊貼著，一個，自認為，志向高遠的，北京知青，坐在，零下三十多度的，呼嘯的風雪中，與豬緊擁在一起……顫抖，越來越抖……幾次想敲駕駛室，讓他們知道我的存在。但是，這只能把無解的難題從我這裡傳給司機。祈禱吧，忍耐吧，隨遇而安吧。是的，隨遇而安，我想起了，今年初春，那頭大白豬，真是一劑安魂的良藥……

老馬懶洋洋地信步由韁……嘎吱吱……破車晃悠在轍溝裡，痛苦地呻吟著，還沒有散架的意思。合作化時代僅存的這匹老馬，在村裡享受「不得打罵」的特權，比「地富子女」（注：當時可隨意打罵的有地富反壞右、叛徒、特務、走資派、臭知識份子及他們的子女）強多了。因此我這趟「趕車」的活計，只剩下跟車的份兒了。裹著破棉襖，斜靠草料包半躺著，茫然地叼著一棵草。冬天似乎過去了，心中還留著對嚴寒的恐懼。隨著馬車的顛簸，我想起克雷洛夫寓言中破車上的瓦罐。心想，愛碎不碎吧，無所謂了。眼睛瞪著，看不見眼前，看到的，全是那日益久遠的，想甩也甩不開的思維斷片。

我操他媽的外調人員，一對兒又一對兒，大老遠的跑到這窮山溝，繼續革命。隔三岔五把我放進「歷史攪拌機」裡亂攪一氣，然後，得意地將我痛苦的精神汁液放進「路線分離機」中進行分析。那些思維就是被他們一次次絞榨強化的：出身，苦讀，苦練，白專，北大夢，康得，盧梭，黑格爾，狄德羅，馬克思，深邃，荒誕，做人，六六年，對聯，反抗，刺刀見紅，出身論，遇羅克，辦報，四三派，又辦報，五一六，軍訓團，批鬥，打罵，關押，審訊，逃亡，人保部，改造，外調……壓抑，壓抑，太壓抑了，不看了，不看了。再看，非他媽崩潰不可。在那段時間裡，這種情況經常出現，越是在伸手不見五指的草原之夜，眼前晃動的思維斷片越是攪得我不得安寧。我無法厘清各家「真理」與人性的相互爭鬥，更無法自救巨大漩渦中的被動人生。靜謐的小山村，健壯的軀殼內，靈魂的煎熬如火如荼，嘎吱吱，嘎吱吱……破車的呻吟，在曠野的反襯下，顯得有些張揚，把我拉回現實世界。

抬眼望去，緩慢起伏的草原，路，都被模模糊糊隱沒了。車道兩旁的草甸，陽光下，乍一看，似乎有點返青，定睛一看，還是一片灰黃。天地交會上，飄飄緲緲，拱動著春之氣。突然，路旁躥起一對「叫天子」，直直沖上半空，雙雙急速扇動翅膀，停在那裡，向曠野甩出一串清脆活潑的高音。大自然多麼仁慈寬厚呵，就在不經意間，給我心中點染了些許春意。

不知不覺，老馬破車緩緩上了坡頂，眼前冒出一座村莊。草房，馬架，間雜錯落在陽坡上。樺樹拌子立在草房周圍，形成院落。草房的牆，是用土坯壘的。土坯是用方鍬直接在草甸子裡切出來的，油黑油黑的本色。窗，就是兩個無遮無攔的方孔。馬架，在緩坡上突兀出個尖頂，尖頂下是個土坑，人住的。所有的頂都是暗黃色的烏拉草頂。村莊上空彌漫著淡奶色的煙霧，也許，這便是人煙。

村口，道旁，一個大泥坑，一口白色肥豬四肢舒展地臥在裡面。細眯雙眼，一拱一拱，吭吭地好愜意，似乎很滿意這春日的微醺，安逸得令人心羨。出於習慣，毛估一下，它足有五百多斤重，該宰了。蠢豬，離死不遠，在個臭泥坑裡，還這麼自得其樂，蠢透了！哎，話又說回來了……如果它稍有不蠢，偶然知道自己將不久於豬世，還能吞糟糠，樂口腹，臥泥坑而自娛嗎？如果它稍再聰明，知道人滿懷期望地培養它，是為早日宰它，吃它，恐怕痛苦得只剩骨頭架子了。不但辜負了人的培養，自己短暫的一生也不得快樂。既然命運操在人的手裡，何不活一天就糊吃悶睡隨遇而安一天呢？是啊，既然我一生下來命運就操在人家手裡，人家從小「培養你，再教育你」，何不更聰明一點，暫時學豬，「隨遇而安」呢？上天總是在需要的時候，及時地點撥我。大白豬，隨遇而安，真是一劑安魂的良藥……

「嘭」的一顛，一股強力重重地衝壓到胸前。恍惚遊走的魂，隨著被迫呼出的那口氣，回來了，我看見頂在胸前的豬臀。我想看看車到哪兒了，卻發現除了眼睛能動，其他都不能動。也許，我要凍死在同行者的前頭了。死亡的恐懼使剩餘能量集中到大腦。從車後的景物判斷，可能已到向陽大岡。下岡十五裡，就到旗「街」，似乎還有生的希望。

在顛簸中，豬臀挪開去。那是一頭母豬，對，那是母豬的生殖器……魂又開始飄忽……女人，沒碰過，聯手都沒碰過……什麼是愛，不知道，只有書上的文字堆砌……可惡的男校閹割了我的青春萌動……死神好像站在面前，我悲愴地質問它：在你的前面，為什麼沒有愛神?!難道莎翁說得不對，或許，神界的秩序也被「改造」了嗎？身體已凍得無力控制蓄之極久的悲憤……眼淚流出來……嚴寒把它封死在眼角，模糊，渾濁，光漸漸遠去了……

我醒來的時候，看見幾對星星在閃爍。哦，那是眼睛，在幾張滿是皺褶的臉上，定定地關注著。幾團哈氣衝過來……「活了?!」……我聽見了。淚水流向兩邊耳根。下面是鹿皮褥子，上面蓋著兩層羊皮勒勒。不冷了，一點兒力氣都沒有，腦子裡像湛藍清冷的天，沒有一絲雲。沒人告訴我，他做了什麼。沒人告訴我，他們做了什麼。只說，一天前，一個司機發現我和他運的豬擠在一起，眼睛還能動，就把我交給他們。他必須按時趕到屠宰廠。他走了。也許，我的同行者們正排在屠宰廠無可挽救地挨宰。因為，它們畢竟是豬。

在很長的日子裡，我不得不與豬同行，暫時像豬那樣，只吃不說，隨遇而安，強忍人家的風刀雪劍。但，只要靈魂尚在，人就是人，就不是豬，外在的專政、地位、金錢、謊言之類都不能擠走我的靈魂。當自由的星星閃爍時，我，活了。

這是發生在一九六九年冬天的事，我想儘量準確地表達出當初的情景感受。至今，還常有與豬同行的感覺，但與21歲時不同，我現在不會罵人了。

讀了作者這篇〈與豬同行〉的回城探親經歷，真是讓人後怕，如果不是作者捨棄骯髒，藉著豬的體溫取暖，肯定就會死在大雪紛飛的冬夜，變成魂遊異鄉的野鬼……

第四節　同情關愛知青探親的好心人們

由於知青在農村農場收入低，連自己溫飽都無法解決，他們在磳車爬車回城探家途中，往往會遇上許多不測，對此，社會上一些同情這些知青的好心人免不了會伸出援助之手。這些情景自然也讓知青們銘記在心，永志難忘。

網名「我很較真」在轉載一位姓名不詳的寧波知青的〈知青淚——記知青回家過年〉帖子回憶：一九七二年冬天，黑土地早已是白濛濛的一片，大田農閒了，北大荒的知青又開始湧動，像候鳥一樣，要回家過年，要回南方過年。

在哈爾濱的三棵樹車站，好不容易擠上直達上海的火車，是的，是擠上去的，哪一輛火車不是這樣？根據旅行常識，越是人多的車廂裡，自己待的位置一定要與餐車近一點，離廁所門近一點，否則長途跋涉誰也吃不消。果然，想找一個座位是想也不用想，有個地方能落腳就算不錯了，說得誇大一點，來一個緊急剎車，人都不會倒。我暗自在慶倖，總算擠上來了，車下不少知青還在往視窗中爬，還有許多女知青，焦急地待在火車下面，期盼著能上火車。我又暗自慶倖，在這樣擠的列車上，不可能檢票了，我是逃票的一員，在黑土地上辛辛苦苦幹了一年，工分可以講掙得比農民兄弟還多，全年刨去口糧錢，只分到98元錢，平均每個月下來，只有8元多一點的「工資」，除了回一趟寧波，還有一年的生活費全在這上頭了，我無能為力買火車票。

火車終於啟動了，喘著粗氣，轟隆隆地向南方奔馳而去。車窗外的景色一晃而過，人隨著車輪的節奏，早就昏沉沉的了，長時間的站著，二條腿已經麻了，說不清是誰靠著誰，是誰挨著誰，反正在那種情況下，不堅持也得堅持，堅持到底就是勝利。終於，火車越過了南京站，離上海不遠了，旅客們好像也開始清醒過來，天已放光，不少旅客不管人多人擠，硬是從人縫中慢慢地滲透過來，上廁所的上廁所，洗臉刷牙陸續不絕，反正都是排隊。

就在人的心情開始放鬆的時刻，最不願意發生的事終於發生了，廁所這一頭，靠著餐車的一頭，堵上了1名車廂乘務員，另一頭開始查票了，二頭都堵上了，還能有什麼辦法，甕中捉鱉，逆來順受慣了，該怎麼辦就怎麼辦，反正又得乖乖地進餐車這個「臨時審查點」了。

那一頭的查票人員快到我身邊了，突然從旁邊的廁所裡傳出一陣嚎啕大哭聲，與往常的相比反常了，有的逃票的，在查票之前，會抽空子躲到廁所裡，靜悄悄地不吱聲，沒有一個會像現在的廁所裡，傳出哭聲，還是那麼淒慘，那麼大聲，聽聲音是個女的。以階級鬥爭為綱的年月裡，乘警的警惕性是很高的，很快用鑰匙打開廁所門，猛的一下子衝進廁所裡，裡面就是一個嚎啕大哭的女知青，沒有其他人，狹小的車窗完好無損沒打開過，不像是有誰在廁所裡欺負過女知青。車警再三詢問，女知青除了哭，還是哭，哭得雙肩聳動，梨花帶雨，是真哭，哭得人心酸酸地。無奈之下，車警把這名女知青帶進了餐車，餐車就在旁邊，當然，作為無票乘客，我也被「請」進了餐車，沒關係，一餐車人，法不制眾，我也是從容以對。

一邊女知青仍在哭泣，換了個民警上前詢問，還是哭聲不停，聲聲淒涼。一邊逃票的，開始接受民警的盤查，當然了要補票要罰款。我在乘警的追查下，把身邊唯一的行李，一隻軍用挎包裡的東西全部拿出來，裡面除了一塊毛巾、一支牙膏、一支牙刷、一面小圓玻璃鏡子，再就是二包哈爾濱牌香煙，乘警搜完了我的所有口袋，兜裡除了一些零星角子，一無所有。幾個反復下來，都一樣，沒有「收穫」，五六個乘警也好像在意料之中，要求眾逃票的「坦白從寬」，一個乘警眼光瞟向我，無奈之下，我說起了黑龍江插隊的生活，每天2毛8分錢的工分，還只能幹七個月，平時連磨個苞米碴的磨米錢都沒有，還得喝鹽水當菜吃，都「坦白」出來了，我的口詞清楚，聲音宏亮，當然沒有一點虛偽，根本不可能造假，年輕的乘警不吱聲了，周邊的知青們頭低了下去，凡是逃票的，都是插隊的，插隊的知青命運都一樣，幾個女知青也已經抹開了眼淚。

我的聲音一大，旁邊原先在哭泣的女知青反而靜下來了，在1名女乘警再三勸慰下，那名女知青也說開了，原來她也是寧波知青叫黃沂明，看似男同胞的名字，可是含義很深，仍有三塊彈片沒取出來的父親是南下幹部，好像是個局級幹部，在文化大革命中，含怨屈死了，母親是沂蒙山區走出來的家庭婦女，在寧波沒有工作，生下來的唯一女兒，以沂蒙山和四明山取名叫沂明，可惜由於受父親的牽連，黃沂明也屬進入北大荒農場，每個月省吃儉用，總要及時地把錢彙到寧波家中，母親的生活費來源，完全依靠女兒了。

我從小喜歡看小說，看過《紅日》，也看過《鐵道遊擊隊》，知道山東沂蒙山是革命老區，無論在日本鬼子侵佔的年代裡，還是處在國民黨重點進攻歲月中，山東人民是做到了：最後一口糧食送給子弟兵，最後一塊布為解放軍做軍鞋，最後1名青壯年送上前線。黃沂明的爹媽至今沒有一個親人了，在抗日戰爭和解放戰爭中，夫婦倆的所有親人都已死在鬼子刺刀下或犧牲了，而今天一對沂蒙夫婦遭難了，她的唯一女兒也當了知青。

黃沂明用帶著哭音繼續說下去，原來，反正要回家了，這個月的工資沒有寄回去，準備隨身帶回家，為了防路上小偷，她小小心心地把所有的錢，全部放在貼身的小褲衩裡，剛才上廁所方便，一大意，等到自己發覺，所有的錢，已經從大便器的排泄孔中飛出去，飛光了。

人總是有感情的，中國人民最大的特點就是講「人緣」，絕對不是冰冷的金錢之上講「和諧」，更顯示社會主義大家庭的溫暖，且不去講黃沂明的父親是真走資派還是冤屈的，光是為了解放事業，沂蒙人民作出的巨大犧牲，光是她娘倆無依無靠，沒了生活費，眼看年也過不出了，走資派家屬的困境，大家都是心知肚明。

沉甸甸的心，不知道我的膽子是從哪裡來的，我從軍用挎包裡拿出一支牙膏，慢慢地站在餐車的就餐椅子上，眾多的眼光看著我，我又慢慢地打開手中的牙膏後尾，抽出一隻小尼龍袋，從袋中取出唯一的一張十元錢：「各位，天下知青是一家，大家搭一把手吧。」說完，我走下來，把錢放在黃沂明旁邊的餐桌上，又走到乘警身邊，看了看他，意思是隨你處理吧。乘警也傻了，逃票沒錢的變成在「捐款」了，又慢慢地發現眾多逃票的不知從哪裡變出戲法來，你十元，她五元的，默默地走到黃沂明的身邊，放下，無言，回身，餐車裡可安靜了。

我看到，1名女乘警，把求援的目光，投向這個乘警，瞟向那個乘警，終於，好像是一個當頭的說了：「各位知青朋友，我們也是職責所在，今天的場面確是很感動人，今天是一個特殊的例子，下不為例，請大家回車廂吧。」

一晃三十八年過去了，此情此景，總是常常在我的眼前浮現……

甘肅兵團農一團十七連知青王金華在〈當年知青回家太難了〉回憶：……那是一九六四年當年的我太認性、不聽媽媽的話，叛逆心強，毅然、決然地偷偷報名去了甘肅兵團，當看到那裡的環境生活條件格外艱苦時，追夢人兒一場空，夢醒了、一切都晚了。即來之、則安之、每日的超負荷勞作，飢餓是魔鬼，飢餓使人頭昏腦漲，再加上思念親人父母，兄弟姐妹一起湧上心頭，當年十六歲的少女真的淵潰了，後侮、自責、悲傷、無法用言語表達無奈、絕望中熬過了二個半年頭。

我們住在甘肅省玉門鎮的、一個偏遠的戈壁沙灘上，消息不靈通，原來是文化大革命的風暴刮到了我們那裡了，領導不知什麼原因放我們回家，一九六七年一月份領尋終於批准我回家探親，我好激動呀！馬上看見媽媽了，睡夢中都想回家看媽媽，可是又為難了，那裡有錢呀！沒有錢買車票怎麼辦呢？媽媽曾給我寄過一百元花的只剩八元了，當年大西北就404次火車通往北京、火車票當年是四十四元、對我來說那是一筆鉅款呀！

上那弄這麼多錢呀！沒錢、我也要走，甘肅的天氣在一月份時無比寒冷，滴水成冰，我們幾個人迎著黃風，細沙在臉上抽打、顧不得天寒地凍奔車站方向走去，我們連隊離車站五十多公里，還好遇上了善良的人了、好心人讓我們上了他的車帶我們去了火車站。玉門鎮是小站，上車不用票，我們在火車站凍的瑟瑟發抖，等了很久也不知過了多長時間、火車來了我們匆匆地上了火車，三角錢一份的盒飯我不敢買，怕列車員發現我有錢；喝水，更沒有碗、我這樣不吃也不喝，心裡也高興呀！再過二天就能看見媽媽了，我在車上又遇到了好心人，他看我吃飯時不買飯，後來被他發現了、給我買了飯又給我水喝，我心存感動，當時年幼也不懂的說聲謝謝。

半路上列車員查票，這下可我嚇壞了，欲哭無淚呀！怎麼辦呀！由於長年吃不飽身體沒有什麼肉，靈活，我急中生智鑽到座位底下，逃過了一劫又一劫，坐了兩天二夜的車，列車終於到了北京站了。

我隨著人流一起出站，列車員檢察票時我又被扣了，因為沒有買票，不讓我走呀！當時如五雷轟頂頭暈腦脹呀！我害怕呀！哭吧：哭啞了嗓子，哭幹了淚，我乞求他們放了我吧！我要回家！我要找媽媽，也許我的淚水打動了他們，他們發了善心，我又逃過劫、花二元九角補了一張開往天津的火車票。

無奈的舉動，狼狽的模樣，回到家媽媽原諒了我這不聽話的女兒，見到親人，我嚎啕大哭，哭出了分別後的思念，委屈，倒出了積壓在心中三年的苦水，提起當年上山下鄉的軍墾歲月，常人難以想像、我們心裡有多少無奈、坎坷、失望、絕望和屈辱……

與知青大雅遭遇不同的是，天空中的繁星在〈君小言的故事〉也回憶了一個感人的細節：……天氣已經很冷了，內蒙的農村冬天一般無事可做，男人們擔擔糞，女人們一般就在家裡炕頭上做些針線活。天氣一天比一天冷。老鄉告訴知青，冬天裡零下30多度，你們的棉衣過不了冬。褚書琴心裡牽掛還重病在床的媽媽，於是他先走了。褚書琴一走，大家都想家了。反正在這無事可做，又過不了冬，於是紛紛計畫著回家。但是從內蒙到天津路費在當時很可觀，大家手裡有一點錢也不捨得花，於是都計畫想辦法乘車不買票。

劉尊和他表哥搭伴兒先走了，還剩下7個人，兩個男生，5個女生。一天早晨，大家把箱子、行李都寄放在老鄉家之後就奔往火車站。村子距美岱召火車站35裡土路，沒有汽車。但是這沒關係，大家從小到大也沒離開過家，突然被迫來到這遙遠的荒蠻之地，心裡的難過無法形容，此時已歸心似箭。他們走在通往美岱召火車站的土路上，一路走一路聊天……

走到了大青山的腳下，美岱召車站也終於到了。美岱召車站是個很小的車站，只有最慢的火車在這個站停3分鐘，而且只有每天下午4點25分鐘來一趟車。現在離火車到來還早著呢，他們買了貝子吃起來，大家都餓了，兩毛五分錢一個的「貝子」是被當地老鄉稱為最好吃的食品，這種食品是將當地的胡麻油和在發麵團裡烤制而成，濃濃的胡麻油味道，非常獨特，香甜無比。

這群知青剛從窮山僻壤來到小小的車站，此時他們感覺小車站很繁華了，有好吃的貝子，有賣雞蛋的，還有一個小小的商店，但是他們僅用了10分鐘就逛完了。當他們走進候車室時，沒有誰打算買票，每一個人手裡的錢都是從全家人的伙食費裡省出來的，誰都不捨得輕易花掉，可是大家你看看我，我看看你，心裡卻沒底，如果在深更半夜被查出來把咱們推下火車怎麼辦？大家突然害怕了。張少維出主意：咱們先到呼和浩特站，呼和浩特是大站，肯定有貨車到北京，到了北京就好辦了。大家覺得這個主意可行。

四點半左右列車進站了，這種小火車站上車不查票，沒買票的知青們順利的上了車。火車非常擁擠，沒有座位，他們坐在了兩節車廂當中靠門的地板地上。君小言剛才還挺輕鬆的心情，這會兒又被抽緊了，看著來來回回的乘務員，心裡十分緊張，總感覺乘務員會突然走到面前找他們要車票。沒有人說話，甚至連大氣都不敢出，就這樣大家在忐忑不安中到了呼和浩特站。君小言深深的呼出一口氣，高興的和大家一起下了火車。

呼和浩特站確實是個大站，大片的鐵路軌道在月光下交錯有秩，發出點點亮光，蜿蜒的伸向遠方。這時君小言突然發現一輛貨車的車廂上畫著一個箭頭，箭頭的前面寫著「北京」，君小言驚呼了起來：「看！開往北京的！」大家都看見了，這是開往北京的貨車！大家不謀而合一起跑過去，圍繞著這輛貨車觀察起來：這是一輛運煤車，但也有封閉的車廂，其中一輛封閉車廂的門開著，大家向裡張望，裡面有人，只能走開。大家一直從車頭走到車的尾部，觀察到每個車皮的尾部有踏板，圍著踏板的上面有鋼管扶手，也就是說人如果站上去，用手扶住鋼管應該是不會掉下去的，上面站4個人沒有問題，於是大家決定分兩組，分別站在車廂尾部的「小平臺」上，明天就可以到北京了。

一九六九年十二月的內蒙古，北風呼嘯，君小言早把所有能禦寒的東西全都裹在了身上，當她爬上「小平臺」時，就感到事情有所不妙，站在火車下和爬到火車尾部「小平臺」的感覺是不一樣的，站在下面，雖然風大，由於人一直在活動感覺還好，一旦站到了「小平臺」上不動了，就感覺冷了，風也變得大了起來。君小言心裡犯嘀咕：行不行啊？可還沒等君小言心裡想明白，火車開了……

火車剛開始開得較慢，但是慢慢地就快了起來。君小言的耳邊風聲呼嘯，臉被風抽得疼痛起來，眼睛也睜不開了，最糟糕的是，感覺越來越冷，把著鋼管扶手的雙手凍得也有些僵硬了，雖然帶著棉手套，卻覺得棉手套根本不保暖，幾分鐘之後身體也感覺又僵又木，似乎過了很長時間，慢慢的，冷的感覺反而差了。不知道又過了多長時間，火車速度開始放慢，路經了第一個車站，君小言看見車站上有個戴硬殼帽的叔叔舉著紅色小旗拼命地晃，火車最終慢慢地停了下來。

君小言已經不覺得怎麼冷了。這時一個叔叔跑了過來，叔叔大概四十七八歲的樣子，瘦瘦的臉盤兒，焦急地使勁招手讓大家快下來，但是大家都不準備下車，叔叔竟然一邊抹著眼淚，一邊用手指向火車的最後一節小車廂，讓大家過去。大家這才明白，叔叔是讓大家到最後一節車廂去。君小言和同學們都高興極了，但這時身體已經都不太靈活了，畢竟他們可以到車廂裡面去了，這讓他們太興奮了，身體雖然有些僵硬，卻還是很快都爬下了「小平臺」。跟著叔叔向最後一節車廂走去。君小言看見叔叔悄悄地流著眼淚哭了……

叔叔把他們交給了車長，車長讓大家都坐下。車廂有些像城市裡老有軌電車的車廂，座位圍著車廂一圈兒，大家正好相對坐了兩排，當然車廂裡除了車長還有另外兩個人。叔叔看見同學們都坐好後，就又拜託車長多照顧。車長不愛說話，只是連連點頭，叔叔這才放心下了車。大家齊聲向叔叔道謝並再見。這時候的每一個被凍得慘白的臉頰都已經恢復了很多。

叔叔從來到走都沒有一句批評他們的話，但是叔叔那極度緊張的表情和那關愛的眼神、隱隱約約的眼淚讓大家都意識到他們當時處在極度的危險之中。君小言永遠也不會忘記那位不知姓名的叔叔，是叔叔救了他們！

乘坐在車廂裡，想著明天就能到北京了，大家高興極了。火車平穩地向著北京方向開去，放鬆下來的同學們都累了。沒一會兒，大家就都昏昏沉沉地睡著了。當大家醒來時，君小言從小窗望出去，陽光已經高高地照射到了地面……

是的，君小言說得沒錯，如果不是那位工作認真負責的鐵路員工發現這七位站在寒風刺骨「小平臺」的知青，那麼他們必定會因凍僵而命喪車輪之下。

類似的情景在二〇一一年一月二十五日，《貴州都市報》刊載了黃桂花采寫的〈42年前貴陽女知青獲助，那一碗麵條的恩

情〉也有記敘：「雖然42年過去了，但我現在都還記得那碗熱氣騰騰的麵條，以及麵條上那香噴噴的油辣椒……」昨日，61歲的貴陽市民劉阿姨委託本報幫她找尋42年前，在一個饑寒交迫的夜晚為她和2個姐妹煮麵條的恩人。

……那是一九六九年的大年初二，時年19歲的劉阿姨和2個姐妹從貴陽到天柱縣高釀公社富榮大隊當知青沒多久。熱鬧的團圓氛圍，讓3個女孩思鄉的心更甚。請了假，3人帶上簡單的行李前往天柱縣客車站，打算碰碰運氣，看看有沒有回貴陽的順風車。

等了一天，終於遇到一輛省林汽拉木料的汽車。3人高高興興坐上車，到了鎮遠縣城時，已是大年初四的中午。3人和汽車師傅分頭吃飯。到了約定的時間，3人在約定的地點卻沒有見到師傅。

事後，3人才知道，她們與師傅相約在橋頭見面，可鎮遠的橋太多，雙方不知道在哪裡錯過了。當時，3人的錢和行李都放在車上。事後，3姐妹商量了一下，決定從鎮遠走路到施秉縣再轉道黃平縣。

雖然天寒地凍，但年輕的姑娘們一路聊天、一路玩耍，時間倒也過得很快。天黑時，就已經走到施秉縣城。沒有錢，買不了東西，也無法住宿，飢餓疲勞一併襲來。3人看到路邊有一輛無人的貨車，車上有厚厚的稻草，便爬了上去，擠在一起蹲了一個通宵。

天亮後，3人在城裡轉了一圈，還是沒有碰到順風車。饑寒交迫之下，3人決定還是徒步走到黃平。這一路上，3人走得沒那麼開心了。饑寒交迫，讓3個姑娘的步子邁得一次比一次慢，相互間再也沒心思說笑談天。刺骨的寒風，也讓姑娘們身心俱冷。

到達黃平，天也黑了。3人費力地找到黃平縣客車站，在一個避風的角落蹲了下來。客車站裡空無一人，安靜的夜裡，只有不遠處一盞昏黃的燈在搖擺。身上的衣服沾滿了塵土，羊角辮散亂開來，白色的球鞋已辨不出原來的模樣。3個姑娘你看看我，我看看你，可憐巴巴地手握手，相互呵氣取暖。大約過了2個小時，遠遠傳來一陣腳步聲，3人害怕得擠成了一堆。這時，一束橘黃的燈光照到了她們的身上。

「他大概30歲，穿著藍色的制服，拿著手電筒，一臉和善。第一句話就是問我們為什麼在這裡。」這是劉阿姨對好心人的第一印象。

3個小姑娘立即站了起來，你一句我一句地把事情的原委說了一遍。於是，這名好心的大哥把3人帶到了車站值班室。坐在暖和的鐵爐子邊，值班室裡同樣是橘色的燈光，3人覺得格外暖和溫馨。大哥給她們每人煮了一大碗麵條，放上香噴噴的油辣椒。麵條還沒有端到面前，3人已是垂涎欲滴。三下五除二，一碗麵條就被吃了個底朝天。

「那是我吃過最好吃的麵條」，劉阿姨說，42年來，每吃一次麵條，她都會想到這位好心的大哥。

在溫暖的值班室待了一夜後，第二天，在大哥的幫助下，3人搭上了回貴陽的順風車。讓3人至今都還在後悔的是，當初忘了要好心大哥的聯繫方式，只知道他姓鍾，可能在黃平客車站上班。

「42年了，他的恩情我們一直沒有忘記。」劉阿姨說，她們委託本報尋找當年好心的大哥，還想去黃平，去看一看，掛念了42年的恩人……

河畔金柳在〈一封發往北京的接站電報——想念在哈爾濱火

車站工作的三位大叔〉中回憶：七一年的春天，家裡來了電報，說母親病重速歸。連長指導員等幾經討論終於批准我回京。離開家鄉北京的第一次探親，心情簡直無法形容，坐臥不安，一批來的同學，為我高興得流下眼淚，我也不知所措。戰友們千叮萬囑路上小心，畢竟一個不到20歲的姑娘一人回京，著實讓人放心不下。我什麼也不想，心早已飛回北京。

回北京帶些什麼呢？真不知要帶什麼！帶黃豆，不知是誰出了這麼一個主意，真的，帶黃豆，咱北京沒有，大粒黃、小粒黃都帶一些。於是，我向上海知青借了兩個旅行袋，北京的戰友也紛紛托我往家中帶，我全接收了。快200斤了啊！我自己的也就10幾斤，全都打包裝入旅行袋。師部的大公共汽車來了，幾個有勁的男同學幫我扛上了汽車，與同學、戰友揮淚再見！

到師部天已經擦黑，下車我就傻了眼，兩大旅行袋黃豆，怎麼拿啊！拿一個都拿不動，就別說兩個了！司機大叔幫我拿下車。我站在路邊，守著兩個旅行袋，舉目無親。經打聽，師部招待所離我最近，也就五六十米，於是我先托一個走幾米放下，回來再拖另一個，就這樣來回倒著拖到了師部招待所住下，等明天發往福利屯的汽車。

跟招待所的男同胞說好，他幫我把旅行袋放在車上。到了福利屯，如前景一樣，仍傻傻的站在路邊，不知所措……這時，過來三位中年人，看樣子像工人階級，其中一位挺親切的看著我問：「小姑娘，你這是上哪啊？」我不敢跟他們說實話，只說去哈爾濱。三位大叔說我跟他們是同路，於是幫我扛到了火車站，從小門進入站臺，上了開往哈爾濱的火車，在車上補了車票，把兩個旅行袋放在了位子底下，一切都安頓順利。我心懷感激地看著他們，彼此拉近了距離，與他們攀談起來。

原來他們三位都是哈爾濱火車站的鐵路職工，他們的子女和我一樣也在兵團，從離家到現在還沒有見過面，所以看見我，他們像看見了自己的孩子，為我倒水、買吃的，就像父親一樣……我忍不住流下了眼淚，一勁兒的謝謝他們！他們說，這是他們應該做的，還說聽口音知道我不是哈爾濱的，像北京人，我點點頭，告訴他們我是北京知青，第一次探親回家。於是三位大叔開始商量幫助我順利回京的辦法。

列車飛馳，很快到了哈爾濱，兩位大叔幫我扛旅行袋，一位大叔領著我來到一個辦公室，讓我在門外等著，隱隱約約聽見那位大叔在說：「這姑娘是我們家孩子在兵團一個連隊的戰友，就一個人回北京……聽到這，我心裡熱乎乎的，眼睛充滿淚水。一會兒，大叔拿著一張開往北京的火車票出來遞給我，和那兩位大叔一起送我上了火車。臨走，一位大叔說給我家拍封電報，要家人去接，東西太沉，沒人接哪行，我同意了，緊握大叔的手哭著與他們告別，再三的謝謝他們！到了北京，爸爸和哥哥、妹妹來接站，說是接到了電報。

多少年過去了，這件事同樣在我心中始終不能忘懷，經常對親人、孩子提起，那時候怎麼那麼傻，帶那麼多黃豆、三位大叔也沒問問人家姓名，拍電報也不知給人家錢！真是傻到家了！後來雖然有機會到哈爾濱火車站去打聽，但人家說，那個年月，家家差不多都有上兵團、農場的，沒姓名上哪兒去找啊！四十年過去了，三位大叔你們好嗎？我從心裡想念你們，感謝你們，祝你們健康、長壽！

與上述知青一樣，知青鈞霆奉天也講述了他〈第一次「逃跑」回家過春節〉，巧遇貴人相助的經歷：來到長水河農場八分場已經三個多月的時間，轉眼就要過春節了。春節，那是過年啊！長這麼大還沒有在外面過過年。過年回家，回家過年，好像成為每一個知青的最美好願望。可是分場能給假嗎？那時候和現在不一樣，春節放假，但是不准回家，要在當地過革命化春節。那些天，回家過年成了大家的日常話題。

二月十六日就是春節了，春節日益臨近，知青們一批一批地給自己放假了，也就是未經准假自己私自回家了。分場和連隊的領導把這種現象稱為是「逃跑」。分場的知青越來越少，終於有一天，我們幾個小夥伴忍不住了，「別人能回家，我們為什麼不能回家？我們也回家」。不知道是誰的建議，我們收拾了最簡單的行裝，匆忙上路。有車不能坐，因為分場沒有准假，我們只好步行。

從分場出發，走過十一里路是五分場；再走二十多里路是場部；再走十里路那是一分場；過了一分場十多里路就是二分場，只有走過二分場才算是走出了長水河農場。二分場有一個檢查站，因為長水河農場還有部分分場關押著勞改犯，所以進出人員是要檢查的。我們知青回家沒有准假條，檢查站是不能讓通過的。所以，必須繞過二分場的檢查站，否則，就可能被攔截。在冰天雪地裡繞了一大圈，多走了七八里路，我們又走上公路，向縣城方向前進。

「累了，休息一會吧」，不知是誰的建議，我們大家隨即坐在地上，算一算帳，已經走了七八十里路。我們這幫人年齡最大的只有十七歲，多數都是十五六歲，連續走這麼長的路，我們還都是第一次。我感到大腿根又酸又痛，坐下再也不想起來，恨不能趴在地上立即睡覺。一個叫王衡君的同學坐在地上，說什麼也不走了。好像韓立志、王久斌、倪志斌等幾位同學還挺精神，堅持繼續走。

天已經完全黑了，公路兩邊的樹林子被風吹得沙沙作響，偶爾傳出幾聲動物的叫聲，我們身上不禁打起寒戰兒，有些害怕；又有些疲勞；還有些餓；似乎有些後悔了，後悔不該一時衝動，採用這種方式回家。可是，已經走出來了，只有堅持下去。

又走了十多里路，我們來到二井子附近的一個農場，看到一座大房子有燈光，我們進去想討一點水喝，出來接待我們的是一個齊齊哈爾市知青，他得知我們的情況，立即報告了領導，在領導的安排下，我們吃了一頓熱氣騰騰的麵條，然後派人把我們送到了長水河農場駐二井子火車站辦事處。

出乎意料的是，辦事處領導並沒有把我們送回農場，而是安排我們休息睡覺。躺在招待所的被窩裡舒服地睡了一覺，第二天早晨，辦事處領導招待我們吃過早飯，然後送我們出門，還叮囑我們路上要注意安全。想是他把我們當作自己的孩子了吧?!一路上，真讓我們心裡溫暖感動不已……

第五節　勞累疲憊下沒病找病的知青們

由於所謂革命理想的破滅，再加上極度的勞累疲憊，一些知青開始沒病找病，以求能得到片刻的偷懶休閒。黑龍江兵團知青瀟灑在〈沒病找病，心想事成〉中講述：……當年荒原上，離家既久的荒友們充滿對小鍋菜的渴望。不僅多吃過幾年的老高中們想，年齡低了好幾歲的小六九們照樣想。艱苦的勞動生活中，長期聞不到令人思念的小鍋飄香，哪怕是一顆水靈靈細菜——比如黃瓜，都能輕輕攪動累壞了的人們的胃腸，引發出幻想。

……在被傳染上爆發型黃疸肝炎、症狀初現之際，五連的高醫生還沒把握確認，既沒開化驗單、也不敢決定送場部住院。

一位荒友卻早有睿智的洞察力，居然比醫生還有定見。在我吃不下東西、強抑噁心嘔吐斷斷續續上班時，這位荒友就人盯人般死死看住了我和香軟的「雞蛋麵」。在我眼中全無滋味的病號飯，饞壞了她，見我吃不下她卻總是見到了就吃，毫無顧忌。宿舍裡自個兒的洗漱用具棄置一旁，偏用我的杯子、臉盆，在食堂裡還抓我的碗用。一再警告下，她竟毫不在意，一字一頓地明確告訴我：就是想吃你的病號飯，就是想得病！於是，住院沒幾天，她也住進我的病房裡。遠離親娘的孩子終於有地兒撒撒嬌啦。累傻了的荒友，她終於不用幹活兒、終於頓頓吃上了病號飯。

那時，很多人心裡都盼著得病，尤其是被譽為「富貴病」的肝炎，成了一些人夢裡嘴裡的心心念念。這位荒友勇於踐行、心想事成，如願以終。謬論橫行年代，一些荒友腦海中翻騰著：「有什麼別有勁兒，沒什麼別沒肝炎病」。

一如既往、日日夜夜應付知青口味的，多是那連年累月的大鍋菜湯。一九六八年到一九七三年，正是全兵團連年虧損、最艱苦的那一段兒時間。兵團各個農場的冬歇慣例，也在數十萬知青紮堆兒來時，一總改為了大戰冰雪的反季冬忙。大忙時，荒友們白天黑夜撈不到喘息，尤其那一年鬧澇災、機器下不了地，水裡搶收糧食，體力透支、精神疲憊，一些困頓無助累倒累病的荒友，睡覺都能夢中哭醒，喊叫著想爹、想媽、想回家。

為了親口嘗一嘗「就是香」的小鍋菜，曾各顯神通的荒友們、沒病找病，也許並不只因為嘴饞。期間，可以想見，不僅我們五連、荒原上累壞了的眾多男女知識青年，為求得極度疲憊的身體稍獲喘息而窮極思變、八仙過海，還會有為了「小鍋飯」不惜捨身求病的。多少讓人想起解放前國統區逃避抓丁時有人自殘。

直到李先念七三年十月六日批示：「這個兵團的生產情況，真有些王小二過年，一年不如一年了。再不過問，恐怕要吃國家的糧食呢！」又過了一段時間，兵團的效益有所好轉。想來，為了「小鍋飯」而「以身試法」、「自尋短見」的情況，也當從那時開始改觀。

類似的情況在海南知青1968hfz在〈病並快樂著〉中所講述的故事也有體現，而且更讓人啼笑皆非：剛到農場頭幾年，那時侯知青過的都是原始群居生活似的，亂糟糟，髒兮兮，不懂得講什麼衛生，鍋碗瓢盆隨意混著用，尤其是男知青。結果不知哪個浪蕩鬼到別的連隊串知青時亂吃亂喝，順口把甲肝病毒捎帶了回來，還照樣隨意拿別人的飯盆吃飯，拿別人的口缸喝水，拿別人的水桶沖涼，拿別人的面巾抹嘴擦肢胳窩，甲肝就悄悄蔓延開來了。

連隊開始有知青突然連續發高燒不退，衛生員早就知道人發燒必定有哪發炎，只是到底哪兒發炎？找了十天八天還在納悶，後來送到團部醫院一驗血，都是甲型肝炎。先是綽號叫「大只坤」的廣州知青被拉出去團部住了院，接著是「番薯餅」住進去了，後來一個叫「少爺仔」的重慶知青也被拉去了……

再後來我也突然發起高燒，不想吃不想喝，癱在床上，突然就覺得好像快死了，我又想，不會吧？怎麼這麼快這麼容易就要死了呢？但心裡淒涼得很。第二天一早，連隊衛生員問也不問，打了輛牛車就叫人往團部送。可能先我而病的「番薯餅」等人拖了十天八天才查出病因，輪到我，一發燒便認定是得了肝炎。「番薯餅」他們做了我的先驅。

我住進團部醫院，吊了五六天的針，竟就好像什麼事都沒有了，人越來越精神，胃口越來越好。醫院對我們這些肝炎鬼格外關照，每星期每人專門有兩大碗豬肝瘦肉湯。在連隊天天吃沒油的老青菜，天天干累死人的苦力活，現在都不幹活了，可以舒坦地躺著，仰著睡，側著睡，俯著睡，白天睡，晚上睡，睡一下，醒一下，啊！都隨你，還能天天吃肉，這是什麼好日子哦！我突然覺得自己病對了。而且想一直就這麼病下去……

瞧，從來只聽說患病是痛苦倒楣的，攤到誰頭上都會愁眉苦臉。沒有聽說是病對了的，但是，這位知青兄弟就因為連隊天天吃沒油的老青菜，而在醫院可以每星期每人專門有兩大碗的豬肝瘦肉湯吃，竟想著就這麼一直病下去！真是世上少有，令人心酸的黑色幽默……

第六章
思想迷茫引發的精神錯亂和自殺

第一節　對改造農村農場自然條件的失望

不可否認，許多知青上山下鄉去到農村農場初期，都是帶著滿腔熱情，要用自己的青春活力來改造農村農場艱苦惡劣的自然環境，但是，經過一段時間的消磨之後，他們在冷酷的現實面前不得不陷入失望之中。知青夏中生在〈下鄉雜憶——不能忘記他們〉中回憶：

看到二〇〇二年三月十日天津《今晚報》關於支邊青年侯利望的報導：一九六六年二月，年僅十八歲侯利望響應政府號召、懷著建設祖國的滿腔熱情從當時全國「三大城市」之一的天津市（第72中學）奔赴相隔萬水千山的雲南邊疆。將近20年前，侯利望因工雙目失明，生活陷入極度貧困，因為攢不起路費，36年來只回過一次家，以至父母去世時也不能盡孝送終，其女兒為助家困，打工受欺……我的心情久久平靜不下來，我已經很少能為什麼事情所打動了。

就在侯利望他們剛剛離津後不久，「無產階級文化大革命」風潮籠罩全國。到了一九六八年末，毛澤東發表「知識青年到農村去」的「最高指示」，一夜之間城裡的「革命小將」忽然變成了「吃閒飯」的人，由「嚴重的問題是教育農民」中的農民對他們進行「再教育」。千百萬已經耽誤了好幾年學業的、和侯利望般般大小的初、高中學生隨著「上山下鄉」的浪潮溶進了廣袤的農村、邊疆、山區……其中一些人像侯利望一樣去了特別偏遠、貧困、落後的地區。他們實際上只是些飽受「文革」思潮影響、毫無實際生活經驗的在城裡長大孩子，他們哪會知道，在前面等待他們的是些什麼……

當時的城鄉差距要比現在大的多，有些地方也還處於半原始的狀態，那裡沒有電，沒有機械，沒有柏油公路，沒有書報廣播，連報紙也難找到……幾乎所有的近代物質文明都沒有。在我插隊的河北省圍場縣一個山溝裡分佈著三個生產小隊近五百人，當時沒一塊鐘錶，更別說手錶（靠看太陽計時），沒有一輛自行車、一台縫紉機，更別說機動車或其他任何機械。

就是像搪瓷臉盆、油漆、玻璃、鐵絲……一類極普通的日常物品也根本沒有或很難看到，我們小隊唯一的近代東西就是一輛馬車上的兩個橡膠軲轆（其餘的都是木頭軲轆牛車），說來可能有人不信，有的農民甚至連燈油（當地到82年才通電）、食鹽（一種大顆粒粗糟、夾雜黑色的無碘湖鹽，因此當地常見「大脖子病」）、肥皂（農民洗臉用「豬胰子」，打火用「火鐮」）也買不起。

我在一九七八年日記上記著的學校老師（其時我已做了「民辦教師」）托我從天津帶回的東西：納鞋底用的錐鋌子、玻璃、手電筒、塑膠鞋底、塑膠雨衣、火石、大活絡丹……我早已意識到，在當地除了布匹（當時每人每年一丈七尺的定量布票，也有買不起的）、食鹽、燈油、農具等極少量生活、生活用品必須外購外，其餘東西基本上都是自產自用。距離最近的郵局也在二十裡地以外，一次我到那裡（來回至少要走半天）去買郵票，竟然告訴我「郵票賣沒了！」……方方面面相類事情還很多，時光似乎停留在上個世紀，整體社會功能低下。

驀然面臨的是艱苦的生存環境：漫長嚴酷的冬季、原始的超常沉重的體力勞動、繁瑣的家務勞作、微薄的收入、極其落後的文教、衛生、交通狀況……我們到生產隊的第二天就去扛一百多斤的糧食口袋。一次，一個同學收罷晚工（還要挑水燒柴做飯）支撐著回到茅屋，累的連打開鋪蓋的力氣也沒有了，和衣一頭倒在土炕上一覺睡到第二天。不少人至今身上仍然遺存著當時的傷痛，那個同學落下嚴重的腰疾至今。

一天中午，一個同學收工回到知青點，看見地上放著一大笸籮剛用碾子推好的糧食，以為是蓧麥炒麵（當地常食），就用井水拌著狼吞虎嚥吃了一大碗後也沒嘗出那是生棒子麵！

一九七一年秋霜凍災害，莊稼幾乎絕收，沒有分到多少糧食，半饑半飽捱到轉年四月份的我們知青小組終於斷了糧，連續一個多月每天只有土豆和南瓜，去生產隊借糧，小隊長每次都只說五個字「隊裡也沒有」。那些日子真不知是怎麼過來的，我還記得，我在給小學生上課時，講一會兒，餓的在講桌上趴一會兒，攢一些氣力站起來接著再講。

當地冬季最低溫度達零下30℃以下（氣象資料記載，離我們插隊的牌樓公社只有三十多里的「禦道口」一九五七年一月份氣溫曾達零下42.9℃！），生產隊給我們知青小組蓋的草房處於全村最高點，風大，外牆又沒有再抹二遍、三遍泥，沒吊頂棚，始終處於半完工狀態。每到冬天，住房牆上都要結厚厚的一層冰，銀光閃閃。一天晚上山民要在我們那裡開會，結果剛去就全都凍跑了。一次我在「縣安置知識青年辦公室」講遇到的問題，那個當地的工作人員嬉笑著，漫不經心的回答：「要說縣城沒柴禾我信，你們那裡滿山遍野不都是柴禾嗎？……」真是痛感世態炎涼！

他們是為了「建設祖國」而去吃苦的，他們「不後悔」（侯利望在天津電臺回答記者採訪時講），但他們在缺少為支撐繁重的體力勞動而必需的口糧（更別提副食和油）時，在缺乏為捱過零下三、四十度的酷寒而必需的材禾、燃料時，在滿身虱蟣的病痛身軀缺醫少藥時，在每年微薄的收入不敷回家探親路費時，在面對缺少基本生存條件的惡劣環境時……卻始終無人過問，他們指望不到必需的起碼幫助。

有「路子」的通過權利、通過各種關係「走後門」，以上學、參軍、招工等各種形式跳出農門了，普通知青只剩下在農村、邊疆「幹一輩子革命」的資格，生活無著，前途無望。他們終於發現，他們被粗暴的剝奪了人生最寶貴的青春，像垃圾一樣被拋到社會的最低層，自生自滅……這是比物質匱乏可怕百倍的人文匱乏！……

知青李生德在〈最可怕的不是生活艱苦，而是沒有出路〉中回憶：「父母大人心放寬／兒在河西做「高官」／一天三頓包穀麵／水煮葫蘆放點鹽。」這首打油詩是文革初期發表在大字報中的一篇被作為批判靶子的民間藝術作品。作者是一位西安知青，他以調侃的語氣抒發了自己胸中的鬱憤。別看錄那首詩的人的目的是要批判人家，但心裡不得不服氣那裡面句句說得都是實話，反映的是我們當時真實的生活狀態。

一九六五年夏天，當我們來到河西走廊邊灣農場的時候，居住的宿舍是由駱駝圈改造的。入住時，牆壁上的泥巴還沒有幹，腳手架剛拆除了一半兒，到處溢漫著一股駱駝糞便的騷味兒。因為是來革命的，大家都被一股革命精神衝動著，竟然沒有一個說嫌棄的。

喝得是鹽鹼水，天天拉稀。吃的是芽麥麵，頓頓磣牙。沒有電，點煤油燈，一個小墨水瓶，放一根布撚子做成。10幾個人睡一個大炕，下面鋪一些麥草，褥大就鋪在上面，大家煎魚似地擠在一起，夜間起個夜就得影響一串人。活兒累，伙食差，沒油水，每月四五十斤糧食定量還不夠吃。因為農場初建，糧食要從幾千公里外的新疆調來，吃的蔬菜要趕著馬車到酒泉城去買，也只有西葫蘆（茭瓜）、苞苞菜（大頭菜）之類粗菜。遇到連隊有了病號，只好派人到附近的果園、懷茂、銀達等公社的莊子裡挨家挨戶收買雞蛋。

附近的農村更窮，一個莊子充其量不過五六戶人家，十幾歲光著屁股的小姑娘隨處可見。老百姓家裡真是家徒四壁，一棟低矮的泥草屋，除了鐵鍋外幾乎什麼家具都沒有。炕上一領芨芨草編的席子，魚網似的破被子裹著一群髒兮兮的娃娃。每個家庭中都是女人掌著雞蛋的出售權。你可以看到，一個蓬頭垢面的年輕女人趴到地上，伸著長胳臂從雞窩裡掏出一個雞蛋，像捧金蛋似地小心翼翼送到你面前，兩眼直勾勾地看著你，那目光裡充滿著無限的渴望——這是從小孩子嘴邊奪出來的鹽火錢啊！

回憶當初軍墾連隊裡的飯譜，至今仍充滿了苦澀的味道。早餐：一個二兩重的窩窩頭，一兩包穀麵糊糊；沒鹹菜。午餐：八兩芽麥饅頭或者包穀麵窩頭（發糕），「炒」西葫蘆；全連二百多人每頓菜只放一斤左右胡麻油，這哪能叫「炒」啊！晚餐與早餐幾乎相同。

活累啊！除了拖拉機負責開墾荒地外，其他全是簡單重複性的體力勞動。修水渠挖土方，一天一人幹十幾立方。和泥打土坯，每人一天的任務是300至500塊，一天下來，累得你腰酸腿疼，兩眼發粘，只想早點睡覺。最輕鬆的活應該是放水澆地了。

這剛開墾的荒地也怪，沒著水時像煙灰一樣細膩，風一刮滿天昏暗。著水後全變成了泥漿，一踩沒到膝蓋，就像在家鄉膠州灣的灘塗裡下海挖蛤蜊。因為圖進度，搶指標，新修的水渠和田埂中埋了不少草皮和蘆根，很鬆散，灌水後不斷開口子，你只有疲於奔命地去搶堵，往往顧了這頭又開了那頭。人浸泡在鹽鹼水裡，一泡就是一天，腳上、手上全裂了血口子。沒有凡士林，就往家裡寫信要「馬牌」潤膚油，再沒有就只好塗大黃油。

遇上節假日改善生活，那真比過年還高興。一份紅燒肉要花一塊錢，大概有五六塊拇指肚大小的肉丁，就這每人只能買一份。多了不賣，供不應求嘛！須知那時我們每人每月的工資只有二十五元（連續八年沒上調工資），加地區補貼共二十七元，平均每天九角。好在剛開始時官兵待遇差距不大，加上天天搞政治學習，在公開場上大家也沒有多少怨言。

吃不飽，就有人寫信向家中反映，俗稱之為「向老頭子喊話」。在城市家中的父母大都也不寬裕，他們不得已只好節衣縮食滿足自己孩子的要求。有人寄來了全國通用糧票，有人寄來了奶粉，還有人寄來了蝦皮、蛤蜊肉之類的東西。家裡寄來糧票的人最幸福，他們可以在星期天跑到酒泉的飯店放開肚子吃頓大餐，然後再買些大餅回來貼補日常生活。

四連有位天津女知青，父母在國外有大筆資產，人家父母按時給自己的女兒寄來洋罐頭。為了讓自己的孩子保重身體，細心的母親在每個罐頭上面都標明所食的日期，那位知青因此得了綽號叫「外國罐頭」。我的一位朋友，父母從前是島城有名的實業家，給她寄來了巧克力。這在當時是非常稀罕的東西，普通小市民家庭的子女聽到這名字都覺得稀罕。為了融通同志感情，她慷慨地將巧克力分給同宿舍的戰友品嘗，有人咬一口立馬給吐了，說是「糊圪碴味兒」，還誣衊人家是「資產階級生活方式」。她接受了教訓，從此家中寄來東西，再也不敢吭聲，只是一人享用，後來她偷偷對我傾訴了自己的苦衷。

那是個「政治掛帥」的年代，一般人家給孩子寄來的只是「精神食糧」——家信，囑咐子女在外面要好好聽領導的話，努力工作，爭取進步之類的。許多家庭中還有插隊的子女，孩子在鄉下勞動一年，往往連肚子都填不飽，比我們還苦。我家窮，父母很少給我寄東西。

人最可怕的不是生活艱苦，而是沒有出路。辛辛苦苦幹了幾年，人們發現，生活待遇不但沒有改善，而且還要倒退，上級有行文傳達，說國營農場也要像農村生產隊那樣實行工分制，並且在五連開始了試點。玉門鎮附近的一個農場因此差點出了人命，那個與班長因評工分而鬧矛盾的戰士後來被判了死刑，拉到酒泉北大河邊給槍斃了。追求美好和生活是人類的天性。有門路的人紛紛調走，頭頭腦腦的子女來鍍一下金馬上就換個地方跳了高枝。平頭百姓的子女只剩下最後一條路：「病退」，這就為十幾年後的大呼騰「病退」返城埋下了伏筆。

第二節　階級鬥爭之弦對知青心靈的恐嚇

若是自然條件惡劣到還可以忍受，最讓人難以忍受的是當時階級鬥爭之弦對知青心靈的壓抑。黑龍江兵團杲文川在〈「牛鬼蛇神班」一年磨礪記〉中講述：……「文化大革命」之中，反動的「血統論」將好好的同學一瞬間分成了紅衛兵和「狗崽子」。為了躲避這種政治歧視，一九六七年，在京城剛剛出現上山下鄉時，我就報名來到離京6000里地的黑龍江國營七星農場十二馬架開荒隊（組建兵團後改成六師二十五團七營七十四連）。

一九六八年，中蘇意識形態的鬥爭逐步升級。六月十八日，毛主席批示成立黑龍江生產建設兵團。消息傳來，知青們以為能夠從與農民差不多的農工一下變成解放軍的序列，自然都很高興。沒有想到的是，在「以階級鬥爭為綱」的年代，所謂「親不親，階級分」。往往越是貧窮落後的地區，那「左」勁越加邪乎。兵團組建工作又將知青和老職工分成了三六九等。

一九六九年冬，開荒隊選擇年輕力壯的知青到機務部門學開拖拉機或後勤部門趕大車。我雖年幼，但氣力很大，因而被挑選進入機務，師傅是王樹增，師兄是山東支邊青年的子弟楊月同。最初從事的工作是冬檢保養。在師傅的指導下，我們將拖拉機拆卸開來，逐部分清洗、檢修，更換零件。

就在這時，兵團在連隊的組建開始了。一天，知青們被集中於宿舍中。領導班子成員讓全體知青起立，面對著毛主席像，集體念誦三遍：「坦白從寬，抗拒從嚴！」然後，知青們被要求向組織交待祖宗三代的所有問題。那年我年僅16歲，是開荒隊20多位爺們中的「老么」。我離家時父母不可能將我家複雜的歷史情況告訴我。因而，我只談了我知道的一些簡單情況。那天晚上，領導班子向組建兵團的骨幹成員透露了許多知青的檔案內容。

第二天，風雲突變。得到檔案內容的骨幹成員指責部分知青「不老實，沒有徹底交待家裡的歷史問題。」我的確一無所知，在驚愕之中感到極為委屈。連隊的食堂裡還貼出了告示，要求沒有交待清楚問題的知青限期談清家裡的問題，也有「坦白從寬」之類的內容。不久，領導宣佈，8位知青由於家庭問題嚴重或暫時沒搞清楚，被「掛了起來」，不能被批准為兵團戰士，身分是「兵團職工」。在當時，有家庭問題的人是不受信任的人，怎能勝任掌握機械這麼重要的工作崗位呢，於是，我被調離機務排。

職工班是在一位叫郭見存的老職工家的炕頭上成立的。連隊指定北京知青孟慶喆為職工班班長，其成員有北京男知青景玉平、杲文川，上海男知青林共華；北京女知青鄭凱紅、馮多文、仉文榮，哈爾濱女知青蒼吟；除了知青外，一位60多歲、曾在抗戰時當過偽軍的扈元坡和一位曾犯過貪污錯誤的周希康也是職工班成員。

孟慶喆當時21歲，他自己心情不好，卻安慰大家正確對待，要用實際行動向世人證明自己是忠於毛主席革命路線的。班裡的所有成員皆心情壓抑，緘默無言。一位旁聽我們職工班成立會的女知青同情我們的遭遇，在一旁小聲地哭泣，使屋裡的氣氛更加沉悶難耐。好心的山東支邊青年郭見存看著昨天還歡蹦亂跳、愛說愛笑的馮多文，今天那痛苦的表情，心裡也不是個滋味，就拿出花生，讓氣氛緩和一點，可人人心頭像壓了一塊重石，誰還有心思吃花生呀，會議不歡而散。從此，職工班的人低人一等。由於我們與貪污過的人和當過偽軍的人編在一個班裡，連裡的人就戲稱我們職工班是「牛鬼蛇神班」。

我們在政治上受到歧視，在勞動上也受到不公的待遇。從此，牛圈清糞、清廁所之類的髒活累活都成了「牛鬼蛇神班」的「專利」。北大荒的廁所，一般兩三米深。冬天，糞便壘起一人多高時凍結成了一個個的糞柱，「牛鬼蛇神班」的人要下到糞坑中，用丁字鎬將糞柱擊倒。掄鎬時，凍成冰狀的糞便渣子不住地崩到我們的臉上、嘴上、脖子裡，身上就更不用說了。臉上是臭烘烘的，身上是髒兮兮的，只有一顆心是聖潔的，然而也是苦艾的。

我寫信回家問究竟，家裡也回了信。我家和親戚中有7個人在國民黨軍隊中擔任過少將、中將、上將的軍銜。7人的情況也較複雜，一個親戚宋綺雲（《紅岩》裡「小蘿蔔頭」的父親）表面是楊虎城部隊的少將，其實是黃埔軍校第六期學員、中共陝西省委委員，一門三烈士。我爺爺杲海瀾曾參加辛亥革命武昌首義、北伐、抗戰，任第一戰區兵站總監部中將總監時，與總司令衛立煌上將（杲與衛是金蘭兄弟）一起給共產黨領導的十八集團軍100萬發子彈、25萬顆手榴彈、3000箱牛肉罐頭、1個師的冬裝和一批藥材。後在雲南、緬甸，中國遠征軍與美軍、英軍協同作戰，殲滅日軍5個師團，打了大勝仗。他沒有參加解放戰爭，也從沒有與共產黨打過仗。但在「文革」中，不論你幹過多少好事，只要你不是所謂毛主席革命路線的，一律被排斥，一律遭到批鬥或遭政治歧視，更不要說在國民黨當過高級將領了。

我那時內心苦悶，就找來一把二胡學著拉。能成曲調後，就專揀那些哀怨淒涼的曲調拉，用以排遣心中的悲憤與不平。我們班的鄭凱紅在女四中是班裡的團支部書記，「文革」中，她把自己的名字改成了「鄭永紅」，以表明自己對紅太陽毛主席的忠心。她一向積極肯幹，不怕吃苦，而且鄭凱紅嗓子好，常常擔任十二馬架開荒隊的領唱，十二馬架在團部合唱《歐陽海之歌》是出了名的，這裡也有鄭凱紅的功勞。她媽媽是老黨員、機械工業部教材編輯室的副主任，「文革」中被造反派打成「走資派」尚未解放，她也因此上了我們班。鄭凱紅心裡委曲，她認為自己是最聽黨的話了，是一個把自己完全交給黨的人。她恨不能把心掏出來，讓大家看看，鄭永紅的心是紅的還是黑的。從此，夜鶯不再歌唱了。班裡的景玉平，善於吹笛，也是學校的文藝骨幹，因演過老大媽而落下個外號，叫「景大媽」，到我們班後，他也沉默了，笛子也落上了灰塵。

「天天讀」時，「牛鬼蛇神班」比其他班都要認真；「狠鬥私字一閃念」、思想改造比其他人都要努力；勞動中，「牛鬼蛇神班」比任何一個班幹得都要賣力氣。就是腰再疼，胳膊再酸也還堅持。目的只有一個，我們要用學習、思想改造和勞動來證明，我們是好樣的，我們不是「牛鬼蛇神」！由於我們班的人心很齊，勞動時每次與其他班暗暗較勁兒的結果都是我們班勝出。

記得那年冬天，在通往0號地的路旁修水利，北大荒人管那活兒叫「刨大壕」。零下二、三十度的氣溫，將黑土凍成了一個80多釐米深的凍土層。一鎬刨下去，堅硬的黑土上只留下一個白點。開始，我們班的進度也不快，大家心裡起急。後來，我們在實踐中找到了一些竅門。首要的是要以最快的速度突破凍土層，先打開一個到達尚未上凍的暖土層口子，然後逐步擴大，達到排水渠寬度後，先用輕鎬從凍土的兩邊突進，使一大塊凍土孤懸突出，然後，用兩把重達二三十斤的最重的大鎬共同猛震凍土塊的中部，那鎬簡直太重了，掄上二三十下，足以累得你氣喘吁吁，我們幾個男的輪番上陣，女的就負責清理碎土，不一會兒，一大塊上百斤的凍土塊就轟然而下。就這樣，一塊塊地揭去凍土層，然後用捅鍬輕鬆地挖凍土下面的暖土，直到達到要求的深度和坡度。如果沒有挖完暖土就到下班點了，我們就將部分碎土覆蓋在暖土上。第二天來時，清去碎凍土，不費多大氣力，就達到暖土層了。別的班一天下來，進度兩三立方，我們班進度總在五六立方，這使得我們這些心理上不平衡的「兵團職工」心裡有了些許安慰。

休息時，我看大家悶悶不樂，就問大家會不會唱《牛鬼蛇神歌》？他們說，誰會唱那種歌。我說，我會呀。串連時，我曾住在天津的一所中學裡，那些被批鬥的老師天天唱《牛鬼蛇神歌》，我就學會了。於是，我就給大家模仿起來。我模仿端著一塊寫著「走資派」的大牌子，哈著腰，一邊轉圈一邊唱：「我是牛鬼蛇神，我是牛鬼蛇神，我有罪，我有罪。我對人民有罪，人民對我專政，我要老老實實，決不亂說亂動……」我一邊唱，一邊學著當年看到的動作，我的自嘲、調侃逗的全班人前仰後合、哈哈大笑。這以後，大家覺得我們一直接受黨的教育，響應毛主席號召，千里迢迢來到北大荒，接受貧下中農的再教育，本來就是革命者，長輩的事兒，和我們有什麼關係，我們幹嘛要心事重重、愁眉苦臉的。我們能吃能幹、能說能唱，我們幹嘛要苦著自己，愛咋地咋地吧。從此，我們班也有了歡笑，有了調侃。

扈元坡和周希康幹活也十分賣力氣。扈元坡60多歲了，精瘦精瘦的，在豆地裡耍起四股鋼叉裝車，大捆大捆的挑起，呼呼地往車上扔，那個勁頭真像小商河裡楊再興挑滑車。當年這位農民為了養家糊口，做了大錯特錯的糊塗事，但只是一般的歷史問題，在「文革」中也成了專政的物件。周希康好像是江蘇人，家裡孩子多，犯了貪污600多元的錯誤。

有一次夜班，我們負責往收割機裡餵入，餵入就是用四股鋼叉把大豆棵子挑進收割機裡，進行大豆脫粒。那大豆棵子互相勾連，纏成一團，需用很大的氣力才能一團團的挑起來，挑進收割機裡。這個活兒，站在餵入口的人最累。我的氣力大，站在餵入口的時間比較長。天快亮時，我已累得筋疲力盡，只是強努著機械地幹著。我的對面是周希康，突然，周希康「啊」的大叫一聲，原來我用力挑時，周希康離我太近，我的叉尖挑到了周希康的手背上。周希康一聲不吭，痛苦地捂著傷口，回連隊治療去了。

當時，周希康是專政對象，他不敢埋怨。我的內心卻因良心的譴責而懊悔不已，這是我一生中唯一一次因過度疲勞而誤傷別人，連隊對周希康按工傷處理，讓他在家休息了一段時間。現在，我已不知道周希康流落何方，在這裡，我要說一聲，對不起，老周！誤傷你的事，我一直難以忘懷，我一直在譴責著自己。

班裡的馮多文是個活潑熱情的姑娘，她和假小子姚燕下班後經常找我下象棋。有一次，連長點名，把「馮多文」念成了「馬多文」，大家哄堂大笑，因丟了兩個點，有人說：「不是馬多文，而是二馬多文。」從此，馮多文有了個「二馬」的外號。進入「牛鬼蛇神班」後，父母最疼愛的嬌女馮多文一下子好像成熟了許多，不再嘻嘻哈哈了，她默默勞作，變得更加能夠吃苦耐勞了。馮多文經常給父母寫信，也談我們「牛鬼蛇神班」的生活。馮多文的父親在國共和談時為美軍做過翻譯。因為歷史問題，加上「文革」中派性整人，當時被錯誤地關在監獄，馮多文父親將女兒的來信念給同時被關在獄中的獄友們聽。聽者家中許多都有上山下鄉的兒女，聽著馮多文在北大荒的故事，大家同病相憐，嘘唏不已。

班長孟慶喆在北京80中時，就是學校革委會的副主任，下鄉後也是知青中的負責人之一。他父親好打籃球，一次比賽後，有人宣佈他們集體加入了三青團。孟慶喆因這一問題而成為了「牛鬼蛇神班」班長。他老成持重、為人忠厚，外號「企鵝」。在勞動中，孟慶喆總是幹在最前頭，處處關心愛護我們這些年幼者。由於他幹活太投入，累傷了腰部，回京後，頸椎還開過刀……

知青宋德濱在〈一句話挨批鬥〉中回憶：如果說我們住在冰冷的大倉庫裡，晚上睡覺得戴上皮帽和口罩，後半夜爐火熄滅，早上被子凍在石磚牆上，吃的黑麵或白饅頭加凍大頭菜和土豆湯，幹的是勞改犯一樣苦累的活，知青和勞改犯幹活的惟一區別就是勞改犯在小紅旗範圍內，不許越界，有解放軍看押，我們知青在圈外，無人看管而已。

生活上的苦累，受不了也得受。最不能讓知青在勞改農場忍受的是政治上、精神上的壓抑和打擊，尤其對那些黑五類子女更是如此。文革極左思想的影響和勞改幹部用對待勞改犯的辦法對待知青，在我們下鄉的頭兩年裡尤其嚴重。全場、分場遊鬥犯錯知青的事不時發生。

記得一九六八年十二月的一天晚上8時許，勞累了一天的知青剛剛在冰冷的大倉庫裡躺下，突然一陣緊急集合號響起，全連知青迷迷糊糊只得又穿衣服起床，連裡一位叫梁建英的知青（其父為林大教授正蹲牛棚），嘟囔一句「什麼大不了的事，半夜折騰人」，被人彙報到連裡，等全連知青拉到室外才知道是連夜慶祝毛主席發表最新指示。於是，在零下三十多度的北大荒寒夜，全營知青一頓敲鑼打鼓喊口號，折騰到半夜，回到倉庫，還不讓睡覺，接著上綱上線批鬥發牢騷的梁建英，弄得人人自危，心裡直打寒戰……

知青譚全民在〈因父親為國民黨軍官在競爭中屢屢受挫〉中回憶：……我的父母下放陝南回家困難，村子裡常常是我一個人在堅持，兩年春節我都沒有回家，鄉親們對我也有較多的同情。常聽鄉親們說：看娃恓惶的，冰鍋冷灶的，他大他媽離的遠，回不去。在這裡一定要多說幾句，那兩年春節，從臘月十幾開始一直到正月十五以後，每天都有幾個甚至十幾個鄉親們圍在我窰洞上邊叫我去他們家吃飯。

他們窮的蓋不上被子、吃不飽肚子，可給我作的飯，那是用盡了他們所能有的最好的東西。只有過年全家才買二斤肉，煮熟了醃在鹽裡。因為來叫我吃飯的社員多，不知叫來叫不來。所以每當我跟著社員們去他們家吃飯時，看到我進門，說：老譚來了。女主人才把碗伸進那大板櫃的角上，那裡是輕易捨不得吃的一點白麵。他們窮卻捨得給予和幫助，他們普通卻如此善良厚道，可憐我、愛我這孤獨的知青。

過年這一個月我吃遍全村，也常伴枕邊淚痕。這一村窮人憑什麼對一個知青如此禮遇？他們一年到頭餓肚子、吃黑饃，卻把白饃留給我吃。今天老闆發一千元工資到我手上，我看都不想看，那是我用汗水換來的，該，還嫌少呢。可那一個白饃讓我記了一輩子，那哪是饃呀！分明是無邊的大愛。

因為鄉親們抬愛，我被評為五好知青，我出席了縣上和專區的學習毛主席著作積極分子代表會。沒想到就在專區開的大會上，我竟遭受批判。原因很簡單：吃憶苦飯時，我實在咽不下去。別的同學也一樣。但他們在拚命的嚥。我卻扔下碗走了。批鬥會上領導說：「你不吃憶苦飯就是忘了階級苦，忘了血淚仇。」我說：「你們一頓能吃好幾碗，說明舊社會不苦，我吃不下去才說明舊社會苦。」他們無話可說，就排斥我，本來我該進入大會主席團，卻把我去掉了。

但我的榮譽也到此為止了。在上報省一級學毛主席著作積極分子時，因我父親的歷史問題被打了回來。我感覺被社會拋棄了，它不信任我。我曾在一首詩中說：「一身嘴難述心胸，遇國難，再定忠奸」。打擊是一連串的。緊接著招工開始了。那時要想被招成工人有一個先決條件：必須要貧下中農推薦。因為我在村裡的特殊地位，每批招工都會推薦我，但每一次都被退回，原因都是我父親那參加過國民黨的歷史。連山裡的伐木工人都不要我呀！

我生氣了，跑去問招工的人。他們倒誠實，說：「我們怕出身不好的在山上放火燒林。」社會愚蠢到如此我還能說什麼呢？誰讓我生在這個時代呢。那些日子我心裡的苦是難以言表的，我的笑都充滿苦相。社會拋棄我了，我覺得自己如吊在梁上行將嚥氣的人，多麼渴望有人搭救，卻喊不出聲來。原本我曾經調查了這裡的山山水水，打算為這片土地貢獻一生，工作組也希望我留下，在縣裡工作。他們已經拿來表讓我填，縣政工組、公安局由我選。但是我怕了，搞政治這行，我根子不硬啊！出身這根大棒隨便什麼時候掄過來都是有力的。我掌握不了自己的命運，我拒絕了。

種種打擊使我頓感前途無望，為了那垂死的掙扎，我給毛澤東、周恩來、林彪都寫過信。雖也知道君門有千重，路遠河無津，但我連那一點點的希望也沒放棄。我知道，有再大的能耐和忠誠也無用，這個社會不需要你，它需要自己的弄潮兒。在二十一世紀的今天依然如此。因為我不能被招工，縣計委、知青辦都吃力了。我知道他們還是愛我的。有家工廠要在縣上招幾十名知青，縣計委明確告訴他們：如果不把我招走，這幾十個人也別想帶走。那家招工單位很無奈，最後決定把我安排到他們廠門口的小賣部。

可就在他們將要帶我走還沒帶我走的時候，又有一家更好的工廠來縣上招他們的一個子弟，縣上告訴他們把我帶走。招工的人一看我的情況非常高興。因為當時村黨支部通過了我的入黨請求，報到公社黨委待批。這位招工的同志回西安彙報後，廠領導認為，他們是保密單位，用一個國民黨軍官的兒子不合適。這位招工的同志反問：無產階級先進分子你也不要？當時毛澤東有句名言：共產黨是由無產階級先進分子所組成。廠領導無話說，決定等公社黨委批准後帶我走。

可天道不公，正在盼望中苦苦等待公社黨委批覆時，公社召開的婦女代表會發生爆炸事故。當晚我們緊急趕到公社搶救，在我拉出一具具燒焦的人時，我哭了，我哭死者也哭自已。手上粘著燒熟的人皮，我無法擦淚，任它滴在一片狼藉的現場。在山區老鄉「我×你幹部媽哩」的哭罵聲中，公社黨委癱瘓了。我的希望也在這次爆炸中灰飛煙滅。那個單位等了幾個月看無希望，帶著自已的子弟走了。我一次一次被丟棄，我一次一次被打擊，你說這不是命嗎？有時感到連掙扎的氣力都沒有了。

我那時寫了一首詩，其中有：「命逢父恨，運碰××」。這個××就是當時的公社黨委書記。對於父親，恨，是社會強加給他的。我一點也不恨父親，如果說是父親影響了我的命運，我慨然認命，因為是父親給了我生命。我不悲不憤欣然領命。領取我一生的無論何種的命運。他加人國民黨軍隊是為了生活，我理解，他對我很好。今天我們才知道國民黨軍隊在抗戰中是那樣忠烈英勇，他們的氣節撼天地泣鬼神。使我更懷念自已的父親：那麼多年社會冤枉了你，孩兒也冤枉了你。

一直到最後，全縣留下來的知青都成了地富反壞右資本家國民黨殘渣餘孽的子女了，於是基本是一古腦被一個單位招走了。這是命運給我留下的工作單位。從進廠開始幾乎年年虧損直到破產。就在這次招工中，縣上正在開油菜會議，每個大隊來一個領導，而我們村、我們的工作組派了兩個幹部參會，仍然怕我招不走，讓我專門來縣城為自己的招工苦鬥，我知道，工作組和這個山村，他們愛我。縣計委，知青辦的領導都專門向招工單位介紹我。被招上以後，縣知青辦給我寫了在當時來說是極高評價的評語。

因此我始終認為：農村認可我，城市排斥我；農村是人性的，城市是冷漠的；農村是生活的，城市是哲學的；農村是真實的，城市是虛偽的；城市富而不公，農村貧卻有節……我熱愛農民，和他們很容易親近。和城裡人卻恰恰相反。

三年八個月，我離開了這個想忘都忘不了的山村。臨走前還有個插曲：我正在糧站辦手續，一個知青進來給我說：外邊有個農民罵你呢，說你不是要學韓志剛在農村幹一輩子嗎？為什麼走了？給韓志剛提鞋人家都不要。我被激怒了，一步走出去抓住他，我對他說，你記住，我還有拳頭可以對付你。這是我臨離開這個山村時最難過的一件事。但我知道這就是真實。我生活在現實裡，並非在哲學的太空。這點，也是上山下鄉的生活告訴我的。鄉親們都說我有良心有本事又能幹又老實，將來一定能成事。我很慚愧被鄉親們錯愛了，這四十年，就混了個肚兒圓。命，我認命。

作為上山下鄉紀念的文章到此本該結束了。但作為命運的陳述，讓我再說兩句。當工人以後，每逢轉幹、升級、抽調等機遇，我都能聽到「階級敵人的子女」這樣惡毒的話，我想，這種境遇只有入黨才能有所改變。一九七七年恢復高考，我考上了陝西師範大學專修班，就在這個關口，車間黨支書告訴我：你的組織問題要解決了……我放棄了上大學，當時陝西師大專門派人來調查，是被迫棄學還是自願棄學。我說是自願的。我決心為改變命運而壯士斷腕。結果，給我的是兩個失敗的雙重打擊。已經考上的大學放棄了，入黨被否定了。我不怨車間支部書記的忽悠。對於我的一生，我盡力了。我只能問：我的命運我的星辰，請回答我，為什麼，這樣殘酷，捉弄我。

南寧知青江國樞在《西林知青紀事》之二〈試圖輕生〉中也

有著刻骨銘心慘痛的回憶：進行過長跑的人都知道：運動的過程中人的體力會出現一個極限點。在極限點出現的時候人會感到非常難受，頂住了你會越跑越輕鬆，頂不住你就只能選擇退出。一九七一年初，我的插隊生涯出現了極限點。在極限點的考驗面前我差點過不了關，因為我試圖輕生！

說起我試圖輕生，是有歷史根源的，並非是去插隊後才產生的。一九六四年，我父親在單位的「四清」運動中被劃為「資產階級分子」（又劃又戴），從此我們一家走上逆運。在「四清」、文革中我都遭遇沉重打擊，痛不欲生。

一九六九年三月，學校公佈了上廣西西林縣插隊的名單，總共56人。名單公佈之日，我望著名單久久出不了聲：1800多同學篩出這56人，絕大部分是出身不好或家中有問題的。只有兩人出身較好。一個是因為戀人被安排上西林跟上來的；另一人我們懷疑是市裡為摻沙子派上來的（這位插友不到一年南寧第一次來招工就點名招回去了）。上山下鄉這一當時十分神聖的工作，被作為政治懲罰的手段。

去西林縣插隊不是一般的苦！勞動苦！生活苦！特別是思親苦！只有西林的插友才能體會得到！但這些苦在我眼裡都不算什麼！千辛萬苦我都可頂得住！面對這些苦，我們當時咬咬牙背誦毛主席語錄「下定決心……」勝利就會到手！唯獨頂不住的是政治上的苦呀！我在插隊幾個月後被貧下中農鑒定為「資產階級思想嚴重…」。

我失去了初來時的熱情，看不到前進的方向。而最令我意想不到的是個別插友竟然落井下石向我刺來利刃：他們學習毛主席〈中國社會各階級的分析〉的方法，進行〈西林縣馬蚌公社知青各階級的分析〉將全公社知青分為敵人、不可救藥的人、可團結爭取的對象、依靠力量四個部分。我被列入不可救藥之列。獲得消息，我心如刀絞！（這裡，我要對這幾位插友說一聲：因為是寫文史資料，我只能如實反映出我當時的想法。另外，四十年過去，我們都已成熟，我對你們早已不記恨，極左思潮氾濫的政治大氣候下，不可避免會產生這些事。況且當時，我表現得確實不夠革命）。這使我極度沮喪，思考還有沒有活下去的必要！做什麼事都不在狀態。只有一種力量還在支撐著我，那就是愛情，儘管那只是我單相思的愛情。

一九六八年底，在學校飯堂洗手池邊，一個低年級女同學呼我名字向我打招呼，我卻不認識她。待她走後，我在驚歎造物主的偉大之餘墨黑一片的心境產生了一個亮點：世界並非一無是處，世界還有許多像這女同學一樣美好的地方值得我們去留戀。同年十二月底，老三屆的同學大部分都去郊區插隊了，我被留下搞所謂「鬥批改」。初66級的同學尚未能畢業，學校組成了初66級的新宣傳組，由我「傳幫帶」。我驚詫地發現她竟是新宣傳組的副組長。她告訴我，一九六七年在學校組織去工廠勞動時她遲到了，是我騎自行車追停了汽車，並幫她提行李趕上汽車所以認得我。在接下來的兩個多月時間裡我教她們寫文章、出壁報、寫標語……直到我們離開南寧。我們結下了友誼。在我到西林插隊後，一直保持通信聯繫。

到了西林，慢慢地，我發覺自己越來越盼望接到她的信。當時，通上一封信，要有一個多月的時間，只要算算該收到信了而遲遲未見，就連吃飯都沒有心思。我知道，我被丘比特的利箭射中了。但我只能把這愛深深地埋在心裡，我知道自己沒有資格愛她。我的條件太差了：出身不好，又在西林這深山溝。即使她願意，我怎麼忍心與她談戀愛？怎麼忍心讓她來跟我在西林受苦？

我們在這兩年的通信中她只談學習或工作碰到的問題及南寧的一些有趣的事，我的信也是隻字不提情感方面的東西。儘管她的來信僅是同學之間的普通信件，但它卻是支撐我活下去的精神支柱。我們之間的通信給了我快樂、給了我動力卻給了她巨大的壓力和困擾。她的學校裡傳出了我們的緋聞，我的去信常常先由別人「審閱」過後才到她手。終於，她讓別的同學轉告：以後不再與我通信了。我控制不住，給她寫了一封信明確表達了我對她的愛及我自己處理這愛的想法。她的回信明確拒絕了我的愛，說要用事實打傳緋聞者一個響亮的耳光！

這個耳光打在他們的臉上痛在我的心裡！我的精神支柱崩潰了！這世界已無我留戀之處。這時有消息傳來，我們公社一位插友在來賓縣插隊的妹妹，因承受不住插隊生活上政治上的巨大壓力臥軌自殺。我決定向她學習，結束生命，告別這個世界！唯一令我放心不下的是我的家人：我父親還關在「牛棚」、眾多的兄弟姐妹還在插隊的泥潭裡掙扎。我的死不能影響他們！我不能像插友妹妹那樣，留下個「自絕於黨、自絕於人民」的惡名。我在等待著機會。

終於，我等待已久的機會到了。一九七一年八月我插隊的八大河大隊爆發特大洪水。平日溫柔得像小婦人似的南盤江變得瘋狂無比，江面變得比邕江發洪水時還寬。江面上濁浪滾滾，漩渦密佈。供銷社、糧所全部被淹，大量國家財產泡在水裡。公社革委會命令全體基幹民兵（包含知青）奔赴八大河搶險。我隨知青隊伍一起回到了八大河。只見糧所、供銷社幾個泥磚徹成的倉庫被水泡得一層層剝脫，倉庫危在旦夕。

這時知青們排成長龍接力把糧倉內的稻穀搶搬出來。這時我一改平時低迷的狀態。衝在了最前面，鑽到糧倉的最底部作為長龍的第一人。我當時想，糧倉倒下我告別這個世界的願望就完成了！可是被洪水泡了多天的泥磚糧倉待我們把每一粒稻穀都搬完卻依然不倒！當時我心裡想：算你牛！雲貴高原上的村民做的泥磚真他媽的牢（一九六八年南寧發洪水我們親眼看到那些泥磚房一泡即倒）。

廣西這側河邊無地方放搶救出來的糧食。指揮部命令用船把糧食運到對岸雲南一側。於是，我們把糧食搬上船。村民用竹篙撐，我們男知青在水中扶著船推，向對岸挺進。到了河中，我一看機會來了，在心裡向家人及心愛的人說了聲「永別了」便鬆開了扶船的手。剎那間被水衝開幾米。下游就是一個直徑十來米的大漩渦，一旦被捲入水性再好也絕對出不來。也是命不該絕，一直往前看的船工在我鬆手的一剎那間，不知回頭看什麼。發現我離船而去，他驚呼一聲馬上把撐船竹篙伸到我面前。我下意識地一把抓住竹篙。抓住竹篙後我馬上就後悔了：因為眾人的目光都望著我，我再放手，那自殺的罪名就擺脫不了啦。只好回到船邊。

把糧食搬上岸後，我們坐上船往回走。這時，廣西岸邊響起了女插友們歡快的歌聲，接著，船上的男插友們也和聲唱起。我心裡猛然一震：其實這些插友跟我一樣大都出身不好。在同樣艱苦的環境、同樣沉重的政治壓力，為何他（她）們就能活得那麼有滋有味呢？我心中突然想起了初中時從〈船長與上尉〉中抄來的作為自己座右銘的一句話：探索奮求，不達目標誓不甘休（它在文革中被革命的詞句替代多時了）！我也是一個有理想的人，「天生我材必有用」！我突然覺得自己不能自尋短見！不管碰到多大的困難都應堅持下去！儘管目前看不到前途、沒有了愛情，但決不能做懦夫，決不能退縮。要為實現自己的理想努力再努力！一定會爭取到自己人生的輝煌！終於，我挺過了插隊生涯中的「極限點」。經過這一番大徹大悟，在以後的人生中，我不論逆境順境都能正確對待。

第三節　限制男女戀愛引發的性壓抑心理

知青上山下鄉到農村農場後，還普遍存在著一種男女交往受到限制，從而引發性壓抑的現象。知青prisonbreak在〈我曾經歷的「性壓抑」的知青歲月〉痛苦地述說：我羨慕現在的年輕人，他們在進入青春期時基本都能順符生理需求，自然地開始了兩性的交往。而作為與共和國同齡的我，在這人生最朝氣蓬勃時期，性卻受到極大的壓抑。雖然學生時代都在省城福州渡過，但在那年代的學生，即使念到高中，如果有個別男女生之間交往頻繁、顯得密切，就會被視為另類。同學間的玩笑、非議還是小事，被上綱上線說是：「政治不求上進、思想受資產階級思想侵蝕」，那可就慘了。雖然人的本性是「那個少男不善鍾情、那個少女不善懷春」。但在所謂「崇高的共產主義品德」教育的桎梏下，幼稚的同學如有這方面的念頭，會覺得可恥，而成熟的、則要將自己偽裝起來，待機而動。

狂熱年代一過，我們這一代幾乎全都被放逐到廣闊的天地去「接受再教育」了，那時我都已經二十歲了，被安插在閩北一個離縣城有幾十公里的山村。談情說愛仍舊是空白一片。偏偏安插到這村子的又全是清一色男性，讓我們好失望。而在離我們有六、七裡遠的村子，安插了兩位女知青，一個是我的校友姓戴，另一個是上海來的姓肖，都是六八屆高中生。

文革初期「破四舊」時我們這一代為了表明與「封、資、修」徹底決裂革命氣概燒了很多書。時過境遷，下鄉插隊後我們方感悟到書籍的寶貴。她們那邊書籍比較多，這是因為除了她們下鄉有帶了些書，更主要的是大隊各自然村、乃至其他大隊的知青經常會到她們那邊玩，去的時侯有些人常會帶些諸如：《十日談》、《懺悔錄》、《悲慘世界》、《紅與黑》、《罪與罰》、《安娜卡列琳娜》等這類當時很值得炫耀的書籍去。

初來時，憑藉與戴女是校友又是同一批下來插隊的這層關係，隔三岔五的我就往她們那兒跑。而後更多的藉口，是借書和還書。而真正動機是青春期的躁動，渴望著與異性的交往。她們有什麼新弄到的書一般都肯借給我，並還經常與她們交談書中的情節和人物，僅此而已，我就感到心底的歡悅。不是沒有想過更深地親近她們，乃至擁抱她們、與她們發生肌膚之親。然而自己生性木訥且其貌不揚；更要命的是，當時本人屬於「可教育好的子女」。自卑感很重，因此，對她們思念之情一點也不敢表露，對她們的感情、對她們的思念只能深深地埋藏在心裡，只有在夢中這被壓抑的情感才會有宣洩時侯。

一九七〇年的五月，對我來說是個黑色的月份，我的雙親因所謂「歷史問題」先後均被工作單位清理出來，不僅工資停發，還將他們連同剛上初中的弟弟、妹妹一起強制遣送到我的插隊所在地。經濟收入的貿然截斷、精神上的無情打擊，一家人當時無可奈何，只能關起門來抱頭痛哭了一頓。在一夜之間，我刻骨銘心地意識到，我們完全是一群任人宰割的羔羊！當時，我的母親還患胃出血正住院治療，然而，當局毫無人性，在限期的那一天不容你有任何拖延，就將我們一家掃地出門，遣送往山區。

當初一起下來插隊的同學再苦，再沒背景，城裡總還有個家，就還留有一絲回城的希望。而如今自己一家全被趕到山區落戶了，故土福州已沒有我們立錐之地。我們夢寢以求回城的希望就完全破滅了。在這種情景下，我那有心思，更沒勇氣再往那兩女生處跑了，有時憋不住去了，回來更是徒生悲哀。

殘酷的現實告訴我們兄妹，這輩子窮困潦倒在這窮鄉僻壤將是在劫難逃的了。我們只得試著去適應近乎原始的勞作生活。所幸當地村民仍很淳樸，不似城裡的人那麼勢利，雖在那以「階級鬥爭為綱」的年代，但對遣送來被專政的對象及其子女，他們卻普遍懷有側隱之心。說實在，我們這些肩不能挑、手不能提，從未沾過農活的城裡人，剛下來時，是啥活也不會幹，只會添加生產隊農民的負擔。從口糧的分配，工分的評定，到農活的安排和教導，他們都很公正很善良地對待我們。

當時憤懣異常的我還感觸不深，而歷經無數政治運動的父母親對仍然這麼質樸善良的山民感慨萬千。我則幾乎天天出工，我們生產隊的80%的水田是當地稱為「爛泥田」，其深過膝，連水牛都無法在裡面耕犁的，所有農活全靠自稱為「無尾牛」的山民們來耕作。如今我也加入這「無尾牛」之列。在繁重的勞動中來尋得一絲精神上的解脫。

當時生產隊都是集體幹活，在一起幹活中，農民們談論最多、最興致的就是兩性之間的話題。當地方言將女人的陰部謂之「鱉」，中國的國罵：操你娘，而當地卻是：幹你娘的鱉；當寒冬臘月下水田翻冬土時他們說：這下小弟弟可要縮成小鞭炮了，回家得叫老婆好好含含；第一次和他們一起出工時，一位農民當著許多年輕的村姑面前，出了這樣一個迷語給我猜：「幹得看不得、洗得曬不得、有洞掛不得。」在我搔首抓耳不得要領之際，他們已哄堂大笑，有人更進一步指著我身邊幾個女的說：那東西就在她們的身上，猜得出來就給你了！此語一出，大夥全都笑得前仰後合，而幾個女的則拎起鋤頭去追打那男的，並笑罵道：這死不要臉的，是你娘的鱉！還有更精典的順口溜：下田不說鱉和鋤頭就去不了……

他們這方面露骨和率真，起初我感到驚訝，而後逐漸悟到：繁重的勞動、艱難的生活、幾乎沒有任何娛樂的山民，正是這粗俗的兩性話題起著調節他們單調生活的作用。我這才認識到我們老祖宗說過的：「食、色性也」以及「好德不如好色」是何等深刻。認識到自己過去所受的那些教育是何等的虛偽。

歲月如渾濁的長河緩緩地流著，到了一九七六年，鄰村的戴女歷經波折終於招工回福州了。肖女卻受家庭出身之累，在招工、招生均無望的情況下，很無奈地嫁給當地一個「脫帽右派」的教師。首批下來插隊的知青，有近三分之一通過各種方法調離農村，也是在這一年，在我這死水般生活中泛起一陣漣漪。大隊當時集中眾多勞力建一座水庫並搞個小水電站，來結束煤油燈照明的歷史。大隊幹部見我比別人多識幾個字，要我負責變電站施工及內、外線路的敷設和安裝。我勉為其難，找來一些專業書籍邊學邊幹。

工地離村莊較遠，建設其間民工伙食是辦集體食堂。食堂就在我負責施工的變電站旁邊，食堂有三個炊事員，其中一個是大隊張書記的女兒，她正值花季年華，身材不高，但長得水靈靈的，紅朴樸的面龐，就像秋天的紅蘋果，大大的眼睛，烏黑晶瑩的眸子，可真是得了當地山水之靈氣。窈窕淑女，怎不吸引男性的眼球呢？然而，因為各自生活經歷、生活環境等巨大差異，更主要是我仍和所有的知青一樣，無時無刻都還在想著跳離農村，因此雖與張女同村，但卻與她很少接觸，形同陌路。

造物在戲弄人，該工程的建設，讓我與她能近距離接觸起來。起先她一有空就會到我這變電站來玩，瞪著那大大的眼睛東瞧西看，時不時地指著電機、儀錶等設備問這問那。在那孤寂的環境，有這樣的異性到來，對我無疑也是一帖興奮劑，對她有問必答，殷勤有加。

她來的次數多了雙方熟悉了，話題也就隨意多了。如問我：你見過大海嗎？火車是什麼樣的？城裡自來水是怎麼來的？電視是怎麼回事、與電影什麼區別？文革初你串聯都有到過哪些地方？到北京見到毛主席了嗎？……讓我驚訝的是當時我們知青中流行的一些歌曲，如《知青之歌》、《綠島小夜曲》、《莫斯科郊外的晚上》等，她居然也會哼上幾句。至今仍記得她問《知青之歌》中的揚子江是在那裡？

一九六〇年以來，我們兄弟姐妹就經常是處在半飢餓的狀態中渡過來，因此我的體質較差，下鄉幾年來經常患瘧疾（當地俗稱「打擺子」），甚至於一個月會患上兩場，我一「打擺子」，張女就急壞了，經常去找來雞蛋加些冰糖用米湯沖泡給我喝，去拔些草藥熬給我喝，我的衣服，被子更是搶了去洗。我從小到大，除了母親，還沒有誰對我怎麼體貼關愛過，她猶如一股清泉注入我行將枯槁的心田，我能不感激她嗎？

我們倆的感情迅速地升溫，經常是「人約黃昏後、月上柳梢頭」，我們倆相依著，一起靜靜地聹聽著從那遠近的山野傳來的萬千種小動物、昆蟲等用各自不同的押韻和聲調盡情發出的鳴唱聲，伴著山溪潺潺的流水聲、陣陣的松濤聲，組成了一支無比龐大、美妙絕倫的交響樂隊，置身在這令人陶醉的交響樂中，讓我忘記了險惡的現實，無望的未來。這時我會情不自禁地緊緊地擁抱住她，熱烈地吻她。有時在她不很情願的情況下還強行撫摸她那小籠包似的乳房（當時山區女孩還沒有戴胸罩的習慣）。對我更過份動作要求她則斷然拒絕，一次還重重地甩了我一耳光。

那一耳光將我打回到現實中來，現實是：自已是文不文、武不武，別說是成家，連生存都還困難；現實是：她父親是大隊黨支書，女兒找我這樣家庭出身的，肯定不同意；現實是：自已眼下家徒四壁，如果真要結婚，婚前的彩禮、結婚的花費都不知去那裡籌。時至今天，我仍還由衷佩服張女，正值情竇初開之年華，在自已傾心的男友本能衝動的那瞬間，能理智地、毫不遷就地斷然予以一掌，從而避免了一場悲劇的發生！

在我既沉醉少女的溫情，卻又像鴕鳥般不敢面對現實矛盾狀態中，我們倆的關係先是在工地而後在整個大隊傳得沸沸揚揚。一天，張女的哥哥到工地來說她母親生病了，摧她立即回家。她跑來告訴我後，就急匆匆隨其哥哥趕回家。過了三天還沒回來，我正預感到要出什麼事時，她的表姐來變電站找我，將我拉到無人處告訴我說，其實張女她媽媽跟本沒有生病，是她家裡人聽到傳聞後設計讓她回家，這兩天她家裡鬧翻了天，她父親發狠話說，她要再來工地，就打斷她的腿。現在被她媽媽嚴密看管著。她表姐這次上來是專門來取她的行李的，說著她遞上一件紗背心，說：「這是我表妹前幾時給你打的，因走得匆忙沒來得及給你，她知道我上來，就托我將這背心送給你。」

睹物思情，這背心可是少女的一顆純樸的心！如今她受此責難而我又能為她做什麼呢？我恨自已的無能、恨自已的窩囊！我強忍著淚水，哽咽地對其表姐說：「你見到她，給她說我是一個不值得她愛的人，村裡有那麼多的男孩在追她，隨便嫁一個也都比我強。」

她表姐是個極富同情心且很明事理的少婦，也是第一個知道我和她表妹之間的事情，聽我這一番話便說：「你們倆感情都已到這個程度了，你現在卻好意思說這個話？你與其他知青不一樣，你父母親都有已經下來了，你為什麼就不能橫下一條心紮根務農呢？我表妹是這麼死心踏地的要跟著你，只要你能下此決心，好事多磨總會成的。我們祖祖輩輩都這樣過來，只要你勤勞，生活就會過得下去。現在我舅舅（指張支書）在火頭上，待過陣子你可托我叔公去提親，叔公對你的印象不錯，而我舅舅平時又挺敬重他的……」爾後，她還說了很多類似麵包會有、牛奶也會有的話勸慰我，要我別氣餒，努力去爭取。

她表姐走後，我一夜未眠，第二天我正想去請假回村看看，工地總指揮也是大隊民兵營長卻一早就找來，先對我作了一通表揚，說我在工地表現很不錯，變電站建起來了，很快大家就可點上電燈了，這裡面有我的很大功勞，云云。接著他話鋒一轉說：「我們這兒工程差不多了，現在坪布大隊（離我大隊約三十多裡）剛上馬一個與我們這兒差不多的水電站，目前那兒缺一個變電站施工人員，向我們大隊求援，大隊支委昨晚研究過決定讓你過去，你的口糧由大隊下撥給小隊，工分仍按中等勞力算。還有你妹妹要求當民師的事這次也議了一下，現在還沒有名額，不過李老師（村小學的民師）下個月要分娩了，到時可以讓她去代課。」

說完這些，他見我沒吭聲，轉成一臉正色地說：「這是組織的決定，你今天就將手上的事情移交清楚，明天對方就會派拖拉機來接你了，如不服從這決定，後果你可要好好考慮」。說罷，他屁股一抬就離開了。頭頭的話都有說到這種程度，明擺著，去不去已由不得你了。

此時變電站已經試車發電過了，只剩下一些掃尾事項，也沒啥好交接。向同事交待一些要注意的事情後，我就打點好行裝離開工地回村裡去。一到家，還沒坐穩，父母親就一臉緊張地告訴我說，上午生產隊隊長到我們家裡來，說大隊已經決定叫我馬上要去支援坪布水電站，如果不去，則下個月的口糧暫停領取。我能說什麼呢？只說：「知道了，我現在回來就是準備明天就走」。

到了傍晚，我實在憋不住，不顧父母的阻攔往張女家去，希望能與她見上一面，到她家門口，見其家門虛掩，我卻又膽怯起來，在外徘徊了幾趟，終究沒勇氣敲門進去。而後轉而去她表姐家，在那沒見到她表姐，只見到她的母親（張女的姑媽），從她那邊我瞭解到，早晨張女已由她媽媽及其表姐陪同下去鄰近公社她姨媽家裡了，可能要玩好幾天才會回來。

我異常失望，悻悻地回到家裡。知子莫如母，媽見我這樣，勸慰說：「你已這麼大了，凡事要拿得起放得下，明擺著，支書是不同意你們倆的結合，我們胳膊擰得過大腿嗎？塞翁失馬焉知非福，看你這樣的身體，也只能去搞搞電，如留在隊裡再下水田勞作可要垮掉」。那一晚，又是一個不眠之夜。

第二天，我這任人擺佈的可憐蟲就去了那坪布工地。此時離大年卅僅二十天了，我想再過十幾天就會放年假讓大家回家了吧，也就強忍著那無奈之心投入工作。那想到了農曆廿七，工地來了個公社副書記，說是要發揚只爭朝夕的精神，今年他要和工地所有民工一起移風易俗，過個革命化的春節。這下我想春節能放假回家的願望全成了泡影。直到正月初七，工地負責人才同意我回去一下。

歸心似箭的我，回到家裡得到的第一個消息是：張女已和他人訂婚了！前天她家裡辦了好幾桌的訂婚酒，男方是××大隊的赤腳醫生。乍聽我怎麼也不相信，雖然我和她從沒過什麼山盟海誓，但我知道她那倔強的性格，她的那顆心！衝動的我不顧家裡人的阻攔想出去找她，這時，先頭都沒說話的父親大聲喝道：「你要去先回答我兩個問題，第一你有可能讓她父母去退婚嗎？第二你們倆有辦法私奔嗎？」父親的當頭棒喝，讓我怯弱的本性又占了上風，確實的，我憑什麼去要人家退婚呢？我如果有帶她私奔的勇氣和能力，還會有今天這樣的局面出現嗎？想到這些，我禁不住嚎啕大哭。

第二天天還沒亮，母親就煮好稀飯，摧我起床吃了飯，讓我早早上路。從此以後近兩年的時間，我又輾轉過一個水庫工地，而後到縣城的一所中學去代課。其間，父母親經常叫弟弟或妹妹來看我，而我則幾乎很少回家。因此就再也沒見到張女。

一九七八年，政治之堅冰終於劃破，我一家人的命運出現了重大轉機，年底在我獲得某大專學院錄取通知單的同時，父母親也得以回歸原單位，我的弟弟妹妹也一起回城安排了工作。這時家人才將當時的實情告訴我：原來張支書將我支往坪布工地後，大隊幹部就統一口徑，說我已被福州某工廠正式招工走了，同時脅迫我父母不得走漏風聲且儘量別讓我回家。媽說，張女確是很癡情的姑娘，你到坪布後她和她表姐到家裡來探詢了好幾次，我們都違心地按她父親交待的欺騙她。姑娘每次離開之時都顯得那麼的哀怨，但你知道，我們是沒辦法啊。

真相大白，然而一切都無可挽回，在我一家離開農村時，張女已為人母了！最後用我以下這首詩來結束我這篇不合時尚的文章：十年惡夢／屈指堪驚／韶華虛度／青春殆盡

類似的這樣農村家族瞧不起知青，干涉男女自由戀愛的在當時並不少見。農村幹部古國華在〈一九七七年震驚邊境的叛逃案〉中也講述了一個因失戀鬱悶而走上「叛國投敵」的道路插青

故事：那是一九七七年的初春，那是一個綻放的季節，中國大地一片生機盎然、春意濃濃，人們的思想精神得到了一次徹底的復甦，載歌載舞歡慶共和國走出陰霾，迎來祖國新的希望、新的曙光。

在東北邊陲小城，人們競相期待姹紫嫣紅的來臨，忽報：有人偷越國境投敵叛國了。一條震驚邊境地區的消息，使邊陲的春天來遲了，空氣此時也凝固了，人們的呼吸也屏住了，視線也轉向了是誰這麼膽大，大家都在猜測會是誰呢？此時的中國人民邊防軍立即照會蘇聯邊防，同時，公安迅速展開調查。

我們屯位於黑龍江南岸，依山傍水。村子的東面是靠山屯和百合屯，相距五公里。南面是常勝屯，西面是高灘屯，相距三公里。夏天的黑龍江水就是從這些村子的前面緩緩地流過。冬天的黑龍江卻是白皚皚、寒瑟瑟。江面上解凍一般都在三月底四月初，老鄉們很少離家，更難得到江面上去，都在家裡貓冬。偷越國境恰好就發生在江面未解凍的時候。

公安通過踏勘和對沿江屯的排查，目標鎖定在了高灘屯，一條清晰可見的腳印留在了江面上由南向北，也看出了叛逃者在準備走向北岸時極為複雜矛盾的心情，在走與不走之間徘徊，足足把原來蓬鬆鬆的雪地踩成了雪旮瘩。然而，他還是向北邁出第一步。來到江心，也就是主航道線，準確的說就是國界線，叛逃者也知道在往前跨一步的後果，就地打旋，再次表現出他內心世界激烈的思想鬥爭，可是，邪惡占了上風，選擇向北邁出了第二步；選擇了背離祖國；選擇了背離親人和故鄉；走向了他的政治生活和社會生活中的不歸路。

令叛逃者萬萬沒想到的是，七天以後，通過邊防軍和公安照會蘇聯邊防，採用外交規矩，叛逃者被引渡回國。回來後的結果是可想而知的，在當時的形勢下，輕者無期，重者死刑。然而他只獲刑七年，得到了極為寬容的量刑。

叛逃者會是誰呢？原來是一九七五年秋一位從大西南志願到黑龍江支邊的青年，在那個時期，有這樣的思想境界，應該說也是熱血青年，政治上追求進步，思想上追求先進的當代青年人。那時，他們一行七人，也是懷揣理想，滿腹酬志，一顆紅心踏上支邊征程的。叛逃者和一位高姓女青年被安排在了高灘大隊，其餘的安排在了百合大隊。

我們幾個大隊的排列就是一個漢字「心」，我們在中間，因為同樣都是來自大西南，在邊疆曾有一面之緣，同公社不同大隊，平時由於生產忙，我又是後去的，所以幾乎不走動。記得見面的時候還是在七七年春節期間，我們隊裡組織秧歌隊，到相鄰的大隊拜年，就在那次見過叛逃者，圓圓的臉，矮矮的個子，典型的南方人。看他的外表，憨厚實在，很普通的一位青年人。到底為什麼走向這條不歸路？造成叛逃的根本原因又是什麼呢？

隨著他的判刑和公安傳達回來的的訊息，叛逃原因看來似乎很簡單，因為感情問題。原來啊，二十出頭的年輕人，湧動青春期燥熱，渴望異性的撫慰，默默地喜歡上當地一位回鄉女青年，常常下地幹活的時候總是主動要求安排在一起，這樣一來二往從暗戀到半公開化，隊裡的多數青年人都知道了，風聲吹到女青年家裡，立即引起家中的震盪。全家都反對她們交往戀愛，指出一位來自遠方的青年，一貧如洗。女青年的哥哥還揚言若繼續糾纏他的妹妹，就要打人，甚至殺人都可以。

這個年輕的知青，剛踏入社會，沒有人生經驗，經不起恐嚇，這下，把叛逃者嚇壞了，平時就少言寡語的他，遇事後，也沒有一個訴說的地方，女朋友沒談上，還落得個名聲掃地，一時在隊裡無顏江東父老，把自己封閉起來，開始不出工，酗酒消遣自己，受到這樣刺激後，選擇了過激行為，造成了他人生的悲劇。

還有就是據講，他是空著兩隻手過去的，身上沒有攜帶有國家機密，蘇聯邊防在盤問他時。問道：你們的縣委書記叫什麼名字。他沒有回答上。又問：你們的公社書記叫什麼名字。他也沒有回答正確。一問三不知，蘇方也是為我所用，什麼都不知道接受叛逃者何用？這也許是引渡回來的原因吧。

僅僅因為感情受挫就走上叛國之路，僅此一點分可知，當時的知青政治上多麼幼稚，也由此看到當時插隊知青所在公社政治思想工作的薄弱，才導致此悲劇的發生……

時間又回到一九七七年夏季的一天，我因為值夜班，還躺在炕頭上睡覺。突然，聽到敲門聲，動作靈敏地穿衣開門，一看，是黨支部書記，進門後她說道：還在睡啊；我答：跟車拉石頭，夜班；她又說道：知道，來找你有一件事，縣裡和公社決定對叛逃者進行公審、批判和遊鬥，到了我們隊裡請你去發言和他的行為作鬥爭。書記這樣一講，我明白了。立即表態，拒絕參加公審和批鬥大會，不瞭解叛逃者，不發言，並反對到我們隊裡召開批判會。

書記又說道：這是公社的意思，凡是有西南青年的隊，都要去召開批判大會。我對書記說道：書記啊，他也是知識青年，這樣批鬥就是打擊我們，打擊一大片啊，他一人叛逃怎麼把我們青年都扯進去呢？這分明就是殺雞給猴看嘛。書記想了想，是啊，又不是我們隊裡的出的事，也不瞭解叛逃者，幹嘛到我們隊裡。書記離開的時候留下一句話：我去給公社反映一下，不來最好。

後來，確確實實沒到我們隊裡。就在叛逃者所在的高灘召開公審大會後，不久，看見佈告：判刑七年，認罪服刑……

知青項東方在〈遙遠的白樺樹（3）崔一枝為兵團生下了第一個二代知青！〉如實地介紹了一些知青性盲的情況：……白樺樹葉綠葉黃，一年又過去了。白樺樹下落葉歸根，無聲無息。白樺樹旁遊子相聚，南腔北調更加熱鬧了起來。一九六九年的冬天特別冷。年初的中蘇珍寶島一戰。粉碎了我在邊疆的參戰夢。中蘇一時無戰，我們有些知青便把解放全人類的眼光聚焦於緬甸。我的一些同學利用雲南生產建設兵團的地理方便，越過邊界參加了緬共遊擊隊，不少人很快成為戰鬥英雄，有的一年就當上了副營長。

不過，我們堅信毛主席的教導，蘇聯亡我之心不死。只要有這一條，中蘇一戰是早晚的事。我們每天祝毛主席萬壽無疆，其中有個心理上的企盼，就是在白樺樹邊與老毛子血戰一場，戰勝蘇聯修正主義，將毛澤東的旗幟插上克里姆林宮。也許我們會戰死在白樺樹林下，但我們中的一員也一定會成為中國人民解放軍新的年輕少帥。

革命理想高於天。我們北興農場早已成為中國人民解放軍黑龍江生產建設兵團三師三十二團，我們建材隊也成為工程三連。1名姓鄭的現役軍人成為了我們的團長。而我們北京知青與其之間的關係反而是敬而遠之。以轉業軍人為主體的原領導班子與我們的親密，被轉換為再教育的壓力增大。隨著我們的隊伍越來越大，哈爾濱知青來了，上海知青來了，佳木斯知青也來了。知青越來越多，我們的伙食卻越來越差，但比起陝北知青同學，我們的肚子還是幸運的，尚能裹腹，還有三十二元月工資，應當知足了。

知青越來越多，年輕人的愛情開始滋生，而性的誘惑成為我們知青幹部必須重視的階級鬥爭新動向。白樺樹林是年輕人的專屬領地，這裡是培育愛情的溫床，也是埋葬愛情的墓地。然而，在這個階級鬥爭新動向中，我由於是一個性盲，而犯下了鄭團長所不容的「罪行」。

一九六九年的某月某日，我帶著隊伍在山上幹活，突然一個名叫崔一枝的女知青向我報告：排長，我的肚子痛，想回去休息。崔一枝是當地知青，家就在農場，我什麼也沒有多想，就讓她回家了。沒有想到，崔一枝為兵團生下了第一個二代知青！而且她給自己的兒子取名：黑小子！這下子，全團譁然，而我唯獨一個還傻傻地帶隊正常勞作。

鄭團長親自叫我到他那裡談話。鄭團長對這個問題的定性是破壞知識青年上山下鄉！你是怎麼帶隊的？一個排長管四十幾個人，女人十月懷胎，誰能信你一直沒有看出來？你一定在有意識地包庇！

我確實是個性盲，雖然一個十五歲的知青已經對異性有了興趣，但性盲的我只是猜想：為什麼女孩子的褲子扣在側面？她們如何解手？是不是她們的那個不像我們在褲檔中間，也在側面？也不能怪我的性盲，當時的女孩子懷孕是一件驚天地、泣鬼神的大事，那時那裡有如今打胎的方便條件？她們往往是用布帶子死死地裹住自己的肚子。但在白樺樹下，生命總是要借助愛情誕生！

我對鄭團長一付丘八的形象很難認同，我又想到我在北京中學寫得「十問中央文革」的大字報，再聯想到父親所在的解放軍總政治部已經被一個叫肖力真名叫李納的女孩子砸爛了。為什麼我們響應毛主席的號召上山下鄉，而她一個大學畢業沒幾天的小丫頭就可以不下鄉？就可以仗著江青搖身一變就成為解放軍報總編？就可以讓諸多將帥滾出北京？

我這個人就愛看書，就愛思考。這輩子我就吃了這個虧。如果我是性盲加文盲該有多好！在與鄭團長的爭論中，我一激動，年輕人的輕狂傾泄而出：你為什麼決定，放著聯合收割機不用，以小鐮刀萬歲的革命名義，讓我們知青下田人工割麥子，一個連隊割萬畝田根本割不過來，結果莊稼讓一場定時豪雨泡爛在黑土地之上，這可是我們知青的心血！你每天讓知青四點半起床，一人發一根木棍出操。練三三制，然後再去幹活，這樣知青長期以往受得了嗎？

爭論總是要在權威中結束的。鄭團長一拍桌子：「多範，你老實一點，你知道這是什麼地方嗎？這裡是團部！」

「團部怎麼了？我們家是軍部！」我也一拍桌子，在一腳踢開大門揚長而去。這件事的後果是讓我告別了白樺樹。我穿著一身將校呢軍服參加全團批鬥會，之後是我的半年乞丐史，無家可歸，我終於告別了白樺樹……

青島知青滴定管在《捉姦記》生動地述說這種壓抑的現象：一九七一年，寧波知青來到我連，南方人長得秀氣，說話也好聽，給沉悶的連隊帶來生氣勃勃的活力。一天，新兵偉找我要求換鋪。那時，我們是4人一個炕，頭朝外睡覺，4人為一組，4組為一班，4班為一排，4排為一連，既所謂的四四制。雖然是知青，實行的卻是嚴格的軍事管理，一切行動聽指揮，換鋪是比較重要的大事情，所以要請示。

我問偉：「為什麼要求換鋪？」偉說：「北京老兵晚上到他被窩裡屌他屁股。」，我聽了哈哈大笑：「這怎麼可能，都是男生，會出這樣的事。」偉說：「同來的老鄉也不信，那天偷偷和他換了鋪，結果也被屌了，不信可以問問他。」我一聽，意識到問題的嚴重性，趕快彙報連長。連長是現役軍人，帶家屬住連隊裡，是個好人。聽完我和偉的彙報後，要求我一方面作偉的思想工作，要求偉再堅持一下，然後佈置班排長晚上行動。

晚上，我們很多人埋伏在15班周圍，等候偉的暗號。一聲咳嗽，我們衝進15班，幾支手電筒亮如白晝，北京知青趙慌忙從偉身上滾下來，射出的精液噴的到處都是，趙被抓了個現行。偉抓起褲衩擦了半天，委屈的說：這會你們相信了吧。

趙被帶到連部，連長氣得是破口大罵：「你這個畜生，憋不住你去屌牛，屌羊，屌個腚眼算什麼事情。」罵歸罵，連長只關了趙幾天禁閉，沒有上報團部，不然趙要判幾年徒刑這一輩子可就毀了，那時候我們都是青春年少呀。

第四節　因思想迷茫引發精神錯亂的事例

一段瘋狂、熱烈的青春爛漫之後，他們以一種相對安靜的方式留守在這片散發著麥香的黑土地上。因思想迷茫引發精神錯亂的事例逐漸增多。這些知青的患病因素很多，有在政治上受到刺激的，有因為返城回不去的，也有不少因為感情問題。這是新華社——瞭望東方週刊記者王曉在〈近百名北大荒留守知青患精神分裂被收治〉的精闢描述：

二〇一〇年元旦前後的佳木斯市，氣溫降至零下30多度，隆冬的陽光疲軟地照在厚厚的積雪上。位於郊區的北大荒知青安養中心，59歲的哈爾濱知青姜盈國面帶微笑地在活動室裡走來走去。

「我21，他22。」姜盈國指指旁邊的北京知青陳平原，「我年輕。」陳平原張著嘴，嗓子眼裡發出「吭吭」的笑聲，口水順著嘴角不住往下流。姜盈國的記憶定格在他的21歲。

一九七五年的某一天，黑龍江友誼農場拖拉機手姜盈國上夜班。突然，拖拉機發出的轟鳴聲戛然而止。「我壓死人了！」姜盈國閃過一個念頭，倉皇逃離。次日，一起下鄉的知青特意跑到地裡去看，「哪來的什麼人，明明是稻草。」

但姜盈國堅持認為自己成了肇事者。此後，他整天念叨著警察要來抓他，接連數月不洗漱、不理髮。幾年後，其被診斷為精神分裂症。二〇〇九年四月，轉至北大荒知青安養中心。

這是一所俗稱的「知青精神病院」，建成於二〇〇八年底，目前集中收治了94名來自北京、天津、上海、哈爾濱等地的知青及知青子女。一段瘋狂、熱烈的青春爛漫之後，他們以一種相對安靜的方式留守在這片散發著麥香的黑土地上。

「劉少奇萬歲」一張橫幅讓趙印寶的命運在上世紀六十年代發生了裂變。他記不得自己為什麼寫下「劉少奇萬歲」。那個時期，人們「被接受」的五個字，本該是「打倒劉少奇」。

「就那麼寫了。」趙印寶掛著慣常的笑容，左手托腮，腦袋上揚，一副「混不吝」的勁兒。如今，這個63歲的北京知青只記得自己家住豐台，是屬小龍的。高興了，會說出一句俄語；表揚他兩句，會再說上兩句英語。

留守在寶泉嶺農場十隊的北京知青任友善，當年和趙印寶住在同一間宿舍。在他的印象中，趙印寶平時沒什麼劣跡，也不大講話。唯一一次「犯渾」就是寫下了那張「天殺的橫幅」。

「在那個年代，這哪兒成啊。」留守北大荒數十年，任友善說起話來還是京味兒十足。

橫幅貼出來兩三個小時，趙印寶被抓走了，之後戴上了「現行反革命」的帽子，還被判了7年有期徒刑。由於是工人出身，又沒查出更多劣跡，不久，趙印寶被放了出來。

回到農場後，他的日子照樣不好過。任友善說，當時所有髒活累活都少不了趙印寶。一到批鬥，他就理所當然地成了「活靶子」。「你注意到趙印寶的門牙了嗎？那就是批鬥時打掉的。」讓任友善感到難以接受的是，「打手」往往由一起下鄉的知青扮演。

受了刺激的趙印寶逐漸反常起來。任友善記得，某個陽曆年前後，他們坐著斗車到100多裡地外去砍樹。正值北大荒最冷的時候，風在耳邊呼啦呼啦地刮著，臉刺得生疼。為了擋風，知青們一個個都是後背朝前蜷縮著，只有趙印寶，居然敞著棉衣，面朝前方。

一九七三年，趙印寶由姐姐趙桂蘭接回北京。在他的病歷上，寫有「自言自語、自笑、胡言亂語」等症狀——「他說自己和毛主席在一起工作，和毛主席一起制定解放臺灣計畫，說包產到戶是他制定的，還說自己是周總理的兒子。」北京安定醫院對趙印寶的診斷結果為「精神分裂症」。

二〇〇四年，由於不堪重負，趙桂蘭將趙印寶送回黑龍江農墾，納入農墾醫保，住進了農墾總局精神病防治院。北大荒知青安養中心建好後，又挪到了這裡。

上海知青薛魯波則是因為一九七二年在浩良化肥廠因入黨問題未能如願，進而逐漸失眠、疑心大，總以為有人要害他。一九七三年，被家人接回上海後，診斷為精神分裂症。「我父母都被人害死了，那個人，神通廣大，法力無邊。」在安養中心，薛魯波的眼睛瞪得很大，幾根長壽眉跟著亂顫。

知青吳庚妹「這些知青的患病因素很多，有在政治上受到刺激的，有因為返城回不去的，也有不少因為感情問題。」北大荒知青安養中心精神科主任吳斌對患者的情況瞭若指掌。

上海知青吳庚妹的故事足以放進那些知青題材的劇本中。一九七二年，和所有響應毛主席號召的年輕人一樣，吳庚妹從燈紅酒綠的上海來到了北大荒紅衛農場。下鄉期間，吳庚妹愛上了一起來的一個上海知青。在當地人的描述中，這是個長得很帥的小夥子，當老師。因為種種原因，吳庚妹一直把這份愛情埋在心裡，埋得久了，生根發芽了，對方卻並不知道。

一九七八年，小夥子跟著大隊人馬返城，吳庚妹卻留在了農場。留守下來的吳庚妹落落寡歡，不久，變得抑鬱起來，並開始獨自一人在農場溜達。大家暗地裡說，這個挺漂亮的上海女人已經瘋了。無奈之下，農場找了個叫汪世貴的單身漢照顧她。很快，吳庚妹和比她大27歲的汪世貴結婚了。一個老光棍找了一個年輕的女瘋子，在人們看來，這算是樁不錯的姻緣。兩人婚後生了四個孩子，但只有兩個女兒活了下來。婚後的吳庚妹瘋得更厲害了。而由於汪世貴本身就有癲癇，根本沒辦法很好地照顧妻子。

「那個男人很窩囊，對她不好。」留守在紅衛農場的支邊青年孫丁康回憶說，孫和吳庚妹是上海老鄉。

之後，吳庚妹被送進湯原縣精神病院，醫藥費由農場和她本人的工資支付。一段時間後，又轉到了農墾總局精神病防治院。

汪世貴並不樂意妻子住院，他隔三差五地跑到農場去要吳庚妹的工資。紅衛農場民政局局長李建軍回憶，「吳庚妹每月二三百塊錢的工資，醫藥費都不夠。可老頭不幹，讓農場把工資給他，他把吳庚妹帶回家伺候。」

折騰了一年多後，二〇〇八年春天，汪世貴終於把吳庚妹領回了家。回家不到兩個月，吳庚妹死了。「她是在街上溜達，被車壓死的。」孫丁康說。另一個浪漫的說法則是，吳庚妹死在了年輕時常去的白樺林中，死時一絲不掛。

二〇〇九年五月，汪世貴因病去世。讓人扼腕的是吳庚妹的大女兒汪遠芹。如今，她和母親一樣，住進了北大荒知青安養中心。「這應該說是遺傳。」李建軍認為。但坊間相傳的一個決定性因素是，汪遠芹16歲那年，曾遭人強姦。

「我16歲的時候，就開始犯病了。肯定是發生了什麼不愉快的事，想不起來了，」這個27歲的女孩眯著眼睛，皺著眉頭，「我爸說我媽死了，電死了。」

提起母親的死，汪遠芹蒼白的臉上沒有一絲悲傷，她甚至完全記不清母親的模樣。如今，她更願意留在安養中心，穿著大號的病號服，重複著一遍遍掃地，用手神經質地擦桌子。

明明有收割機，但偏讓你拿鐮刀去割。同樣因感情問題受了刺激的北京知青張慧穎認為，自己到北大荒，以及現在在安養中心，都是為了「吃毛主席的飯」。她甚至堅信曾經一起來的北京知青們都住在這裡，不曾返城。

那是一個熱火朝天的年代。一九六八年十二月二十二日，《人民日報》發表了題為〈我們也有兩隻手，不在城裡吃閒飯〉的文章，其中印著毛主席語錄：「一切可以到農村去工作的這樣的知識份子，應當高興地到那裡去。農村是一個廣闊的天地，在那裡是可以大有作為的。」

自此掀起了知識青年「上山下鄉」的高潮。2000萬名北京、天津、上海等大城市的年輕人們興沖沖地奔赴黑土地、大草原、黃土坡、橡膠林。其中，54萬人來到了白雪覆蓋下的北大荒。

早在一九四七年，北大荒的建設就已然開始。最先進駐開墾的是10萬名複轉軍人。從一九五九年開始，又有一大批支邊青年，響應支援邊疆的號召，屯墾戍邊。這算是北大荒的第二代開墾者。

「其實當時之所以號召支邊青年進駐北大荒，很重要的一個原因，是要給之前來的軍人們解決婚姻問題。」幾十年後，黑龍江農墾總局有工作人員作出這樣的解釋。

北京知青任友善、趙印寶等人下鄉是在一九六四年，算是較早的一批，但也歸入了知青「上山下鄉」的行列。

「一方面是響應國家號召，另一方面，就是為了到這兒來吃飽飯。」任友善記得很清楚的，是當年城市裡的「低標準」——每人一天9兩糧食，「吃不飽啊，再加上城裡找不到工作。來這兒當農民好歹是個工作，總比餓著強，就這麼來了。」

「吃是吃飽了，但那個歷程簡直不堪回首。」任友善記得，最先要適應的就是氣候，「冬天凍腳啊，腫得老高。後來學會了，得買大鞋，往裡面墊草、墊玉米葉。」還有一些苦是人為製造的，「比如收麥子，明明有收割機，但偏讓你拿鐮刀去割，社會主義小鐮刀嘛。」

「下鄉是為了工作生活上的事」「政治思想學習好，文化知識水平高」，安養中心的北京知青李大水經常自己一個人編些詞念叨，動輒還會高聲背上一段毛澤東詩詞，唱幾首紅歌。一九六八年到859農場下鄉的李大水，剛來了沒多久，就從馬上摔下來，摔成了腦震盪，此後經常自言自語，精神出現異常。

張慧穎至今念念不忘「割麥子、種大豆」，「等我出去了還能割，我就是幹活的命。」

斷線的風箏「經歷了『上山下鄉』，沒有吃不了的苦。有這個心路歷程，以後什麼都吃得消了。」和大多數知青一樣，任友善有著「劫後輝煌」的感慨。

真正讓他難過的，是始於一九七六年前後的知青大規模返城。由於已經在當地安家，任友善只得留在寶泉嶺農場，「眼看著農場空了，宿舍空了，心裡也空落落的。但那時確實沒辦法，我身體不好，如果不在這兒成家，我根本活不下來。」

據《饒河農場誌》記載：「一九七九年知青大返城時，有3000多知青離場，造成了生產人員嚴重不足，不少生產隊拖拉機沒人開。」黑龍江農墾精神病防治院辦公室主任宋斌透露，最終留守在北大荒的知青有兩萬餘人。

「我們這裡的二三十個患者，和家人完全失去了聯繫。」安養中心精神科主任吳斌介紹，他們得的這個病，很多人家即便知道了，也不見得願意來找，「父母在的估計會找，父母不在的，兄弟姐妹之間的感情要相對淡漠些。」

北京知青鮑麗麗就是一隻「斷了線的風箏」。剛從857農場送到安養中心時，鮑麗麗只有48斤。貧血、低蛋白，嚴重的類風濕更是使得她的手腳都變了形。吳斌介紹說，鮑麗麗發病據說是因為談戀愛，最初治療過一段時間。後來農場找了個人照顧她，給她吃的穿的。近些年，農場條件好些了，就把她送進了敬老院。在敬老院裡，鮑麗麗摔成了骨折。

骨瘦如柴的鮑麗麗已經無法說話，偶爾，她會睜大著眼睛，從嗓子裡發出含糊的聲音。只能通過聲調，判斷她說的是什麼。而今，她會發的幾個音節，除了「吃西瓜」、「吃香蕉」外，還有「海澱」和「回北京」。

吳秀菊甚至記不清自己的家在北京還是上海。「上海宣武區。」她抬抬眼皮。過一會兒再問，又會說，「一半北京一半上海。」

李啟是在北大荒紅星農場十八隊下鄉的北京知青。說是知青，但根據其斷斷續續的描述，他其實是被一個想要返城的知青騙來的，「他插隊10年，想回城，說這兒好，可以過來種地，就把我換過來了。」來後不久，李啟出現了一些精神異常的症狀，病後一直由所在農場的一個職工照顧。二〇〇九年四月入住安養中心。

農墾的嘗試。最早提出成立北大荒安養中心的是黑龍江農墾總局殘聯理事長董興業。儘管下過鄉，但董興業從來不認為自己有所謂的「知青情結」，「我一九六九年下鄉，待了4年，之後又當了22年的兵。」

二〇〇一年，董興業開始關注起精神病患者的生活狀況。他最想改變的，是目前我國精神病人的一元化治療，「我們應該成立多元化機構，集康復、安養和治療為一體。」

此時，黑龍江農墾總局精神病防治院院長黃春光跟董興業提起了知青中的精神病患者。董興業決定通過解決知青這一群體的問題，建立一個新型的康復機構。此後，他們在知青精神病患者中展開了一系列調查。

二〇〇六年六月，董興業正式開始統計知青精神病的數字。當時統計到的是207人。到了二〇〇八年十二月，只找到了167人。其中，死亡20人，失蹤20人。另一個針對137名精神病患者的調查中，董興業發現，60歲以上的只有3個，70歲以上的只有1個，「這些資料說明，我們必須有這樣一個精神病人的養老院。」

二〇〇六年中下旬，董興業在農墾總局的一次會議上用一分鐘進行了彙報。研究討論了三四分鐘後，總局領導同意了他的建議。

二〇〇八年十二月，北大荒知青安養中心在佳木斯落成。蓋樓的錢由農墾總局來出，醫藥費則來自知青們各自的醫保。在董興業看來，這也是安養中心必須具備的特點之一，「過去我們做很多事情都是採取救濟的方式，這種救濟導致的，一是居高臨下的態度，二是官本位行為。我們要摒棄所謂的救濟，把安養中心置於現代社會保障體系中。北大荒發展到今天，我們要感知青們的恩。」

但安養中心有工作人員透露，知青們的醫保無法支付所有醫療費用，不足的部分的則需要醫院自己搞創收，「這種情況維持下去，醫院負債只會越來越多。」

董興業堅持認為，安養中心絕對不能等同於精神病院。在它的後面，有一個小型的康復農場。樓裡，有圖書館、卡拉OK廳等，「我最擔心的就是到頭來還是建了一個鐵籠子，改過去各個農場的分散關押為集中關押，改簡陋關押為豪華關押。我希望他們生活在陽光下，共用現代社會的文明。」

這個新型的康復機構，在辦手續時遇到了不少麻煩。直到如今，它還是一個證件不全的單位，也只能掛靠在農墾總局精神病防治院下。「我們去辦手續的時候，相關部門拿了個表出來，說在批准建設項目的條目裡，沒這個東西。之後，我被趕了出來。」董興業說。

據農墾總局的工作人員透露，安養中心成立至今，在農墾系統內並沒有引起太大反響，「這可能和農墾的性質有關，大家關注更多的是農業。養兩千個精神病人，在黑龍江省沒有什麼人會評價這個事。如果養兩千頭牛，種兩千畝地的話，關注的程度就不一樣了。」

幾十年的返城夢「軍墾精神教會了我們踏踏實實做人，知青們帶給我們的則是精神，他們告訴我們世界很大。」紅衛農場民政局局長李建軍記得，他的很多老師都是知青。

「我們剛來的時候，東邊全是樹林、草甸子，我們睡的是『馬架子』。」支邊青年孫丁康捂著厚厚的棉衣，戴著毛茸茸的帽子，操著一口標準的普通話說。在那個一片荒蕪的年代，正是知青們給這裡帶來了現代文明，他們教會了當地人刷牙、用紙擦屁股。之後，他們中的一部分人永遠留了下來，衣著打扮和當地人沒什麼兩樣，但鄉音大多未改。

安養中心的知青們拼拼湊湊的記憶殘片中，尚留著家的位置。

「崇文區。」李啟一說，嘴角就往下耷拉，一副快哭出來的表情。而陳平原則會哆嗦著嘴唇，淌著口水，費勁地說「三裡河」。

天津知青安俊芹一直念念不忘「大麻花」，「麻花好吃，比包子好吃。」這是個大嗓門，說起話來滿口天津味兒。每天早上天一亮，就扯著嗓子唱歌。安養中心護士長孫萍如果哪天沒聽見安俊芹唱歌，就知道她肯定是哪不舒服了。「是老師讓我來這兒唱歌跳舞的。」安俊芹一心記著自己的「使命」。在安養中心的娛療計畫中，的確有不少文體活動和戶外活動。每到這時，安俊芹和一個叫武春玲的知青子女就成了絕對主力。

北京知青潘金成也在寶泉嶺十隊下鄉，和趙印寶、任友善是一批。儘管整日和趙印寶打照面，但兩人根本不記得對方。他們共同的記憶，只有北京。「北京有公園、花園，有陶然亭、大柵欄、王府井。」潘金成掰著手指頭。

「想回去，但回不去了，車站沒了，靜止了，飛機也靜止了。」張慧穎說這些話的時候，仍是笑靨如花。

護士長孫萍說，安養中心很多知青的記憶已經衰退到了幾歲的孩子的程度，「這樣也好，那些最痛苦的回憶，倒是給抹掉了。」

安養中心的知青們平時罕有交流，大部分的時間，都是各幹各的，或走來走去，或呆坐著，整整一上午，目光聚焦在某個點上。有時，那個叫李大水的北京知青會高聲背誦普希金的〈假如生活欺騙了你〉，「一切都是暫時的，轉瞬即逝，而那逝去的，將變為可愛。」

任友善認為自己終有一天要回北京的，在北大荒待了40餘年的他甚至從未把這裡當成「第二故鄉」，「從下鄉那天起，我就有一個念頭，就是回家。這地方再好上十倍百倍，我也想回去。」

上海知青薛魯波的妹妹薛魯英一心想把他接回上海。「我哥哥以前住在上海一家精神病院的，農墾那邊出醫藥費。住了十幾年，每個月得花幾千塊錢。到後來農墾不願意出錢了，就把我哥哥接到了佳木斯。在那兒住便宜，可是離得遠啊，我們家人都不好照顧。」二〇〇九年十月，薛魯英來到佳木斯，想把薛魯波接回上海。一是為了轉院，二是因為其父留下的老房子，寫有薛魯波的名字，需要帶他回去做個公證。走到半路，兄妹二人發生了矛盾。最終，薛魯英還是把哥哥送回了佳木斯。

「那個妹妹是假妹妹。」薛魯波很肯定地說。但次日，他又換了種說法，「我妹妹一個月前已經死了，被人害死了。」

薛魯英還是堅持要把哥哥接回上海。「上海醫療條件要好些，而且家屬都在的呀。」至於醫藥費，她的意見是，國家應該出一部分，剩下的家裡可以添點兒。

想回家的不僅是目前留守在北大荒的知青，甚至包括那些已故知青。當地人都知道，虎林農場的知青墓，在那裡，一塊塊小墓碑雜亂地排列著，朝著他們各自家的方向……

類似這種因思想迷茫而引起精神崩潰的事例，可以說是比比皆是。知青姚曉剛在〈不該有的紀念〉懊悔地說：為什麼是「不該有的紀念」？因為他本不該走的那麼早。他比我小。他走了好多年了，而我現在還活著。

「小朋友」的外號是我給他起的。他大名叫許孫瑜，一個很獨特的名字。我曾經評價他說他把孫權周瑜的光輝都往自己身上摞，可長得一點沒有帝王將相的風度。他瘦瘦小小的，根本不像一個高中生，我說他簡直就是幼稚園的小朋友。

記得是在一次晚飯後的散步時我叫他小朋友的。我們都住校，晚飯後我們倆總要在南師附中校園裡走一走。至今我都記得他獨特的姿勢：他臉上總是微微笑著和我說話，總是用左手按在胃子的部位。他的胃有病。年紀輕輕的，就有胃病。開始我叫他「病西施」，後來發覺還是「小朋友」比較傳神。果然，這個外號就這樣叫開了。一直叫到馬壩和現在。

他是在我們出發前一天才被通知到馬壩的。本來，下鄉插隊的名單裡沒有他。雖然他和我還有許多熱血沸騰的同學都在「放棄高考下鄉插隊幹革命」的熱潮裡報了名，但開初他和我都沒有得到「黨的批准」。但我後來被批准跟隨「南京市放棄高考七十二賢人」去插隊，而他仍然沒被批准。但我們要出發的前一天，班主任找到我，說小朋友被批准了，要我立刻到他家去通知他。於是我就去通知他了。

我們就這樣到了盱眙縣馬壩公社。那是在一九六四年的九月。我們都被分配在交通大隊，但他在大隊最西頭的茶庵，我在最東頭的趙莊，相隔總有七、八裡吧，我們見面的機會很少了。即使見面，也決沒有飯後悠閒散步的機會和興致了。

那天，我不期然在馬壩車站碰見了他。但他是十分痛苦地躺著的，他在不停地呻吟。和他一個「革命之家」的趙宗凱說，馬上要送他到縣醫院看病去。我以為，是他的胃病犯了。也許這一次犯的比較重了——我想，到「大醫院」治療就會好的。但我沒想到小朋友竟然精神失常了！我是過了好長時間才知道小朋友精神失常的。我已記不清是誰告訴我這個消息的，說是腹膜炎太痛苦了，痛苦得讓小朋友發瘋了。

腹膜炎？我是頭一次聽說這個病。它能叫一個人精神失常？……小朋友會成為瘋子？或許是誤傳？但人家告訴我，是真的。之後的好幾年時間裡，我都沒見過他。說是在南京養病。又不知過了多少時間，在一個寒冷的天氣裡，小朋友突然來趙莊找我來了！

那時，「革命之家」已經解體。為了和也來到馬壩「接受貧下中農再教育」的母親、弟弟有一個安身之地，我們「起」了三間草屋。那天，我和老二、老三正在凍手凍腳地泥牆，我看見一個人遠遠地走來了。

「你們在泥牆呀？」他說。我這才驚異地發現是他。他臉上是我非常熟悉的笑容，左手仍然輕按在胃部。

「你，你，你來了？」由於大出意外，我很有些張惶。我不知道如何面對一個「瘋子」。

他只是嘻嘻的笑。我暗地鬆了一口氣，開玩笑說：「怎麼，來幫我泥牆呀？」

他還是笑，而且笑著說了一句沒頭沒腦的話：「就怪你，要不是你，我會成這個樣子嗎？」

我沒聽懂。他不笑了。聲音裡有了幾分凌厲：「就是你叫我下鄉來的！你非要叫我到馬壩來的！」

我楞住了。他卻又笑了起來，邊笑邊說，口氣卻是那樣的決絕：「你把我害得好慘！都是你把我害的！」不待我急赤白臉的解釋，他卻已經轉身而去。依然是左手按在胃部，只是把頭笑得一點一點的。

我已經說不出一句話，唯有死死的盯著他的背影，頭腦裡一片空白。他的笑聲讓我感到比冰冷的稀泥還要徹骨的冰冷。他那單薄瘦小的背影，讓我至今一想起來就感到無比的淒涼。現在，還活著的我寫下這篇不該有的紀念，很想跟他說：「小朋友，你就怪我吧。不然，你能怪誰呢？」

第五節　借酒澆愁而命喪黃泉路上的知青

類似這樣因精神憂鬱而想不開的現象，在大規模知青上山下鄉初期就有發生。於是乎，有的知青便借酒澆愁，結果命喪黃泉。黑龍江兵團知青葉振華在〈下鄉犧牲第一人那時我們離開上海僅四個月〉中回憶說：

一九六九年五月十日，我與同學們在山海關路的學校門口坐上大客車，準備去彭浦火車站。按規定，學校租用的大客車只准下鄉的同學及負責老師乘坐，其他所有送站的親屬必須自行乘坐公交車前往。可是有位同年級鄰班某同學的哥哥卻非要上我們這輛車，老師們一齊勸阻，可這哥哥無論如何不聽勸，最後哭著鬧著還是強行上了車，上車後兄弟倆還抱頭痛哭。當時有個口號是「好男兒志在四方」，我就想，都已是成年人了，男子漢大丈夫的，何必這麼悲慟呢！誰能想到，他們這「一哭成讖」，還真是永久的生離死別啊！

遠離市區的彭浦車站人山人海，紅旗招展、鑼鼓喧天，這是有組織的歡送隊伍。但是在另一邊月臺，卻聚集著轉了幾趟公交車趕來的悲悲切切、依依不捨的「知青」家屬。汽笛一聲長鳴，火車緩緩啟動。車上車下不約而同地呼喊出最後一聲叮嚀，轉瞬之間，便爆發為淒厲的哭喊。車輪滾動的聲音越來越大，車廂裡撕心裂肺的哭聲幾乎要蓋過火車的聲音。整個車站驚天地、泣鬼神的別離場景，遠遠超過西寶興路火葬場的淒慘。

我沉浸在傷感的情緒之中，經過三天三夜的顛簸，終於到達位於黑龍江克山的生產建設兵團。來自上海好幾個學校的近2000名學生被分散打亂後重新分配到各個連隊，經過幾個月的勞動，大家在共同生活中逐漸互相熟悉，生活相對安定下來的時候，卻傳來某同學不幸去世的消息。

原來某同學一到兵團農場就要求入黨，由於表現積極，很快被提拔為排長，每天帶領一排人下地幹活。可是那時大多數人對下鄉有抵觸情緒，老職工們對「大鍋飯」也很消極。當時有個順口溜：「出勤不出工，出工不出力，出力不出活。」幹活不賣力是普遍現象。

有一天，連隊分配該排下池塘撈漚好的麻，時值九月，東北的天氣已有涼意，誰都不肯下池塘。有個老職工提出，過去幹這種活，都要喝些白酒禦寒的。某同學無奈，便買來幾斤酒分給眾人，自己背了滿滿一軍用壺的酒帶頭下去了。後來我們翻看他的日記，才知他下鄉後情緒一直不好：要求入黨幾個月還沒批准，群眾又都不買他的賬，因此常常獨自一人借酒消愁。當天他心情不好，水裡又寒冷，於是就不停地喝酒，不知不覺就將一壺酒全喝了，那可是2斤高度酒啊！

某同學醉倒了，大夥兒將他抬到柴禾垛上，扒了濕衣裳，讓他曬太陽。太陽都下山了，他還沒醒，於是就把他弄回宿舍，一邊去報告連長。連長怕犯「經濟主義」（「文革」中最忌諱提「錢」，以酒來鼓勵大家下水，與發獎金同等性質，有可能被人戴上「經濟主義」的帽子）錯誤，不同意送醫院，只是叫衛生員多拿點醋灌他。延至晚上十點，眼看他口吐白沫，眼珠上翻，同學們再也顧不得什麼政治影響了，連裡不給派汽車，大夥兒就自個兒套了輛馬車，直奔團部醫院。然而，一切都晚了——還沒到醫院，某同學就停止了呼吸。

如此人命關天的大事，連隊領導考慮的不是知青的性命，而是怕犯「經濟錯誤」，因而延誤了搶救時間，致使這個下鄉僅四個月的知青，白白丟掉了年輕的生命。實在讓人痛惜不已。

他哥哥在天津工作，接到噩耗後給上海的父親（母親已經過世）打電報謊稱弟弟得了急病，父子倆星夜趕往北大荒。老父親受了沉重打擊，哭得死去活來；哥哥卻意外地表現得很鎮靜。他懷疑團部領導佈置的統一口徑，偷偷向同學們瞭解弟弟猝死的詳細真實過程，而後根據弟弟因公犧牲的理由提出三項要求：

一、追認為烈士；二、追認為中共黨員；三、穿一套正式的軍裝下葬。幾經研究之後，團部終於答應了後兩項要求，死者可以入土為安了。他生前得不到同學們的理解，經常受到冷嘲熱諷；死後大家通過他的日記明白了他為了早日脫離「苦海」而拼命苦幹的苦衷，不由得為他付出如此沉重的代價而一掬同情的眼淚……

記者林堅在〈她們長眠在這片土地上〉中也講述道：秀雲（化名），一九六九年上山下鄉在中山公社，與一男知青結婚，一九七〇年生一女孩。三年後，公公提前退休，丈夫補員返城。但孩子戶口仍隨母親一方，無法遷入廈門。孩子一年年長大，在招工返城無望的情況下，於一九七五年十二月的一個墟天，趁知青都去趕墟之機，吃下了農藥。她用自己柔弱而堅強的生命為女兒返城鋪平了道路。

如今，她的女兒也已經30多歲了，在廈門一家大公司上班，收入頗豐。我很想知道，當她挽著愛人，踏著月色，踩著濤聲，漫步在風景如畫的環島路上時，是否還會想起當年母親在武平這塊土地上在如花似玉的年齡裡為她所付出的一切？

第七章
派生於苦悶迷茫中的知青文化

第一節　因為偷看封資修文化而被批判

在鼓吹知識越多越反動的年代，社會上公開發行的除了毛澤東選集之外，幾乎沒有其他文化或文學書籍了。但生活在閉塞的農場農村知青們渴求文化知識的願望卻越來越強烈。於是，偶爾哪位知青從家帶來了文學文化的書籍，大家就如獲至寶，爭相傳閱。這對當時的管理者來說無疑是一種挑釁，因為在他們看來，所有文革前的文學書籍，全部都是宣揚封資修思想的，應在收繳銷毀之列。於是乎，一場封殺知青看書學習，收繳知青書籍的戰鬥打響了，誰傳閱了黑書，輕則沒收銷毀，重則檢查批鬥……

對此，海南兵團知青aosan深有感觸道：我們團的政治處副主任是個湖南人。胖胖的挺著個海量的肚子，腦袋圓溜溜的像個特大的乒乓球，鼻毛長出了鼻孔外，一點看不出來兵團以前，他在潮汕平原牛田洋圍墾部隊種水稻的革命經歷。因牛田洋發生過大海嘯死了不少人，我與他聊天時，老想把話題引向這方面，但他絕不談及。只用濃濃湖南口音的官話一再稱自己是來自毛主席的故鄉的子弟兵，雖然文化不高，但苦大仇深，特別忠於毛主席。

這李主任有一個癖好，常常「下連隊」乘著知青們上工去了就挨個的鑽知青住的茅草房，不管男的女的宿舍都進。之後就四處翻翻知青們的桌子抽屜，掀掀知青們的枕頭草席，看看知青們都在想些什麼？看些什麼和寫些什麼？

本來《鋼鐵是怎樣煉成的》這小說，我從小看過來不下十回，也有八回。重要情節如小資產階級冬妮婭和小無產階級保爾相擁著睡覺不發生任何事情，或在火車過道裡（有點像大串連的紅衛兵）尼娜勾引無產階級戰士保爾．柯察金「當還青春的宿願」等等都倒背如流。

那天，不慎被他翻到的一本是哥們從別的連隊借回來看的書。因為「甩頭甩骨」破爛得我難以容忍，便到小河灣對面的熱帶雨林中採集了一些樹膠回來，小心翼翼粘好擱在蚊帳頂上風乾。沒想到就當了「出頭鳥」，被抓了個正著，實在有些冤枉！

不久，全團青年工作會議由李副主任作總結報告，這會議同時由各連隊有線喇叭實況轉播，那李副主任原話是這樣的：「……八連，直到現在還有人看蘇修的書，講煉鋼的……」

這實在是無知的讓人笑掉大牙，《鋼鐵是怎樣煉成的》是蘇聯革命書籍，在當時那個時代，幾乎稍有文化的人都看過這本書，而且內容是描寫一個革命者成長的故事，作為一個團的政治處主任，連這點起碼的知識都沒有，居然說是煉鋼的，讓這樣無知的人來管理知青，實在讓人哭笑不得。

團廣播站的廣播一般來說連隊的知青們都嫌它吵耳，久而久之也充耳不聞了。星期天出團部盲流，才由政治處通訊報導組的哥們告訴我這「特大喜訊」。

知青鄧廣慶補充說，兵團建制時，每月必開全團廣播大會。當紅五星帽徽、紅領章領導兵團時，每個月總會有這麼一兩次全團的廣播大會。一般從晚上6點開始，長官們坐鎮團部廣播室輪流講話。將中央的精神、兵團的指示，團部的要求直達全團幹部戰士。這是全邊人員最集中之時。凡是坐小板凳的肯定是老工人，知青們則四處找塊石頭，撿塊磚頭坐著。

連隊的小廣場中央必放桌子一張，大汽燈一盞。而連一級的長官們，是絕對不會與普通兵團戰士們一齊坐下聆聽團部首長們的講話的。他們基本上自始至終都站著，目光如電，掃視著漫不經心聽講，時常交頭接耳的人們。每個連隊的連長指導員必是黨員退伍兵。農墾時期也就是個農工，文革也並沒有給他們帶來什麼利益。

但當兵團成立，這些早年的複轉退伍兵們便紛紛當上基層連隊的長官了。穿著由士兵服改裝後加了兩個下邊口袋的假幹部裝，風紀扣扣得捂出一頭大汗。這次團廣播大會由政治處副主任主講，講了半天，我也沒聽明白。幾年後才知道，他批判的是廣州七中的知青駱少偉私藏「禁書」，蘇聯名著《鋼鐵是怎樣煉成的》一本真正的布爾什維克的書，他都敢批判？可見此位政治處長官的政治水平如何了，甚至可以說是既沒文化，又沒頭腦！

知青qaz回憶道：我到師部文藝宣傳隊的節目文學劇本創作組，當時奉命為宣傳副統帥的「兩個題詞」寫過不少東西，那副統帥一倒，出於文革中養成的政治敏感性，我趕緊把手頭上所有的創作手稿，在茅草房後面的草叢中一把火燒了。但團工作組——政治處保衛科的林××（現役軍人，現在深圳工作），立即帶著兩個來自梅縣與興寧地區的政治學徒也來了。盤問我昨晚半夜三更的在茅草房後面燒什麼？還讓我帶他們去翻一翻紙灰，看看能不能找到一些燒剩的什麼？自然是對我「燒家信「的辯詞一百個不相信，真讓人有些頗為氣惱……

知青阿蠻在〈紅土熱血人物〉中講述了一個〈毛子〉的故事

就很能說明這一點：毛子為〈紅土熱血〉寫稿時剛38歲，頭髮卻已經花白了，朋友們叫他老師傅。這可能跟他的知青生活有關。他喜歡讀書，但那時雲南邊疆大南溪山溝溝裡除了毛主席著作就沒有別的書了。毛子有一次趕街撿了一本看手相的書，就帶回連隊看。看完覺得有趣，便找知青同伴的手相看，為別人測算命運。當然是看著玩，填補無聊時的空虛。沒想到竟給自已帶來麻煩。連隊指導員說他散佈封資修毒害青少年，還破壞知識青年紮根邊疆。因為知青們看手相最愛問的就是能不能回城，毛子都說能，所以就犯了破壞罪。

治他的罪便治得夠嗆。先是捆了手腳推上連隊操場上的土臺子開批判會，任太陽像火磨盤似的榨出滿頭滿身的汗水，逗引來一群群蚊子和小蠓蟲圍著他咬。後來又罰他到遠離連隊的龍頭山守包穀。龍頭山對面就是越南，方圓幾個山頭沒有人家。毛子像魯濱遜一樣獨自過了半個月，頭上就有了白髮。不過他還算能熬日子，一個人天天唱「毛主席派人來」打破寂靜。如此倒練得他男中音嗓音渾厚。餘下的時間便海闊天空的想事情，沒有邏輯性。以致他後來喜歡上寫詩也是海闊天空無邏輯直追現代派，什麼顧城、北島、海子等等能背出一大串……

既然所有的書籍都屬「封資修」，都在被禁被沒收銷毀之列，當然音樂和歌曲也不會逃脫此厄運，好聽的老歌兒就更不允許唱了，當時的農村農場禁止傳抄傳唱各類所謂「黃色、灰色、黑色」歌曲，一旦發現，輕則批評，重則批鬥。關於這一問題，我們可以從海南兵團知青黃威樂的〈「梁祝」風波〉回憶中得到驗證。他說，「梁祝」事件當年掀起了一場風波，我是主責當事人，事件的過程是這樣的：

那年，一連的老同學姜建華探親帶回來一部「中華牌」手搖唱機。我倆都是音樂愛好者，苦於沒有好聽的唱片，後來幾個女知青在團部廣播站知青廣播員手裡借了幾張廣播站封存的老（革命）歌曲唱片，我們又千方百計找來了一張78轉的崩了四分之一缺口的黑膠唱片《梁山伯與祝英台》，樂曲是陳剛、何占豪作曲的小提琴協奏曲「梁祝」的旋律，不過演奏卻是早年我國著名的口琴演奏家石人望的口琴獨奏。雖然缺了口，但是在那個年代難得啊！湊合著吧。

不同風格的演奏美妙無比，讓我們聽得如癡如醉。我們八連一連的知青輪流拿來聽。那個晚上，不知怎的，團政治部×主任鬼使神差地突然來八連視察，讓他聽到了這曲旋律，頓時火冒三丈，馬上召集連長指導員副連長開會，將他們訓斥了一頓。並差遣指導員來叫我到連隊辦公室聽候主任的訓斥和處理。

我心裡有些緊張，畢竟第一次和首長正面接觸，而且是要接受處理，當年因接觸這些被認為是「封資修」的東西是很容易被扣上政治問題，上綱上線的。我到了連隊辦公室，只見繃著臉一本正經的×主任一個人。

他劈頭就問：「你是黃威樂？」我說：「是。」

「你們剛才聽什麼？」「聽音樂。」

「用什麼聽？」「手搖唱機。」

「你們還有誰聽過這音樂？」

我沒作聲。

「你知道你們聽的是什麼音樂？」

我說：「梁祝」

他卻訓斥起來：「我早就聽說我們團有個知青小團夥經常偷聽黃色音樂，今天讓我碰著了，原來這個小團夥就在八連，你是主要人物，你把唱機交上來，聽候處理。」他再次問我還有誰聽過這音樂，他要查個水落石出。

我一聽來「火」了，霎時，什麼緊張都沒有了，我反駁說：「我沒有聽黃色音樂！」

「那你知道『梁祝』是什麼嗎？」（嘿！當我是「傻子」，蒙我。）

我說：「知道，梁山伯與祝英台是為反對男尊女卑，反抗封建婚姻制度而殉情，這首曲子是根據這個故事內容創作的，沒有半點黃色的味道，怎麼是黃色音樂?!唱機是借來的，要還給人家，你要處理就處理我！」（嘿！我當時真夠猛，很理直氣壯，因為我根本沒聽黃色音樂。）

「……」無言。稍靜了一會兒，主任口氣軟了，來了個180度大轉彎，說：「其實這首樂曲我讀高中的時候就聽過，挺優美的，可是現在不讓唱了，我們當兵的連《我是一個兵》都不讓唱了，你們聽這個就不對。」

我不語，心想：你可以這樣說，但你說我聽黃色音樂就不行！

這樣唇槍舌劍了大約半小時，他說：「你回去吧，這件事怎麼處理，我們回去研究再定。」

爾後，連指導員又要我交出唱機，我沒答應。之後，我們連夜托機務連的知青駕駛員用拖拉機將唱機送到團部食堂老同學陳熾煦（王八）那裡，把廣播站的唱片還了，將事情通知了「涉嫌」知青。我還趕到一連，和姜建華、陳熾煦三人訂立「攻守同盟」，真是慌了手腳。

結果是：事件由我而起，×主任也認定我是主責當事人，那就我去承擔，至於還有誰聽過，唱機是誰的和廣播站借唱片的事我是不會說的。當時我並沒有多少恐懼，我們已經沒有家了，父親進了「牛欄」一直沒見過，母親去了幹校，兄弟妹妹各分東西，沒有什麼負擔，聽天由命吧，不過還是擔心會給我上綱上線，不知會扣上什麼政治帽子……

事件就此過了數天，沒有半點聲息，心裡七上八下，忐忑不安，不知團裡怎麼處置我。又過了一段日子，一天，連指導員找我，說團裡要借調我，我心想，終於要發配我了。我問去哪裡，他說：「主任親自點名要你到團文藝宣傳隊拉手風琴，馬上打背包去武裝連報到。」哦，心裡一塊石頭落了地，事件雨過天晴了。在團宣傳隊我又多次正面接觸×主任，他卻很客氣，對「梁祝」事件隻字不提，壓根兒就像沒發生過這件事。

也許，他良心發現，得饒人處且饒人吧，何況「梁祝」根本就不是黃色音樂；也許，他在我面前說了不該說的話：「這首樂曲我讀高中的時候就聽過，挺優美的……如果定性我聽黃色音樂，那大主任不是比我還早就聽黃色音樂了嗎？）；也許……反正事件已經過去了，咱倆是不「打」不相識啊！

現在回想起來，政治部主任嘛，搞政工出身，在當年是要狠抓意識形態的，這是上頭的命令，也是他的工作，這能理解，不過在這個工作過程中，他的一些小動作使知青們很反感，要知道，當年我們是王屏山教育出來的華師附中學生，綜合素質是不錯的……

這件事能順利過關，主要是當事人敢於為自己申辯，敢作敢當，又及時將唱機唱片等「贓物」轉移，又僥倖碰到一位通情達理的政治處副主任。但是通過這一故事，可以看到受極左路線和思潮的影響，當時整個兵團的人員，尤其是接受「再教育」的知青，各種文化娛樂生活都處於一種單調、封閉和壓抑的狀況。

在農村的知青也是如此，稍有不慎，就會遭到批判責難。知青高雙喜在〈偷聽敵臺，讓我付出了沉重的代價〉回憶：時光倒回一九七四年，那時文革還沒有結束，「階級鬥爭」的氛圍仍然很濃。每逢公社傳達中央文件或遇到什麼重大活動，那些掛號的「地富反壞右」份子必要被叫到會場，低首垂臂站在兩旁，以此來提醒善良的人們，階級鬥爭依然存在，階級敵人就在我們眼前，我們切不可麻痹大意，放鬆警惕。

記得那時我們管家河二隊有一個姓韓的中年人，寫得一手好字，村裡牆上的大標語都是他寫的。我當時很羨慕就想接近他以討教些寫字的方法，可硬是礙於他是由外地遣送來的「壞份子」而沒敢和他過多言語。有一次收工回來路過他家門口，他出於對我的好感還招呼我進家坐坐，可我遲疑了一下還是找了個托詞離開了。現在想起來都有些愧疚。

這年十一月，我到縣裡參加知青代表大會。晚上在招待所休息時，看到另一公社的知青在聽半導體收音機，就順便借過來想聽聽看有沒有什麼好聽的歌曲。當時，不知什麼原因信號不好，我就把耳朵貼在收音上慢慢地撥動旋紐以尋找合適的頻道。找著找著裡面突然傳出了一個音調柔和語速緩慢的女播音員聲音，這聲音和在電影裡聽到的解放前國民黨中央台播音員的聲音一模一樣。所以，旁邊的人馬上就說，小高，這可能是臺灣台吧？正巧我們大隊的支書也在場，他就接著說，雙喜，臺灣台可是敵臺，是嚴禁收聽的呦！如果當時支書不說這話，我可能馬上就調到其他台了。

可當時因為年輕，喜歡較真兒，聽他這麼一說反而覺得心裡不舒服就不客氣地回答道，敵臺又怎麼了，俗話說，知己知彼方能百戰百勝。現在我們要解放臺灣，就必須瞭解他的動態，我認為聽了也沒什麼。看到我和支書嗆上了，周圍人的興頭也跟著起來了。有幫支書說話的，也有站在我這一邊的。西坡大隊的主任海倉保持中立，就說辯論好，鐘不敲不響，理不辯不明，主張以辯論定是非。孰不知在那種以階級鬥爭為綱的政治環境裡，哪有真正的是非標準啊?!我們支書那時可能礙於面子，就沒和我繼續辯論，只留下一句話「雙喜，你要為你做的事情負責」就走了。

第二天，我們公社的保衛幹事老賈就把我叫了去，問我為什麼要偷聽敵臺？我說我沒偷聽敵臺呀，只是碰巧撥到了臺灣台，又是在大庭廣眾面前，怎麼能說是偷聽敵臺呢？老賈說，雙喜同學，你是我們公社的知青代表，平時的表現還是不錯的。但無論怎麼說，聽臺灣台這件事你也是肯定不對的。要知道我們合陽縣現在就有個叫「人民黨」的反動組織，他們的罪行之一就是偷聽敵臺。雖然我們不能把你的行為和他們連在一起，但這件事的影響還是很壞的，尤其是你還公然在大眾場合跟支書爭辯，強詞奪理，這就直接損害了領導的個人威信，更是要不得的。要知道，你們是知青，到農村就是來接受貧下中農的再教育的，你是知青代表，怎麼能做這樣的示範呢?!這樣下去是要出大問題的呀！所以，你必須向支書當面道歉，承認錯誤，並保證今後絕不發生類似事情。

聽了老賈的一番教育，我心裡雖然很不服氣，想不通，但無奈還是接受了他的意見並於次日向支書作了「深刻檢討」。本來我想這件事可能就算過去了，可在接下來的兩年裡我卻為此屢屢付出了沉重的代價。先是支書見了我再沒有以往的「慈祥微笑」了；再就是大隊召集黨外積極分子會議時也沒我的份兒了；最讓我傷心不已耿耿於懷的是一九七六年下旬當公社路線教育宣傳隊準備發展我入黨，需要大隊黨支部給我出一份我在大隊的表現證明時，也被人從中作梗。幸好我當時「統戰」工作做得還不錯，最後還是拿到了證明並如願加入了。否則，我現在的黨齡也不會是三十三年了。

多年後，在我重訪管家河大隊時，還在南蔡火車站碰到了當年的支書。雖然他的表情依然流露出一絲尷尬，但我的心裡卻早已釋然了。我覺得，發生這樣的事情，不能說是某人的過錯，而是時代造成的。今天重提此事也只是想告訴世人在當年的政治環境裡，一件小事都可能會決定一個人一生的命運。

第二節　悄然流行的地下手抄知青文化

儘管當時農村農場各級領導對知青實行了高壓封閉的管制政策，反復動員、清查、追繳各類「非紅色」書籍，但正如古詩所說的「野火燒不盡，春風吹又生」，「青山遮不住，畢竟東流去」一般，誰也阻擋不住知青對知識的渴望。許多知青依然冒著被追查、批鬥的風險，悄悄傳看、傳抄和傳講所謂的「封資修」書籍。對此，知青成堅在〈聽書〉中有深刻的回憶：……聽書是我們知青的一大發明。導致這個發明的是那些接二連三的繳書事件。

帶領我們戰天鬥地的人，每繳獲一次「戰利品」，就要憤怒地訓斥我們。他們出身好，政治上很紅，所以訓起話來嗓門扯得很大，他們再三重複著這麼一句話：「你們只許好好勞動，不許看小說。」他們只顧慷慨地往我們心裡撒鹽，卻不在乎我們的感受。

我們表面上認輸，誰也不和他們理論，暗地裡卻罵他們頭腦不化。勞動的時候，我們規規矩矩，隻字不談書的事，回到小草房，我們立即換了個樣，仍然搶著時間抽出壓在枕底的書，貪婪地看個夠。書對我們有著不可抗拒的魅力，但又隨時都有被查收的可能，為此我們再不能無所防範，於是，我們想出了蒙在被窩打手電看書的招兒，以為這樣就可以躲過狡猾的眼睛。豈料，那些繳書的人，自己就曾有過蒙被看書的經驗，這一祕密據點開闢不到幾天就被搗毀了。書本來已少得可憐，再那麼突然襲擊掃蕩幾回，從家裡帶來的書就幾乎全軍覆滅了。

沒有書，我們像斷了線的風箏，心裡飄飄忽忽很不扎實。十七八歲旺盛的生命，在勞動之餘惟有對著天空發呆。

那晚，滴滴答答的雨下個不停，大家都睡不安寧，乾脆從帳子裡探出頭來天南地北瞎聊。有說小時候淘氣挨媽媽打的，有說上樹搗鳥窩摔斷了手的，有說午睡說話讓生活老師罰站的，大家你一句我一句撐著記憶的小傘回到了童年回到了學生時代。天性的純真在血管裡奔流，我們越說越遺忘了眼前，越說越沒了顧忌。講學生時代離不開講書。起初大家像數家珍似的，數著曾經激動過自己的書，後來便懺悔起來。「文革」初期，我們也焚過書，那時的幼稚想起來也感到可憎，誰都不能原諒自己。

當大家不無痛惜地講到自己曾愚蠢地把自己心愛的書化為灰燼時，突然有人冒出一句話：「誰看過《基督山伯爵》的，講講怎麼樣？」她問得急切，卻沒有人作答，大家沉默不語，眼睛裡一個個睜大的驚嘆號分明給了她否定的回答。

平靜了片刻，一個響亮而自豪的聲音撼動了整個小草房：「我看過，那驚心動魄的情節至今還記憶猶新。」說話的是個老高中，她一句話引起了我們對《基督山伯爵》的濃厚興趣，沉默的小草房又活躍了起來，我們像小時候糾纏一個長者講鬼的故事那樣慫勇她講這本書。老高中開始有點猶豫，我們一再保證絕不惹事，才答應講給我們聽。於是我們倏地鑽進了她的帳子裡，緊緊圍住她。聽書的祕密活動就這樣開始了，悄悄地，在一個百無聊賴的雨夜。

老高中幾乎每晚都講這個故事。時間不長，半小時左右。她很會賣關子，講到關節眼就打住，讓我們心急，七上八下地掛著主人公的命運，有時還會提出些問題抓住大家的思路。她講得精彩，我們聽得入神。世界仍是那個世界，但是因為有了書就覺得找到了另一個世界，覺得心裡暖呼呼的，充滿快樂。

一開始我們有點怕，聽書只在晚上進行。查鋪的一來，我們就改變話題，美其名曰：談勞動心得。那時興這個，我們就拿它當擋箭牌，把查鋪的騙過去。為了書，我們簡直成了渣滓洞的英雄們了。我們振奮、快活。

漸漸地，我們膽子大了起來，聽書的「地下活動」走出了小草房，擴大到工間休息。工休哨聲一響，我們就心照不宣地往田頭地腦一坐，在管我們的人眼皮底下，繼續聽書。我們有放哨的，放哨的人背靠大家，面對管我們的人。管我們的人只要一走近，放哨的用手拽拽講書的衣角，話題隨即就改變，變為了談勞動心得。

後來這個聽書的祕密在知青中傳開了，知青們都效仿這個方法，聽書的道道也越來越多。我們聽的不止一本書，講書的也不止一個人。聽這本書的時候，我是讀者，你是書；聽那本書的時候，你是讀者，我是書。講書的不只講，還加點分析和主觀看法，聽書的也不只聽，還講點感受和評價。這個「地下活動」上頭到底覺察了沒有，誰也不去關心，反正，從那以後我們再也沒聽過那種揪心的訓斥了，也不愁沒書看了。書在心中，誰也收不去。

四年知青生涯，我聽完了《基督山伯爵》、《神探福爾摩斯》、還有《茶花女》、《簡愛》、《包法利夫人》、《珍妮姑娘》等等很多書。我蒼白的精神就是在聽書的過程中日益變得精深豐富起來的。動亂的日子結束後，我到處托人去買這些書，並把這些書逐一擺在我的玻璃書櫥裡。閒著的時候，我總愛站在透明的玻璃窗前思忖。從心裡說，我不惜花費地買這些昂貴的書，更多的不是為了看，而是為了祭奠，為了紀念。

哦，那沒有書讀的青春歲月，那聽書的偉大發明。

類似的說書聽書的經歷在知青陳錦文〈追憶下鄉歲月：缺書的日子〉也有回憶：有一年我回上海，借到一本《簡愛》，被深深地吸引。看完後回到青年隊（那時我們已與另一個大隊的青年點合併），每天收工後，幾個好朋友就圍坐在炕上，聽我講《簡愛》。那時候的記性真好，簡愛和羅徹斯特的對話我都能復述出來。一連好幾天，聽的人和講的人都得到了一種滿足。隊裡的一個男同學，在上海看了《基度山恩仇記》，回來後也給我們講。那報恩和復仇的情節讓我們由衷地嘆服。

是的，知青成堅說得一點不假，當時上山下鄉之時，知青所帶的封資修書籍本來就不多，再加上反復動員和突然襲擊的收繳，僥倖留存在知青手中的書籍就顯得格外珍貴。自由兄弟回憶：一個星期六的晚上，我好不容易對天發誓地保證完璧歸趙，才從一個廉江知青手中討到了一本叫《牛虻》的小說。對方千叮萬囑之餘，只給了我一天的閱讀時間。他告訴我，他還急著要用這書與人交換看一本明代時的古書。錯過了這次交換，就得等一個月之後。

為了按時將這本書看完，並不出意外。我趁著星期天的休息時間，繫上一個竹簍，將書放入其中，扛著鋤頭、洞鍬，裝著一副上山去挖山薯的神態，幾乎一整天都躲在山林之中，才囫圇吞棗般地粗略將它看完。儘管難有很深的體會，但是從主人公坎坷曲折而又矢志不渝的經歷中，使我獲得了前所未有的堅韌和自信。我恍然領悟到有一種更堅強的真理蘊藏在歷史的腳步之中，蘊藏在明天升起的太陽之中，而極左的烏雲是絕對遮擋不了這一光芒的……

類似這種傳看封資修書籍的現象，還可以在許多的知青回憶中得到證明。知青黎服兵在〈讀書〉中回憶：……一本書是車爾尼雪夫斯基唯一的小說《怎麼辦？》，一本傳遍海南知青的書。我讀它的時間只有一個夜晚。晚飯後從基建隊拿到書走10公里回十隊，挑燈夜讀至天色微明，門外已有另一讀者等著。在書裡學到堅忍沉穩、理性思維、邏輯推理，明白天底下有道理的理論甚多，並非定於一尊。這本書如有生命當可以自豪，讀它的人和所走的路，以它為最。

除了傳講傳看封資修的書籍，當時的知青還有一種另類文化現象，就是忙裡偷閒悄然「傳抄傳唱」一些小說、詩作。俗稱「手抄本」。如曾經在海南兵團知青中「地下流傳」，最為著名的是《自然王子之聲》。據推薦者黎服兵介紹：這首長詩的作者是北京知青常文虎，寫作時間大約在70年代初，寫作地點可能是瓊中縣大豐農場。此詩在海南中線知青中流傳甚廣，200餘行寫盡了自然、人類的進化史，意境瑰麗，氣魄宏偉，辭彙豐富，語調鏗鏘。可代表當時知青詩作的最高水準。

空谷幽蘭在《手抄本》中回憶：閒的難受，折騰書看，翻到一本手抄本《第二次握手》隨著逝去的年輪屈指算來有幾十年了，頁面已泛黃，彷彿散發著淡淡的煤油味道……

還是在那個特殊的年代，下鄉期間，七十年代，文化成了一片沙漠，精神世界極度的匱乏，看不見報紙，聽不到廣播。哥哥曾經從北京給我寄來過兩本書《豔陽天》和《沸騰的群山》一個上海女知青從家裡帶來幾本很陳舊的《包朗和霍桑》偵探小說，很稀有的書，大家傳看著，愛不釋手。這就給手抄本提供了廣闊的空間。林林總總的手抄本很多。基本內容是：反特偵探，愛情和性。我也加入了抄寫隊伍。《第二次握手》、《綠色的屍體》、《一雙繡花鞋》、《一縷金絲發》……我都抄寫過。那時手抄本已成為一種精神寄託，一種希望，一種樂趣！

《第二次握手》曾感動了一代中國人，據說是一個真實的故事。描寫了中國知識份子曲折的愛情與事業，塑造了三個試圖走科學救國道路的科學家，裡面的愛情很離奇，沒有轟轟烈烈和花前月下的玫瑰花。一對戀人一生只握兩次手。原著：張揚（湖南省作家）原名《歸來》。你知道嗎？正因為他寫了這部小說卻招來了殺身之禍。他的罪名是利用小說從事反黨活動，被四人幫逮捕入獄四年之久。粉碎四人幫後，張揚才得以平反昭雪。七九年出獄後含淚第二次重寫，並改名《第二次握手》。其內容曲折婉轉，跌宕起伏，情節感人。這本書作為手抄本在全國流傳甚廣。

當年不少知青業餘時間爭先恐後的抄寫，廢寢忘食，像中了魔一樣，我看了很多遍，很喜歡！幾本我曾經的手抄本被大家傳看，流失，破損了，不知去向了，只有這本《第二次握手》情有獨鍾，並完好無缺的保留下來，視為珍寶！裡面有許多感人至深的書信。後來這部小說正式出版並拍了電影，主演：康泰和謝芳，兩位藝術家精彩的演繹，還有李穀一那深情的插曲。唱詞：透過淚光望故鄉，祖國啊！我父母之邦，我嚮往你，懷念你，祖國啊我親愛的故鄉！如今我要投身你溫暖的懷抱，就像女兒依偎著久別的親娘……回城後迫不急待的去電影院觀看，感動的熱淚盈眶……

譚成鋼在〈難忘的知青生活之「手抄本」〉講述：在那物質生活十分匱乏的日子裡，人們的精神生活也是十分貧乏的。那時，除了「八個樣板戲」之外，只有僅有的那麼幾部電影。一部朝鮮的《賣花姑娘》令八億中國人流下無數同情的眼淚，「小小姑娘，清早起床，提著花籃上市場。」成了當時的流行歌曲。一首阿爾巴尼亞電影《寧死不屈》中的插曲傳唱了大江南北，影片中男主角彈著吉它，陪伴在女主角身旁，用渾厚鼻音哼著主題曲的畫面，也成了當時少男少女爭相模仿的經典。

我們這一群正值青春年華的知青，心中充滿對知識和學習的渴求，充滿對生活的嚮往和希望，卻被無情政治風暴像枯葉般的捲到那高山峽谷，幾乎與世隔絕的窮鄉僻壤之中……那時，同學在趕場天才能相互見面，好友們邀約到知青點去相聚。大家在一起吹牛閒談，吹拉彈唱，交談各自的日常生活外，更多的就是找歌找書。可那會兒好書、好歌本千金難求，經過「破四舊」，文革前的那些所謂「封、資、修」的書籍，幾乎一燒而盡。但也有很多膽大妄為不睬事的人保留了一部分下來。那時的知青大多數都當過「紅衛兵」，也參加過「紅海洋」「破四舊」的風暴。但並不是每人都是從頭紅到腳的「左派」，也有很多有知識有見地的青年人。當那些所謂「封、資、修」的東西被查抄來時，一些有價值的書，特別是值得一讀的中外名著，都會在燒毀之前不翼而飛。這些消失的書籍，奇跡般的又出現在知青們的手中。

但是，這些書確實是太少了，一本書，經過無數人的手，很多都是殘缺不全。而且，持有者多視如至寶，輕易不會借與人，除非很好的朋友。所以，一旦借來，除了趕快多讀幾遍外，就是把其中精彩片段抄下來。小說因太長，抄得不多，但歌本那會兒是人人傳抄。一本《中外名曲二百首》，凡是大家喜愛的曲子，每人的筆記本中都抄的有。

也就是在這個特殊的時期，特定的年代，「手抄本」這種文學的另類現象就出現了。「手抄本」這個名詞，其實是文革後期才有的。最早出現已記不清了，在我的記憶中，好像是與公安局的佈告有關。在文革後期，在公安局的判刑佈告中，就有某某因傳播「手抄本」《少女之心》而被判刑的字樣。

在「手抄本」中，傳抄最廣最多的還不是《少女之心》，而是《在茫茫的夜色後面》，又叫《一雙黑色的繡花鞋》和《C3案件》。那會兒，最出名的是三個手抄本，也就是《一雙黑色的繡花鞋》、《第二次握手》、《少女之心》。前幾年，因央視的《一雙繡花鞋》的版權之爭，我才知道在北方知青中，還流傳有另一版本的《一雙繡花鞋》，又名《梅花黨檔案》。但在我們這兒，流傳就只有《在茫茫的夜色後面》這個版本。

「手抄本」在傳抄之前，書中的故事就早已在知青中流傳。大家在一起時，夜深人靜，自發的五音不全的音樂會結束後，故事會就開始了。人人都把聽到的、看到的故事，搜腸刮肚，盡其所知，繪聲繪色講給在場的人聽。如描述日本一個心理變態的藝術家把少女做成一個個石膏像的《一百個石膏像》，描寫患有夢遊症的解剖學老師的恐怖故事《解剖室的故事》，描寫重慶俠盜的故事《三箱「三度士」》，以及各種鬼怪故事。上面所說的《梅花黨檔案》，講故事的人說的是《梅花表的故事》等等……這些都是知青中盡人知曉的傳奇，而大家講的更多的就是「手抄本」。往往一晚講不完，第二天又接著講，講者栩栩如生，聽者如癡如醉。

說實在話，這三個「手抄本」《少女之心》至今我也沒看過。當時聽別人講的時候，印象也不深刻。當時我們才十六七歲，又深受傳統思想的教育，雖不像封建社會「男女授受不親」，但對男歡女愛確實是沒有感受。不像現在的年輕人，十六七歲已是情竇初開。我記得曾看過法國小仲馬寫的《茶花女》一書，借書給我的人說，看完書要流一筐的眼淚，可是我看完後，竟一滴眼淚也沒有，而對書中主人翁竟癡情地愛上一個患有結核病的妓女大為不解。

那個時候，我們這個歲數的知青中，別的女知青我不知道，但在很多男知青中，精神世界充滿了英雄主義的幻想。那時候電影《林海雪原》中的楊子榮，《英雄虎膽》中的曾泰，《平原遊擊隊》的李向陽，還有《祕密圖紙》、《跟蹤追擊》等公安人員的形象，這些深入虎穴、機智勇敢、高大神勇的銀幕形象充斥了我們的頭腦，所以我們最感興趣地還是《一雙黑色繡花鞋》這一類傳奇故事。

那年代，那情境，至今記憶猶新。一間破舊的房間，一盞昏暗的油燈，只照亮了二尺大見方。一群年輕人，圍坐在油燈前。講故事人臉上一幅誇張的表情：「打更人進了神祕莫測的小樓，寂靜的夜色中只聽到打更人沉重的腳步聲，陳舊的樓梯滿布灰塵，在腳下發出吱呀的響聲，一切都顯得十分的詭異。突然，樓上傳出悉悉嗦嗦的聲音。打更人來到房間裡，定睛一瞧，驚嚇得張大嘴巴，半晌也說不出話」。講故事的人講到在這兒，低下了聲音，放慢了語氣，甚至有意停頓下來。這時，在場的每一個人，脊背上尤如有一股涼氣，從脖頸涼到屁股根，大氣也不敢出，膽小的還不自覺把板凳往前靠了靠。接著，講故事的人突然怪聲怪調地大聲一叫：「啊！昏暗的房間中，古老的衣櫃下，赫然有一雙黑色的繡花鞋！」這時，膽小的女生常被嚇得尖叫起來，即使膽大的男生們，也會不由自主的會打一個楞怔。窗外，朦朧的月色下，一陣風吹來，窗前的樹枝沙沙作響，枝影搖動，顯得也十分詭秘，彷彿在配合說書人，增添一些恐怖的氣氛。

目前，我的收藏中，仍然保留著一本當時抄的《一雙黑色的繡花鞋》。我記得是花了一周多的時間抄的。那時，我還抄了《第二次握手》，可是不知在哪一次搬家時弄丟了，令我惋惜不已。文革後，重慶市的《紅岩》雜誌，重登了《在茫茫的夜色後面》的電影劇本原作，可惜我沒看到。但據有看過的人說，我這個手抄本，最接近原作。《第二次握手》文革後發表的小說，我曾看過，可與傳抄本出入就較大了。可能在傳抄中，經過很多人的改編和失誤，已不是原作面目了。但我讀到文革後的版本時，總感覺到沒有手抄本的韻味，也許是時間和環境的變化，心情也發生變化的緣故吧。

國人呀，應該弘揚我們曾經有過的「地下傳抄」可貴精神，但卻永遠不要再重複我們昨天的歷史，因為一個沒有知識的民族，是一個必定要被淘汰的民族：而一個處心積慮要扼殺求知欲望的時代，也是一個必須唾棄的時代……

第三節　一個手抄本製造的文字獄冤案

儘管當權者想方設法對知青群體進行限制打壓，企圖扼殺他們的思想，封住他們的喉嚨，但仍撲不滅年輕人追求真理正義，嚮往平等自由的心理衝動。知青張揚就是在那個年代中誕生的這樣一位手抄本作家，他因反對林彪而入獄，又因寫了一本歌頌知識份子，歌頌愛情的《第二次握手》手抄本小說，被扣上了利用小說反對毛主席革命路線，為資產階級知識份子樹碑立傳，歌頌黃色腐朽愛情的帽子，被捕入獄，內定死刑，身心遭受嚴重摧殘，成為文革中又一起震驚中外的文字獄冤案。

關於這起冤案的始末，張揚的好友陳聯華在〈張揚與小說《第二次握手》〉介紹說：上世紀六七十年代，作家張揚與他的小說《第二次握手》曾經深深地感動過中國的一代人，他也是建國以來跨時最長、影響最大的一樁文字獄冤案的主角。我和張揚既是筆友，又是摯友，自己也曾經是受這篇小說手抄本影響的年輕人，因此對於張揚本人及其小說《第二次握手》的前前後後有著較多的瞭解。

一九四四年五月十九日，張揚出生在河南省長葛縣，父親是1名投身抗日武裝鬥爭的青年知識份子，母親是陝西醫學院學生。張揚剛出生兩個月，其父就被敵偽暗殺。年僅19歲的母親為了躲避敵人斬草除根式的追殺，抱著他時常藏身於青紗帳和野墳地裡，歷盡白色恐怖和血雨腥風。

抗戰勝利後，張揚隨母親投奔到南京的舅舅家中。他的舅舅是齊魯大學理化系高材生，曾任貴陽醫學院副教授，日本投降後到南京美國駐華大使館科技參贊處工作，全國解放後去北京成為中國醫學院藥物研究所的一位化學家，即《第二次握手》中蘇冠蘭教授的原型。

張揚幼時隨母四處漂泊，去過很多地方，一九五〇年才開始定居長沙。他4歲已能認識500餘字，8歲開始閱讀長篇小說，10歲便「啃」起魯迅作品，以至後來其性格和文風受魯迅影響很深。他從小學到中學一直表現出文學天賦，一九六一年十月二十六日，17歲的張揚就在《長沙晚報》上發表了處女作散文〈婚禮〉。可他在一九六二年和一九六三年連續兩年報考大學文科，均名落孫山。

按照張揚自己的說法，他形象思維好，擅長文學，卻討厭當時的文風，鄙視文藝，只崇拜科學家，因為科學來不得半點虛偽。他傾心科學家和科技題材的小說創作，但限於當時的年代，只能寫給自己和幾個朋友欣賞而已。一九六三年春天，他偶然聽到姨媽和母親說起外公當年干涉舅舅一段刻骨銘心戀情的軼事，後來便成了《第二次握手》的開頭：「蘇冠蘭教授家的小院中，一位器宇不凡、容貌美麗的女客人，不知何故來而複去……」

張揚立刻去北京舅舅家中小住考察，不久回到長沙寫下短篇小說〈浪花〉，一九六四年又改成中篇〈香山葉正紅〉。一九六五年九月，張揚上山下鄉到瀏陽縣大圍山區當了知青。一九六七年他又將〈香山葉正紅〉寫成10萬字的第三稿，可他歷次所寫的手稿都因借人傳閱而流失。

血氣方剛的張揚曾是文化大革命的積極參與者，但很快對這場「革命」產生懷疑，公然發表攻擊「文革」和林彪副統帥的言論，成為徹頭徹尾的「現行反革命」，不得不於一九六九年底開始一生中的第二次逃亡。逃亡期間，他的創作欲望仍未泯滅，將〈香山葉正紅〉第四次改寫成《歸來》，並將手稿存放在朋友處。一九七〇年二月下旬，張揚被抓捕歸案，罪名是惡毒攻擊林副統帥。與此同時，《歸來》手稿在社會上開始廣為流傳。

一九七一年九月，林彪叛逃墜機身亡，張揚的反林罪名不復存在。一九七二年十二月底，張揚獲釋後驚奇地發現，《歸來》已在全國以各種書名、手抄本、油印本、改編本和口頭故事等形式迅速擴散傳播，影響越來越大。經歷過牢獄之災的張揚對現行政治略知一二，本能地有了不祥之感，但已無法控制事態的發展。他一不做二不休，一九七四年乾脆在大圍山又寫下了20萬字的第五稿，仍題名《歸來》。

一九七四年十月，《北京日報》內參反映了《第二次握手》

（時在北京的流傳本中，《歸來》被取名為《第二次握手》）在廣大群眾中傳抄並受到熱情讚揚的盛況，引起「四人幫」成員姚文元的高度警覺。他立刻命人找來一本研讀，認定這是一起利用小說反黨的重大事件，親自批示：這是一本很壞的東西，直接反對毛主席革命路線，勒令公安機關嚴厲追查。

一九七五年一月七日，張揚在大圍山農舍第二次被捕，隨即送往湖南省公安局看守所羈押。該所原是湖南軍閥何鍵的「模範監獄」，更為湊巧的是，關押張揚的那間號房當年竟然關押過楊開慧烈士。張揚在陰冷潮濕的監房裡，不禁想起當年慘遭敵偽暗殺的年輕父親，楊開慧的英靈彷彿也再現眼前，他頓時有了一種悲壯的感覺。

張揚當時被羅列的罪名主要是利用小說歌頌走資本主義道路當權派的總後台周恩來，竭力吹捧資產階級臭老九，宣揚反動學術權威，讚美腐朽黃色的資產階級愛情，為反動家庭樹碑立傳，實屬罪大惡極。一九七六年三月，張揚由拘留轉為正式逮捕，數罪並罰，內定死刑，並於六月正式提起訴訟。就在張揚想像著自己即將追隨父親和楊開慧烈士而去的時候，十月迎來了「四人幫」被徹底粉碎的特大喜訊，他再次劫後餘生。

張揚原以為像林彪事件發生後一樣，自己會立刻重獲自由，可是從政治角度看，當時的張揚還是太幼稚了。這一由姚文元一手製造、公安部長華國鋒親自督辦的冤假錯案，平反時受到華國鋒的竭力阻撓，致使小說《第二次握手》和作者張揚仍然難見天日，全國許多傳抄傳播者繼續受到株連迫害。

歷史從來不乏伸張正義者，正義終將戰勝邪惡。一九七八年秋，湖南省高級人民法院審判員李海初和湖南省文聯許多同志開始為平反這起冤案積極奔走，中國青年報、中國青年出版社也通過大量群眾來信重新注意到此案，立刻組織專人對《第二次握手》手抄本認真研究，另派專人去湖南進行追蹤調查。從北京到地方，正直的人們一邊鬥爭一邊向中央反映。十一屆三中全會勝利召開後，在胡耀邦的直接干預下，這樁新中國最大的文字獄冤案歷時整整4年零11天，終於在一九七九年一月十八日獲得徹底平反，中國青年報和中央人民廣播電臺在第一時間向全國人民發佈了《第二次握手》及其作者張揚獲得平反的消息。

長達四年的牢獄之災嚴重摧殘了張揚的身心健康，他被送往北京市肺結核醫院救治時一葉肺已全部壞死。他趴在病榻之上，以頑強的毅力對《歸來》進行了第六次修改，完稿35萬字。為了尊重那些曾在紅色恐怖年代勇敢傳播、保護和熱愛這部作品的偉大人民，張揚將書名正式改為《第二次握手》。

一九七九年七月，長篇小說《第二次握手》正式出版發行，新華社為此發了專稿。除中國青年出版社外，國內十幾家出版社相繼重印，三個月內發行量一舉突破300萬冊，位居建國以來當代長篇小說第二位（僅次於《紅岩》）、粉碎「四人幫」之後第一位。小說漢文本發行量總計430萬冊，另有4種少數民族文本及多種外文譯本，北京電影製片廠還很快將小說《第二次握手》改編成同名電影，搬上銀幕。

據悉，一九七九年一月十八日下午，病弱的張揚終於走出了陰暗的監牢，據給他做檢查的醫生說：張揚在獄中長期挨餓，又經歷過長達14天的絕食、52天的感冒，他患有極度的營養不良，再加上刑罰和精神上的折磨，身體已非常衰弱，如果再在監獄中關一個月，就是把華佗請來，也無藥可治了。」

張揚平反後，又被《中國青年報》接到北京修改《第二次握手》，隨後報社每天用四分之一版面的大篇幅進行連載，引起了

社會強烈反響。隨著張揚的平反，各地因傳抄張揚手抄本而受處分、被開除團籍、甚至被關監獄的成千上萬起冤假錯案也陸續得到了平反。後來張揚當上了湖南省作家協會名譽主席、湖南省政協委員。

第四節　派生於苦悶迷茫中的知青歌曲

不過，當時知青最喜歡傳抄傳唱的則是「黃色歌曲」。那些經典的世界民歌如《喀秋莎》、《莫斯科郊外的晚上》等歌曲，自然屢禁難止。就是連「地下」新創作或港臺新流行的歌曲不出半月，也會夢幻一般的很快在知青中流傳開來。對此，海南兵團知青橡膠娃在《文革逸事——失戀曲》中感歎道：

一九七二年夏天，我獲准回家探親，看過家人後，就匆匆去找女朋友了，一年多沒見面了，雖然相距並不遠，可我在海南兵團，她在工廠，幾百里路就像是千山萬水，一句話，那時人忒老實，直到連隊批准探親才敢回來。

突然出現在她面前並沒有什麼意外的效果，只是笑了笑，她喜歡唱歌，在單位裡是文藝骨幹，關注她的人自然很多，沒人想到她的男朋友是建設兵團的，為這個我曾經驕傲了好長時間呢！

隨後她和同事說了一下我們就離開單位了，那時我在她家人面前是不合法的，想說說話也得回避著點，還好有個公園可以去，五分錢的門票進去隨便溜達。我們走到人工湖的北面，那裡是一個土坡，坡與湖之間有一片茂盛的楊樹林，雖說不大，遮擋我們兩個足夠了。

靠著一棵樹坐下後，她很神祕的問我：有一首歌叫《失戀曲》你聽過嗎？我說沒有，她說也是才學會的，隨後就低聲唱了一遍。七二年正是文革期間，像這種歌曲是絕對不能唱的，鬧不好就給你按上個反革命的帽子，所以，她在低聲唱，我則伸長了脖子東張西望，還好那天不是週末，又是上班時間，公園裡還真沒幾個人。就這樣，她一遍遍的唱，我一遍遍的聽，直到我能結結巴巴的全唱下來，站起來後才知道已經很晚了，遠處公園的人正在邊走邊喊：靜園了……關門了……嘿，喊得你走也得走，不走也得走……

回到兵團以後，我竟然發現已經有人在哼著這個歌的旋律了，真是流傳的好快呀！不過，只是哼哼，我聽了半天，楞沒聽到一句完整的歌詞，這也許是那個年代的一種特色吧？……

是啊，當時何止是一首談情說愛的《失戀曲》，就是連被稱之「反動歌曲」的如《何時君再來》、《怒潮》也一樣有知青在悄悄傳唱。我最記憶猶新的是當時有部反映大陸知青偷渡香港的電影《大陸風雲》，據說在港才上演半個多月，影片中的插曲就有知青會唱。其流傳速度之快，簡直令人乍舌。為此，團部領導還特意在會上明令禁唱，說是要堅決抵制境外的「反動宣傳」……

在下鄉歲月中，給予知青們精神慰籍和情感宣洩的更有那些蘇聯歌曲和五、六十年代流行的抒情歌曲。如蘇聯歌曲《莫斯科郊外的晚上》、《喀秋莎》、《三套車》、《茫茫大草原》、《小路》、《紡織姑娘》等以其特有的沈鬱、凝重和憂傷情調傳達著知青內心的情感。而國內五六十年代流行的抒情歌曲如《我的祖國》、《人說山西好風光》、《敖包相會》、《花兒為什麼這樣紅》、《讓我們蕩起雙槳》等等，這些歌曲寄託了知青對愛情、友情溫馨的嚮往，喚起知青對兒時美好時光的追憶懷戀，填補著知青們精神上的饑渴。

知青「好青空」在《流淌在知青歲月裡的歌》中回憶：與「英雄」談戀愛一開始就發生分歧，我從小就聽黨的話，是毛主席的好孩子。對人要分好人壞蛋；做事要講個正確錯誤。我認為談戀愛，從字面上看就很明確，應該用嘴來談，用語言來表達，英雄則覺得好像應該有一些輔助動作。可是他苦思冥想，窮盡他從小到大所看過的報刊雜誌、小說散文、廣播、電影、戲劇以及教科書，窮盡他從小到大所聽到的領袖的英雄楷模的老師的家長的教誨，找不到一點理論根據來支持自己。何況現在已不是在學校劃線站隊的時候了，他這個正確路線的代表對我這個錯誤路線的代表也有些惟命是從俯首貼耳了。

好在我們倆都喜歡音樂，沒有講不完的話，但我們有唱不完的歌，英雄還吹得一手好笛子，於是我們的戀愛幽會演變為英雄的笛子獨奏音樂會和我們倆的歌友會。非常巧合的是我們倆都喜歡唱歌，但涉及的領域不同，現在剛好互補。

經典老歌。我大哥喜歡外國歌曲，當年發行的一本《外國民歌200首》裡的歌曲他大部分都會唱，而且不是小聲唱，而是每天在院子裡引吭高歌。《我的太陽》、《重歸蘇蓮托》、《鬥牛士之歌》、《西班牙女郎》、《飲酒歌》、《桑塔·露琪亞》、《藍色的多瑙河》、托賽里·舒伯特的《小夜曲》等等等等不勝枚舉。

二哥除了喜歡這些歌外，可能因為初中、高中共學習了6年俄語，更對俄羅斯民歌和蘇聯歌曲情有獨鍾。《三套車》、《草原》、《喀秋莎》、《小路》、《莫斯科郊外的晚上》、《伏爾加船夫曲》、《燈光》、《紡織姑娘》、《共青團員之歌》……

而我是個「雜食動物」，古今中外只要我認為好聽的歌，我兼收並蓄、概不拒絕。記得當年放電影《劉三姐〉，我迷上了電影裡的插曲，新昆明電影院將歌譜用大幅的紙張貼出來供大家抄錄，我捧著做數學的練習本在認真抄錄時，被大哥看見，嗤之以鼻，我不以為意。

而「英雄」也是受他四哥影響，喜歡唱建國以來的電影插曲，而這些電影放映的時候我們還太小，基本沒看過。像電影《神祕的旅伴》中的《緬桂花開十里香》、電影《苗家兒女》中的《早摘的葡萄不夠甜》、電影《草原上的人們》中的《敖包相會》和《草原牧歌》、電影《綠色的原野》中的《草原之夜》……這些歌剛好填補了我的空白。

哥哥們的歌都成了我們的歌，還有我們自己喜愛的歌《航標兵之歌》、《等待出航》、《冰山上的雪蓮》、《懷念戰友》、《九九豔陽天》、《馬兒啊，你慢些走》、《小河淌水》、《送別》、《有一個美麗的地方》……都是詞曲俱佳，優美動聽的好歌。

當然，在那樣的時代，不是你想唱什麼歌就能唱什麼歌的。凡帶有愛情內容的歌都叫黃色歌曲，人們誇張地說，《外國民歌200首》除了《國際歌》都是黃歌。所以最初我們只敢選擇一些帶有革命色彩的歌如《共青團員之歌》、《在烏克蘭原野上》《邊疆處處賽江南》這些沒帶愛情字眼的歌來唱，後來看沒人管，索性放大膽子唱，到愛情之類的詞時含混一點，蒙混過去。在當知青的最初歲月裡我們就在這些美妙的歌的海洋裡徜徉，這種美好的享受沖淡了命運帶給我們的許多悲涼情緒。

隨著時間推移，我們有了一種被拋擲異鄉的感覺，對故鄉和親人有一種刻骨銘心的思念。在選擇歌的時候，在經意和不經意時總會選一些曲調淒涼一點，帶有故鄉、母親字眼的歌。如德沃夏克的《念故鄉》、俄羅斯民歌《草原》、還有一首《可愛的家》。

《念故鄉》中唱到「念故鄉，念故鄉，故鄉真可愛。天甚清風甚涼，鄉愁陣陣來。故鄉人現如何？常念念不忘。在他鄉一孤客，寂寞又淒涼。我願意回故鄉，重返舊家園。眾親友聚一堂，同享從前樂。」這樣簡簡單單的歌詞就這樣唱出了我們的心聲。

《草原》顯得淒涼，歌中唱到「茫茫大草原，路途多遙遠，有個馬車夫，將死在草原。車夫掙扎起，拜託同路人，請你埋葬我，不必記仇恨。請把我的馬，交給我爸爸，再對我媽媽，安慰幾句話……」我們心中的那份淒涼似乎隨著歌詞得到慰藉和宣洩。

《可愛的家》裡我最喜歡的一段歌詞是：「當我漫遊在荒野上，凝望天邊月亮，好像看見我的母親把愛兒思念。她正站在茅屋門前，也望著月亮，那家門前的香花我再也看不見……」邊城芒市的月亮總是又大又圓又皎潔，我常常對著這樣的月亮，藉著這樣的歌詞抒發對母親和家的思念之情。這樣的時候，我覺得歌成了我的第二生命。……

「黃歌」大概是一九七二年吧，「英雄」帶來了更加令人驚訝的歌——「黃歌」，現在來說叫港澳臺歌曲，但當時因來路有點詭異神祕，傳播有點偷偷摸摸，我們不知是港澳臺歌曲。因為歌中都是當時非常令人震驚的赤裸裸的愛情表白，所以我們就稱之為「黃歌」。

與「黃歌」同時出現的還有一種彈撥樂器——文子林，「英雄」不知從哪裡弄來兩把，送了我一把，可因為我在這方面的白癡，最終只學會彈一首《苦酒滿杯》。而「英雄」很快就能用文子林為我們的歌聲伴奏了。

我們最常唱的有《美酒加咖啡》、《窗外下著毛毛雨》、《蔓琳》、《我還是永遠愛著你》、《南海姑娘》、《相思河畔》、《風花雪月不了情》、《幾時再回頭》、《一見鍾情》、《愛情如水向東流》、《多少愛情多少淚》、《航海曲》等等。

這些歌不知為什麼都有歌譜，只是沒有著詞曲作者名，都是「英雄」拿來的。這些歌到底從哪個渠道而來，當時沒有多想這個問題。但這些歌曲對愛情大膽熱烈的表達完全顛覆了我們從小所受的教育，它的歌詞很口語化，「我倆曾經熱戀過，愛情融化了你我，誰知今天落得我不理你來你不理我，為什麼相愛不能結合？為什麼甜的花結苦的果？莫非這就是命運？我失掉你，你失掉我。到底這是誰的錯？」

「當你走上了帆船，要離開你的家和你親愛的人，別忘了我的愛情我的淚我的歌我的幸福和未來。我的愛人，請給我一吻，請別太無情，別讓我孤零，留給我愛情。」

當這些「黃色」歌詞從我們口中唱出的時候，我們有一種從未有過的體驗和感覺，有一種破除迷信，打破桎梏的叛逆和痛快。原來歌還可以這樣唱，原來戀愛還可以這樣談，原來愛情還可以這樣表達，原來世界上還有這樣貼近生活貼近感情，有人性有個性的東西。由此，在當時與世界隔絕的中國，也許我們是先於國人窺見外部世界多元化多樣化一斑的人群了。

這些就是在那個只有八個樣板戲的年代，陪我們度過知青歲月的五花八門的歌。這些歌就這樣在我們跌宕起伏大喜大悲大波大浪的知青歲月之河中流淌。是滌蕩我們心中的憂愁煩悶，帶走我們的陰鬱絕望，沖刷我們的愚昧盲從，最後陪我們走出那段歲月的摯友。所以，我至今還能這樣清楚地回憶起它們。

苦悶迷茫中的知青除了傳抄傳唱封資修的「老歌」之餘，也悄然改編創作了一批反映自己心情處境的「新歌」。知青「好青空」在〈流淌在知青歲月裡的歌——知青自創歌曲〉中還講道：

……天下知青的心一定是相通的，「英雄」不知從哪裡陸陸續續找來一些知青自己創作的歌，有自己作詞作曲的，也有自己作詞，曲是借老歌的曲，後來我們把這樣的作者叫「借曲家」。

一首《昆明知青之歌》借的是紅色革命歌曲《八角樓的燈光》的曲，我覺得它這樣的選擇叛逆和反諷的意味很強。歌詞是「我站在高黎貢山望家鄉，滾滾的滇池水就流進了我的胸膛。自從那天離開昆明，離別了我衰老的爹娘，來到××這個鬼地方。」

還有一首《昆明知青之歌》不知借的是哪首歌的曲？歌詞是這樣的「請問你朋友來自何方？我來自昆明滇池旁。在離開昆明那天早上，娘喊兒來兒喚娘，辛酸的眼淚灑滿胸膛。火車火車你慢慢開，讓兒把爹娘再看一眼，衰老的爹娘白髮蒼蒼。不知何時再相見？不知何日重返家鄉？」

昆明知青有一首歌自己作詞作曲的叫《在遙遠的地方》。歌詞這樣寫的「在那遙遠的地方，有一個年輕的姑娘，月光下輕聲歌唱，歌聲裡充滿悲傷。走過了萬水千山，來到這遙遠的邊疆，××縣偏僻山鄉，是我插隊的地方。蚊子叮毒蟲咬，麻蛇爬上床，田裡大螞蟥，叮得我鮮血淌。吃的是鹽巴飯，住的是茅草房，太陽烤風雨打，生活痛苦又淒涼。遠隔萬水千山，遙對故鄉的爹娘，唱出我心中思念，訴說女兒的悲傷。」

這些歌我們都是口口相傳，沒有歌譜，全憑記憶。

最令人驚喜的是，「英雄」有一天遞給我一張歌譜《南京知青之歌》。他說是剛學會的，因為特別好聽，聽說是南京一個知青自己創作的，所以他鄭重其事把譜記下來，以便我學唱。在這一天的二十八年後，我準確得知，這名作者名叫任毅，為了這首歌，他蹲了十年大獄。

……當權者沒想到的是，作者雖然關進了大獄，但他的歌在當時沒有任何一種傳媒為載體的情況下，不翼而飛，迅速傳遍全國，在有知青的地方廣為傳唱。這實屬奇跡，也是人心所向。這樣的歌我覺得是對那個時代的一種反叛。

一九七一年，四川知青的到來，又帶來了成都、重慶兩地知青的大量自創歌曲。這些歌唱出了四川人性格中的率真豪爽、幽默智慧、火爆叛逆、敢怒敢言……這些歌有別於其他地區的特點是內容豐富多樣，形式自由活潑，別具一格，極盡譏誚諷刺，嬉笑怒罵。

思鄉是全國知青歌曲的主旋律，《重慶知青之歌》這樣唱的「流不盡的長江水，止不住的辛酸淚，長江嘉陵江後浪推前浪，伴著知青去向遠方，船兒船兒你慢慢地行喲喂，讓我再把山城望一望。數不盡的苦和累，壓不彎的腰和腿，跟著太陽出踏著月光歸，淚水濕透破衣裳，苦難的人兒何時能返故鄉？」

成都知青的《望斷蓉城》這樣唱「望斷蓉城，不見媽媽的慈顏，更殘漏盡，難耐衣食寒。往日的歡樂，反映出眼前的孤單，夢魂何處去，空有淚漣漣。幾時才能回成都？媽媽呀，幾時才能回到那故鄉的家園？那滔滔的錦江水，壯麗的人民南路，依舊是當年的情景，只有你的女兒喲，媽媽呀，已陷入痛苦的深淵，正忍受無情的摧殘。」

因為飢餓有精神會餐的《成都小吃聯唱》「鐘水餃賴湯圓龍眼包子擔擔麵……稀飯是鐵，乾飯是鋼，稀飯沒有乾飯香。」

有詼諧調侃的《知哥下鄉》，「知哥一下鄉農二哥就說，到了這裡就得聽我說，第一不要去打群架，免得在農村走不脫。第二活路要好生做，招工提拔才好得說，第三不要去扇盒盒（談戀愛），免得農村絆住你的腳……」

有反話正說的《幸福謠》，「幸福、幸福、真幸福，風吹我的白屁股，褲子破了無人補，涼快又舒服。洋芋包穀白水煮，越吃越糊塗。背朝蒼天臉朝土，修理地球知青路，不識歸鄉途……」我們白天在勞動中唱，晚上躺在看得見星星月亮不隔音的茅草屋裡男女聲大合唱。

福建省委革命歷史紀念館藍桂英在《小議知青歌曲》也詳細地探索這一現象：……荒蕪的邊疆，破敗的農村，想像與現實的巨大反差，使知青們從幻想、興奮中墜入沮喪和失望；日復一日的簡單勞作，貧瘠的文化生活，使他們在孤寂中啟動了最為樸素的情感閘門，遠離家鄉的知青們的思鄉之情猶如決堤的洪水，一瀉千里。

起先，他們唱著流行的公開歌曲，藉以喚起對學生時代的回憶和對故鄉、對親人的思念。唱膩了，便傳抄《外國歌曲200首》聊以自慰，他們衝破當時的高壓政策，冒著被遊街批鬥的危險，一首一首地唱著《紅河谷》、《深深的海洋》、《喀秋莎》、《莫斯科郊外的晚上》、《一條小路》……這些現成的歌曲儘管旋律優美，但總有詞不達意的遺憾，於是知青們便開始借用這些曲譜填上反映自己生活和心境的詞，「知青地下歌曲」就這樣誕生了。

知青地下歌曲絕大部分是這類借曲填詞的。在福建沿海地區，知青們收聽到臺灣電臺播放的，在20世紀80年代才在大陸流行的《綠島小夜曲》後，即填上這樣的詞：「回到家中看到了憔悴的老媽媽，心中好像那茅屋的風雨夜，幾個月的離別並不長久，媽媽你怎麼思念？莫不是你的女兒臉龐清瘦，異地的山峰奪去了她的青春，女兒的心無比淒涼，媽媽喲，什麼時候才能回到你的身邊？」憂傷的旋律，悲戚的歌詞，催人淚下。這首歌在知青中傳唱後，儘管某些地方曲譜有所變化，但憂傷的基調不變。

思念故鄉和親人的歌曲，在知青地下歌曲中占很大的比例。許多大城市的知青都有他們自己的思鄉歌曲，如北京知青有《山西知青離鄉歌》，南京知青有《南京知青之歌》，重慶知青有《重慶呀我的故鄉》，廣東知青有《廣州知青歌》。這些歌曲曲調委婉優美，歌詞淒涼無助。

《山西知青離鄉歌》是由北京女十二中2名紅衛兵作曲作詞的，此歌仿山西民歌風格，極具悲愴悽楚的韻味：「我要到那遙遠的山西去把農民當，離別了我可愛的北京和家長。親友含淚來相送，聲聲囑咐我記心上。父母啊，您別難過，莫悲傷，等待明年春節時，重返家鄉來探望。我要到那遙遠的山西去把鋤頭扛，離別了我親愛的戰友痛斷腸，緊緊擁抱心潮湧，淚水相流就落在肩上。戰友啊，你別流淚，莫失望，廣闊天地你我就向前闖。等待明年秋過後，重返家鄉來探望。」

平心而論，當時在全國各地祕密流傳的，由知青創作或改編的知青歌曲都沒有反對上山下鄉運動的意思，它只是表達了一種憂傷、思念和無望的情緒。事實上，部分這類歌曲依然有政治口號在其間跳動。「再見吧，可愛的故鄉，再見吧，親愛的爹娘。明天我就要走了，去建設祖國的邊疆。媽媽的笑眼裡迸出了淚花，妹妹也倚在懷裡直嚷嚷：『哥哥，長大我也要去，做一個青海姑娘』」。

用電影《英雄兒女》插曲曲調重填的這首知青歌曲：「最新指示下達後，馬上就要別故鄉，別故鄉。告別親愛的朋友們，知青就要去遠方，接受貧下中農再教育，廣闊天地煉紅心。」既有知青響應黨的號召的決心，又有離開親人和朋友的傷感，反映了知青複雜的心態。

青春與愛情如影隨形，知青在苦悶中自然也少不了創作許多美麗淒婉的愛情歌曲。雖然在極左的年代，愛情與黃色劃上了等號，被聲討、被圍剿，但是人性的情愛之火是任何力量都無法澆滅的。在文化貧瘠的鄉村和邊疆，正處青春年少的知青們，儘管愛情受到更為嚴厲的扼制，但他們用自己的歌曲唱出了對愛情的渴望：「當我聽到馬嘶聲，我就知道誰來了，我靜靜地等待……」「長長的辮兒紅紅的臉，小妹的秋波zhang過來（zhang：四川話「拋」、「送」之意），可惜阿哥是近視眼，小妹的秋波沒看見。」

這首由藏族民歌《獻給親人金珠瑪》曲譜改詞的知青情歌，唱出了愛情帶給他們的歡樂：「不撿煙鍋巴呀，不喝加班茶呀，也不去打群架，扇上一個漂亮的盒盒兒（即姑娘），帶到農村去安家，嗦呀啦嗦，帶到農村去安家。」

知青情歌往往是與家鄉連在一起的，當他們歌唱家鄉時，是多麼希望在溫暖的故鄉有一個朝思暮想傾心相愛的戀人。《重慶呀我的故鄉》和《廣州知青之歌》正是圍繞著對家鄉姑娘的思念而展開的。「美麗的姑娘你在何方？年輕的知哥把你盼望，歌樂山你彎腰，嘉陵江你閃開道，讓我飛到她身旁，傾吐心中的思念。讓我飛到她身邊，細細看上姑娘她幾眼。美麗的姑娘坐在我的身旁，兩眼望著我你為何不歡笑？別了吧姑娘，姑娘喲你莫悲傷，但願姑娘學孟姜，一片忠心永不變。幸福花兒開滿山，祝你我永遠不分離。紫色的丁香花蓋滿了山，夢裡的長虹達兩岸。烏雲呀你歸去吧，月兒你也快出吧。朝思暮想望穿眼，幸福的金橋何時才出現？朝思暮想望穿眼，幸福的金橋啊你何時才出現？」（《重慶呀我的故鄉》）

「低頭無言是那岸邊的榕樹，奔騰鳴響是那咆哮的珠江，我倆穿行在鐵路上，多少話兒留在心上沒有講。再見吧廣州，再見吧，可愛的姑娘，明天就像江水一樣，奔向遠方，還要回來還要回來，回到故鄉。」（《廣州知青之歌》）

知青戀情往往是不穩定的，因為他們的未來不確定。一旦一方因招工、參軍、升學而離開農村，城鄉差別也只能使他們勞燕分飛。因此，在知青情歌中反映失戀的俯拾皆是：「掛著兩顆傷心的淚，我獨自徘徊，你可知道我為誰在流淚？」「雨啊雨啊你告訴我，為什麼她心兒容易變？」「請你忘記我，分別不是我的錯。請你不要恨我，恨我我會難過。」「你我鴛鴦兩相離，相隔千萬裡。不是我呀沒良心，不是我不愛你，我的小妹呀。」

少數民族男女青年喜歡用對歌來表達彼此愛慕。在少數民族地區插隊的知識青年，就把這樣通俗活潑的歌唱形式引進了知青情歌中。在內蒙草原就有這樣一首知青情歌對唱：女：「天上的綿羊呵請你慢些走，我要宰一頭，獻給我親愛的人啖個夠。」男：「天上的牛群呵，請你慢些走，我要殺一頭，獻給我的岳父我的好丈母！」

在貴州省斑竹河公社，來自重慶的知青把藏族歌曲《獻給親人解放軍》改成了情歌對唱：男：「哎，是誰幫我們洗衣裳喲？女同學！」女：「是誰幫我們掙工分喲？男同學！」合：「斑竹河來斑竹河，斑竹河水清幽幽，我們從重慶來斑竹河，斑竹河的知妹愛知哥。」

有人說過：「世上最大的悲劇，莫過於聖徒受騙。」廣大知青響應國家號召，懷著煉一顆紅心，做一番事業的雄心壯志來到農村。在日復一日的簡單勞作中，有一天驀然回首，發現自己已墜入了社會底層，成為非農、非工、非學、非軍、非商的一個特殊群體，農民不歡迎他們，城裡人鄙視他們，曾以「解放全人類」為己任的知青們，有不少人墜入了自己編織的「心牢」裡難以自拔。

在此心態下創作的知青歌曲，就帶有玩世不恭的憤世情緒。曾經美麗的異地風光失去了魅力：「牛車啊馬車啊板板車，King ling kuang lang往前走，這就是美麗的西雙版納。遠看啊綠水啊青山，近看是牛屎成堆，這就是美麗的西雙版納。」

昔日的師友、戀人此時也成了謾罵的對象：「……二唱我老師，老師是屁眼癢喲，天天上門來動員喲，騙我去邊疆羅喲。哎嗨唷，騙我去邊疆羅喲。三唱我的同學，同學是不落交喲，明知邊疆是憑格苦喲，來信還說好羅喲。哎嗨唷，來信還說好羅喲……六唱我的朋友，朋友是不好耍喲，長江水啊倒起流，朋友又耍脫（耍脫即失戀）羅喲，哎嗨唷，朋友又耍脫羅喲。七唱我的床喲，床上是空蕩蕩，只見枕頭不見郎，想想哭一場羅喲。哎嗨唷，想想哭一場喲。八唱我的命運，命運是憑格苦喲，找根麻繩來上吊喲，早死早投生喲。哎嗨唷，早死早投生羅喲。」

這是知青用血淚寫成的歌曲，受騙後的屈辱和對未來的絕望，最終積澱成了怨憤和詛咒。「世上人，譏笑我，精神病患者；我有青春被埋沒，有誰同情我！」透過字裡行間，我們看到了經歷青春煉獄苦難後知青被扭曲的心理，體味到他們成為社會棄兒時無處訴說的悲苦。

知青Lizhou在〈消逝的歌——知青民歌搜集整理有感〉悲憤道：人到中年，已是具備了「成年人的深沉」，也掌握了「含而不露」的技巧。經歷了過半的人生後，我亦屬於「男兒有淚不輕彈」的一代人了。然而，在搜集、整理「知青民歌」的過程裡，我落淚的次數太多。在這些歌曲的強烈震撼下，「男兒淚」已不重要。因為這些歌是那樣淒慘動人，在我的心中無法消逝。

「十年浩劫」上演了中國歷史上一幕「史無前例」的人間悲劇。儘管幾千年的文明古國歷史上有過無數次相同的悲劇，令人刻骨銘心；但是，這次悲劇的波及面之廣、「觸及靈魂」之深是歷朝歷代所不及的，對文化的空前毀壞可以說是到達了登峰造極的程度。

我出生於五十年代中期，當屬史學者們所稱之為「小三屆」下鄉知識青年。「上山下鄉」那一段荒唐的年代令人無法忘卻。我們兄姊一代人的「革命豪情」已成為昨天。這些「革命小將」們在新創立的宗教狂熱中被盡遭愚弄之後又滿懷豪情地被變相流放；現實使他們產生了懷疑，坎坷的命運改變了他們的信仰。造成了這一代人數不清的苦澀和傷痛。他們苦悶、憤怒、無奈、彷徨的情緒，由一絲絲的歌聲悄然傳遞發洩出來。這些歌曲蘊含著他們共同的心聲，傾訴了他們不幸的人生苦難歷程，記錄了他們在無圍牆的人類史上最大的集中營裡所發出的內痛呻吟和憤慨。

這些歌曲被當成民歌一樣在流傳，沒人敢承認自己是作者。而且在傳唱中不斷被更改，並僅限在口頭傳唱。今天所收集整理的歌曲已無從考證作者，所以我只好將其歸結為「知青民歌」了。

實際上，知青民歌大多是由民歌曲調和部分流行歌曲填詞後傳唱的。傳唱後的曲調已是五花八門。經過整理，對照後已基本上恢復了原貌，但是歌詞卻是分不清原作和改編出處，只能各自「取其精華」而歸一了。在這些歌曲中，當年最為流行的一首《南京知識青年之歌》當屬知青創作的典範。另一首《北京知識青年之歌》也流傳甚廣。

在那個「全國上下一片紅」的造神年代裡，愛情是專屬於資產階級的名詞，在音樂作品中是絕對禁止的。即使在一九四九～

一九六五年間所創作的所有帶有愛情色彩的抒情歌曲也都被封殺為「黃歌」而不許傳唱。在這種逆境中，仍然沒有能阻止知青們用扭曲變形的愛情表白方式表現出來並傳唱。當時被稱為「知青黃歌」的典型作品有如下兩首。

《不要你這壞東西》便是由新疆民歌填詞的例子，通過歌曲來對「接受貧下中農再教育」這一「最高指示」作了不言自明的反叛，對那些「土管教」的醜行進行了大膽的揭露。當年女知青為了換取回城「政治護身符」而犧牲肉體者是很普遍的，在那個視貞操為生命的年代由此可見土管教們所操縱的特殊權利。

知青民歌從言不由衷而進展為公開反抗已是七十年代。少數享有特權的人士悄悄地把子女辦回了城和林彪事件爆發，使知青們更加覺醒，盲從的精神信仰和對「神」的膜拜開始崩潰。到了「小三屆」重蹈兄姊們舊轍時，他們已不再盲從、不再屈服厄運，他們開始思考，開始反叛；這時候，在知青集體戶中已是敢於公開唱和這樣的歌曲了。

有一首用東北二人轉曲調填詞的《吉林知青歌》控訴了「土管教」殘害女知青的劣行，曾激起知青們的極大憤慨，也引發了廣泛的同情和聲援。當年知青們發動過多起暴力事件，使當地政局惶恐，而且屢禁不止，甚至形成了規模。至七十年代末期，使得「上山下鄉運動」處於了緩行階段。當局對知青開始進行安撫，派駐了一批「工作隊」（主要是軍人和工人）到農村去緩和激烈的矛盾。當知青們已公開高唱著《知青除夕夜》一歌時，已標誌著「土管教」們的權利失效。

中學畢業（當時中學為4年制）的知青們畢竟正處於青春花季的年齡，在上千萬的知青大軍中，不乏有曠世奇才，或多具浪漫氣質；他們的作品雖然稚嫩卻樸實無華。有的作品可以說達到了相當的水平。他們還傳唱借鑒一些三、四十年代流行的老歌曲如《惜別》、《秋辭》、《春光無限好》（楊小仲詞、陳歌辛曲）等曲調來填詞或創作自己的愛情歌曲，更有一首《送行曲》（附9）即便在城市的街頭巷尾也廣為流傳，幾乎成了一首無法查禁的歌。

三十多年過去，當年的知青至少也是中年人了，時代的變遷，世事的滄桑，觀念的演變，社會的進展，似乎使人們忘卻了以往。這些歌曲也無人再傳唱，再回首；這朵奇葩在悄然逝去，在採訪整理的過程中，已很少有人能完整的唱出一支歌了。但令我驚歎的是：這一代知青卻在深深的眷戀著這些歌曲，對我的工作懷有十分感激並樂於合作；每當我們動情地哼唱出這些歌時，我發現在他們的眼中充溢著即將流瀉的淚水……

鄭啟五品茶在《一代廈門知青的老歌》感慨萬端地回憶：雪狼兄發出了《今夕我來老歌不再》的帖子，歎謂：「青年時代漸行漸遠，那些老歌也早已隨青春老去而風吹雲散。不意，卻在老之將至的旅途中重逢在它們的誕生地，那些三、四十年前上山下鄉時期的老歌一直追逼著我的記憶。」前天他又貼出《誰有知青唱的歌譜》，讓我實在坐不住了，猛然抽起記憶的閘門：頓時廈門知青的老歌如潮，嘩啦啦瘋狂噴湧，在腦海裡激起連天波潮！

三十八年前我們被剝奪了上學的權利，我們被註銷了廈門的城市戶口，我們被一批又一批地遣送閩西三縣：武平、永定、上杭，成了新中國時期廈門市最大一次的人口流放！我們在烈日下寒風中幹的是最粗重最原始的體力，用青春的汗水換來勉強裹腹的口糧。在蒼茫的曠野中在低矮的土樓裡，耳聽蕭蕭落葉，面迎淒清冷雨，唱歌成了我們唯一的自由！知青老歌決非一首，也非百首，而是好幾百首唱不夠：有中國歌曲，也有蘇聯歌曲；有電影插曲，也有自編歌曲；有三、四十年代舊上海的低吟，也有六十年代港臺的情愛（其中不少鄧麗君的歌曲還是直接從金門的廣播中自然吸取的），真是禁歌薈萃，無所不有！

在文藝界呼風喚雨的巫婆江青，嚴酷地封殺了除樣板戲、紅太陽和語錄歌之外的全部歌曲。萬般無奈的下鄉知青既然在廣闊天地裡獲取了這唯一的自由，又何不讓被禁錮的身心隨流竄的音符去進行生存的放風?!

16歲的我被押送去的那個山村叫「唐屋」（唐朝的老屋？），地處閩粵贛三省交界的大山之中，好幾個知青集體戶全是清一色的男性構成。令人萬分慶倖的是有一對蘇姓兄弟，出生音樂世家，父親「文革」前是思明區儀仗隊吹奏大喇叭的好手，兩個兒子耳濡目染，並得父親真傳。哥哥蘇圓源擅長彈撥，弟弟蘇積源（雙十老三屆）專攻吹奏。下鄉時一個懷抱曼陀鈴而來，一個在棉胎中精心藏存了一支黑管，從此這近乎莽荒的唐屋山寨就夜夜奏響了西洋的樂聲。

剛進村時還不大懂得愁滋味，隨身的手電筒還射出小探照燈一般的光柱，晚飯後知青弟兄們便圍聚在蘇氏兄弟的土屋木床上，一享這寂夜裡舒心的旋律，曼陀鈴那八根弦便撥出一個美美的「莫斯科郊外的晚上」，黑管溢出看不見的流泉，影影綽綽讓人感受著「在那矮小的屋裡，燈火在閃著光，年輕的紡織姑娘坐在視窗旁……」我們情不自禁跟著哼唱起來，從此黑夜中的閩西大山便深藏起這首《紡織姑娘》。當二十餘年後的一天，我拽緊一個機會重返這個命中註定的遠山小村時，這撚熟的旋律便爭相從墨色的山崗中和昏黃的燈窗裡向我撲來。談不上什麼「震撼」，也很難用得上「歷史的回聲」，此時此刻蒼天無語欲哭無淚，我再三回味，掂量幾番，應當說只是一種不能自己老年性耳鳴！

閩西的冬天比廈門冷多了，日子也越發艱苦起來。我們知青常常披著「虎皮「（黃棉衣），七倒八歪地坐在大隊部前的杉木條上，一邊搓著腳板上的泥巴，一邊大聲小聲歌唱起來。其中失戀歌佔有相當大的比重，什麼《相思河畔》、什麼《懷念》、什麼《深深的海洋》、《我要為你歌唱》……一首比一首傷感。我那時還不滿十七歲，對「唇印」、「心上人」、「不忠實的少年」實在是一無所知，但仍搖頭晃腦地與知青大哥哥們鬼哭狼嚎唱成一團。電影對白中充其量也只有「先結婚後戀愛」之妙語，我這「未戀愛就失戀」堪稱獨闢蹊徑。

初插隊那陣，我們廈門知青曾經有過一段「串聯熱」，從一個知青點逛到另一個知青點，東吃西住，遊上十天半月的，才蓬頭垢面地拖著破拖鞋回窩。一路上往往歌聲不斷。印象最深的是一首閩南語的《嫁娶歌》，既詼諧又粗俗，牢記至今全因朗朗上口：

要嫁郎，要嫁郎／嫁給一個老大人／面皮黑黑，鬍鬚蒼蒼，七八十歲老人漢。

要娶妻，要娶妻／娶了一個老婦女／臉皮皺皺，奶子癟癟／六七十歲老尼姑。

這首歌的旋律節奏感強，很有些進行曲的味道，邊走邊唱，一個活脫脫的「東方嬉皮士」。生命在流失，青春被蝕耗，歌能麻木我們的痛楚，面對無邊無際的山野，我們苦中作樂只有歌！如果讓我來拍「知青電影」，那一定要到閩西的武平取景，從昭信村到唐屋村那夾穀中的一長片金黃色的田疇，一撥知青踏著夕照在前行，畫外轟然響起的是《嫁娶歌》交響樂的雄渾……，當樂聲嘎然而止，知青一個個像被砍倒的樹，接二連三重重躺倒在紅土屋的杉木床上，板床的吱嘎聲和夜色的墨黑完全取代了金黃的夕照中那行進的音響……，靠老歌來把握影片的氛圍很有效，姜文的《陽光燦爛的日子》大功告成，滿片迴旋的老歌們實在功不可沒。

隨著插隊生涯進入「持久戰」階段，思鄉成了知青之歌的主旋律：有俄羅斯的《草原》、越南的《我的家鄉》及朝鮮的《異鄉寒夜曲》等等，中國歌曲《秋水伊人》、《月兒彎彎照九州》及電影《冰山上的來客》的插曲《懷戀戰友》或直露或曲折地宣洩了山山嶺嶺的老知青們的懷鄉之情。說來也奇怪，這些歌傳唱得極快，往往聽上一兩遍就可以唱個八九不離十。也有五音不全的，也有荒腔走板的，但重在參與，重在苦中做樂過日子。閩南人的普通話多有「地瓜腔」，歌的傳唱中誤傳就再所難免。比如有首歌我唱「姨呀姨呀請你告訴我」，半年之後看了別人手抄的歌本，才發現應該為「雨呀雨呀請你告訴我」，人雨錯位，勾銷了詩情，令人苦笑到如今。

大概是為了減少一些聲不達意的傻唱，更為了科學快捷地讓各處的插友們分享浮在喉頭的精神食糧，許多知青點都有一本或幾本手抄的歌本。廈門本世紀以來一直與音樂的緣分很深，因而我一直以為這手抄的歌本是我們廈門知青的特產。其實不然，有一回我們從福建武平的唐屋村向西攀爬了十餘裡山路，到了江西省會昌縣的洞頭公社，在那裡意外地撞上幾個上海知青（裡面極可能就有那個叫陳丹青的牛人或同夥），大家共處一座大山生活，居然常年互不知曉，真是令人感慨。同是天涯淪落人，自然一見如故，上海知青熱情招呼我們進他們的窩裡玩。我在他們的床頭也發現了手抄的歌本，內容大同小異，蘇聯歌曲和中國電影插曲居多，只是沒有《嫁娶歌》罷了。

知青的歌本往往會在空白處填上幾句不土不洋的警句，其中有「生活是海洋，音樂是浪花」。啊，即便生活真是一片黑海，只要海仍在呼吸，就照樣會撞擊出一朵又一朵雪白的浪花！有一首詩寫到：黑夜給了我黑色的眼睛，我卻用它來尋找光明。其實在大山裡再尋找也是白搭，首當其衝是用歌點燃一盞心燈，來照亮生存的小路。知青唱歌既是一種離經叛道的宣洩，更是一種在囚禁中求生存的本能，斷章取義拼接毛語錄而成：廣闊天地真是一個放生老歌的音樂大學！

真要感謝歌，感謝古今中外所有的老歌，伴隨著我們度過上山下鄉的日日夜夜。年輕一代們，千萬不要笑話你們的父母對老歌的一往情深。與老歌相濡以沫的一代老三屆知青對老歌懷有畢生的癡情，這是時代的烙印，命中的註定！……

知青歌曲宛若一條跌宕起伏的河流，時而高亢，時而低沉，時而悲涼，是知識青年上山下鄉運動中最具感情色彩的顫音。它真實記錄了知青的所思、所想、所喜、所悲，反映了知青從豪情萬丈到徘徊迷惑再到反思覺醒的心路歷程，曾在整整一代人的心中打下了深深的印記。李春波《小芳》那似曾相識的知青懷舊歌曲，之所以能從20世紀90年代流行至今，正說明人們對那段歷史並沒有忘記。歷史不能忘記，歷史也不會忘記。

第五節　險遭死刑的《南京知青之歌》作者

應當說，當時的知青群體是一個沉默的群體，他們除了與政府保持一致的語言之外，是不允許發出自己的聲音的，但他們必竟是有血有肉的青年，或者說生活還沒有開始的孩子，偶然的真情流露，抒發是人之常情，興之所至，可這說不定就會被當權者定為所謂的反革命或反政府的政治事件，不僅性命難保，還會給

自己親人乃至家庭帶來滅頂之災。其中影響最大的莫過於《南京知青之歌》事件的作者任毅的遭遇了。他因寫了一支南京之歌，而被當權者投入監獄，甚至判處死刑綁赴刑場……據部合啟在《南京之歌案始末》中披露：

在「文化大革命」中，誕生了許多「知青革命歌曲」，在這些知青歌曲中，《南京知青之歌》無疑是影響最大、流傳最廣的一首。

《南京知青之歌》反映的是南京知青下鄉之初萬分複雜的心情。它是當時社會思潮的最直接的反映，具有廣闊的社會心理背景。它曲折地流露出對命運和生命活力被鉗制的無奈，以及由此導致的失落、壓抑和迷茫。但在其中仍注入了深重的「歷史責任」感。

《南京知青之歌》的作者任毅，一九四七年生，南京五中一九六六屆高中畢業生。他從小就興趣廣泛，愛好藝術。在上小學時曾進入聞名全國的藝術團體——南京市小紅花藝術團，學習唱歌。上中學時又進過南京市中學生藝術團，學習二胡和吉它。

一九六八年十二月二十六日是毛澤東誕辰紀念日。在這一天，南京五中下鄉知青乘坐卡車穿過新建的南京長江大橋，來到插隊落戶的地方江浦縣。任毅等人所在的知青點後來成為全公社知青經常聚會的地方。

在剛下鄉時，知青們相信接受貧下中農再教育是有必要的，所以勞動都很賣力。由於任毅幹活肯下死力氣，肯拼命，每日工分掙到了9.7分，這在當地農村算是很高的。但是不久，知青們便開始產生懷疑，認為知識青年下鄉似乎給農村帶來了新的負擔，農民其實並不歡迎他們。一九六九年夏收之際，任毅所在公社的知青中彌漫起一種失望的情緒。

由於普遍的失落感，知青們聚在一起，彈著吉它歌唱。有一首歌，知青們唱得特別動情，歌名叫《流浪人歸來》：「流浪人歸來，愛人已離去。內心無比淒涼，我活著為什麼？應該怎樣活我不敢想，也不願想，前途在哪裡？」

一九六九年五月下旬的一個晚上，南京五中的知青們又聚集在任毅所在的知青戶的小茅屋裡，又把過去的歌輪番唱了一遍。唱完之後，大家仍然覺得心中空虛。這時，任毅的一個叫唐又在的朋友忽然站起來對任毅說：「工人有工人的歌，農民有農民的歌，任毅，你就寫一首我們知青的歌吧。」

唐又在的話對任毅觸動極大。當晚任毅就抱著吉它譜寫起《我的家鄉》，在第二天天色發亮的時候，才終於完成了。他在歌譜上寫下了演唱要求：「深沉、緩慢、思念家鄉地。」然後，又注明：「南京市五中集體詞曲」。

這首《我的家鄉》是有雛形的。一九六四年，南京五中有一批畢業生自願去了新疆，在戈壁灘上，他們中間有人作了一首歌曲，名叫《塔里木，我的第二故鄉》。這首歌傳回南京，五中的學生們聽了很感動。任毅就在這首歌的基礎上做了大幅度修改。當寫到「告別了媽媽，再見了家鄉」這一段時，任毅的心情很沉重，同時又覺得吐出了胸中塊壘。

《我的家鄉》一歌寫出後當即被人拿去傳抄，以驚人的速度在知青中間流傳開來。夏收之後，任毅在回南京的渡輪上聽到有人唱這首歌，於是走過去，故意問：「你們唱的是什麼？」那些人很不屑地回答道：「看你的樣子像是知青，怎麼連這個歌都不知道？這叫《知青之歌》！」當初任毅寫這首歌時並沒稱之為《知青之歌》，因為這裡面沒有豪情壯志，只是表達了知青的一種思鄉情緒，表達了知青作為一種非工、非農、非軍、非學的特殊階層的強烈失落感。這種情緒在當時是絕對不允許公開表現的。任毅的這首歌之所以如此受歡迎，正是因為它以一種憂鬱的調子表達了知青的真實情緒和處境。

當時，曾有一夥上海知青在去黑龍江的火車上，一路吟唱這首歌。江西有一個縣的知青在開會前的唱歌比賽中，居然也唱起了這首歌。任毅的一些朋友學著列寧評價《國際歌》的口氣說：「憑著這首《知青之歌》，你可以到處找到朋友，找到吃，找到住。」

一九六九年八月，一個驚人的消息傳來。任毅有個同學叫鄭劍峰，因身體有點殘疾，駝背，所以免去了上山下鄉，於是他家自然而然成了知青回城的聯絡點。鄭劍峰手很巧，愛裝半導體收音機。一天他正在調試時，忽然聽到莫斯科廣播電臺在播放任毅所寫的歌，他很意外，立刻去找任毅偷偷告訴了他，並約任毅第二天在同一時間來他家再次收聽。

第二天下午4點鐘，任毅來到鄭劍峰家，兩人將半導體收音機撥到莫斯科廣播電臺的頻率上，果然很快收聽到了莫斯科演唱的《知青之歌》。蘇聯把它稱為《中國知識青年之歌》，是男聲小合唱，配以小樂隊伴奏，效果很不錯。任毅聽呆了，這是他頭一次聽到自己這首歌的正規演唱。沒想到感染力竟有這麼大！同時他也意識到莫斯科廣播電臺的演唱，實際已經把他置於死地。

後來任毅越聽越怕，感到一場大禍即將降臨。鄭劍峰也為任毅擔心，不過他一直安慰任毅，勸他不要緊張。鄭劍峰後來也遭到厄運，因為他曾經送了十幾個半導體收音機給下鄉的老同學，其中一人因收聽敵臺而被抓，審查中牽扯到鄭劍峰，他身體本來就不好，加上驚駭，不久就發病而死了。

任毅的預感很快被證實。一個月以後，南京街頭的大批判專欄上貼滿了批判這首歌的文章，它已經被定為反動歌曲，「說出了帝修反想說的話，唱出了帝修反想唱的聲音」。也許是還沒有查明作者，當時只是批判歌曲，還沒有批判歌曲作者。

任毅萬分恐慌，差不多成了驚弓之鳥。他立即回到知青點，把所有文字材料燒毀，包括女朋友寫給他的信。他的女友在另一個地方插隊。當時他倆都對上山下鄉產生懷疑，在許多方面有共鳴。連同女朋友的書信一同被焚毀的，還有一本《聖經》，這是任毅從外婆那裡拿來的。

任毅等待著厄運降臨，他無數次做夢，夢見自己被抓了起來。有一段時間任毅幾乎不敢睡覺。他實在不願在這種恐怖的氣氛中煎熬下去了，一九六九年十月的一天，他背著一個書包，裡面裝著洗漱用具，主動走到南京市娃娃橋監獄門口，對接待人員說：「我就是《知青之歌》的作者，你們把我抓起來吧。」

那人奇怪地看看任毅，說：「這裡也不是想來就能來的。抓不抓你，要有上級指示，現在你先回去。」

一九七〇年到來時，形勢更為緊張了。南京市到處刷滿了標語：「該管的管！該關的關！該殺的殺！」空氣中都好像有一種血腥氣。正月十五那天，他們抓走了任毅。這是根據張春橋的一個指示：迅速查清此人，予以逮捕。

任毅感覺到周圍氣氛嚴峻，在正月十一日那一天離開了南京，他不願自己在外婆家被逮走，於是一個人悄悄回到了江浦縣農村的知青點。回到知青點4天後，也就是農曆正月十五日，元宵節這天，任毅開始了長達9年的牢獄生活。

「拿去，以後不准講你的名字，這是你的代號。」那天晚上，進了「娃娃橋」以後，看守說著將一塊1寸寬2寸長的雙層白底黑字的布牌子遞給任毅。布牌子上面印著正楷的阿拉伯數字：3427。

從二月十九日被捕入獄，到八月十三日被宣佈判刑，在這5個月時間裡，他天天被提出去審訊，而且經常是在夜裡。光一句歌詞「生活的腳步深淺在偏僻的異鄉」，審訊人員就搞了任毅好幾天，一定要他承認當時寫的不是「深淺」而是「深陷」。因為自己確實寫的是「深淺」，所以拒不承認。雖然是一字之差，可是此時彼時大不相同。

關於「深淺」，任毅還可以自我批判一番，說因為知識青年身上還存在著沒有得到改造的小資產階級的不徹底性，沒有工農兵那種一往無前的腳踏實地的精神，所以腳步是深深淺淺的；而「深陷」豈不是成了對上山下鄉的一種污蔑嗎？為了攻下「深陷」這個堡壘，專案組在任毅面前拋出幾十個版本的《知青之歌》，估計是從全國各地搜羅來的，有油印的、打字的、複寫的、手抄的，各種樣式的都有，其中確實有不少都是寫的「深陷」，大概在流傳中人們覺得這個詞更能說明知青的狀況吧。

任毅後來才知道，事情的起因是在上海。《知青之歌》被上海的知青廣為傳唱，上海市革命委員會很快向中央彙報，江青、姚文元作了「要抓緊意識形態的階級鬥爭，要查清作者情況，要對黑歌進行批判」的批示，連夜下達。張春橋指示，要「上海市革委會有專門小組在抓這件事」。上海、南京兩地公檢法軍事管制委員會來到任毅所在的生產隊，老實忠厚的鄉親們以為調查任毅的表現是要提幹，一致說任毅好，使他們很掃興。他們又找到任毅，轉彎抹角地問了他《知青之歌》的事。任毅感到事情不妙，懸著他小命的那根絲線即將斷落……

一九七〇年五月二十日，在經過所謂「群眾討論」的形式後，南京市公檢法軍事管制委員會以反革命罪判處任毅等25人死刑；一九七〇年六月六日，南京市革委會同意對任毅等25人的死刑處理意見，簽字蓋章後報到當時江蘇省革命委員會審批。如果沒有意外，七月三十一日，他將陪同那一天被處決的24人一同上刑場。那年他剛剛22歲。

一九七〇年八月三日，任毅又被拖出去參加一個公判大會，這次被宣判的人中也有任毅。當判詞讀到任毅的時候，他幾乎不相信自己的耳朵：「……判刑10年……」在此之前，任毅已經做好了最壞的打算，從死刑到無期徒刑全都想到了，唯獨沒有想到會是10年。10年，在當時可算是一個輕刑。任毅禁不住用胳膊捅捅站在旁邊的一個犯人，問：「這個10年判的是不是我？」那個人正緊張地聽著對自己的判決，立刻也用胳膊捅捅任毅，叫他不要作聲。

直到很久以後任毅才知道，當時在江蘇省革命委員會負責的許世友將軍，審閱他的判決時，拍案而起。1名知青，僅憑一首歌就被判處死刑，豈有此理！將軍頂著「四人幫」的壓力，一隻大手硬是把任毅從鬼門關上拉了回來。

一九七九年二月，任毅被平反出獄。全國各地的新聞媒體爭相對他進行了報導。這時，為救自己出獄四處奔走呼號的老母已經白髮蒼蒼，自己心愛的戀人早已成了別人的新娘，親愛的妹妹患了腸癌，數著日子還是沒有等到他出獄的這一天，已經去世了。

那一天，他家的小屋裡擠滿了人，當年在一起的同學幾乎都來了，還有她，當年為他受過牽連的女朋友。酒桌上，如今已為人妻為人母的她直率而坦然：「沒想到任毅還能出來。」任毅笑道：「我們的愛是很純的呀，我和她都沒有拉過手噢！」

紡織公司所屬的絲絨廠熱情地接納了他，他被安排到總務處。他出色的工作，受到領導和同志們的好評。天降奇緣，同在這個工廠工作的一個清秀女孩注意到了他。就在這時，五中的一個老同學上門提親，而被介紹的正是那個清秀的女孩，提親者正是這女孩的哥哥。她出身於工人家庭，一家人很本分，他們對任毅的印象都很好。

如今任毅退休在家，家住南京郊區一片新蓋的生活小區裡，對昔日朋友的態度，他依然如故。談起對那段歷史的看法，任毅淡然地說：「功過是非，只有走過那一段人生歷程的人心中明白。我們留不住今天，如同我們留不住昨天一樣……」

值得慶倖的是，任毅雖然慘遭恐嚇提審，並蹲了九年大牢，從死神之門走了一遭，但爾後名滿天下，成為千百個不幸案例之中之萬幸。而當時因說錯一句話，喊錯一句口號而丟掉年輕性命的知識青年又有多少冤魂飄泊至今無人問津。《南京知青之歌》當時被四人邦定性為「反動歌曲」，為此我們特將其歌詞附錄如下：

《南京知青之歌》　詞曲：任毅

藍藍的天上，白雲在飛翔，美麗的揚子江畔是可愛的南京古城，我的家鄉。

啊，彩虹般的大橋，直上雲霄，橫斷了長江，雄偉的鍾山腳下是我可愛的家鄉。

告別了媽媽，再見吧家鄉，金色的學生時代已轉入了青春史冊，一去不復返。

啊，未來的道路多麼艱難，曲折又漫長，生活的腳印深淺在偏僻的異鄉。

跟著太陽出，伴著月亮歸，沉重地修理地球是光榮神聖的天職，我的命運。

啊，用我的雙手繡紅了地球、繡紅了宇宙，幸福的明天，相信吧一定會到來。

告別了你呀，親愛的姑娘，揩幹了你的淚水，洗掉心中憂愁，洗掉悲傷。

啊，心中的人兒告別去遠方，離開了家鄉，愛情的星辰永遠放射光芒。

寂寞的往情，何處無知音，昔日的友情，而今各奔前程，各自一方。

啊，別離的情景歷歷在目，怎能不傷心，相逢奔向那自由之路。

讀者們可以好好看看，其中有哪一句歌詞可是反動?!這真是欲加之罪，何患無辭！無論是以當時的眼光，與全國各地眾多的「知青之歌」相比，還是以現時的眼光，與全國各地標新立異的思鄉歌曲相比（如親哥哥去南方等），本人都認為這首「南京知青之歌」都算不上政治反動的歌曲，甚至認為它應該是鼓勵知青的「紅色歌曲」。光是看其中的「用我的雙手繡紅了地球、繡紅了宇宙，幸福的明天，相信吧一定會到來。」還有「揩幹了你的淚水，洗掉心中憂愁，洗掉悲傷」、「寂寞的往情，何處無知音，」等歌詞就可以明顯地感到是在給情緒低落的知青打氣鼓勁，做婉轉的開導思想工作。

對於這樣一首基調向上的歌曲，為什麼「四人邦」都不能容忍，而必欲置作者於死地而後快呢？這主要還是因為對知青群體醒悟的恐懼。想想看，這個在當時被利用進行文化大革命的工具，而後又被冠以上山下鄉美名被流放的群體，應當說是當時中國最有頭腦最激進的群體，他們已經開始覺醒和思考，這對於當權者來說，是一個巨大的潛在的危脅，所以，必須要用這種恐怖手段進行扼殺，以達到震攝整個知青群體的目的，讓他們永遠處於一個不能或不敢思考，想說而不敢說的沉默狀態之中。

第八章
知青群體困惑對社會的衝擊

第一節　知青迷茫對父母家長的心理傷害

知青上山下鄉過程中遇到的種種生產生活困難和迷茫也對父母親人心理形成了巨大衝擊和傷害。這些問題的集中反映，則是在大規模上山下鄉的第五個年頭，也就是一九七三年。當時福建小學老師李慶霖實在出於無奈，冒死給毛澤東寫了一封告狀信。全文如下：

尊敬的毛主席：首先，我向您老人家問好。我是個農村小學教員，家住福建省莆田縣城廂鎮。家庭成份是貧民。我的教員生涯已有二十多個寒暑了。

我有個孩子叫李良模，是個一九六八年的初中畢業生。一九六九年，他聽從您老人家關於「知識青年到農村去，接受貧下中農的再教育，很有必要」的教導，毅然報名下鄉，經政府分配在莆田山區——荻蘆公社水辦大隊插隊落戶務農。

在孩子上山下鄉的頭十一個月裡，他的口糧是由國家供應的（每個月定量三十七斤），生活費是由國家發給的（每個月八塊錢），除了醫藥費和日常生活中下飯需要的菜金是由知青家長掏腰包外，這個生活待遇在當時，對維持個人在山區的最低限度的生活費用，是可以過得去的。

當國家對上山下鄉知識青年的口糧供應和生活費發給斷絕，孩子在山區勞動，和貧下中農一起分糧後，一連串的困難問題便產生了：

首先是分得的口糧年年不夠吃，每一個年頭裡都要有半年或更多一些要跑回家吃黑市糧過日子。在最好的年景裡，一年早晚兩季總共能分到濕雜稻穀兩百來斤，外加兩三斤鮮地瓜和十斤左右的小麥，除此之外，就別無他糧了。那兩百來斤的濕雜稻穀，經曬乾揚淨後，只能有一百多斤，這麼少的口糧要孩子在重體力勞動中細水長流地過日子，無論如何是無法辦到的。況且孩子在年輕力壯時候，更是會吃飯的。

在山區，孩子終年參加農業勞動，不但口糧不夠吃，而且從來不見分紅，沒有一分錢的勞動收入。下飯的菜吃光了，沒有錢再去買；衣褲在勞動中磨破了，也沒有錢去添制新的；病倒了，連個錢請醫生看病都沒有。他如日常生活需用的開銷，更是沒錢支付。從一九六九年起直迄於今，孩子在山區務農以來，人生活中的一切花費都得依靠家裡支持；說來見笑，他風裡來，雨裡去辛勞種地，頭髮長了，連個理髮的錢都掙不到。此外，他上山下鄉的第一天起，直到現在，一直沒有房子住宿，一直是借住當地貧下中農的房子。目前，房東正準備給自己的孩子辦喜事，早已露出口音，要借房住的上山下鄉知識青年另找住所。看來，孩子在山區，不僅生活上困難成問題，而且連個歇息的地方也成問題。

毛主席：您老人家號召知識青年到農村去，我完全擁護；叫我把孩子送到山區去務農，我沒意見。可是，孩子上山下鄉後的口糧問題，生活中的吃油用菜問題，穿衣問題，疾病問題，住房問題，學習問題以及一切日常生活問題，黨和國家應當給予一定的照顧，好讓孩子在山區得以安心務農。

現在，如上述的許多實際困難問題，有關單位都不去過問，完全置之不理，都要由我這當家長的自行解決，這怎麼能行呀？有朝一日，當我見閻王去，孩子失去家庭支持後，那他將要如何活下去？我真耽心！今年冬，我的又一個孩子又將初中畢業了，如果過不了明春的升學關，是否再打發他去上山下鄉呢？前車可鑒，我真不敢去想它！

在我們這裡已上山下鄉的知識青年中，一部分人並不好好勞動，並不認真磨煉自己，並不虛心接受貧下中農的再教育，卻倚仗他們的親友在社會上的政治勢力，拉關係，走後門，都先後被招工、招生、招幹去了，完成了貨真價實的下鄉鍍金的歷史過程。有不少在我們地方上執掌大權的革命幹部的子女和親友，縱使是地富家庭出身，他們趕時髦上山下鄉才沒幾天，就被「國家社會主義建設事業的發展需要」調用出去，說是革命幹部的子女優先安排工作，國家早有明文規定。這麼一來，單剩下我這號農村小學教員的子女，在政治舞臺上沒有靠山，又完全舉目無親，就自然得不到「國家社會主義建設事業發展的需要」而加以調用了。唯一的資格是在農村滾一身泥巴，幹一輩子革命而已。

面對我們這裡當今社會走後門成風，任人唯親的事實，我並不怨天，也不尤人，只怪我自己不爭氣。我認為，我的孩子走上山下鄉務農的道路是走對了。我們小城鎮的孩子，平常少和農村社會接觸，長大了讓其到農村去經風雨見世面，以增長做人的才幹，是很有必要的。但是，當孩子在務農實踐中碰到的許多個人能力解決不了的實際困難問題，我要求國家能儘快給予應有的合理解決，讓孩子能有一條自食其力的路子可走，我想，該不至於無理取鬧和苛刻要求吧。

毛主席：我深知您老人家的工作是夠忙的，是沒有時間來處理我所說的事。可是，我在呼天不應，叫地不靈的困難窘境中，只好大膽地冒昧地寫信來北京「告御狀」了，真是不該之至！

謹此敬頌大安！

福建省莆田縣城郊公社下林小學　李慶霖敬上

一九七二年十二月二十日

據說，一九七三年四月二十五日，毛澤東在中南海游泳池，讀了由王海容轉交來的李慶霖信後，雖然毛澤東只作了「李慶霖同志，寄上三百元，聊補無米之炊。全國此類事甚多，容當統籌解決。」的短短一句回覆，但透過李慶霖長達兩千字的哭訴，使其不得不意識到知識青年問題處理不好，將來要釀成重大的社會問題。

關於李慶霖這封告狀信是如何，送到毛澤東手裡，民間有各種版本流傳。有說是李慶霖一氣呵成寫好這封信後，未留底稿，立即拿去郵局郵寄。他擔心此信到不了毛主席的手中，就又給時任毛主席翻譯的王海容寫了一封求助信。王海容便注意查收了此信，後轉交毛澤東。還有說是李慶霖寫好信後，特意托一福建的運動員帶上北京交給王海容的。

為此，南京作家徐志耕曾去信向曾任國務院知青辦副主任的顧洪章先生詢問，顧先生曾為此事詢問過把李慶霖「御狀」交給毛澤東的王海蓉女士，但王海蓉也實在想不起來是怎麼收到了李慶霖的信的。她只是記得李慶霖的信曾在她手裡放些日子，就是想方設法能讓毛澤東看到，當時還生怕落到江青手裡，怕她借此做別的文章。而當時新華社記者及國務院知青辦的同志在去莆田採訪李慶霖後，可能是出於什麼顧慮都沒有提及此信上達「天庭」的渠道。如今，這些人員和李慶霖都已作古，此事也就成了千古之謎，實為歷史憾事。

關於此事，作者玉清心在《毛澤東為什麼送給李慶霖300元？》分析道：福建的那個小學老師李慶霖，當年知青都為他叫過好。一九七二年十二月二十日他寫信給毛澤東，反映兒子李良模當知青口糧不夠吃、沒錢看病和當地幹部走後門等。信寄出四個多月後，他收到毛的回信，並「寄上300元，聊補無米之炊」。隨即李慶霖的名字家喻戶曉。李慶霖的信，在一定程度上改善了當時知青的生存狀況，所以知青對他一直懷有好感。

一九七六年毛死後，這位因毛而成名的政治風雲人物，以「反革命」罪被判處無期徒刑，蹲了十九年監獄後提前釋放，於二〇〇四年病死在家中，死後連火化錢都付不起。

四十年前文革中的這段歷史插曲，始終被中共吹噓為是毛澤東「親民愛民、垂范後人」的美談，奉為紅色經典、紅色回憶。現在宣傳得就更加離譜了，墨寫的謊言把歷史的真相歪曲得面目皆非。但是，如果認真回顧那段歷史，去偽存真，褪去塗抹的紅色，還原歷史的本來面貌並不困難，因為謊言總歸不能自圓其說。

毛澤東在一九六八年號召知識青年下鄉，接受再教育。李慶霖寫信的一九七二年，正值全國上山下鄉運動高潮。儘管知青問題很多，怨聲載道，但在極左思潮猖獗的文革時期，無人敢言。李慶霖的大兒子插隊後常向家人訴苦，加上看到有權勢的人能走後門，把自己的孩子調回城，招工、招生、招幹、參軍，這更激起李慶霖的氣憤不平。於是起了給黨中央寫信反映知青問題的念頭。他說，當時並沒想得到回音，只是想出出心中悶氣而已。

李慶霖先給周恩來寫信，沒回音。他接著給毛寫信，怕也收不到，靈機一動，寄給了常出現在毛身邊的外交部翻譯王海蓉收。他給王海蓉寫了一封短信，說明因為以前給周恩來的信沒下落，才煩請她一定把信轉給毛主席。然後把給毛的信裝進給王海蓉的信封裡寄出去的。李慶霖給毛的信是由王海蓉收到後轉交到毛手上的。後來，李改口說這封信不是走王海蓉的後門，是直接寄給毛收到的。這一點，到了監獄裡，他都沒敢說實話。

那時候的王海蓉已經任外交部部長助理，主管禮賓事務，擔當毛的「聯絡員」了。她從李慶霖的信裡似乎嗅出什麼，於是把信帶進中南海，念給住在游泳池的毛聽。毛留下了這封信。毛沒有立即回信，並不像官方網站上說的，這是「毛主席共產黨為民辦事，雷厲風行再一次得到確證」。四個多月後的一九七三年四月二十五日，毛才給李寫回信。

一九七三年，正是毛在借「批林批孔」整周恩來的時候。毛之所以拖到四個月之後回信，是在等待合適的時候。果然，一九七三年四月二十九日，周恩來連夜在人大會堂福建廳緊急召開的中央會議上，宣讀完李的來信和毛的覆信後，戰戰兢兢地說：「一定要把知識青年上山下鄉這項工作做好，不能再讓毛主席操心。」此時，周恩來已被查出膀胱癌，在大量尿血，而且正在由王海蓉主持的批鬥會上檢查過關。

毛在等的那個適當的火候，就是要能起到對周有最大的震懾作用。知青辦隸屬國務院管轄，出了那麼多問題，主管總理都不知道，問題捅到黨中央主席那裡，你這總理怎麼當的，不是失職嗎？毛給李慶霖回信的消息，連去莆田調查的新華社記者都比周恩來知道得早，可見毛不僅是故意出周的醜，是從背後給了週一悶棍，所以把周嚇得戰戰兢兢。隨後，國務院成立了知識青年上山下鄉領導小組，由周總理親自主持，吸收李慶霖為領導小組成員。

毛交代當時的中央辦公廳主任汪東興寄出300元的時候說，可考慮把李慶霖的信編入課本。一九七三年六月十日，李慶霖的信和毛給李慶霖的覆信印發全黨。之後，都編進了學生的政治課本。

幾年前，毛為轉嫁文革危機，號召知識青年下鄉。連續幾年，二千萬的初、高中畢業生下鄉當農民。上山下鄉運動中發生的問題，遠不止李慶霖信裡反映的那些。這場運動殃及家家戶戶，實在不得人心，黨內外，全國上下民怨沸騰。毛指引的「金光大道」成了這麼一副爛攤子，該如何收場？

毛對李的來信琢磨了幾個月。二千字的來信裡，除了罵地方幹部外，字裡行間都是擁護文革、上山下鄉和熱愛共產黨和毛主席的。這是一封可以用來「小罵大幫忙」的信，大有文章可做。毛要借李慶霖的嘴，給上山下鄉運動定調子：大方向沒有錯，都是下面的人搞糟了。毛決定公開這封人民來信，主動揭醜，變被動為主動。

對李慶霖這個小人物的上訪信，毛不但親筆回覆，表示接了這紙「告御狀」，還寄去300元。一副「體察民情、愛民如子」的親民形象。被很多知青心裡天天詛咒的毛，似乎一夜之間變成了「毛主席是知識青年的貼心人」啦。毛達到了沽名釣譽，給自己臉上貼金的目的。

全國傳達李慶霖來信和毛的覆信，檢查知青工作的精力遠不如大張旗鼓地宣傳毛的覆信和學習新的最高指示。毛在借李慶霖來信，把自己的覆信推向全國，明確指示要寫進教科書，讓世世代代傳頌下去。毛在借機為自己搞一場新的造神運動。

毛不但看中了李慶霖的信，還看中了李慶霖這個人。毛發現在這個小人物身上，有股「造反派精神」。李為兒子的困難敢向各級領導機關反映，敢給周恩來寫信，沒收到回信不灰心，想到給毛直接寫信。另外，從李的來信看出李的文字功底不錯，再加上受寵若驚的小人物感恩戴德的忠心，這一切就具備了做文革「左」派吹鼓手的條件。毛眾叛親離，需要這樣的角色來替他的文革吹喇叭抬轎子。

所以毛向汪東興說：李慶霖是不是黨員？如果是黨員，可考慮推舉他為「十大」代表；如果不是黨員，有入黨要求，可吸收為黨員，參加「十大」；如果沒有入黨要求，可讓他出席「四屆人大」。毛選中了李慶霖做自己的一個政治「棋子」。

毛欽點要李慶霖趕緊入黨，好出席當年八月召開的黨的「十大」。福建各級領導沒有深入領會毛的指示精神，沒搞「突擊入黨」，拖延到了「十大」之後才發給李黨票。福建領導按毛的政治安排，推選李出席了一九七五年一月的四屆人大，並當選了四屆人大常委會常委。

李慶霖出名了，也開始被捲入政治漩渦。批林批孔運動開始，他給《紅旗》雜誌寫了談反潮流的文章，「四人幫」隨即把他與遼寧省交白卷的張鐵生相提並論，樹為「北張南李」全國兩個「反潮流英雄」。

一九七六年毛掀起的「批鄧反擊右傾翻案風」中，李慶霖到處演說作報告，表態支持造反派，把各級當局領導當做鄧小平之流批判、打倒。他真心實意地在捍衛毛的革命路線，認為這樣才對得起大恩人毛主席！

李慶霖在毛的最後三年裡，為毛的文革衝鋒陷陣，給毛當槍使了。所以毛死後，他和江青的下場一樣，是毛的忠實走狗，成了毛的替罪羊。他被押在莆田和福州等各地，一天兩、三場的批鬥，時常有拳打腳踢，曾有多少次昏倒在地。

文革裡株連九族，他一家人跟他遭殃。妻子被戴上「反革命」帽子並開除公職，監督改造。長子李良模，到一九八〇年全公社知青都回城安排了工作，唯有他一個人仍留下來勞動。次子李良雄是在毛主席覆信後，李慶霖帶頭把他送去下鄉的，先是按政策安排回城到縣公安局工作，後也被開除出縣公安局，重新回到插隊的知青點，但是知青辦不要，街道也不收，他只好把戶口揣在口袋裡去打短工，直到一九九六年。

當初，李慶霖是為兒子鳴不平而上書的。他以為那300元，真是毛對他的同情和關愛呢。那300元是毛用來邀買中國人民心的，包括他李慶霖本人。毛的葫蘆裡面賣的是什麼藥，李至死也不明白。他只知道，那封覆信和300元要了他的命，也毀了他的全家……

上山下鄉造成了數不清的知青悲劇，死傷更是無數，而製造這一幕幕悲劇有時還被編造成美談佳話在欺世盜名。但是不管如何，毛澤東對李慶霖的來信回覆，促使中央專門召開了長達一個月之久的全國知青工作會議，會議要求各級組織對全國知青生

存狀況進行檢查，結果發現知青的實際的生存情況比來信中所述還要惡劣十倍，中央決定在嚴懲那些任意污辱欺凌知青歹徒的同時，開始有限制地對「文化大革命」中知青上山下鄉運動的政策進行了調整，以安撫日益動盪不安的民心。

雲南知青老地在《無謂的犧牲——中國知青在緬甸》有一個令人傷感的片斷，也可以看到知青家長心理受到的傷害：在我插隊之處鄰寨，有個姓白的知青，人稱小白，為人極講義氣，寫得一手好字，更有一絕，唐詩三百首倒背如流。他本是家中獨子，不必下鄉的，可他不願一個人進廠，就主動申請跟同學們一起到了農村。這步走錯了不說，他又一時衝動跑去當了緬共，去了就再也回不來了。

消息傳到昆明，他老母親立時就瘋了。七〇年我上昆明探親，20多名知青約齊了買了東西去看他母親，老太太把每個男知青都認作自己的兒子，一個個拉著說些對小孩說的話，說得眾人都淚流成河。直到現在，他的同學時時都會相約去看看老太太。說來也怪，那老太太平時神智不清，但好像有一種直覺，凡是知青，不管見過沒見過，她一見就認作她兒子，沒當過知青的人去了，即便也是小白的同學，她都不認。

第二節　兩個請求截然不同的「反潮流」知青

知青上山下鄉過程中迷茫對社會的衝擊還可以從當時轟動一時的張鐵生白卷事件得到印證。據張淑燕在《文革時期的特殊高考：炮製「白卷英雄」始末》和有關資料介紹：……一九七三年的「高考」，是文革十年動亂中唯一的一次。這次考試中，「白卷英雄」張鐵生的出現影響了當年大學招生的路線，導致學生考分越高越是沒有學校敢要，被錄取者多是成績平平甚或中下者。無數知識青年的「大學夢」在瞬間變得支離破碎，一切又跌入階級鬥爭的深淵……

如果沒有一九七三年的高考，就不可能出現「白卷英雄」，張鐵生也只是遼寧省興城縣白塔公社棗山大隊第四生產隊的一個普通插隊青年。而他參加的「高考」，實際還稱不上真正意義上的高考。

一九六六年六月一日，中共中央批轉高等教育部黨委《關於改進一九六六年高等學校招生工作的請示報告》後，北京女一中高三（4）班和四中高三（5）班學生寫信給黨中央和毛主席，狀告當時的高考制度使得許多青年為考大學而鑽書堆，不問政治，「走白專道路」；許多學校片面追求升學率，分數掛帥，將大量優秀工農和革命幹部的子女拒之門外，要求「立即廢除高等學校入學考試制度」！

十三日，中共中央、國務院決定把當年的高等學校招生工作推遲半年進行。十八日的《人民日報》發表社論《徹底搞好文化革命徹底改革教育制度》，文章說，舊的招生考試制度已成為革命運動的絆腳石，所以「不僅招生制度要改革，學制、考試制度、升留級制度等等也要改革，教育內容也要改革……初小可以學些毛主席語錄，高小可以學更多的毛主席語錄和『老三篇』等文章。中學可以學《毛澤東著作選讀》和有關文章。大學可以學《毛澤東選集》。」

全國所有高等院校在一九六六年停止招生，高考被廢除。一時間，正常的教學與管理根本無法進行，教育秩序空前混亂，「教育革命」愈演愈烈。直到一九六八年七月二十一日，毛澤東對《人民日報》文章《從上海機床廠看培養工程技術人員的道路》作出批註：「大學還是要辦的，我這裡主要說的是理工科大學還要辦，但學制要縮短，教育要革命，要無產階級政治掛帥，走上海機床廠從工人中培養技術人員的道路。要從有實踐經驗的工人農民中選拔學生，到學校學幾年後，又回到生產實踐中去。」據此，七‧二一大學遍地開花，開始了工農兵學員的招收。

由於不重視文化知識，很多學生入校後又忙於階級鬥爭，「上大學、管大學和用毛澤東思想改造大學」，所以許多大學畢業生還達不到中專文化水平，最簡單的算術題1/2加1/2竟然算出結果是2/4！對這些「又紅又專」的工農兵學員，老師們也不敢多加指教，他們隨時都可能被扣上「修正主義」、走「白專道路」的帽子。

一九七三年鄧小平複出，在他主持下，國務院批轉了《關於高等學校一九七三年招生工作的意見》，對兩年前開始實行的採取推薦和選拔工農兵上大學的規定進行了修訂，增加了「文化考試」的內容，試圖恢復用知識選拔人才的制度。這一年，高等學校招生除需經過評議推薦及審查、復查外，還要進行語文、數學、理化三科的書面文化考查，地、市命題，縣（市）主持，採取開卷形式。

儘管這次招生對象還只限於知青」、青年農民、解放軍等在「三大革命運動「中有兩年以上實踐經驗的工農兵，但這對當時農村的知識青年來說，已是個天大的喜訊：終於可以憑藉知識上大學了！無數曾因「家庭出身」或「政治表現」等問題而與大學無緣的知識青年躊躇滿志，奔相走告。學校教育秩序大大轉好，學生開始發憤讀書，叫囂一時的「讀書無用論」頓時失去了大半江山。

一九六八年十月，張鐵生從遼寧興城縣初中畢業後，來到本縣白塔公社棗山大隊插隊落戶。憑藉一向突出的表現，張鐵生當上了第四生產隊小隊長，也贏得了一九七三年這次參加大學招生文化考試的機會。然而，在最後一場理化考試中，整張試卷題他只會做3道小題，其餘一片空白。成績一公佈：語文38分，數學61分，理化6分。雖然成績比較差，但足以說明他當時並未交白卷。

同樣參加過那次考試的，還有著名歷史學家沈志華。當年報考清華大學的他，在那次考試中數學拿了滿分100，其他科目成績也都相當不錯，在他所屬的京津唐考試片區排名第一。清華大學還專門派教師到工廠找沈志華談話。「那會兒我就覺得這是板上釘釘的事了」，沈志華說，結果「白卷英雄」張鐵生使擇優錄取的規則倒了個，「考得最差的被錄取了！」沈志華一把火把曾做過的數理化習題本全燒了，決定改學文科，想搞清楚這個社會到底怎麼了。

當然不是低分，讓張鐵生一夜之間成為家喻戶曉的人物，真正原因在於他在理化試卷背面寫「給尊敬的領導的一封信」。信中，張鐵生訴說了「受到自己為貧下中農事業的事業心和自己自我革命的良心的譴責」，「不忍心放棄生產」而複習，雖然考得不大好，但他「沒有為此而耽誤集體的工作」，可以「自我安慰」；他坦白說，「對於那些多年來不務正業、逍遙浪蕩的書呆子們，我是不服氣的」；「我的政治面貌和家庭社會關係（清白如洗），自我表現勝似黃牛」，所以「希望各級領導在這次入考學生之中，能對我這個小隊長加以考慮為盼！」

時任遼寧省委書記、毛澤東的侄子——毛遠新得知此事後，將張鐵生試卷背面的信作了刪改，指示《遼寧日報》發表，並在編者按中說：張鐵生對「物理化學這門課的考試，似乎交了白卷，然而對整個大學招生的路線，交了一份頗有見解、發人深省的答卷。」這篇題為「一封發人深省的信」的文章，之後被收錄進了雲南省新增的中學《政治》（各年級用）課本第49頁的附錄中。

一九七三年八月十日，《人民日報》轉載了張鐵生的信，另加編者按語：「這封信提出了教育戰線上兩條路線、兩種思想鬥爭的一個重要問題，確實發人深思。」隨後，《紅旗》雜誌轉載時發表評論，說搞文化考試是「舊高考制度的復辟，資產階級向無產階級反撲」。張春橋說這是「反攻倒算」。「四人幫」一夥對張鐵生交「白卷」的行為讚不絕口，江青稱讚張鐵生「真了不起，是個英雄，他敢反潮流」。各地報刊也紛紛轉載那封給「尊敬的領導的信」，張鐵生一夜之間成了名噪全國的勇於交「白卷」的反潮流英雄。

從毛遠新發現他的信開始，張鐵生的命運發生巨大轉變。高考結束後，張鐵生順利地被鐵嶺農學院畜牧獸醫系錄取，後又被學校破例發展為黨員。一九七四年三月，張鐵生和同學老師們一起奔赴農村，幫助農村進行階級鬥爭。有人說下鄉「下糟了」，「學不到東西，浪費了時間」，在4個月後的總結會上，張鐵生和同學們用實際工作成果予以了反駁，他們不但為生產隊治療牲畜疾病，還為貧下中農培訓了一批赤腳獸醫。

一九七五年一月，第四屆人大在北京召開，張鐵生當選為人大常委。八月，上級黨委決定調整鐵嶺農學院的領導，成立了老中青三結合的新班子，張鐵生又被選拔為這個新領導班子的副組長、黨委書記，並受到江青接見，江青稱他是一塊「有棱有角的石頭」，並說「我要用這塊石頭打人了」。

同年十一月二十九日，當教育界大刮右傾翻案風時，張鐵生再一次以「反潮流精神」揮筆上陣，《遼寧青年》發表了他的文章，「（當前教育革命的）形勢是喜人的又逼人，逼就逼在我們要繼續澄清路線是非；逼就逼在黨和工人階級在學校的領導必須鞏固和加強；逼就是逼在我們必須抓緊教育革命的薄弱環節；逼就逼在我們必須有大寨精神辦教育；逼就逼在我們學校培養出來的人還有成為新的精神貴族的危險。一句話，就是逼著我們汲取歷史教訓，總結新鮮經驗，把教育革命進行到底。」這篇文章被人們稱為張鐵生的「新答卷」，後來又被刊登在一九七六年一月六日的《人民日報》上。

在文革這一特殊的歷史時期，紅得發紫的張鐵生頻繁參加社會活動，四處作報告、發表文章，不遺餘力地在政治舞臺上表演，為「四人幫」大造輿論。張鐵生已然成為江青集團的馬前卒，被綁在「四人幫」的戰車上，再也無法左右自己。

張鐵生是江青等人在教育體系有意打造的一個「造反榜樣」，他充當了「四人幫」衝擊一九七三年恢復的高考制度的工具。文革中那唯一一次「高考」，被批為「資產階級利用文化考查，乘機塞進舊高考的那一套，妄圖破壞大學招生制度的改革」。「白卷英雄」引發全國掀起對文化考查的批判，「招生進行文化考試」又成往事。

一九七六年十月，「四人幫」被粉碎，張鐵生的政治靠山消失了。《山西日報》十一月十八日刊登的《二月裡的反革命噪音》，揭露了張鐵生一九七六年二月在山西進行反革命煽動的言行，拉開了對他揭批的序幕。隨後，張鐵生被學院撤銷黨內外職務、開除學籍，還被逮捕羈押。

一九八三年三月二十三日，錦州市中級人民法院組成合議庭公審張鐵生反革命案件。在案件審理中，張鐵生沒有委託律師辯護，他拒絕法院為他指定辯護人。在法庭辯論時，他說自己只是一個不明真相的「小將」，在複雜的路線鬥爭中，犯了該寬容和諒解的「錯誤」。然而，法院最終以「反革命宣傳煽動罪」、「陰謀顛覆政府罪」等罪狀，判處他有期徒刑15年、剝奪政治權利3年，刑期從一九七六年算起。

以下是原載一九七三年八月十日《人民日報》張鐵生所寫的信全文：

> 尊敬的領導：書面考試的進行就這麼過去了，對此，我有點感受，願意向領導上談一談。
>
> 本人自一九六八年下鄉以來，始終熱衷於農業生產，全力於自己的本質工作。每天近18小時的繁重勞動和工作，不允許我搞業務複習。我的時間只在27號接到通知後，在考試期間，忙碌地翻讀了一遍數學教材，對於幾何題和今天此卷上的理化題眼瞪著，真是心有餘而力不足。我不願沒有書本根據的胡答一氣，免得領導判卷費時間。所以自己願意遵守紀律，堅持始終，所以願意老老實實地退場。說實話，對於那些多年來，不務正業，逍遙法外的浪蕩書呆子們我是不服氣的，而有著極大的煩感，考試被他們這群大學迷給壟斷了。（他們的自由生活和為個人的努力，等於了我的為人民熱忱忘我的勞苦工作和誠懇的心。人們把我送到這裡來，談些什麼呢？總覺得實在委曲。）在這夏鋤生產的當務之急，我不忍心放棄生產而不顧為著自己專到小屋子裡面去，那是過於利己了吧。如果那樣將受到自己為貧下中農事業的事業心和自己自我革命的良心的譴責，有一點我可以自我安慰，我沒有為此而耽

誤集體的工作，我在隊裡是負全面、完全責任的。喜降春雨，人們實在的忙，在這個人與任何利益直截矛盾的情況下，這是一場鬥爭（可以說）我所苦悶的地方就在這裡，幾個小時的書面考試，可能將把我的入學資格取消，我也不再談什麼，總覺得實在的有說不出的感覺，我自幼的理想將全然被自己的工作所排斥了，代替了，這是我唯一強調的理由。

我是抱著新的招生制度和條件來參加學習班的。至於我的基礎知識，考場就是我的母校，這裡的老師們會知道的，記得還總算可以。今天的物理化學考題，雖然很淺，但我印象很淺，有2天的複習時間，我是能有保證把它答滿分的。自己的政治面貌和家庭社會關係等都清白（如洗，自我表現勝似黄牛），對於這個城市長大的孩子，幾年來真是鍛鍊極大，尤其是思想感情上和世界觀的改造方面，可以說是一個飛躍。在這裡我沒有按要求和制度答卷（算不得什麼基礎知識和能力），我感覺的並非可恥，可以勉強的應負一下嘛，翻書也能得它幾十分嘛?!（沒有意思）但那樣作，我心是不太愉快的。我所感到榮幸的只是能在新教育制度之下，在貧下中農和領導幹部們的滿意地推簽之下，參加了這次學習班。

（我所理想和要求的，希望各級領導在這次入考學生之中，能對我這個小隊長加以考慮為盼！）

白塔公社考生張鐵生

一九七三年六月三十日

錄入者附注：此信是一九七三年遼寧知青張鐵生在參加高校

推薦入學文化考試時寫在理化試卷背後的一封信。信中方括號內的文字，是當年發表時被刪節的內容。文中有些錯別字是寫信者（不是錄入者）的筆誤，錄入者未加修改。

平心而論，張鐵生在信中訴說了自己在集體利益與個人利益發生矛盾時的心理衝突，發洩他因不忍心放棄集體生產而躲到小屋裡去複習功課，而導致文化考試成績不理想的不滿情緒。正是知青在上山下鄉迷茫過程中對文化知識的渴望，也是對文革耽誤知青學習的痛惜。只是可惜他上了「四人幫」的賊船……

幾乎就在張鐵生寫信懇求上大學的同時，在江西瑞金也出了一個要求退學的工農兵學員知青，據周全華在《鍾志民退學事件》講述：……鍾志民出身於長征老革命、軍隊高級幹部家庭，一九六八年在南昌二中初中畢業，即響應毛主席號召去江西老區瑞金沙洲壩農村插隊落戶當知青。但他在農村只勞動了3個月，於一九六九年初佔用一個社員的徵兵指標參了軍。在當了3年兵之後，憑藉父親的關係，於一九七二年四月被「推薦」到南京大學讀書。在大學的一年半學習中，鍾志民對自己上大學一事產生了新的認識，以自我革命的激情向南京大學黨委提交了一份申請退學報告。在報告中他自我解剖說，自己沒經群眾推薦、招生選拔等合法程式而由父親給軍區幹部科打電話指名調選上大學。在列舉此事的種種不良影響後，他懇切提出改正錯誤、退回部隊。

一九七四年一月十八日《人民日報》頭版頭條刊出鍾志民的退學申請報告。一周後，北京召開來勢兇猛的批林批孔動員大會，周恩來等黨政領導大都出席。江青等人在批林批孔之外，還夾發了第三支箭——批「走後門」上大學，借此打擊一批老幹部。《人民日報》助勢批「走後門」，四天後再以頭版頭條刊出鍾志民向南京大學校黨委彙報申請退學的思想轉化經過。

二月十五日毛澤東在葉劍英反映部隊批林批孔問題的信件中批示：「批林批孔，又夾著走後門，有可能沖淡批林批孔。」「開後門來的也有好人，從前門來的也有壞人。」二月二十日，中央根據毛澤東的批示發出通知：對批林批孔運動中不少單位提出的領導幹部「走後門」送子女參軍、入學等問題，應進行調查研究，確定政策，妥善解決。這樣毛為了一個不好明說的原因就把「走後門」問題擱置起來，後來實際上再也沒有追究。因為他本人也曾通過「走後門」的形式，將幾個與他關係密切的姑娘送進清華北大。

如此結局，鍾志民就不可能被樹為「反潮流」典型了，對鍾志民的政治宣傳也悄然轉向，只強調「向一切剝削階級自私自利意識形態開火」，「向特權思想挑戰」等空目標。鍾志民被改塑為「決心徹底地改造自己」、「自我革命、自我批判」的思想革命戰士。鍾志民從大學退到部隊，又從部隊退到農村，一路退到底，最後退到農民身分為止。

雖然家庭採取了保留的態度，大學革命委員會主任則表示反對，他還是在一九七三年九月底遞交了退學申請報告。大學拒絕了他的申請，由於鍾志民一再堅持，報告就轉到了江蘇省委，但同樣被否決了。消息很快傳到了中央。江青和周恩來插了手，退學申請最終被批准了。一九七四年二月他回到了一九六八年插隊的江西省瑞金縣。

據一九七六年七月十七日人民日報在《革命小將頂風前進——記知識青年鍾志民堅持鄉村幹革命的事蹟》報導：鍾志民一九七四年初勇敢地向資產階級法權宣戰，衝破層層阻力，回到瑞金沙洲壩公社百花園生產隊，當1名普通的農民。兩年來，鍾志民在廣闊天地裡，迎著階級鬥爭的風浪，鐵心務農，茁壯成長。反擊右傾翻案風的鬥爭開始後，鍾志民組織青年們一遍又一遍地學習毛主席的重要指示，在田間、地頭和政治夜校裡，他同社員群眾、同前來農村開門辦學的革命師生，舉行各種座談會、批判會，熱情歌頌無產階級文化大革命和知青上山下鄉的偉大勝利，狠揭猛批鄧小平否定文化大革命的反動罪行。後來他多次參加江西及福建知識青年的省級會議。他當上了勞動模範、生產小隊副隊長和黨小組組長。一九七六年初他被任命為瑞金縣共青團副書記、書記、贛州團地委書記等職……

有知青對鍾志民的行為點評道：我是他的同學，此人不是什麼好鳥，他的出名完全是當時政治的需要。江青之流想利用他整老帥。當時許多高幹子弟都是走關係去當兵上學。他邀了我們班五個平民子弟一起去瑞金沙洲壩插隊，不到一月這傢伙就去部隊了。那幾位哥們大呼上當。

第三節　無法勝任學業的知青工農兵學員

當時的知青渴望重返院校學習文化知識，可由於文革的耽誤，基礎太差，他們中許多人根本法勝任學業。北京知青feiko在《工農兵學員悲歡錄》中講述：今天是清華大學百年校慶的日子。我忽然想起了我國高等院校文革期間的一段奇特的歷史，即那一段時間入校學習的工農兵學員的經歷。雖然我當時未能成為其中一員，可也聽到和見到過一些那時大學的情況。這是清華和所有著名大學如今都寧願忘掉的一頁，在校史中肯定會「宜粗不宜精」地略過。但我覺得回顧一下這些學員們當年的酸甜苦辣還是挺有意義的。因為許多工農兵學員都來自知青，他們的經歷，應該也是知青史的一部分。

一九七一年春天，我正在黑龍江生產建設兵團四師十八連，聽說連裡的一個哈爾濱知青被推薦上大學。當時並未在意，父親在文革中因為嚴重的歷史問題被「揪出來」，所以這等好事是註定與我無關的。後來聽說是上了清華，不由在心中引起一絲漣漪——那是我中學時代嚮往的學業殿堂啊。

一九七二年我調到學校，隨後到天津教師進修學院學習了一段時間。這一年兵團的大學招生的工作大概是在我在天津時進行的，沒有留下任何印象。

一九七三年的大學招生我正躬逢其盛。這一年進行了比較正規的推薦和考試。我當時在團部學校當教師，正在拼命地自學數學，那幾十個招生院校中，廣州中山大學計算數學專業強烈地吸引著我。可惜名額有限，我們學校推薦的是上海知青王某某。他是老高三的，比我高一年，卻比我還小一歲，又在學校教了幾年初中數學，各方面條件當然比我更合適。他順利地通過了考試和審查，被華東師大數學系錄取。我們這幫知青都很為他高興。記得大家還謅了幾句歪詩祝賀呢。

不料這一年出了個「白卷英雄」張鐵生，弄得考試成績好的人都有些緊張。我們一起議論，王某某說張鐵生明明是眼看考不上著急了才寫了那些話。我則對他說，人家是搞政治的，你上大學要鑽研業務，根本不是一路人。沒想到這番議論被人聽到，後來在批林批孔運動中寫大字報揭發。幸虧此時王某某已經上學走人了。

那時的工農兵學員，可是名副其實的時代驕子，不僅回到了大城市上大學，還是代表工人階級和貧下中農「佔領上層建築」的先進分子。我對這些偉大意義缺乏認識，在歡送會上居然當眾說：雖然王某某上了大學，我們走的仍然是同一條學習之路。我會在北大荒堅持自學，或許能和他比一比呢。就這樣，王某某帶著我們的祝福高高興興地走了。中山大學計算數學專業的那個名額據說沒有人報名，白白浪費了。

為了不自量力地和王某某「比一比」，我調整了自己的學習內容。原本已經學了一遍《高等數學》，用的是樊映川的書和二姐以前的大學講義，以及礦業學院的習題集，都是工科教材。我想這些一定無法和華東師大的理科數學專業相比，於是找出在天津舊書店買的蘇聯人辛欽的書和菲赫金哥爾茲的書，以及吉米多維奇習題集，又把數學分析部分重新學了一遍，大約用了一年半時間。一直很想和王交流一下，奇怪的是他的來信從不提及學習方面。

理科教材的深度讓我多少有些沮喪，特別是吉米多維奇的《數學分析習題集》，有很多題目都做不出來。文革前就聽二姐講過，他們班有同學能將這個習題集的全部題目都解出來，連教師都非常佩服。看來我不但不能像華羅庚那樣全靠自學成才，就連文革前的優秀大學生也遠遠比不上，如果沒有正規學習機會只憑著興趣自學，很難進入數學之門。

一九七四年招生年齡限制是一九四八年七月一日之後，我的生日恰好在八月，有最後一次機會。這一年團部學校的幾十名知青只推薦了我一人。只是這次完全不考試，全憑政審，我還是沒能通過。原因據說是體檢不合格。可我去問衛生隊王隊長，他卻堅決否認。

其實真正的原因團長曾經暗示過我。招生前一個月二姐到邊疆來看我，從虎林縣到團部的路程是搭的趙團長的車。路上團長問她：你父親的歷史問題到底解決沒有？二姐回答：兩年前就解決了，我現在在軍工學院當教師，還經常帶學生到核潛艇基地實習呢。可惜我和二姐都沒有認真對待團長的提醒。

趙團長顯然瞭解我的檔案。我卻根本不知道，我的檔案中有幾寸厚的關於父親「特嫌」的資料。那是在一九六八年初清理階級隊伍運動中，父親一個解放前的同事在唐山挨鬥時受刑不過，胡亂供出解放前夕北平地下黨有一個20多人的特務大隊，我父親有幸被說成是隊長。雖然揭發者很快翻供，父親單位仍然進行了長期外調，最終證明子虛烏有。可是揭發材料和大量外調材料卻進了我的檔案袋。這件事我一直到一九七七年才知道。可以想像，當年招生人員看到我這一堆嚇人的檔案，哪一個敢招我入學？

這次挫折並沒有讓我特別難過，原因是招生的學校遠不如前一年。與數學有關的專業只有北京師範學院數學系，而我對當中學老師的前途毫無興趣。但是我白白浪費了1個名額，實在愧對學校幾10名知青同事啊。

檔案這個東西真是很有意思，你永遠不知道到那個袋子裡裝的什麼，它卻在關鍵時刻決定著你的命運。這方面我遠遠算不上最倒楣的。團部學校裡有一個物理教師姓張，我們都叫他「Old Zhang」。他是一九五七年天津大學物理系畢業生。反右時因為「思想落後」，和右派分子一起被多次批判，寫了大量檢查。直到反右結束他才知道自己根本沒有帶右派帽子，可是寫的一份份交代「右派言論」的材料全裝入了檔案。畢業時沒有單位敢要他，最終到了北大荒。更倒楣的是一九七七年後右派分子紛紛平反，大多回了原來的城市和單位。我們的Old Zhang卻因當年不是右派而沒有政策可落實，既回不了老家北京，也回不了畢業的天津大學。這讓他連連喊冤，覺得比20年前還委屈。

這一年夏天的一天中午，我剛從食堂出來，就看到遠處上海知青張某某舉著一張信紙使勁晃動，高喊著：「老馬上大學啦！」原來是北京知青老馬來信，他在河南上了鄭州大學。老馬和我同一學校，六八年一同到農場，和我們團部學校的幾個年輕人相處得很好，他也是我們幾個知青中最喜愛文學、頗有文學素養的。幾個月前因為「母命難違」，離開兵團去了哥哥工作的河南農村，誰想到已經27歲的他居然從那裡上了大學。我們大家忍不住歡呼起來，這可是「範進中舉」了。驚喜過後再細讀來信，發現原來上的是物理系，讓大家的喜悅大打了折扣。後來我一直想，如果當年他能上文學系，這一代人會少一個平庸的工程師，卻很可能多出一個有出息的知青作家呢。

在上海上學的王某某終於來信說了一句學習情況，寄來了一套工農兵學員使用的《高等數學》（上下冊），封面注明是理科專用教材。我翻了一下，大部分都是數學如何聯繫工業生產實踐的內容。純數學內容少暫且不說，幾乎完全沒有定義、定理體系，更沒有任何推理證明過程。這也叫理科數學教材？連文革前的中專都不如！

王知道我用不著這套書，寄給我只是讓我瞭解一下他在學些什麼東西。我這才明白為什麼他以前總是不願和我談論學習。華東師大在上海在全國都是一流大學。他有這麼好的學習機會，卻只能學這麼淺薄的東西，怎麼會有心情和別人交流？我估計他是不敢在信中發牢騷，所以只是寄來一套書，一切盡在不言中。

從此大學夢在我心中徹底破滅了。年齡上我已經超限，那裡學的東西又如此淺薄，還有什麼吸引力？只是不知道，清華北大這樣的名牌大學是否也這樣？這麼大的國家，這麼多學校，總有地方在培養真正的科技人才吧。

一九七五年夏季我「困退」回京，進入一家機修廠當工人。

進廠沒幾天，就遇到一件讓我吃驚的事。原來是廠裡推薦工人上清華，領導們指定了我們車間的小曹。沒想到小曹竟不肯去，說是再晚一年，他就可以帶工資上學了。就為這一點蠅頭小利，他寧願放棄上清華的機會！於是名額讓給了別的車間的小邊。這天上掉下來的餡餅顯然把小邊砸暈了，他激動得滿臉通紅連話都說不俐落。清醒過來趕緊辦理各種手續，生怕小曹反悔。

小曹的短視多少讓我有些鄙夷。後來接觸多了才知道，其實真正的原因是他擔心自己讀不下來。他是六九屆初中生，文革前剛剛讀完小學就荒廢了學習。現在去上清華，怎能不心虛？他的父輩是本廠老工人，在這裡有背景、有技術、有前途。如果到了大學成了後進生，又是何苦？小邊是幹部子弟，眼界自然不同，剛剛到廠一年就上了清華，簡直是鯉魚跳龍門。

工人的打算都是實實在在的利益。你能說小曹的選擇不對嗎？但是後來他發現自己的擔心有些多餘。因為據小邊以後回廠講，一入學就趕上了轟轟烈烈的「反擊右傾翻案風」運動，後來又參加了電影《反擊》的排演，根本沒上幾天文化課。小曹聽了這些是否後悔，我就不知道了。

進工廠後，我最大感觸就成了工人階級一分子，不再是知青，沒有人對你「再教育」了。只是因為不當教師，再讀數學就沒有了動力，興趣也大不如前了。那一年的夏季，忘了是在那裡，我見到了中學同學趙某。我是六八年去的黑龍江，他六九年到山西插隊。老同學多年未見，自然很親切。趙同學很得意地講，他現在是清華大學的工農兵學員。雖然他學的機械專業對我毫無吸引力，但是能到大學學習，而且是上清華，多麼讓人羨慕啊！

趙某講，前兩年清華大學到山西招生，他有幸被推薦。面試的題目是：1/2加1/2等於幾？多年沒有接觸過算數的趙隨口回答：2/2。見老師一愣，他趕緊補充說明：也就是等於1。

據趙同學講，當時對每個考生都是提這個問題，大多數人的答案是2/4。這仍然算是孺子可教，總還是知道1加1等於2，2加2等於4。於是老師耐心啟發：先給你半個饅頭，然後再給你半個饅頭，一共給了你幾個饅頭？答案當然誰都知道。那麼就請再想一想，1/2加1/2是不是和這一樣啊？如果你此時能答對，就算合格，可以進清華了。反正入學後也要從小學的分數運算開始補課。

同學的這一番話讓我愣了好半天。這不是天方夜譚，也不是相聲笑話，而是堂堂的清華大學在招收即將跨入高等學府的學子！就這種水平，還不如我在兵團時教的最差的學生呢！令我無比欽佩是這幫清華教師，居然想得出這如此精妙的比喻。如果不能載入《清華百年校史》，那真是編纂者有眼無珠了。

再反過來想想，這幫老師也不容易。既不敢拿舊的考試一套把「工農兵」全卡下去，又明明知道這種程度如何能上大學？見到六七屆高中的趙同學，自然是喜出望外了。我的同學苦笑著說，毫無疑問，他在這批人中可算出類拔萃了。

老同學之間的共同語言越來越多，他熱情地邀我到宿舍，讓我看看校園生活，還打來一頓午飯，邊吃邊聊。桌子上放著的一篇英語短文，內容只有半頁紙，我順手拿來看了看。雖然已經多年沒有接觸外語，不少單詞生疏，但內容和語法很簡單，粗粗掃了一遍就知道是一些電學基本知識。趙同學告訴我這是外語摸底試題，只要能依靠字典翻譯過來就可以免修英文了。他說，讓你看這些就是想告訴你，這大學咱們不用上就能畢業，還有富裕呢。

平日如何上課呢？別看學員基礎差，卻是覺悟最高的工農兵。教師時刻不能忘記自己的「資產階級知識份子」身分，遇到困難時就難免頭疼了。趙同學講，有一次班裡一個工人學員找到教師，說經過自己反復獨立思考，認為公式：（A＋B）的平方＝A的平方＋2AB＋B的平方是錯誤的，不應該有中間的2AB。經過長時間的辯論，老師也無法說服學生。這次再也想不出饅頭之類的妙喻了。

我再強調一遍：這不是相聲笑話，而是當年發生在清華學堂的真情實景。如果我不一再強調，今天年輕人一定認為我是在編故事呢。這些聞所未聞的奇事真讓我又驚訝又感歎又難過。堂堂清華大學啊，我和所有中學生曾經夢寐以求的學術殿堂，如今卻變成這樣……

老同學也是一邊講一邊搖頭歎氣。但也有一件可笑的事：沒想到他在體育方面也是學校裡的「尖子」。他說，我的情況你還不知道？原來在班裡也就是喜歡打打排球。可現在，在班裡和年級的運動會上，一、二百米和多項田徑成績都是數一數二，各種球類技術就更不必說了，有些專案他都不好意思參加了。這讓他自己都意外吃驚，多少有些飄飄然了。有一次忍不住嘲笑班裡的幾個黨員幹部：「你看你們學習不如我也就算了，怎麼連體育也這麼差？文革前一年我們41中搞春季運動會，主項是10×1500米接力賽，每個班出10個人參加，我們班都沒輪到我。」

他講的是實話。要論中長跑，當年我們班前10名還真輪不到他。現在居然在清華體育場上大出風頭。這批學生各方面的素質之差，真是難以想像啊。但是趙同學實在是小看了這些黨員幹部。這些人歷經基層，從千百個同齡人中脫穎而出，豈是無能兒？只是他們的長處是在暗處，是搞政治。要論這方面，趙同學差得遠！他哪裡想到說這些話的時候，班幹部們微笑著，忍耐著，記錄著，等待著給予致命一擊的時刻。

同學中也有讓人欽佩的。趙同學指著一張床說，那是錢三強的兒子的。人家不聲不吭，埋頭自學，從來不出頭露面。雖然是老初一的，學習上要比自己強多了。

六十年代，因為姐姐在這裡上學，我多次到過清華，也算是有些瞭解、有些感情了。如今的校園物是人非，朦朧中竟產生了一種「參觀遺址」的感覺。據說蔣南翔曾經戲言：「清華一條蟲，出去一條龍」。且不說文革前那些「萬字型大小」的風流才子，就連文革中都出了一批又一批翻江倒海的亂世梟雄。如今怎麼成了這個樣子？這能培養什麼人才？

回家的路上我一直悶悶不樂。就個人而言，這樣的大學上不上有什麼勁？真要是上了，我不知得多難受呢。從整個國家看，將來科技無人，可怎麼得了？自然科學的水平，就像1/2加1/2等於1一樣是客觀事實，容不得半點狡辯，可不像文革政治那樣可以指鹿為馬、總是「形勢大好」。難道中央領導人不知道這些情況嗎？不為此憂慮嗎？我不能再想下去了。因為隱隱約約知道，再這樣思考下去，就必然導致否定文革，否定太多的東西了。可是每一個熱愛科學、關心國家命運的人，又怎麼能不想？

半年多後，一九七六年的春季，我在西單商場門口又遇到了趙同學。他一把拉住我站到門廳一邊，像祥林嫂一樣絮絮叨叨地傾吐起來：原來，「反擊右傾翻案風」運動一興起，他們班裡的黨員幹部終於等來了「反擊」的時機。一天深夜，已經熟睡的趙同學和家人突然被一陣砰砰的敲門聲驚醒。開門一看，竟然是鼎鼎大名的清華大學「一把手」遲群，帶著黨委一班人闖入他家。趙同學對我講，這一瞬間他懵了，竟產生幻想，以為遲群可能是為了教改的事情來家訪徵求意見。哪裡想到遲群坐下後大發雷霆，大罵趙同學為右傾翻案風唱讚歌，證據是他曾對班幹部講過向毛主席告狀的劉冰是「同志」。不等絲毫辯解，遲群又列舉了他一貫走「白專」道路，長期散佈「修正主義教育路線流毒」的種種言行，全都有時間、地點、人證。最後拍著桌子發出最後通牒：你必須在全年級大會作深刻檢查，接受群眾批判；否則就開除學籍，退回山西農村插隊。

趙同學被這一陣晴天霹靂徹底打昏了。最終，為了不被退回農村，他選擇了低頭認錯。原本心高氣傲的他一次次違心地檢查，忍氣吞聲地傾聽別人趾高氣揚的嘲笑和批判。檢查總算通過了，人卻再也抬不起頭來。連讀書學習都不大敢了。

講著這些，趙同學的眼圈紅了又紅，痛心地說：你看你當個工人多好，自由自在，政治上也沒人欺負。我上這個大學什麼也沒學著，還被人家這樣作踐。早知這樣，真不如當初退學當工人呢——他們班一個同學因為基礎太差跟不上，剛入學不久就退學去了工廠，讓趙同學現在羨慕不已。

老同學的遭遇著實讓人同情。遲群竟是這樣一個粗鄙無理的人，同學中竟有這樣心機深沉的人。我不由得又後怕又慶倖。如果當初我上了大學，肯定會比趙同學更加拼命地走「白專道路」，一定更看不上那些不學無術的人。那我會不會遭到同樣下場？我受得了這些侮辱嗎？以前我是那麼羨慕這些時代驕子，如今卻發現禍福相依，他們居然後悔不及反過來羨慕我了。清華啊清華，如今竟令我望而生畏了。

又過了半年多遇到趙同學。這時早已經粉碎「四人幫」了，他的話語言談間夾雜著興奮。原來，他們班畢業時所有人的鑒定評語中都有一段「在批鄧和反擊右傾翻案風運動中立場堅定旗幟鮮明」云云，只有他的鑒定中沒有。對於那些搞政治的人，記入檔案的這段話將來很可能成為污點。這才是人算不如天算，讓我的老同學大大出了一口惡氣。文革中翻烙餅一般的折騰，留下了多少說不清道不完的是非恩怨啊。但是我知道，趙同學這輩子註定也就是個庸庸碌碌的技術員了。當年在清華校園裡的「尖子生」和科學家理想，對於他只是一個苦澀的舊夢。

一九七六年，上海的王××來信告訴我，他也大學畢業了。以他的基礎和成績，肯定是最優秀的。所以被分配到交通大學當數學教師。他還講，自己對「李代數」頗有興趣，很想作為研究方向。我一直不懂這個詞屬於數學中的哪個領域。但是隨後的日子就越發難過了。七七年和七八年，清華北大領頭開始一個不留地驅除教師中的工農兵學員，接著其他著名大學跟風而動，令我很為朋友擔心。王××來信說，如今「工農兵學員」這頂帽子就像當年的右派一樣，處處被人歧視，自己很難有什麼前途了。隨後很長時間他沒有再給我寫信。我從別人那裡聽到，他最終被調到一個中學去了。這也是預料之中的事情。隨後他娶妻生子，操勞俗務，再也不做數學家的夢了。

因為在兵團時當過幾年初中教師，一九七七年我曾輔導過幾個人考大學。沒想到一九七九年工農兵學員「回爐」考試，主要內容還有中學數學，又有幾個人來找我補習代數幾何。我和他們開玩笑說，我原先教初中生，後來教高中生，現在教大學生了。

不過王某某也好，趙同學也好，和大多數知青相比，工農兵學員總算是早了幾年回城，最後大都有了穩定工作崗位。當然也有例外。我的知青夥伴中，最倒楣的是工農兵學員×燕平。他和我中學同校，一同到北大荒，住在一個宿舍，始終是我最好的知青夥伴之一。他在一九七五年成了工農兵學員，最後卻為了回北京而「二次插隊」，丟了幹部身分和工齡，一直到八十年代中期才和愛人先後回京。忠厚善良而軟弱的燕平，三十歲出頭時在儲運公司當搬運工，重操以前扛麻袋的舊業；儘管兢兢業業一個人幹兩個人的活，終又因為不善「與人奮鬥」，四十歲出頭就下崗了，一直到退休。不過他當年讀的是中專不是大學，我就不詳細說了。

我在從前的博文「對知青和上山下鄉運動的幾點看法」中寫過這樣幾句話：「就連當初被視為時代驕子的工農兵學員後來也統統入了另冊，文革後著名的大學幾乎將他們全部驅除。『工農兵學員』成了刺在他們臉上抹不掉的紅字，只有讀研究生和出國才能脫籍。」

有朋友看過說，你又沒有當過工農兵學員，何必要用那些帶著情緒的字眼？其實我寫這些只是在為知青朋友王××表達悲哀。博文的隨後一句是：「你到任何一個優秀的大學或科研單位，都能看到在自然科學領域存在明顯的十年斷代現象，這是一代人的悲劇，也是整個國家的悲劇。」這句話是我自己的切身體會。我想也一定是人們共同的看法。

知青叛逆草民在轉載此文後感歎：讀此文使我想起一個人。一九七八年我在華東師大數學系就讀，班上有一個從末屆工農兵學員中留級到我班的黨員學生，此人挺老實，經常幫同學上食堂打飯，打掃寢室衛生數他最勤勞。但他學習基礎實在太差，連有理數四則運算都做不利索；上課時他在最後一排打瞌睡，門門功課不及格，有時考試乾脆就先呆坐一會，然後交白卷離開教室，老師只好搖頭無語。大家都很同情他，卻實在無從幫起。沒想到下半學期他天天晚上一個人在宿舍窗外獨唱「打靶歸來」，不久就得了精神病，從班裡消失了。所以工農兵學員後來的命運各不相同，有努力深造的，有混官場的，也有最後落到社會底層的，不過但凡靠政治吃飯的，無論過去還是現在，多少都能混上個一官半職，日子比大多數知青風光，他們是知青中的另類。

第四節　一封對中學生妹妹勸告信的風波

一九七三年十二月十二日，《北京日報》以〈一個小學生的來信和日記摘抄〉為題，刊登了海澱區中關村第一小學五年級的學生黃帥反對「師道尊嚴」的日記和來信，並加長篇編者按語。原本日記表現的不過是師生之間的日常衝突，但卻被別有用心的人看中，報刊電臺一載再載。一時間，黃帥成了小學生「反潮流」的好榜樣，孩子們又開始像紅衛兵一樣，轟轟烈烈地造起反來。在「師道尊嚴一定要滅亡」的歌謠中，教育界再次失去尊嚴，老師們憂心忡忡，禁若寒蟬。在這種政治背景下，在渴求知識迷茫中覺醒的內蒙古生產建設兵團十九團中心校三位教師給黃帥寫了一封勸告信，由此引發了王亞卓事件。下面就是當事人之一邢卓的敘述：

一九七三年嚴冬，內蒙古烏梁素海邊的荒草枯木籠罩在肅殺的寒氣中。內蒙古建設兵團十九團團中心學校的老師們，聊起當前教學狀況，心情鬱悶，神色憂傷。

夏季時候，工農兵上大學的風潮中冒出了個「白卷先生」張鐵生，緊接著北京又殺出了個反「師道尊嚴」的小學生黃帥，幾篇攪亂教學秩序、對抗老師的日記見諸首都的重要報刊。在其帶動下，大量的「反潮流」英雄小將橫空出世，把教育界攪得狼煙四起。

團中心學校雖處地偏境，可北京的一響一動在這裡皆有回應。學黃帥的孩子們向所謂「師道尊嚴」猛烈開火，學校被折騰得滿目瘡痍。這裡的老師們都是響應號召敲著鑼鼓來邊疆搞建設的知青，這會兒成了受攻擊的標靶，令他們心氣難平，於是，私下裡醞釀集體辭職！

讀書的是資產階級「小綿羊」，造反的是無產階級「排頭兵」，這樣下去怎麼得了。團政治處的學習會上，我忍不住發了一通牢騷，有人默不作聲，有人出語附和。會下，我的直接領導，現役軍人、宣傳股長崔欽也袒露自己的一肚子不滿，主任老玄也對黃帥現象頗有微辭。

一九七四年元旦過後不久的一天晚間，我和平日意氣相通的宣傳幹事王文堯、電影放映員恩亞立一起議論黃帥，言語中情緒都有些激動，表示不能聽任她胡作非為，要對她來一番規勸，讓她懸崖勒馬。王文堯分析說，黃帥事件不會是孤立存在的，她小小年紀搞出這麼大的動靜一定跟當前政治需要有關。恩亞立說，不管她身後有什麼背景，我們講我們的道理總是可以的吧。我說，這孩子太驕狂太無知，很有必要對她進行進行教育。當然我們沒有奢望能對小學生「教育」出什麼結果，也沒有料到會給自己帶來嚴重後果，三人決定從每人名字中各取一字，成名「王亞卓」，由我執筆給小學生寫一封信。

午夜時分，我伏案疾書，一氣呵成。信件摘要如下：

> 請認真想一想吧，黃帥！
>
> 看了報紙上你的信及日記，我想了許多許多問題，歸根一點，對你的「反潮流」精神很「佩服」，對你信和日記中反映的問題覺得未免有些迫人太甚！
>
> 老師和學生是同一戰壕裡的戰友，老師不能把學生當敵人，那麼學生就能把老師當敵人嗎？不是說你給老師提

了意見，就把老師當敵人了，而是提意見的態度大錯特錯了。必須明白，老師也是我們的階級兄弟，他們有缺點錯誤，我們是滿腔熱忱的幫助他，還是以抵觸的情緒批評人家，反映了兩種不同的世界觀，當然老師有不對之處學生提出來，不應該強調提意見的方法，應該有則改之無則加勉，但我們何不也檢查檢查自己呢？

如果我是你，檢查一下自己的日記，再看老師的作法，決不認為是因為個別用詞不當影響了老師的尊嚴，而會看到自己的語言中欠誠意，老師思想革命化程度不高，師生關係緊張了，並非是什麼「師道尊嚴」在作祟，試想，假若對你身上存在的不足，別人不是找你做細緻的思想工作，而也以你對待老師的方式，寫幾篇東西在紙上，用上對不起，罵，奪，拍桌子，瞪眼睛之類的詞句對待你，你將會怎樣想呢？自己做事沒從路線出發，又為自己的被壓制作了些抵抗，這怎麼能聯得上不做舊教育制度「師道尊嚴」奴役下的奴隸一談呢？

黄帥，我向你提意見，不單是對你個人的做法談看法。現在許多學校裡，老師都成了謹小慎微的君子，學生動輒就是大字報，謂曰「反潮流」，「做教育革命的闖將」，其實這是一股很不好的潮流，老師是我們的革命同志，在思想、政治上的幫助才是對他們的最大關心、愛護，才是革舊教育制度的命，光在枝節問題上糾纏，豈不壞了大事？這樣下去，老師還能多說話，多負責麼？

你的信和日記，細分析起來，很多地方不通情理，關鍵是矛頭指錯了，這方面，我不多說，請你拿出自己寫的東西，三思！

要和你說的話很多，強收住筆。我不是學生也不是老師，教育戰線上的事懂得少，分析能力又差，只是出於關心上層領域裡的革命之心說幾句話，想到哪寫到哪，語無倫次，字又潦草，觀點必定有不對之處，請你批評指正。以後有空，我還想再給你寫信。即此

祝工作好、學習好。

內蒙古生產建設部隊十九團政治處　王亞卓

一九七四年元月十四日

這封信寫得很潦草，文辭無修無飾，字跡龍飛鳳舞，寫好後立即寄出，也沒留底稿。王亞卓案平反後才從黃帥那裡再見此信，謄抄下來。當時無論如何也沒有想到這封信會釀成一樁歷史事件，否則一定會把這封信留個底稿，做個歷史見證。總之，一顆定時炸彈就這樣在北國隆冬之夜製造出來。

一九七四年春節時，王文堯、恩亞立分別回天津、北京家中過年去了，「王亞卓」中只有我留守邊疆。這期間，我收到北京黃帥的一封親筆信，這使我多少感到有些意外。

細細讀來，對這孩子的印象有所改變。她的言辭比較誠懇，說讀了我的信同樣想了很多很多，從中受到很大教益。說自己年紀還小，許多方面還很幼稚，行為可能有不當的地方，需要更加努力地學習毛主席著作，作進一步的思考，並表示願意得到我更多的指點和幫助，使自己儘快成長起來，做合格的無產階級革命事業接班人……這封信後來被處理「王亞卓」事件的工作組收去，不知下落。

我一直不清楚這信是其被人教唆想進一步引蛇出洞，還是自己真實意圖的表露。她說希望再得到我的來信，我想等王、恩

二人回來商量後再復信給她，就未動筆。黃帥來信的事我沒有張揚，只對崔欽股長講了，他挺高興，說看來這個小學生還不是鐵板一塊。

二月六日一大早，政治處秘書李尚順告訴我說，凌晨兩點時，人民日報社有長途電話從北京打來，問十九團政治處有沒有個叫「王亞卓」的。李秘書腦筋靈活，雖然不知道我們給黃帥寫信的事，但判斷出「王亞卓」一定是我們三人的聯名。李秘書以為我們有什麼大作將在《人民日報》上發表，興沖沖按照來電要求把我們的年齡、性別、家庭出身、政治面目、工作性質詳細作了彙報，並迫不及待向我傳達，連說恭喜好運。

聽了李秘書的話，我心裡七上八下。我們沒給《人民日報》投過稿，「王亞卓」仨字也只在給黃帥的信上用過，報社是不是要發表我們給小學生的信？果真如此，說明我們的意見得到了上級部門的重視，全國教育革命的方向將要作重新調整。事情會這麼簡單嗎？我猜不透，想不明，但絕沒料到謎底會是那樣的兇險。

二月十一日清晨，我忽然聽到高音喇叭播放的中央電臺早間新聞中女播音員高亢激昂的聲音：「〈黃帥的一封公開信——複內蒙古生產建設部隊十九團政治處王亞卓同志〉。當天的《人民日報》一版頭條也發表了黃帥的題為〈為教育革命大好形勢拍手叫好〉的一封信，並加了編者按說，革命小將的來信和日記摘抄在報紙上發表後，廣大師生和群眾都積極支持黃帥的反潮流精神，熱烈讚揚毛澤東思想哺育下一代新人茁壯成長。但是，也有人看不慣，出來指責，王亞卓同志就是一個。黃帥同學寫了信，對他的錯誤思想一一加以批駁，值得一讀。

我默立在刺骨的冷風中，懷疑自己是在做夢。

黃帥的公開信說：

你的來信提出了一些引人深思的問題，如當前教育戰線上有沒有兩個階級、兩條路線的鬥爭？修正主義的流毒是否肅清了？要不要少年兒童參加教育革命？他們能不能革命？是把無產階級教育革命進行到底，還是已經過了頭？這些原則性的問題站在不同的立場有著不同的回答，這正反映了教育戰線上無產階級和資產階級進行著你死我活的激烈搏鬥……

因為我在日記中用了「對不起」等詞，卻引起你這位很善於「同情」的人怒火萬丈，什麼「迫人太甚」，「不通情理」，「態度大錯特錯」，「何不也檢查檢查自己」，「自己做事沒從路線出發」「師長式的學生」，「學生就能把老師當敵人」……甚至「學道尊嚴」都上了陣，你的創造是從哪一家的聖經裡揀來的？在你眼下，我們毛澤東時代的紅小兵是一群「糾纏枝節」「壞了大事」的頑童，快點來個「高姿態」，「心平氣和」，「誠心」地跪倒在孔老二門徒面前才有出路，你所宣揚的不正是從二千多年前孔老二僵屍中販賣的「仁」嗎？想要我們這群毛孩子學會「克己復禮」，甘心當被奴役的工具。每當「兒童團」起來革命，劉少奇、林彪一類政治騙子就抱著黑「修養」「天才論」哇啦哇啦地叫起來，你愛什麼，恨什麼，不是很清楚嗎！

在教育革命的大好形勢下，千萬不能忘記兩個階級、兩條路線、兩種思想依然存在著尖銳和複雜的鬥爭。毛主席說：「凡是敵人反對的我們就要擁護，凡是敵人擁護的我們就要反對。」資產階級不會自動退出歷史舞臺，幻想著有朝一日「變天」，我們萬萬不能對階級鬥爭喪失警惕性。什麼「關鍵是矛頭指錯了」，我們紅小兵心向黨，毛主席指向哪裡，我們就戰鬥到哪裡，拿起筆，做刀槍，殺向批修戰場，把林彪反革命的修正主義路線批深批透，把孔老二的舊傳統觀念打得落花流水。我們就是要起來造舊世界的反。你說「只具有反潮流精神的人還不能取得群眾支持的資格。」算了吧！從來就沒有什麼救世主，在幼芽嫩弱的新生事物面前採取譏笑、懷疑、恐嚇的態度，正如列寧所訓斥的——「這一切實際上是資產階級反對無產階級的階級鬥爭手段，是保護資本主義而反對社會主義。」在革命滾滾向前的洪流中，資產階級老爺們發出悲哀的嚎叫，挽救不了自己滅亡的命運。

公開信更兇狠的言辭還在後頭，聽到這裡已令人毛骨悚然。太突然了！前幾天小學生不是來信說我們的信對她很有教益，希望我們繼續對她進行幫助麼？怎麼頃刻間就變幻出一副殺氣騰騰的面目，要置我們於死地呢？

王文堯、恩亞立兩戰友此刻是否聽到了這套廣播？他們會作何反應？兵團的首長戰友們會作何反應？明明白白點了十九團的名，我們捲入漩渦了！

黃帥這封公開信寫於一月二十六日，她親筆寫給我們的那封回信日期是一月十九日，差7天時間。也就是說，我接到她的親筆信時，她已經擬寫這封公開信了。小學生怎會有如此大的能量？《人民日報》頭版頭條的文章不是輕易能發得出來的，來頭不小呀！

宣傳股長崔欽找到我：「主任叫你去。你們可惹禍了。」

崔股長胸襟坦蕩、心直口快，我們三人都是他親自從連隊選拔上來的。我父親「反右」時受牽連，算是有歷史問題。他堅持己見，全力提攜。恩亞立的家長政治上也有「瑕疵」，也是崔用力拉來的。我們都是他的愛將，都想努力作出成績為他臉上增光，誰料想捅了這麼大個婁子。

主任面色嚴峻：「你們真不知天高地厚呀。」「這把火燒得可不小哇。」我想辯白幾句，只覺得口焦舌燥。主任說：「兵團政治部和師部都來了電話要對你們的事進行調查，團長、政委作了指示，讓你們把問題解釋清楚。你把事情經過寫一寫，要快，寫好後交給我，一定要實事求是。」

默立在北國刺骨寒風中的邢卓不會想到，千千萬萬個善良的人們不會想到，這個給他們公開信的小學生身後，還隱藏著撐腰的大人物。因為王亞卓的這封普普通通的勸告信，觸動了極左當權者的神經，他們抓住這封信斷章取義，無限上綱，以為他們全面把持掌控教育界服務，在全國範圍內興起了一場針對所有敢於開口講話，所有對當權者倒行逆施心存不滿的知識份子，知識青年的政治迫害，一場血雨腥風開始了……

黃帥的公開信搭載著電纜光波迅速在全國傳播，激起層層巨浪。十九團的幹部戰士們炸了窩，一撥一撥的熟朋生客闖進我的小屋，打探事件的來龍去脈。而我對北京方面的脈絡一無所知，只是不停地解釋自己的動機。我以前所在的六連幾位朋友來了，態度鮮明地表示了他們的憤慨：「《人民日報》的做法不公平，只發表黃帥的信，為什麼不把王亞卓的信也發表出來，讓大家看個究竟？斷章取義、以偏概全不是光明正大的作風！」

我的情緒也激蕩起來：「我要跟她辯出個是非曲直，真理不辯不明！」此時我還沒有真正認識到自己這一竿子捅了多大個螞蜂窩。我不知道「王亞卓」的信寄到小學生手上後沒兩天就到了教育界、乃至全國政壇炙手可熱的遲群的案頭，遲群在這封信的邊緣惡狠狠批道：要革命就有反革命，革命就是要革反革命的命。字字鋒寒刃冷，句句刀槍出鞘。見到遲群批示，具有非凡政治敏感力的黃帥父親興奮異常，捉刀代筆替小學生完成了致「王亞卓」的一封信，迅即交給了風雲得意的《人民日報》總編輯魯瑛。魯為了加重石頭的分量，在信前精心安排了一份編者按，呈送於他的頂頭上司姚文元，並寫了這樣一份報告：

文元同志：送上〈黃帥複王亞卓的一封公開信〉和編者按等，請審閱。據內蒙兵團二師十九團政治處李尚順同志介紹，給黃帥寫信的王亞卓是三個人，具體姓名和簡單情況是：

王文堯，男，23歲，黨員，家庭出身工人，是一九六九年從天津到內蒙兵團的知識青年，現任十九團宣傳員。

邢卓，男，20歲，共青團員，家庭出身革命幹部，是一九六九年從河北保定到兵團的知識青年，現任報導員。

恩亞立，男，20多歲，共青團員，家庭出身工人，是一九六九年從北京到兵團的知識青年，現任放映員。

致以無產階級的革命敬禮

魯瑛　一九七四年二月七日

姚文元當天作了批示：擬同意發表黃帥致王亞卓的公開信（王亞卓信的主要論點已有，可不發）。這封信回答了一些責難，寫得也有力，即送洪文、春橋、江青同志審批。

二月九日下午七時，江青也作了批示：我改了標題。建議版面安排得突出些，生動活潑些。妥否？請酌。

王洪文表示同意。而張春橋則作了圈閱。

黃帥公開信的背景如此深厚，我還指望與其展開公平、公正、公開的討論，實在可笑。「王亞卓」三隻螳螂已處於滾滾鐵輪之下！

於是留給王亞卓3名知青，只是遭批判的日子。不幸中的萬幸是：歷經八年的文革運動，絕大多數國人開始使用自己的頭腦

思考問題，不再一味盲從屈服於專政，對於對王亞卓等有正義感的有識之士莫須有的政治迫害心存不滿，採取了消極抵抗或暗中支持的態度，這才使得王亞卓三人的性命得以保住，但可憐邢卓無辜的小妹卻因此命喪黃泉路⋯⋯

兵團和師部組成的工作組由兵團副政委掛帥帶隊開到了十九團。王文堯、恩亞立被加急電報召回，他們一下火車便分別被吉普車接走，我們三人被隔離開來，分頭審查。我是給黃帥信的執筆者，是重犯，對我的審問尤為頻繁。

開始我否認王、恩知道我給黃帥寫信，說大家確實議論過打算給黃帥寫信，但最後實施他們並不知道。這話並不完全是假，那封信寫好後我徑直寄出，王、恩的確沒有過目，現在把他倆連累上，我於心不忍。可工作組不相信，我也無法與王、恩溝通，他倆也回避不開，全都承認從頭到尾裹在其中。

下一步工作組施壓，要我們交出後臺。後來才明白他們的用意，我們三個「知青」屬於領袖發動的轟轟烈烈上山下鄉運動的響應者，不宜作為負面教材，最好能抓個「大頭」，其時上層政治領域有抓軍內「走資派」的意圖，如果能在「王亞卓」身後揪出個軍內復辟人物是他們最理想的成果，而團政治處的絕大多數幹部是現役軍人。

我們三人實在講不出「王亞卓」背後有什麼幕後操縱者。工作組圍繞這個題目日夜攻心，終無所獲。接下來是一波接一波對「王亞卓」的批判浪潮。

我是由六連調到政治處的，工作組安排六連對我搞一場批判。這天午後我被帶到會上，三百官兵齊聚操場。指導員作開場白，隨後有排長、班長、戰士等6名男女批判者上臺發言。多數批判者調門雖高，聲音卻明顯綿軟無力。臺上有人振臂喊口號，台下應者寥寥，有時竟是一片噓聲。群眾唧唧喳喳，交頭接耳。工作組成員認為會開得很不嚴肅，幾次責令會場安靜，不見奏效。

批判會開成這個樣子，指導員臉上掛不住。畢竟上級多位首長在場，大是大非面前如此態度怎麼得了！指導員色正辭嚴道：「對王亞卓事件的認識是否深刻證明著我們每個人世界觀改造的程度，今天晚上各班要召開班務會，每個人必須表態發言，各班作好記錄，明天上午交到連部。」批判會草草收場。

在這之前，我經歷了團、師各種規模的批判會八九場，氣氛雖然不像六連這樣稀鬆，卻也沒什麼殺氣沖天的場面。「王亞卓」當年都是紅衛兵，五六年前皆親歷過批鬥所謂「牛鬼蛇神」的運動，見識過群情激憤、同仇敵愾、拳腳相加、乾柴烈火的恐怖景象。而一九七四年的今天，民眾對於來自上層意識形態的控制和整齊劃一的思想指揮已經不再一味盲從，堅固的政治堡壘的磚石土木似乎有了鬆動的跡象。

十幾天後我又收到據說是某保定籍的戰友從我的家鄉捎回的一包食品，裡面夾著一張字條，上書：好自珍重。弟兄們也是迫不得已，切勿當真。落款是六連人民。後來得知，那天上臺讀批判稿的六連同志都非本願，六連的這組稿子被人整理後在〈兵團戰友〉報上發表出來，他們心裡愈發不是滋味，苦於找不到機會向我解釋，因而有了食品袋和袋中的紙條。

經過十幾輪批判和數不清的深刻檢討，「王亞卓」問題有了處理結果：給予王文堯黨內警告處分，下放連隊勞改；恩亞立團內嚴重警告處分，下放連隊勞改；我留團察看一年，下放連隊勞改。我們三人分別發配到離團部百里遠的三個地方。

我背著行李來到陌生的四連，出乎意料的是四連沒有對我作過一次批判，沒有侮辱和歧視，沒人拿我當「壞分子」看。距四連十五裡地的五連有我幾個朋友，他們不但常來看我，還囑咐自己在四連的朋友對我加以關照。我還被邀請去五連聚會。到連部請假時，連長批准得十分痛快：「你有行動的自由，去吧。」五連的朋友們為歡迎我準備了豐盛的酒菜，據說掏了連長家的雞窩，還拿走伙房裡的一塊羊肉。由於動靜過大，驚動了領導。集合號一響，大家被召到操場。指導員聲色俱厲地一通訓斥，沒想到七班長竟當面頂撞說：「指導員，您的話說得太重了。王亞卓有錯誤，但他們可不是階級敵人。《人民日報》上的文章還稱王亞卓為同志，同志是什麼意思？犯了錯誤的同志不等於階級敵人吧？」指導員一時語塞。

最為難忘的是那段時期的戰友情深。八月，烏梁素海的野風挾裹著早秋的微涼，把天空吹得湛藍清透。14歲的小妹來邊疆看我。她所在的學校和全國各地教育領域一樣把「王亞卓」批得體無完膚，「王亞卓」之一是她親哥哥，這麼大的事是瞞不住的，她在這風掀浪湧的情勢下內心極為沉重。她在學校抬不起頭來，又擔心遠方的我，就在暑假之間趕來內蒙。她到達團部所在地，才知道離我所在的四連還有一百多里路程，且沒有可乘的車輛。六連緊挨團部，六連的朋友們主動接待了小妹，他們帶她到風光旖旎的烏梁素海上流覽連天的碧波和葳蕤的葦場，請她品嘗用海水和鹽粒煮的新鮮鯉魚。小妹心事重重地不斷問及我的情況，大哥大姐們給予她樂觀的回答。我趕至六連時天已漆黑，小妹擁到我的懷中說的第一句話是：「你們這兒的人真好。」

陪小妹待了一天，次日必須返回。還是六連的弟兄們妥善地把小妹送上返京的列車。回家後小妹來了封信，信裡還有那句話：「你們那兒的人真好。」

一月後，一位好心的醫生給我開具了神經衰弱的診斷證明，我得以返回家鄉保定就醫。小妹由於精神遭受極度折磨，氣短息弱，骨瘦如柴，當晚突然昏厥，送到醫院，一直昏迷不醒，十天後悄然辭世。我心痛欲裂，悲憤欲絕。回內蒙路上在北京轉車，四連友人張立國正在京探親，帶我到豐澤園喝酒澆愁，我喝得神智迷失，不曉東西。張立國幾乎是抱著背著把我弄回他家。我一夜嘔吐得吐了膽汁，他一夜守著我不曾合眼。我一個身負罪名的另類人，受到這麼多人的真情關愛，使我增強了生存下去的勇氣和力量，也使我隱隱地感到我們並不孤立，歷史將為我們作出公正評價。

一九七五年深秋，我得到崔欽股長要離開內蒙古兵團回北京郊區老家的消息，急匆匆頂著星月從四連趕往團部。崔股長是我敬愛的人，當年是他安排我到兵團報社學習了三個多月，之後把我調到團部，「王亞卓」事件發生後，他承受著巨大的壓力想各種辦法保護我們，口焦舌敝為我們開脫罪名，暗中給我們精神鼓勵。他告訴我：「全國各地給你們寄來的數千封信中並不都是工作組拿給你們看的批評譴責，也有不少是對你們的做法給予支持鼓勵的，眼光要放長遠，一定要堅持，頂住……」

天光大亮我才趕到團部，崔股長已經不見了。崔欽對「王亞卓」三人上調團部起著關鍵作用，對「王亞卓」事件的發生負有不可推卸的責任，又不能對「王亞卓」的錯誤有正確認識，因此被解除了軍籍，送回老家，幹部身分被拿掉，工資降三級。當了十七年兵的崔股長，被迫脫下軍裝，離開軍營，內心的痛苦可想而知。我遲來了一步，他已在清晨時候去往前旗車站了。

我拖著躦行一夜的疲憊之身朝通往前旗的黃沙路上奔跑，在原野中大聲呼喊，但沒有人影，沒有車跡，也沒有回聲。列車載著我的戰友，載著我的悲憤，載著「王亞卓」的思念遠走了。我佇立在曠無一人的荒原，彷彿又聽見小妹那句由衷的感歎：「你們這兒的人真好。」我想：這些好人的存在反映了大眾的心聲，我要好好活下去，為自己，為朋友，等待著曙光東現的那一天。

值得慶倖的是，三年後，「王亞卓」冤案徹底平反。王文堯，一九七七年，全國恢復高考，王文堯以優異成績進入內蒙古大學，就讀中文系。4年後，又以優異成績畢業，分配到北京國家勞動人事部工作至今。他對往事諱莫如深，不但不見記者，甚至不見老戰友。

恩亞立，在「王亞卓」事件發生後，相戀數年的女友卻因種種壓力與其分手。粉碎「四人幫」後，恩亞立當選為第五屆全國人民代表大會的代表，一九七九年，恩亞立與後來的女友一同調回北京，恩在北京中國書店供職並任經理。其妻溫良賢慧，家庭生活十分和美。

邢卓，是以「王亞卓」名義寫文章的執筆人。他的妹妹和黃帥同歲，聽說哥哥成了「反革命」，精神受了極大刺激，突然發病昏迷不醒，住院18天就死了。母親原本有病，受了這個刺激不久也離開人世。一九七六年邢卓辦理「困退」回保定，在一所中學代課，現為保定專業作家。一九九一年，他以一部長篇小說〈雪紛紛〉講述了荒唐歲月中那段撕人肺腑的故事。

第五節　知青迷茫心理對其人生的後遺症

知青之所以在上山下鄉過程中，會由狂熱到迷茫，這一心理的形成，除了現實自然條件的殘酷，還有就是極左政策的冷酷。

而這一迷茫心理，至今仍影響他們的生活。關於這一點，陸天明在〈知青作家群體談「文革」〉講述了一個故事：一個年輕女孩曾是街道革委會的秘書，是上海一個銀行的高官的女兒。她來自一個很文化的家庭。她能夠彈鋼琴，是從上海一個重點女子中學畢業的。她苗條而優雅。當她到了新疆農場時，她與一個勞改犯戀愛了。在那時她很企求進步，是人人都尊敬的模範。可現在她被人瞧不起。她結婚後，因為受歧視，她忍受了許多痛苦。

一九八五年當我參觀新疆時，見到她我十分震驚。她穿著一雙又大又黑的布鞋。她黑黑的皮膚使她看起來像一個老婦人。實際上她比我還年輕。她和她丈夫住在一個泥房裡。她丈夫在一個中學教英語，也許因為生活的單調和心理的失控，她居然幫她丈夫強姦了一個女學生。

我知道在那樣一個特殊疏離的環境裡，她的心理已經失控了。她的丈夫因此蹲了八年牢。她則有三年被監控。我還吃驚的是她居然還使用文革的語言。她說她活著是為了階級鬥爭。

已經移居澳大利亞的知青冰清在〈尋找天上的紅月亮〉也描述了這種迷茫心理的後遺症：……感謝阿德萊德的一位博友「我是認真的」看了我的上文「尋找天上的紅月亮」，還在評論中為我沒看到紅月亮感到可惜。其實，是我沒有放上全文。現在，我就把省略掉的一半文章，再放上一大半吧。

除了準確的生物鐘外，我還有個奇特的本領：夢中解題。這個本領是我讀本科時出現的。當時，班上的同學碰到解不出來的難題時，就來找我。晚飯後，他們就會到自習教室來找我。因為我每天吃了晚飯就去自習，就能在固定的一間教室裡找到座位。而同學們晚飯後，喜歡在寢室裡聊聊天或出去轉一轉，熱門的自習教室就全滿了。下了晚自習，他們就到寢室來找我。碰到週末我回家去了，他們就會在周日傍晚我剛剛返校時，按時上門。那麼，我遇到了難題怎麼辦呢？如果晚自習絞盡腦汁也做不出的難題，當我在狹小寢室的狹窄床鋪上入睡後，在朦朦朧朧的睡眠中，恍恍惚惚的，就會突然受到啟發，豁然開朗，再難的題，也迎刃而解了。

這是大學時代的一個小祕密，我從來沒有對任何人講過。另外一個本領就是看見考題時，腦海中就出現了答案的精確畫面，是在哪本書或筆記本的哪頁哪個位置上。那時，遇到期末在階梯教室裡考試，考場只有兩個老師監考，同學們就會爭吵，提前「預訂」我前後左右的座位。我不管，也管不了誰能坐在我的旁邊。唯一的要求就是考試的時候，不要說話。

回屋後，我很快就又入睡了。睡夢中，我和T一起，去教學樓的平臺樓頂看紅月亮。那裡的視野很開闊，可以看出幾公里之遙。我們走在通向樓頂的窄樓梯上，正好遇見媽媽已經看過了紅月亮，下樓來了。一走上樓頂，就看到那裡好多人，一群一群的，不知他們正在談論什麼，煞是熱鬧。然後，我們又去參觀國父孫中山先生紀念館。在門口，遇到了J。我們一起走上高高的臺階。進去後，看到同學C正坐在茶館的門口。他和我們打招呼，熱情地邀請我們喝茶。我們不好推辭，就進去坐下了。沒想到，喝茶卻變成了吃大餐，源源不斷，端上了好多菜。真是好奇怪呀！我既不好吃，也和這個同學沒有任何聯繫，怎麼這些情景會出現在夢中呢？

這個同學，僅僅是一般的同學。除開同學集體聚會不算，唯一的一次來往，還是我在農村的時候。我獨自一人被留在鄉下時，先後有3個返城的男生來看過我。他是兩個同班男生中的一個。他們一個在當工人，一個在當兵。他們不顧路途遙遠，坐汽車，坐火車，轉火車，下車後還得步行10多里鄉村土路，居然找到了我。當我看到他們時，真是吃驚極了。那時，同學們在背後議論我，同情我，但我並不覺得自己可憐。因為，我從小嚮往的是大學，而非工廠。那時，我一個人住在漆黑陰暗的茅草房裡，那本來是生產隊的倉庫。當時，招待客人最好的東西，就是雞蛋和麵條了。也許，同學還記得我當年雞蛋煮麵條的「款待」，所以，善有善報，現在就回請我吃飯了。這是多麼奇異的一件事呀！

當時，和我一起下鄉的同班同學全部返城了，唯獨我和另外一個女生被黨的歧視政策，拋棄在了缺吃少穿貧窮落後的鄉村裡。現在回想起來，「文革」發生的一件事，把我們兩個毫不相干的人捲到了一起，早就預示了我們兩人從此以後與眾不同的命運！（這裡省略了。）她下鄉後，嫁個了當地縣城的男人。據說，這個男人是小偷，被判刑入了牢房。因為她嫁了人，政策也禁止她這個紅五類返城了。現在回想起來，為何那個年代黨的政策毫無人性呢？為何人一旦結了婚，就不准返城，也不准讀書了呢？而且那個年代同居也是犯法的。可是，為何現在的社會，包養、二奶什麼的，都光明正大的合法了呢？

她是有結婚的問題而不准返城，而我呢，是因為頭上被魔鬼強行戴上了三頂人見人怕、避之不及的高帽子——「反動技術權威、國民黨特務、家庭歷史問題」子女。後來事實證明，這些無中生有的罪名，都是那些心地極其邪惡的妖魔鬼怪編造出來的。當我敬愛的父親獲得平反、恢復工作、再創輝煌時，事實給那些搶權奪權心術不正的傢伙們，狠狠地煽了一記大耳光！

除了夢中解疑，我一般是不做夢的。雖然沒看到天上的紅月亮，卻在夢境中與親人們和同學相見，並悟出了人生中的2件事，也是蠻有收穫的。

知青良田在〈再談知青情〉也有詳細的分析：……對於知青不斷地聚會，我也有另一種解釋。我常有中學同學聚會，與原北京工廠學生，大學老師聚會，但是只有知青聚會，最親切，最有情。我查了資料，問了一些情況，有以下敘述：離開農場好一段時間，我常會做惡夢，夢見有農場的人來要我們回農場去，我說，我戶口都出來了。他們說，不管，只要農場出來的，還要回去。我從這樣的惡夢驚醒，不止幾次，直到有孩子了，心思都放到孩子身上，惡夢慢慢少去。我問了好多雲南知青，他們都有這樣的心理過程。

到了二〇〇八年汶川地震，看到有的災民已躲過了災難，最後還是自殺了。這是在地震的同時，他們的心理受到了創傷，國家除了救災，還派了心理醫生治理災民的心理創傷。我明白我們當年心理也受到了創傷，而且不是自然給的創傷，而是人為的創傷。一些二戰老兵，戰後在心理也有創傷，美國對老兵配有心理醫生，一位老兵見他夫人生孩子，他在邊上看了比他夫人還痛苦。心理醫生的治療效果不太好。後來他在每年兩次與老兵朋友們聚會聊天，他的病才漸漸見好。我馬上意識到，我們知青的不斷地聚會，也是在不斷地自我醫治我們心理的創傷。我想沿這思路寫一篇文章，但水平有限，一直沒有動筆……

知青上山下鄉十年，離鄉背井獨自生活在知青群體和農村農場中，大多十七八歲，正是學習文化打基礎的最佳年齡，也是渴望瞭解社會探索人生的青春萌動期，此時就像一朵鮮花正待綻放，需要父母兄長的訶護與引導，然而無情的現實卻將他們不分青紅皂白的統統趕到農村（場）去接受所謂的再教育。極左路線統治下的邊疆，極端落後，不僅物資匱乏，文明程度很低，在極左分子眼中，知青是一群城市裡衣來伸手飯來張口的資產階級、小資產階級少爺小姐。就是來接受我們「大老粗」的再教育的，何況文革中造反派掌權，他們信奉「造反有理」的信條，粗野、蔑視人性是他們的脾氣，動不動就給人戴高帽子，有位知青勞動中隨口說了句：肚子裡沒有油水幹不動活，晚上就被揪到全隊大會上冠以「劉少奇的活命哲學」的大帽子，遭受批判。

知青年少，誤認為打架是勇敢的表現，常為些許小事打群架（也有保護自已的意思），為此不少知青遭有組織的捆綁吊打，有的還落下了殘疾。正值青春期，男女知青戀愛是再正常不過的事，有的偷食禁果被抓獲，即成大逆不道，往死裡整，有的竟被逼死。因所謂的出身不好遭冷遇更是普遍現象，不能入黨入團不說，有才幹也不讓當拖拉機手、教師、衛生員。更有甚者因出身富農被剝奪談戀愛的權利，最後生生逼死了那名青年，版納荒草博客〈血色的青春〉講述了此事。總之，長期在壓抑的環境中生活，人的心理發生了扭曲，特別是因「出身不好」、「犯錯誤」的知青終日夾著尾巴做人，不敢「亂說亂動」，心理壓力之大是難以想像的。這一切深深印刻在很多知青朋友的心裡，成為影響知青幸福生活的心理障礙。

隨著文革的結束，知青通過各種渠道返回城市，大返城運動使幾乎全部知青回到原籍，當他們回城報上戶口，找到工作後很長一段時間裡在夢中仍懷疑這是真實的。日常生活中，他們回避、厭煩上山下鄉這個話題，除特別要好的知心朋友外不願與其他知青交往，自覺或不自覺的躲避著心中的那塊「疼」。加上知青們回城後正在事業上打拼，個人生活上成家、生兒育女，很少閒暇時間，因此幾乎沒有知青主題的活動。這實際上就是一種心理陰影，一種心理疾病，只不過大多數人並沒有意識到而已。

隨著工作的穩定，生活逐步的改善，特別是有了孩子，大量的時間和精力放在了孩子的哺育、教育、培養方面，沒心思想那過去的事。特別要強調的是：幾乎每個家庭的孩子給我們帶來無比的喜悅、期盼和希望，整整十幾年，甚至更長的時間中曾經的知青把加倍的愛送給自已的兒女，希望孩子能彌補自已沒有機會多讀書多學一些知識的遺憾，極大多數知青對孩子可以用「溺愛」來形容，這多少有逆反心理的影響所致。還要特別指出的是，伴隨著孩子的誕生、成長，知青的心態也在慢慢的修復，上山下鄉期間的委屈、迷茫、怨恨、絕望逐漸淡化，因此我們要感謝孩子，是他（她）們這味良藥治癒或部分治癒了我們的心理缺陷，這大概就是人們所常說的自我心理調節吧！……

但有些兄弟姐妹對知青年代的不公正待遇至今還放不下，耿耿於懷的大有人在，儘管都知道這有害於自身健康，可這種心理迷茫的後遺症卻難以根治。迫切需要我們的知青朋友和家人給予理解和幫助。引導他們尊重生命，熱愛生活，在晚年保持快樂幸福的心態。

Do歷史41　PC0521

中國知青半個世紀的血淚史（二）
——青春困惑的迷茫

編　　纂／自由兄弟
責任編輯／林千惠
圖文排版／周好靜
封面設計／王嵩賀

出版策劃／獨立作家
發 行 人／宋政坤
法律顧問／毛國樑　律師
製作發行／秀威資訊科技股份有限公司
地址：114 台北市內湖區瑞光路76巷65號1樓
電話：+886-2-2796-3638　傳真：+886-2-2796-1377
服務信箱：service@showwe.com.tw
展售門市／國家書店【松江門市】
地址：104 台北市中山區松江路209號1樓
電話：+886-2-2518-0207　傳真：+886-2-2518-0778
網路訂購／秀威網路書店：https://store.showwe.tw
國家網路書店：https://www.govbooks.com.tw

出版日期／2015年9月　BOD一版　**定價**／520元

|獨立|作家|
Independent Author
寫自己的故事，唱自己的歌

中國知青半個世紀的血淚史. 二, 青春困惑的迷茫 / 自由兄弟編纂 -- 一版. -- 臺北市 : 獨立作家, 2015.09

面； 公分

BOD版

ISBN 978-986-5729-99-8(平裝)

1. 中國史 2. 知識分子

628.7 104013188

國家圖書館出版品預行編目

讀者回函卡

感謝您購買本書，為提升服務品質，請填妥以下資料，將讀者回函卡直接寄回或傳真本公司，收到您的寶貴意見後，我們會收藏記錄及檢討，謝謝！

如您需要了解本公司最新出版書目、購書優惠或企劃活動，歡迎您上網查詢或下載相關資料：http:// www.showwe.com.tw

您購買的書名：________________________________

出生日期：________年________月________日

學歷：□高中（含）以下　□大專　□研究所（含）以上

職業：□製造業　□金融業　□資訊業　□軍警　□傳播業　□自由業

□服務業　□公務員　□教職　□學生　□家管　□其它_____

購書地點：□網路書店　□實體書店　□書展　□郵購　□贈閱　□其他

您從何得知本書的消息？

□網路書店　□實體書店　□網路搜尋　□電子報　□書訊　□雜誌

□傳播媒體　□親友推薦　□網站推薦　□部落格　□其他__________

您對本書的評價：（請填代號　1.非常滿意　2.滿意　3.尚可　4.再改進）

封面設計____　版面編排____　內容____　文／譯筆____　價格____

讀完書後您覺得：

□很有收穫　□有收穫　□收穫不多　□沒收穫

對我們的建議：________________________________

____

____

____

請貼
郵票

11466
台北市內湖區瑞光路 76 巷 65 號 1 樓
獨立作家讀者服務部 收

（請沿線對折寄回，謝謝！）

姓　　名：________________ 年齡：________ 性別：□女　□男

郵遞區號：□□□□□

地　　址：____

聯絡電話：(日) ________________ (夜) ________________

E-mail：____